教师教育系列教材

U0368405

教 学 论
(第 3 版)

李朝辉　主　编

王志彦　谢　翌　姚玉香　副主编

清华大学出版社

北京

内 容 简 介

本书是编者根据多年的教学经验，并借鉴国内外同行研究成果的基础上编写而成的。本书以教学基本理论和教学实践为线索，主要介绍教学论的学科性质及其发展历史、教学目标、教学主体、教学过程、教学规律与原则、课程理论、教学组织形式、教学模式、教学方法与手段、教学环境、课堂管理、教学评价等内容。

本书旨在突出针对性、实践性、主体性和可持续性的特点，在编写过程中采用引导案例、实践课堂等版块突出其实践性，同时也关注教学理论的拓展。

教学论能否重新焕发生命、能否适应新课程改革需要的关键在于教师能否掌握现代教学理论，使教学理论从"自在"走向"自为"，唤醒教师的理论意识，提升其实践能力。基于上述考虑，本书既可以作为高等师范院校本科生的教材，也可以作为教师的参考用书。

图书在版编目(CIP)数据

教学论/李朝辉主编. —3 版. —北京：清华大学出版社，2022.8（2025.1重印）
教师教育系列教材
ISBN 978-7-302-61341-1

Ⅰ. ①教… Ⅱ. ①李… Ⅲ. ①教学理论—师资培训—教材 Ⅳ. ①G42

中国版本图书馆 CIP 数据核字(2022)第 122374 号

责任编辑：陈冬梅
封面设计：刘孝琼
责任校对：徐彩虹
责任印制：刘海龙
出版发行：清华大学出版社
    网   址：https://www.tup.com.cn, https://www.wqxuetang.com
    地   址：北京清华大学学研大厦 A 座 邮   编：100084
    社 总 机：010-83470000   邮   购：010-62786544
    投稿与读者服务：010-62776969, c-service@tup.tsinghua.edu.cn
    质量反馈：010-62772015, zhiliang@tup.tsinghua.edu.cn
    课件下载：https://www.tup.com.cn, 010-62791865
印 装 者：北京同文印刷有限责任公司
经 销：全国新华书店
开 本：185mm×260mm 印 张：17.25 字 数：414 千字
版 次：2010 年 8 月第 1 版 2022 年 8 月第 3 版 印 次：2025 年 1 月第 3 次印刷
定 价：49.80 元

产品编号：093583-01

编 委 会

前　言

习近平总书记在中国共产党第二十次全国代表大会上的报告中明确指出，要办好人民满意的教育，全面贯彻党的教育方针，落实立德树人根本任务，培养德智体美劳全面发展的社会主义建设者和接班人，加快建设高质量教育体系，发展素质教育，促进教育公平。本书在编写过程中深刻领会党对高校教育工作的指导意见，认真执行党对高校人才培养的具体要求。

随着社会的发展与进步，教学论面临新的机遇与挑战。一方面，重建本土文化特色的教学论体系的呼声不断高涨，传统教学论体系面临严峻挑战；另一方面，如火如荼的第八次课程改革在实践领域为教学理论的发展增添了新的活力，理论与实践的融合与发展成为教学理论发展的基本走向。我们希望通过本书，为教师提供一个基本的理论框架。基于上述考虑，本书主要突出以下几个特点：①针对性。舍弃大而全的教学观念，把立足点放在学校，为学习者提供更多的理论和实践指导。②实践性。从"教材"转向"学材"是本教材编写的取向，在编写过程中也遵循了这种理念。实践性主要体现在：第一，在编写体例上，打破全篇叙述式的死板模式，增加了本章学习目标、核心概念、学习指导等栏目，便于学习者自学；第二，在内容上引用最新的实践案例，为学习者提供学习的思路。③主体性。在编写过程中，我们转变了以教师讲授为主的观念，关注学习者的主体性。在具体内容中增加了典型案例，供学习者学习借鉴。在每章最后增加了实践课堂环节，为学习者提供施展才华的舞台。④可持续性。为了使学习者了解更多的信息，增加了推荐阅读、拓展阅读栏目，便于学习者拓展知识领域，开阔视野。

根据学科发展的实际，本书做了相关修订。修订的内容主要体现在两个方面：①适度更新内容。此次更新部分推荐阅读的内容，将新的研究成果呈现给读者。②内容和媒体的融合。本书将典型案例、拓展阅读、实践课堂以二维码的形式呈现，便于读者阅读。

本书是教师教育系列教材之一，主要面向师范院校本科生或在职教师。

本书是吉林师范大学教育科学学院教师集体智慧的结晶。李朝辉任主编，王志彦、谢翌、姚玉香任副主编，李朝辉、谢翌、姚玉香、王志彦负责全书的策划、组织与统稿工作。具体分工如下：李朝辉、刘妍编写前言、第一章；李虹编写第二章；刘树仁、田宏伟编写第三章；马军编写第四章；纪国和、王传明编写第五章；于成业编写第六章；姚玉香编写第七章；宋立华编写第八章；李朝辉、张丽娟编写第九章；王丽娟编写第十章；龚冬梅编写第十一章；王志彦编写第十二章；李卓编写第十三章(电子版)。在本书的编写过程中，得到了吉林师范大学有关领导的支持与关心，同时清华大学出版社的编辑以及相关人员对本书的出版也给予了大力支持，在此一并表示感谢。另外，在本书的编写过程中还参考和借鉴了国内同行和兄弟院校的相关成果，在此也对他们表示深深的谢意。

由于编者水平有限，疏漏之处在所难免，恳请广大读者批评指正。

编　者

目 录

千教万教，教人求真；千学万学，学做真人。

——陶行知

第一章　绪　论

本章学习目标

➤　掌握教学、教学论、教学现象的概念。
➤　了解教学问题的基本类型。
➤　熟悉教学论的发展阶段。
➤　熟练掌握当代教学观的转变趋势。

核心概念

教学(instruction)　教学论(teaching theory)　教学问题(teaching problem)　课程论(curriculum theory)　教学论基础(foundation of teaching theory)

引导案例

教学论究竟研究什么[①]

2005 年 1 月底，黄甫全教授一行人到四川省洪雅县，与当地 10 所小学选拔的 50 位校长、教师一起举办了"价值教育的课程开发"培训研修活动。

课间，一群年轻的教师围过来，与黄教授展开交流。一位男教师笑眯眯地问："教授，您在大学里教什么课呢？"黄教授答道："我主要讲授课程与教学论。"那位男教师眼中马上闪出几丝疑惑："课程与教学论？我们读师范的时候学过教育学和心理学，还没听说过课程与教学论呢！课程与教学论是什么内容？"黄教授思量着怎样回答他的问题，迟疑了一会儿。男教师快人快语地问道："课程与教学论，是不是研究学校课程表和教学安排的？"黄教授呵呵嘴道："怎么说好呢？既是也不是。"男教师笑了，继续追问道："那课程与教学论究竟是什么内容呢？"

---

① 黄甫全. 现代课程与教学论学程[M]. 北京：人民教育出版社，2006. 稍有改动.

人们接触教学论这门学科时都会追问：教学论是什么？教学论的基本作用是什么？引导案例反映的就是这种状况。在教学中，人们往往从实践的角度理解教学论。实践取向一直在教育实践中占据主导地位，但是教学论不仅关注实践，而且还要研究理论。因此，科学地认识教学论、理解教学论成为人们自觉运用教学论的关键。

教学是教学论的核心概念。本章的重点是阐述教学的含义、教学的任务、教学论和课程论的关系及教学论的发展与变革。在学习过程中，学习者需要关注 3 个方面：①根据教师的讲授，仔细阅读和理解教材，掌握本章的重点内容。②积极开展阅读，采用课堂讨论和自学等方法，深入理解教学论的演变阶段，掌握不同阶段具有代表性的著作和思想。③了解教学理论的基础，特别关注对当代影响较大的后现代主义和建构主义教学理论。

第一节 教学的含义、地位和作用

自从教学产生以来，人们对教学就有着不同的认识。不同的教学观念对人们的思想和行为有不同的影响。

一、教学含义的分析

(一)教学的词源学分析

作为教学论核心概念的"教学"二字，在我国古代就已经出现了。在甲骨文中"教"的字形为"𢼊"或"𢻔"。甲骨文中也有"学"字，如"壬子卜，弗酒小求，学"。"教学"二字在一起使用，最早出现于《尚书·兑命》："敩学半[敩(xiào)同教]。"《学记》中说："学然后知不足，教然后知困。知不足，然后能自反也；知困，然后能自强也。故曰：教学相长也。"宋蔡沈注："敩，教也。……始之自学，学也；终之教人，亦学也。"

一开始自己学是学习，学会了以后再教别人，这也是学习。可见，这里教学的含义主要指教，是教师单方面的活动。真正意义上的教与学出现在宋代文献中，欧阳修在为胡瑗先生作墓志铭时曾这样写道："先生之徒最盛，其在湖州学，弟子来去常数百人，各以其经传相传授，其教学之法最备，行之数年，东南之士，莫不以仁义礼乐为学。"这里"教学之法"中的教学与我们目前的教学含义接近。

在西方语境中，表述教学的词汇有：teach and learn，instruction。learn 来源于中世纪英语 lernen，意思是学习或教导。lernen 来源于盎格鲁—撒克逊语中的 lernian 一词，词干是 lar，lar 是 lore 一词的词根，所以 learn 的意思是获取知识。在中世纪，learn 和 teach 可以互换使用。teach 来源于古英语中的 taecan，taecan 是由古条顿语 taikjian 派生来的，它的原始含义是拿给人看。instruction 是教授的意思。根据上述分析，在英语中教学是强调以知识为核心、以接受为外在活动的表现形态。[1]

(二)教学的含义

教学是理解和建构教学理论、深化教学实践认识的基础，但是，由于人们认识和理解的视角不同，至今没有形成一个通用的概念，让人觉得教学这个概念并没有确切的定义，而是一人一义、十人十义。你认为教学是什么，你就可以依据你所设定的标准下定义。[2]

1. 具有代表性的定义

(1) 夸美纽斯(J. A. Comenius)认为，教学是把一切事物教给一切人的全部艺术。[3]

(2) 阿基比鲁认为，教学是一个成熟或有经验的人努力把信息、知识、技能等传递给一个不成熟的、缺乏经验的人的有意识的、精心策划的活动。[4]

(3) 王策三先生认为，所谓教学，乃是教师教、学生学的统一活动；在这个活动中，学生掌握一定的知识和技能，同时，身心获得一定的发展，形成一定的思想品德。[5]

(4) 吴立岗认为，教学是一种以教材为中介、学生在教师指导下掌握知识的认识活动。

(5) 芬斯特马赫(Fenstermacher)认为，教学有如下含义，有一个人，P；他拥有一些内容(content)，C；而且，意图将 C 传递给另一个初时缺少 C 的人，R；如此，P 和 R 介入一种以 R 之获得 C 为目的的关系。

(6) 赖志奎指出，教学是以传授和引导学生掌握知识、技能、技巧体系为主的活动，是根据教育目的，以传授和学习知识为基础，促进学生发展，是教师和学生之间有组织的、协同的教和学的活动。[6]

(7) 李秉德认为，教学是教的人指导学的人进行学习的活动，是教和学相结合或者相统一的活动。[7]

从上述列举的教学的定义来看，由于人们的视角不同，对教学基本含义的理解也就存在一定的差异。

2. 理解教学概念的视角

通过对上述教学定义进行分析，我们认为对于教学的理解和认识主要有四个视角。

1) 从教师教的角度理解教学

教学是教师把知识技能传授给学生的过程。从教的角度理解教学，是把教师定位为教学的主体，强调教师在传授知识和技能方面的作用。这种理解实际上是古代教学思想的延续，即教学是教育的一种形式，教育是培养人的活动。但是，把教学理解为教师教的活动，

---

① 石中英. 教育哲学导论[M]. 北京：北京师范大学出版社，2002.

② 单文经. 教学引论[M]. 上海：上海科技教育出版社，2003.

③ 夸美纽斯. 大教学论[M]. 傅任敢，译. 北京：人民教育出版社，1984.

④ 阿基比鲁. 教育哲学导论[M]. 董占顺，王旭，译. 北京：春秋出版社，1989.

⑤ 王策三. 教学论稿[M]. 北京：人民教育出版社，1985.

⑥ 赖志奎. 现代教学论[M]. 杭州：杭州大学出版社，1998.

⑦ 李秉德. 教学论[M]. 北京：人民教育出版社，1990.

把教学论理解为教程的思想，忽视了教学过程中其他因素的作用，缺乏学生学的教学不可能是完整的教学。

2）从学生学的角度理解教学

对学生学习地位的重视在很大程度上得益于教育心理学化运动。教育心理学化运动重视教学过程中学生学习问题的研究，对教学论的发展产生了重要影响。从学的角度理解教学是对学生主体性的彰显。但是对于学的过度关注，也存在一定的片面性。离开了教师，学生的学习活动也很难完成。因此，把教学重心从教师教转向学生学的观点，实际上是走上了另一个极端，犯了矫枉过正的错误。

3）从教和学统一的角度理解教学

从教和学统一的角度理解教学，主张教学是教和学统一的活动。这种定义的视角克服了单方面强调教师教和学生学的缺陷，把教学看作教师和学生之间双边活动的过程。尽管人们在教和学的统一过程上达成了共识，但是对统一活动的理解仍然存在一定分歧。如有的人从教师方面定义教学，有的人从学生角度对教学概念进行阐述，还有的人从共同活动结果的角度进行阐述。尽管存在一定分歧，但是从共同活动角度理解教学，是对教学概念理解的进一步深化。

4）从教学生学的角度理解教学

一些学者在认同教学是教和学共同活动的基础上，把教学定位为教师"教学生学"。根据他们的观点，教学活动是分层次的，教师的教是教学系统中的高级层次，学生的学是教学系统中的低级层次。这种理解是对教和学共同活动过程的一种深化，表明人们对教学概念的理解越来越深入。

从上述分析中可以看出，要想得出一个通用的、普适性的教学定义很难，但是可以得出教学的最基本含义：教学是一种动态活动的过程，是以课程为中介，教师和学生双边活动的过程。广义的教学是指，教的人以一定内容为中介指导学的人所进行的学习活动；狭义的教学是指学校教学，是教师以课程内容为中介，有目的、有意识地引导学生进行的教和学相统一的活动。

二、教学的地位和作用

(一)教学的地位

教学是学校教育的重要组成部分，它是学校教育的中心工作。下面从三个方面阐述教学的地位。

1. 教学是实现学校教育的主要途径

学校教育的途径是多种多样的，包括教学、社会活动、党团活动等。在所有的教育途径中，教学是占用时间、设施和人员最多的活动，这在客观上明确了教学的中心地位。

2. 教学直接体现学校教育的目的

教育的主要目的是促进学生的全面发展，并为学生终身发展奠定基础。在学校教育中，教学是教育目的的直接体现。教学的主要任务是教师借助课程内容，向学生传授知识和技能，使学生在知识、技能、态度、情感和价值观等方面得到发展。从这个意义上说，教学比较直接、全面地体现了学校教育的目的。

3．教学是学校活动的核心

学校工作主要分为教学工作、党务工作、行政工作和总务工作，而后三种工作主要是为教学工作服务的。这从学校工作范围上说明了教学在学校教育中的核心地位。

(二)教学的作用

教学地位的重要性主要是由教学的作用决定的。教学的作用主要表现在以下两个方面。

1．教学为学生发展奠定基础

在教学活动中，教师通过向学生传授知识和技能，促进学生知识、技能、情感、态度和价值观的发展，为学生终身学习以及走向社会、实现社会化奠定基础。

2．教学为学生社会化做好准备

在学校教学活动中，学生利用较短的时间，掌握人类几千年积累的知识，为自己走向社会奠定知识基础。学校也是一个组织，在这个团体中，人们必须进行交往。在学校教学活动中，通过教师和学生之间的交往、学生和学生之间的互动，学生可以了解人与人之间交往的基本准则和礼仪，为他们走向社会奠定基础。学校教学可以看作学生走向社会的一种预演，是学生走向社会所做的必要准备。正如佐藤正夫所说："教学的课题就在于最大限度地发展人的潜力，使之掌握一定的知识、技能和能力，作为一个人在社会中出色地活动，为社会存续发展与人类进步向上做出贡献。"[1]

此外，教学还具有促进学校自身发展的功能。学校通过改进教学，不断地提高教学质量，促进学校自身的发展。

第二节　教学论的研究对象与任务

研究对象是人们认识教学论的基本形式。教学论的研究对象决定教学论有自己的研究任务。

一、教学论的研究对象

古往今来，由于人们的研究视野不同，对教学论的研究对象的认识也不同。总的来说，国内外专家学者对教学论研究对象的认识主要有以下几种。

(一)教学论的研究对象是教学规律

持这种观点的专家学者认为教学论的研究对象就是研究和探讨教学规律。对于研究和解释何种规律，人们持有不同的观点。

---

[1] 佐藤正夫. 教学论原理[M]. 钟启权，译. 北京：人民教育出版社，1996.

(1) 北京师范大学的王策三先生坚持教学论必须研究教学的一般规律。[①]

(2) 徐勋教授主张教学过程中教与学双边活动及其客观规律是教学论的研究对象。

(3) 在西方，德国的克拉克(Clark)认为教学论主要是研究教学过程中德育与智育相统一的规律。

(4) 南斯拉夫的鲍良克(V. Povak)提出教学论只是研究一般教养的规律。[②]

(5) 苏联的斯卡特金(M. H. CkaTKHHa)指出教学论的研究对象是教与学的联系、相互作用及统一。[③]

也有一些学者把教学对象看作教学规律的观点提出异议，认为把研究对象界定为教学规律，主要受教育学研究对象界定的影响。这种研究的最大的弱点是太笼统，很难进行研究。

(二)教学论的研究对象是教学变量或者教学要素

西方的教学论研究者多持有这种观点。

(1) 唐肯(M. J. Dukin)和比德(B. J. Biddle)认为，教学论的研究对象是先在变量(教师个人特点)、过程变量(教学行为及其改变)、情境变量(教学环境状况)和结果变量(学习结果)这几种教学变量。[④]

(2) 瑞典学者胡森(Torsten Husen)在其主编的《国际教育百科全书》中详细介绍了教学研究的 10 种变量，并研究了各种变量之间的关系。仅把教学论的研究对象看作各种变量的研究，容易忽视教学研究的整体性，肢解了教学各个要素的整体联系。

(三)教学论的研究对象是教与学的活动

这种观点的提出者是田慧生。他认为"教育领域中的教与学的活动是教学论的研究对象"，具体地说，要研究"教与学的关系""教与学的条件""教与学的操作"这三个方面。[⑤]叶澜教授也在《教育研究及其方法》一书中表达了这种观点。把教学论的研究对象界定为教与学的活动，强调了教学论研究的实践层面，关注教学实践，但是在强调实践层面的同时，容易忽略对教学理论的研究。

国内外的学者们围绕教学论的研究对象阐述了各自的观点，但是每种观点都有不完善的地方。我们认为教学论的研究对象是教学问题。[⑥]教学问题具有以下含义。

(1) 教学问题既包含理论问题，也包含实践问题。也就是说，教学问题是理论问题与实践问题的结合。

(2) 教学问题有不同的类型。根据不同的划分标准，教学问题可以划分为不同的类型，如表 1-1 所示。

① 王策三. 教学论稿[M]. 北京：人民教育出版社，1985.

② 田慧生. 对教学论学科性质、地位与研究对象的再认识[J]. 教育研究，1997(8)：54～57.

③ 斯卡特金. 中学教学论——当代教学论的几个问题[M]. 赵维贤，译. 北京：人民教育出版社，1985.

④ 杨小微. 现代教学论[M]. 太原：山西教育出版社，2004.

⑤ 田慧生. 对教学论学科性质、地位与研究对象的再认识[J]. 教育研究，1997(8)：54～57.

⑥ 此处借鉴了黄甫全先生的《现代课程与教学论学程》的观点(请参阅：黄甫全. 现代课程与教学论学程[M]. 北京：人民教育出版社，2006)。

表 1-1 教学问题的类型

划分依据	类型名称
研究价值	常识问题和未知问题
研究深度	表象问题和实质问题
涉及范围	大问题和小问题

(3) 教学问题涵盖范围广泛。教学问题不仅指现代的教学理论与实践问题，还包含过去已经发生的教学问题。

二、教学论的任务

作为教育科学的分支学科，教学论的基本任务是认识教学现象，解释教学规律，指导教学实践。教学现象是教学实践活动中表现出来的外部形态与联系。它是教学活动的外在表现形式，是比较容易把握和捕捉的形态。人们通过对教学现象的研究，寻找隐藏在教学现象背后的种种联系，进而揭示教学规律。

教学规律是教学过程中，教学各个要素之间、教学要素与外部表现本质的必然的联系。相对于教学现象来说，教学规律较稳定，是不以人的意志为转移的客观规律。教学论就是要揭示教学要素之间必然的联系和教学要素与外部之间的联系，从而更好地为教学服务，提高教学质量。研究教学现象、揭示教学规律的根本目的在于指导教学实践。长期以来，人们一直对教学论的指导功能持有怀疑态度。造成这种情况的原因，一方面在于学科体系本身，另一方面在于理论研究与实践探索之间的长期分离。这两种原因导致人们不会或者不能把理论应用于实践。在教育改革的今天，理论与实践之间的关系日益密切，教学论这个方面的功能日益凸显。

三、教学论与课程论的关系

随着科学技术的发展、人类文明的进步，教学内容成为人们关注的焦点。1859 年，英国的斯宾塞(Herbert Spencer)在《什么知识最有价值》中，明确提出了"科学知识最有价值"的论断。进入 20 世纪，随着知识累积速度的增加，"教什么"成为人们必须面对和解决的问题。1949 年，泰勒(Ralph W. Tyler)著的《课程与教学的基本原理》一书的出版，标志着课程脱离了教学母体，成为独立的学科。课程论的形成，产生了一个重要的问题：课程论与教学论是什么关系？

纵观国内外，关于教学论与课程论的关系主要有以下几种观点。[1][2]

(一)二元独立论

这种观点认为，课程论和教学论有不同的研究领域。课程是学习内容或者是教材，教学关注内容传递的过程与方法。内容与过程、教材与方法是截然分开的，分属不同的领域。

---

① 黄甫全，王本陆. 现代教学论学程[M]. 北京：教育科学出版社，1998.

② 马云鹏. 课程与教学论[M]. 北京：中央广播电视大学出版社，2005.

课程是以价值—目标取向为主的学习内容，这些内容存在于书面文件或者教师心中，当被教学活化的时候，这些内容就会导致学生行为产生变化……课程是一组学习内容，教学则是通向学习的方法渠道。[1]也有人认为课程是学习的结果，而教学是实现或者达到目标的手段。课程是一系列有组织、有意识的学习结果。课程规定了教学的结果，但它并不规定用以达成结果的手段，这些手段包括活动、材料，甚至是教学内容。[2]二元独立论强调教学论与课程论在教育学科领域的地位，为各自领域的合法性进行辩护。

(二)相互包含论

持有相互包含论的学者主要分为两派：教学论包含课程论、课程论包含教学论。教学论包含课程论的观点认为，课程只涉及教学内容，是教学的一个组成部分。苏联和我国的一些专家学者一直持有这种观点。这种只见教学、不见课程的观点，限制了课程研究的视野，给课程实施带来了一定困难。课程论包含教学论的观点认为，课程是一个大的概念，它的内涵和外延都比教学大。北美以及我国的一部分学者持有这种观点。

(三)相互影响论

这种观点认为，课程与教学是各自独立的系统，但是它们之间相互影响。这种影响主要表现在两个方面：①课程论与教学论有一部分内容相互交叉，对共同部分的研究影响课程与教学的发展。②课程论与教学论虽然独立存在，但又有互为反馈的关系，课程论发展影响教学论，反之亦然。

在回顾课程论与教学论关系的时候，我们发现学者是处于不同的立场阐述他们对课程与教学的认识。区分的根本目的在于确立各自学科的合理性。随着现代社会学科之间综合趋势的逐渐增强，课程论与教学论之间逐渐呈现相互融合的趋势。

第三节　教学论发展的历史沿革

教学理论经历了从产生到发展的过程，对这一过程的认识，可以为我们更好地了解和研究教学理论提供依据。

📖 拓展阅读 1-1：

扫右侧二维码阅读《改革开放 40 年我国教学论史研究：进展、问题与瞻望》的相关内容。

拓展阅读 1-1

一、教学论的萌芽阶段(16 世纪以前)

尽管我们无法确定教学论产生的具体时间，但是可以准确地说，它是在人类社会对教学活动的不断探索过程中逐渐形成的。从某种意义上说，教育最主要的问题是教学论问题。

---

① InLow GM．The Emergent in Curriculum[M]．2nd ed．New York: Wiley, 1973.

② Johnson M Jr．Definitions and Models in Curriculum Theory[J]．Educational Theory, 1967.

漫长的古代社会虽然并未形成系统的理论体系，一些理论只是散见于思想家的言论与著作中，但是教学论已经形成了萌芽，出现了具有代表性的人物与著作。

中国古代最具代表性的人物是孔子。孔子关于教学的思想主要体现在《论语》中。孔子的教学思想主要有：①在"性相近，习相远"的基础上，阐明了教育对社会和人发展的作用。②提倡"有教无类"的办学方针，打破了贵族对学校教育的垄断，扩大了教育的范围，有利于中华民族文化的发展。③培养德才兼备的君子，提出"学而优则仕"的主张。④确定了"六艺"为主的教学内容，在教材方面做出了重要贡献。⑤总结和提出了行之有效的教学方法，比如学、思、行相结合，启发诱导以及因材施教，他所提倡的启发诱导和因材施教的方法对后世产生了深远的影响。⑥倡导道德修养，总结和概括了很多加强道德修养的方法。⑦阐明教师应该具备的基本条件。

中国古代的《学记》是我国和世界文化教育史上的光辉著作，是中国古代最早的专门论述教育、教学问题的专著。它系统地总结了先秦时期的儒家教育思想，主要内容包括教育的作用和目的，教育制度与学校管理，教育、教学的原则与方法。首先，《学记》系统地阐述了教学与政治、教学与人发展的关系，表明了教育的目的与作用。其次，《学记》系统地论述了教育制度与学校管理问题，提出了从中央到地方学校行政建制的设想，详细地阐述了教育程度和考试制度。最后，《学记》提出了一系列教学原则与方法。

古希腊、古罗马的教育思想是西方乃至全世界的宝贵遗产。古希腊的苏格拉底(Socrates)主要采用苏格拉底法进行教学。苏格拉底法也称为产婆术原理。他在教学中不是把知识直接教给学生，而是通过讨论、问答、谈话等方式，由学生自己得出结论。它包括讥讽(不断地提出问题使对方自陷矛盾最终承认自己的无知)、助产(帮助对方得到问题的正确答案)、归纳(从各种具体事物中找到事物的共性和本质)、定义(把个别事物归入一般概念)四个步骤。柏拉图(Plato)从理念世界出发，构想了完整的教育体系，对每个阶段的教育内容、方法以及评价提出了详细的主张。亚里士多德(Aristotle)则第一次提出和论证教育适应自然的主张，并划分了相应的教育阶段。

古罗马教育家昆体良(M. F. Quintilianus)的《论演说家的培养》是西方最早的教学方法论著，其中主要阐述了以下几个问题：①教育的目的与作用。昆体良认为，教育的目的在于培养具有崇高品德、精于雄辩的人。实现教育的目的必须以人的天赋为基础，做到在"教学中适合个人的特殊情况和需要，使每个学生能发挥各自的长处"。[①]②在教学组织形式、原则与方法方面提出了精辟的见解。在教学组织形式上，昆体良最早提出了积极教学的设想，倡导因材施教，主张教学要适度，注意学生能力的培养，改进教学方法。西方的学者继承和发展了古希腊和古罗马的教育教学思想，提出了许多教育教学新主张。

从总体上看，萌芽阶段的教学论呈现如下特点：①没有形成系统的教学论体系。②关注教育的目的，东西方形成不同价值取向的教育目的。③对教学过程进行初步的研究与探索。④初步涉及教学内容问题，但是没有形成独立的学科领域。⑤教育内容的选择问题尚不突出，教育内容直接来自主流文化，课本就是经典著作。[②]

---

① 单中惠. 西方教育思想史[M]. 太原：山西人民出版社，1996.

② 黄甫全，王本陆. 现代教学论学程[M]. 北京：教育科学出版社，1998.

二、教学论的发展阶段(17世纪—20世纪初)

文艺复兴运动以后,欧洲经历了从封建社会向资本主义社会的转型,新兴的资产阶级为了稳固自己的统治,在政治、经济和文化领域迫切需要大量的人才。这种社会需求极大地促进了学校教育的发展,推动了教育教学思想的变革。在教学论发展阶段,呈现出以下特点。

(一)出现了教学论专著,经验描述开始转向学科体系构建

1632年,捷克著名教育家夸美纽斯在长期的教育实践的基础上,对教育教学理论进行系统的总结,出版了《大教学论》。《大教学论》是教学论成为一门独立学科的标志。夸美纽斯的主要贡献在于:①明确界定了教学论的学科性质。夸美纽斯提出撰写《大教学论》的目的是掌握"把一切事物教给一切人的艺术"。②提出了教学适应自然的原则,开创了"自然主义教育学"理论流派的先河,对西方教育学的发展产生了深远的影响。③提出了一系列教学原则,对教育教学原则进行了相关的探讨。④系统地总结了学年制和班级授课制度,对教学组织形式的发展产生了重要影响。⑤提出了"泛智主义教育",对教学内容进行了相关的研究。⑥提出了教材编写的系列原则及方法。

📖 **拓展阅读1-2:**

扫右侧二维码阅读《拉特克与教学论》的相关内容。

拓展阅读1-2

在教学论的学科体系建设上具有划时代意义的一个人是德国的教育家赫尔巴特(J. F. Herbart)。1806年,他出版了《普通教育学》一书。赫尔巴特在教学论领域的贡献主要体现在两个方面:①第一次为教学确立心理学基础。在教学发展的历史上,虽然也涉及儿童心理规律等方面,但是没有一个人尝试将心理学与教学结合起来。赫尔巴特找到了教学的心理学基础,并由此开始了教育心理学化运动。②提出了教学过程理论。赫尔巴特从观念心理学出发,提出了教学过程的四个阶段,即明了、联想、系统和方法。这种理论经过赖因(W. Rein)和齐勒(J. Ziller)的发展,对后世的教学实践产生了重要影响。此外,赫尔巴特还对兴趣培养进行了相关论述。赫尔巴特对教学理论最突出的贡献在于确立了传统教学的三个中心:以教师为中心、以课堂为中心和以教材为中心。此外,在学科体系建设上,英国的洛克(J. Locke)、瑞士的裴斯泰洛齐(J. H. Pestalozzi)、法国的卢梭(J. J. Rousseau)等人也做出了突出贡献。

(二)教学理论研究进一步深化

历经萌芽阶段的发展,人们对教学相关问题的认识更加深化,表现在两个方面:①对教学过程的阶段进行理论研究。从夸美纽斯的教学过程遵循自然的思想到赫尔巴特的教学过程四阶段理论,体现了人们对教学过程的研究在不断深化。②对教学内容更加关注。如果说萌芽阶段人们所关注的教学内容是零散的、没有形成体系化的认识,那么到了发展阶段人们开始关注如何科学地设置教学内容,形式教育与实质教育成为教学内容争论的焦点。两者的对立推动了教学认识论的发展。

三、教学论的繁荣阶段(20 世纪初至今)

20 世纪被认为是教育的黄金时代。在这个时代,变革成为时代的主旋律,而教学论正是在冲突与融合中步入了繁荣期。这一阶段的教学理论发展呈现以下趋势。

(一)多种流派并存,发展趋向多元化

由于科学技术的飞速发展以及相邻学科的发展,处于繁荣期的教学论呈现出多元发展态势。这种多元发展表现在两个方面:①全世界形成了几个风格迥异的教学理论流派。②各国之间乃至一个国家内部保持不同的风格与流派。

就地区发展来看,苏联、东欧、西欧与北美、亚洲等教学论具有各自的风格与特点。以苏联、东欧为代表的教学论主要有赞可夫的发展性教学论,巴班斯基的教学最优化思想,以阿莫那什维利(Amonashivili)、沙塔罗夫(Satanlovy)为代表的合作教育学思想。苏联对教学理论最大的贡献是对课堂教学的研究,他们确定了课堂教学的基本环节以及课的类型,把班级授课制发展到极致。在西欧,德国教学论形成了以瓦根舍因(M. Wagenschin)、克拉夫基(W. Kalafki)为代表的范例教学,以保罗·海曼(Paul Heimann)为首的柏林教学论流派。其中,范例教学对世界教学理论的发展产生了深远的影响。20 世纪以来的美国一直致力于教学理论的研究。美国的教学论流派纷呈,思潮迭起,并且构成了各派独树一帜而又糅合交叠的争鸣局面。[①]在美国教学发展历史上最著名的是杜威(J. Dewey),他被称为具有划时代意义的人物。他提出经验主义课程,主张教学过程中的"做中学",打破了以赫尔巴特为代表的传统教学主张。基于对传统教学的批判,杜威确立了课堂教学的新三中心:以儿童为中心、以经验为中心和以活动为中心。杜威的这些思想对后来教育教学理论的变革产生了深远的影响。此外,反映新行为主义思潮的斯金纳(B. F. Skinner)的程序教学、布鲁纳(J. S. Bruner)的认知结构教学论、布鲁姆(Benjiamin S.Bloom)的掌握学习理论、罗杰斯(C.R. Rogers)的人本主义教学理论都极大地促进了美国乃至全世界教学理论的发展。进入 21 世纪,后现代的教育观、建构主义的教学理论的出现,使得教学理论的发展不断向前推进。

拓展阅读 1-3:

扫右侧二维码阅读《赞科夫发展性教学论的五大原则》的相关内容。

(二)课程与教学分离,成为独立的学科领域

拓展阅读 1-3

随着科学技术的发展、知识累积速度的加快,人们日益重视"教什么"的问题。因此,形成独立于教学论的课程论知识体系成为一种必然的选择。在此背景下,课程论成为一门独立的分支学科。1918 年,美国的博比特出版了《课程论》,课程开始成为专门的研究领域。1949 年,泰勒的《课程与教学基本原理》一书的出版,标志着课程论成为一门独立的学科。

---

① 钟启泉,黄志成. 美国教学论流派[M]. 西安:陕西人民出版社,1993.

(三)形成科学的教学论理论基础

赫尔巴特所倡导的教育教学心理学化的思想，在 20 世纪的西方得以实现。因此，教学论形成三个重要的理论基础：哲学、心理学和社会学。这些理论基础推动了教学理论的发展。

(四)教学技术对教学的影响越来越突出

从 20 世纪 20 年代美国的教学机器，到 50 年代的基于教学机器的程序教学，再到现代的多媒体教学的蓬勃发展，伴随科学技术的进步，教学技术不断得到改进，不断影响和改变着人们的教学观念、教学模式以及教学方式与方法。

四、当代教学观的演变趋势①

(一)从重视教师向师生并重转变

教师和学生在教育过程中处于什么地位，一直是近代、现代教育史争论的问题。无论是国外还是国内，基本上形成了两种对立的观点：教师中心说和学生中心说。随着社会的发展以及人们对教育教学研究的深入，传统的以教师为中心、只重视教师的观念发生了变化。现代教学更加强调教师和学生的双向互动，在教学过程中忽视任何一方都会影响教学质量，况且以人为本的教育恰恰反映了教师与学生地位的并重。

(二)从重视知识传授向关注能力培养转变

在传统社会中，掌握知识的多少在某种程度上代表了人的地位和学识，因此学校教育的唯一目的是传授知识。在社会飞速发展的今天，知识累积速度的增加，以及社会对人才培养规格的转变，促使教育必须改变原有的教学观念。新的观念要求学生在掌握知识的基础上发展能力。换句话说，就是要求教师在课堂教学中把死的知识转化为学生的能力。

(三)从重视教法向重视学法转变

传统观念关注教师的教法，教法代替学法，导致学生学习能力的缺失。随着社会的发展，人们逐渐认识到教学过程实质上是学生主动学习的过程。学生没有学习的主动性，就不可能充分发挥教学应有的作用。因此，在新教育改革背景下，人们越来越关注学生学法的研究。

(四)从重视认知向重视发展转变

在传统观念中，教学被认为是特殊的认知过程。在这种观念的指导下，同时受到教学过程其他因素的影响，教学过于关注学生的智力，导致其片面或者畸形发展。科学的发展，使人们越来越意识到人的发展不仅局限在智力方面，教学还应该是促进学生和谐发展的工具。

(五)从重视结果向重视过程转变

传统教学关注教学的结果，把结果当作评价教师和学生及教学质量的唯一标准。这种

---

① 黄甫全，王本陆. 现代教学论学程[M]. 北京：教育科学出版社，1998.

以结果为标准的评价方式，严重制约了学生的发展，教学在某种程度上成为培养少数精英的工具。现代教学不仅关注学生的学习结果，而且关注学生的学习过程，提倡学生在过程中学习和成长。

(六)从重视预设向重视生成转变

在传统教学中，所有的课堂教学都是由教师预设的，教学是按照既定的程序进行的。这种预设型的教学把教师的思维、思想和观念传递给学生，学生是被动的接受者，是教师灌输知识的对象。过多关注预设的结果导致学生不会思维，压抑和抹杀了学生的个性。随着教学观念的变革，现代教学更加强调教学的生成性。课堂不再是由教师控制、严格按照预定程序运行的机器，而是在师生对话过程中的生成性教学。生成性教学强调教学的"节外生枝"，强调教学的动态性，调动学生学习的积极性和主动性，把课堂变成教师和学生共同学习的场所。

第四节　教学论的基础

教学理论不是凭空产生的，它有着深厚的基础。哲学、心理学、文化和社会学是教学论的三大理论基石。

一、教学论的哲学基础

哲学对教学至关重要，因为学校教职员工所倡导或者反映的哲学观影响其教学内容和教学组织形式。具体来说，哲学对教学发展的影响表现在以下几个方面。

(一)哲学为教学论提供基础和理论依据

哲学解放了教师的想象力，同时又指导教师的理性思维。教师追溯各种教育问题的哲学根源，从而能以比较广阔的视角来看待这些问题。教师通过哲学的思考，寻求解决教学问题的方法。教学理论的发展与哲学息息相关，早期教育教学理论就是混杂在哲学以及其他著作中的。哲学不断地推动教学理论与实践的发展，为其发展注入新的活力。

教学论不仅仅是哲学问题、概念、命题的应用，而且是哲学问题、概念、命题生长的地方。正如杜威所说："教育哲学并非把现成的观念从外部应用于起源与目的根本不同的实践体系，教育哲学不过是就当代社会生活的种种困难，明确地表述培养正确的理性思维习惯和道德习惯的问题。所以我们能给哲学下的最深刻的定义是，哲学是教育的最一般方面的理论。"[1]

哲学对教学论的影响主要体现在三个方面：①影响教学目标。教学目标是对未来人才培养的总体设想，持有不同哲学信仰的人会有不同的教学内容、不同的教学目的。②影响教学价值观。人是价值的存在，人的全部生活都是由价值构建的。教学本身就具有一定的意向性和价值理性，这种意向性和价值理性是以哲学为基础的。不同的流派、不同的人持

---

[1] 杜威. 民主主义与教育[M]. 王承绪，译. 北京：人民教育出版社，2001.

有的哲学价值观念不同，就会形成不同的教学价值观。从历史上看，教育对人的发展价值与教育对社会的发展价值之间的争论就是哲学价值观在教学中的体现。③影响教学内容体系。知识是构成教学内容的主体，离开了知识，教学也就成了无源之水和无本之木。在哲学视野下，知识论属于认识论的范畴，不同的哲学流派对知识性质的界定，往往会影响教学内容的选择。

人们认为，现代知识的性质是中立的、普遍的、客观的，体现在教学上就是科学知识具有至高无上的地位，学科教学占据主导地位，教学的主要任务是传递知识。而在后现代视野下，知识具有文化性、境遇性和价值性，在教学上强调人文知识教学，强调教学内容的本土性。概而言之，哲学的作用在于：解决人们已经能够认识清楚并且提炼出来的各种重大问题。那些不能用哲学去思考问题的教育工作者必然是肤浅的。一个肤浅的教育工作者，可能是好的工作者，也可能是坏的工作者，好也好得有限，而坏则每况愈下。①

(二)哲学是阐释和解读各种教学流派的工具

不同的教学流派，都有其深厚的哲学基础，如果不能利用哲学的工具进行解读，我们就不能很好地阐释它们的思想和用意。因此，哲学是我们与各种教学流派对话的工具。在教学发展历史上，赫尔巴特和杜威是两个具有里程碑意义的人物。赫尔巴特是传统教学的代表，而杜威则是现代教学的旗手。当深入探讨这两位教育家思想背后的差异的时候，我们会发现起决定作用的是二人所信奉的哲学观念。

赫尔巴特认为，要使教育学成为真正的科学，就必须以实践哲学观念作为基础。赫尔巴特赞成康德的把理论哲学和实践哲学分开的观点，以及不变的普遍的道德原则，但是他摒弃了康德伦理规范的最高原则——绝对命令，而代之以道德观念。②正是在这种哲学观念的指导下，赫尔巴特提出了传统的教育教学的思想。

杜威教学理论的哲学基础是实用主义哲学。相对于传统哲学，实用主义哲学以变化的过程和关系作为基础。实用主义把知识看作现实及其不断变化的过程。学习的实质是学习者和环境之间的互动。③对实用主义来说，理想的教学方法不是要学习者学会思考什么问题，而是教他们怎样进行批判性思考。因此，他们认为方法比学科内容重要。教学不是解释的过程，而是探索的过程。从实用主义哲学出发，杜威把教育看作改善(而不是接受)人类处境的一个过程，把学校看作与社会环境一致的专门场所——学校即社会。④学科内容不是单一的，而是跨学科的。这种跨学科内容的安排主要强调问题的解决，而不是单纯掌握已经组织好的学科内容。从这样一种哲学观念出发，杜威构建了一套与传统教学截然不同的体系，这种截然不同的体系对世界教学论的发展产生了深远的影响。

拓展阅读 1-4：

扫右侧二维码阅读《后现代主义教学观》的相关内容。

拓展阅读 1-4

① 陈友松. 当代西方教育哲学[M]. 北京：教育科学出版社，1982.

② 单中惠. 西方教育思想史[M]. 太原：山西人民出版社，1996.

③④ 艾伦·C.奥恩斯坦，费朗西斯·P.汉金斯. 课程：基础、原理与问题[M]. 柯森，译. 南京：江苏教育出版社，2002.

二、教学论的心理学基础

现代教学论之所谓现代，在很大程度上是因为它意识到传统教学论忘记了"学"产生的弊端，将教学理论自觉地建立在心理学有关人的发展和学习过程的科学描述上。[①]从产生开始，教学就与心理学之间有着千丝万缕的联系。在教学发展的历程中，人们总是尝试在人的心理基础上建立科学教学论体系。作为基础，心理学对教学论的影响主要表现在以下几个方面。

(一)学习观的变革推动教学论的发展

学习是学习者因经验而引起的行为、能力和心理倾向的比较持久的变化。这些变化不是因成熟、疾病或药物引起的，而且也不一定表现出外显的行为。[②]学习也是教学论中的重要概念。人怎样学习，教学中就会采用怎样有助于学习的教学设计和实践。可以说，学习理论的变革推动教学理论的不断发展。尤其是 20 世纪，心理学对教学的发展产生了巨大影响。行为主义心理学继承了亚里士多德、笛卡尔(R. Descartes)、洛克和卢梭对学习本质的哲学推论，强调条件反射行为和环境的改变可以诱发学习者的选择性反应。无论是古典行为主义的代表人物华生(J. B. Watson)，还是新行为主义的代表人物桑代克(E. Thorndike)，都把学习看作习惯的形成，教学被看作加强预期连接的形成。这种观念反映在教学中，就是要求教师通过强化已建立的刺激—反应之间的联系，学生通过不断地重复强化，从而实现教学目标。

教育的功能是帮助学生学习通过教材反映的现实世界，教师的作用就是将教材解释给学生听。学习者被告知这个世界是什么样的，并要求在其思维中复制这个世界的内容和结构。由此导致的结果是，教学必然带有控制的性质，是一个传递固定、程序化的客观真理的过程，学生的心智是教学过程的塑造对象，他必须忠实地接受、反映、复制各门学科所体现的真理知识，因而只能处于一种被动状态。

行为主义使教学过程遵循一定的顺序与步骤，这在一定程度上能够提高获得知识的速度。但是行为主义把人的学习简单化、机械化，忽视了人的主观能动性。基于理性的传统认知心理学则把学习看作知识建构的过程，所谓的学习需要对信息作出解释，而不是记录信息。这种建构主义的学习观与传统的知识传递的学习观是截然不同的。在建构主义者看来，学习不是简单地外界灌输的结果，它是学生主动建构的过程，理解与意义的形成是学习者个体建构的结果，教学被看作促进这种意义建构而设计的学习环境。

认知主义者关注的是学习者内部心智的研究，以及如何促进心智的发展。而以马斯洛、罗杰斯为代表的人本主义心理学则开辟了另一个渠道，认为有效的心理学必须探讨人的情感、对经验的看法以及在特定情境中的行为。人本主义心理学认为，要理解人的行为，就必须理解行为者所知觉的世界，即要从行为者的角度来看待事物。如果学习内容对学生没有什么个人意义，学习就不大可能发生。他们感兴趣的是自我概念的发展、人际关系的训

---

① 裴娣娜. 现代教学论(第一卷)[M]. 北京：人民教育出版社，2008.

② 施良方. 学习论[M]. 北京：人民教育出版社，1994.

练，以及其他情感方面的因素。换言之，人本主义理论更加关注的是外在心理环境对学习的影响。任何一种心理学理论都对教学理论的发展有影响。教学理论在不同学习理论的推动下，日益走向科学化。

拓展阅读1-5：

扫右侧二维码阅读《建构主义教学理论》的相关内容。

拓展阅读1-5

(二)儿童观影响人们的学生观

教育是人与人之间进行的精神交流与对话。人的知识是教育中最重要的知识。因此，对人的知识的把握，在某种程度上决定教育教学功能发挥的程度。心理学中的人的知识主要是对儿童观的把握。从柏拉图的儿童发展等级论、宗教的儿童原罪说、近代人们对儿童发展因素的研究，到现代人们所确立的科学的儿童发展观，每一种儿童发展观都影响人们对学生的观念，支配着教师的教学思想和行为。现代社会，人们越来越尊重儿童的天性、兴趣和人格，主张教学应该采用启发疏导等方式，培养学生完美的品质。现代学生观的转变体现在以下三个方面。[①]

(1) 学生发展的主体观。学生是自我学习、自我发展的主体，他们的选择应该受到尊重。

(2) 学生发展的整体观。学生的发展应该是知识、技能、情感、心理品质等综合素质的全面发展。

(3) 师生之间的平等观。学生在人际交往中获得经验、改变想法，交往应该是平等的、民主的，成功的教育是保护个性的教育、快乐的教育。

三、教学论的文化和社会学基础

任何时代的教学理论都离不开特定的文化和社会环境，并深深地打上了那个时代的烙印。文化和社会从整体上决定教学论的内涵以及价值取向。总的来说，文化和社会因素对教学论的影响主要表现在以下两个方面。

(一)文化和社会因素渗透在教学论中

文化和社会因素对教学论的影响不是抽象的，而是具体存在于教学领域中。进入学校的知识本质上是一种文化，是一种经过社会选择的"主流文化"。经过人为的选择，文化和社会因素渗透在教学目标、教学模式以及相应的评价标准中，其中隐含的意义是：这些知识是谁的知识？知识是由谁来选择的？正是通过这些，文化和社会因素形成了对教学的制约机制。当文化和社会因素渗透到教学领域，并与教学理论有机结合，就会形成一种特殊的文化和社会现象。这种特殊的文化和社会现象，反映了文化和社会因素，同时也使教学有明显特色。

(二)文化和社会因素影响教学的价值取向

文化在人类社会生活中无孔不入地存在着，潜移默化地影响着教学。一种文化精神的

---

① 马云鹏. 课程与教学论[M]. 北京：中央广播电视大学出版社，2005.

结构体系，决定着该文化体系之下教育传统的价值取向和基本特征。①不同的文化和社会形成不同的价值观，这种价值观对本民族、本地区的教学发展具有重要影响，并使教学具有鲜明的地方特色。

美国之所以形成了不同的教学理论发展路径，其根本原因在于文化和社会因素的影响。美国秉承了西方关注个体、关注人个性发展的传统，突出强调教育教学对自我发展的意义，所以其主流的教育价值取向是个人本位。

中国以儒家思想为主的价值观重视伦理，以道德教育为准绳，重义轻利，重整体轻个体，重和谐轻竞争。不同的价值取向对教学提出了不同的要求，这种要求表现在以下两个方面：①在正确认识本国文化和社会因素的基础上，发挥本国教学的优良传统。②在引进和借鉴国外教学理论时，做好外来理论与本民族教学传统的对接。这种对接不是盲目接受外来理论，而是对理论实现本土化改造，使其更好地为本国教学服务。

本 章 小 结

对于任何一门学科，人们都会自觉或不自觉地追问其研究领域和发展历程。无论是东方还是西方，教学的核心都是教与学相统一的活动。对于教学重要性的认同，使教学在学校教育中居于核心地位。教学论的研究对象是教学问题，通过对这些问题的研究与探讨，教学完成其根本任务。课程论是从教学论中分离出来的学科，但它们之间又有着千丝万缕的联系。教学论的发展经历萌芽期、发展期和繁荣期，其间经过教育家和思想家的不断发展和完善，逐渐形成了科学的教学论体系。科学体系的形成根植于坚实的基础，心理学、哲学和社会学是教学论的三大基石。

【推荐阅读】

[1] 黄甫全. 现代课程与教学论学程[M]. 北京：人民教育出版社，2006.

[2] 张楚廷. 课程与教学哲学[M]. 北京：人民教育出版社，2003.

[3] 巨瑛梅，刘旭东. 当代国外教学理论[M]. 北京：教育科学出版社，2004.

[4] 于泽元. 教学论理论范式的比较与超越：以大陆地区为例[J]. 西南大学学报，2009(6).

[5] 李森，张东. 教学论研究三十年：实然之境与应然之策[J]. 西南大学学报，2009(6): 118-124.

[6] 施良方. 学习论[M]. 北京：人民教育出版社，1994.

[7] 杜威. 民主主义与教育[M]. 王承绪，译. 北京：人民教育出版社，2001.

[8] 陈佑清. 教学论新编[M]. 北京：人民教育出版社，2013.

[9] 单中惠. 西方教育思想[M]史. 太原：山西人民出版社，1996.

[10] 单文经. 教学引论[M]. 上海：上海科技教育出版社，2003.

[11] 夸美纽斯. 大教学论[M]. 傅任敢，译. 北京：人民教育出版社，1984.

[12] 陈旭远. 课程与教学论[M]. 北京：北京师范大学出版社，2015.

---

① 丁钢. 历史与现实之间：中国教育传统的理论探索[M]. 北京：教育科学出版社，2002.

[13] 李定仁，徐继存. 教学论研究 20 年[M]. 北京：人民教育出版社，2001.

[14] 黄显华，朱嘉颖. 一个都不能少：个别差异的处理[M]. 上海：上海科技教育出版社，2003.

[15] 赖志奎. 现代教学论[M]. 杭州：杭州大学出版社，1998.

[16] 杨小微. 现代教学论[M]. 太原：山西教育出版社，2004.

思考与练习

一、名词解释

教学　　教学论　　教学现象　　教学规律

二、判断题

1. 课程与教学规律是教学论的研究对象。

2. 大教学论主张教学论包含课程论。

3. 哲学是阐释和解读教学流派的工具。

三、简述题

1. 教学定义的视角有哪些？

2. 教学问题的基本类型有哪些？

3. 简述教学的地位和作用。

4. 简述教学论发展经过的阶段。

5. 教学论发展繁荣期的发展趋势有哪些？

6. 简述当代教学观的转向。

7. 简述教学论的哲学基础。

8. 简述教学论的心理学基础。

9. 简述教学论的文化和社会学基础。

【实践课堂】扫右侧二维码阅读相关内容。

实践课堂

成功就是一个人事先树立有价值的目标，然后循序渐进地变为现实的过程。

——格莱恩·布兰德

第二章 教学目标

本章学习目标

➢ 理解教学目标和教学的含义。
➢ 熟悉布鲁姆教育目标分类的相关理论。
➢ 掌握教学目标设计的步骤。
➢ 学会设计教学目标。

 核心概念

教学目标(teaching objectives) 教学目标的分类(the classification of teaching objectives) 教学目标的设计(the design of teaching objectives) 教学目标的表述(the representation of teaching objectives)

 引导案例

两种理念之下《洋流》教学目标续写的对比①

1. 《洋流》三维目标设计

(1) 知识与技能。

了解洋流的概念与成因；知道洋流按不同性质的分类；理解洋流对沿岸气候、渔场形成的影响。

(2) 过程与方法。

绘制世界大洋环流模式简图，归纳世界洋流分布规律，引导学生运用相关知识解释洋流对地理环境及人类活动的影响。

(3) 情感、态度与价值观。

通过小组合作学习，树立正确的资源观和环境观。

---

① 胡继康. 核心素养视角下地理教学目标设计——以"洋流"教学内容为例[J]. 新校园，2022(3)：27-28.

2.《洋流》核心素养目标设计

(1) 综合思维。

了解不同纬度大洋两岸洋流的性质，即暖流和寒流；运用"全球气压带、风带分布示意图"合作探究绘制大洋环流模式简图，学会质疑、交流和合作。

(2) 区域认知。

运用"世界洋流分布图"，分析归纳世界洋流分布的一般规律，即以副热带为中心和副极地为中心的大洋环流模式。

(3) 地理实践力。

以"郑和下西洋"为例，说明洋流对人类活动的影响。认同历史上中国的航海成就，发展勇于探索和冒险的精神。

(4) 人地协调观。

运用"世界气候分布图""世界渔场分布图"等，分析洋流对沿岸气候、渔场以及全球热量的输送、海洋污染的影响，构建地理环境整体性观念。

 案例分析

上述案例体现了我国基础教育教学目标的变化。教学目标从"双基"，走向"三维目标""核心素养"。随着义务教育各科课程标准的修订，"核心素养"成为教学目标设计重要依据。

"核心素养"。随着义务教育各科课程标准的修订，"核心素养"成为教学目标设计重要依据。

 学习指导

本章的重点是了解教学目标的含义以及教学目标分类的理论观点；掌握教学目标设计和表述的方法，学会设计和表述教学目标。难点是理解什么是教学目标的明确化。教学目标的设计是教学活动的开端，在整个教学活动中起着举足轻重的作用，因此，在学习本章时，应在充分理解的基础上，扎实掌握教学目标的设计，为后续部分的学习打下坚实的基础。

教学目标是课堂教学的核心和灵魂，是一切教学活动的出发点和归宿。它是教师在教学活动进行以前对教学将产生的效果(也就是对学生学习结果)的预测和推断。教学目标具有导向、激励和评测的功能。设计课堂教学目标是教师进行教学设计的首要环节，也是教学设计的关键环节。正如布鲁姆所说："有效的教学始于准确地知道期望达到的目标。"因此，科学合理的教学目标的确立关乎整个教学活动的成败。

第一节　教学目标概述

古语有云："凡事预则立，不预则废。"行动之前，对行为目标的预测和对行为过程的设计在很大程度上决定着行为的成败。同理，在教学活动进行之前对教学活动所要达到的结果(即教学目标的预期和设计)对于教学活动的成败同样举足轻重。因此,关于教学目标的研究是教学理论中的一项重要内容。

拓展阅读 2-1:

扫右侧二维码阅读《学校教育目标与教学目标》的相关内容。

拓展阅读 2-1

一、教学目标的含义

如欲对教学目标做深入细致的学习和钻研,一定要先充分理解和分析教学目标的概念以及其与相近概念的联系。

(一)教学目标的概念

所谓教学目标,就是指在教学活动进行之前,教师和学生对教学活动所要达到的学习结果的预期或估计。要想准确理解教学目标的含义,必须注意以下两点。

1. 教学目标的行为主体为学生,而非教师

学生是学习的主体,教学活动的最终目的是促进学生的身心发展,而教师在教学过程中的角色是引导者、促进者,起着主导作用。因此,在设计教学目标时,描述得不应该是"教师做了什么",而应该是"学生能做什么了"。例如,能正确地读出英语单词,能用自己的话说出中国地形的三大特点及其影响,能以恰当的方式踢球、运球和传球等。

典型案例 2-1:

扫右侧二维码阅读《着眼于教师行为和学生行为的教学目标的比较》的相关内容。

典型案例 2-1

2. 教学目标的内容主体为学习结果,而非学习过程

在教学目标中,教师设计的应该是学生在教学活动结束时,学会了什么或学会了做什么,而不应该是学生在教学过程中将要做些什么。比如,有些教师将教学目标设计为"学生学习英语单词的读音和汉语意思"。这就是从教学过程的角度设计的教学目标,混淆了教学设计和教学目标设计的区别。而作为教学目标,就应从学生学习结果的角度去设计,其表述应为"学生能准确地读出英语单词的读音,并说出单词的汉语意思"。

(二)教学目标的三个领域

美国著名心理学家布鲁姆把人类学习分为三个主要的领域,即认知领域、情感领域和动作技能领域。我国中小学生新课标的教学目标分类,也主要是根据布鲁姆的分类方法来分类的。在目标的表述上,各学科的教学目标都包括知识与技能、过程与方法、情感态度与价值观三个领域,也称"三维目标"。

(三)教学目标与教学目的的联系

教学目的体现了在课程标准中规定的教育教学总任务,它根据该学科的特点规定了各章节的教学范围和教学任务,是教与学的出发点和归宿。一般来讲,教学目标是指在课堂

教学中，教师对学生通过教学所能达到的学习结果的预测和估计，它对课堂教学活动的设计起引导作用，对教学的评价起依据作用。

教学目的和教学目标是一般和特殊的关系，同时前者具有稳定性，后者具有灵活性。

首先，教学目的是教学领域为实现教育目的而提出的一种概括性的、总体的要求，它对各级各类学校所有的教学活动都具有普遍的指导意义。而教学目标只是对特定的教学活动起指导作用。教学目的是教育者期望学生通过教学所达到的最终结果，即"期望学生通过教学成为什么样的人"，它是方向、方针，可能只是良好的愿望，实现的时间跨度也比较长；而教学目标则更强调通过短期的，如一个学期、一个单元、一节课的教学，使学生在具体行为上发生变化，如"学生学到了什么知识""学生掌握了哪些技能""学生懂得了什么道理"等。

其次，教学目的体现了社会意志和客观要求，是以指令性的形式表现出来的，更多地带有强制性。而教学目标则较多地体现了教学活动主体的要求，带有相当程度的自主性和自由度。从这个意义上说，教学目的是某一历史时期学校教学的规范，不允许随意变更；而教学目标则是一种策略，可以由教师根据需要加以调整、变更，具有较大的灵活性。

可见，教学目标是实现教学目的的基础，只有在对教学目的具体化后，即提出达到目的的手段、时间以及检验目的是否达到的工具、步骤后，目的才会变成目标。

二、教学目标的功能

明确的教学目标是教学活动成败的关键，它对教学活动的作用主要表现在以下几个方面。

(一)导向功能

教学目标的导向功能主要表现在"三导"：一是指导着教师的教学方向；二是指导着学生的学习方向；三是指导着学习结果的测量与评价的方向。

首先，因为有了教学目标，明确了课堂上教与学的方向，才能有效地避免教师教的随意性，克服学生学的盲目性，符合"要明里探求，不暗中摸索"的教学指导思想。其次，教学目标的明确也使学生形成了持久的动力，可以调动学生学习的主动性和积极性。学生的主观能动性一旦被调动起来，他们就能积极地、自主地去思考和学习，想尽一切办法去实现自己的目标，比起不知所措地盲目跟着教师的"指挥棒"走，教学效果要好得多。最后，学习结果的测量和评价也应与教学活动开始时所设定的教学目标相吻合，这样能使学生对教学过程或者说学习过程有一个明确的审视，从而查缺补漏，为以后的学习奠定坚实的基础，同时，也为后续的学习在方向、方法上提供有益的借鉴。

(二)激励功能

目标是引发个体行为的一个外部诱因，它能给个体带来为实现某个目标全神贯注、克服困难、抵制诱惑的力量，给人们带来巨大的精神动力。教学目标实质上是一种预想的学习结果，而这一结果对学生是有价值、有意义的，因此，它自然就会成为学生产生学习行为的一个强大诱因。也就是说，学生会对能够满足其自身价值的、使其感到有意义的学习行为产生兴趣和需要。我们都知道"兴趣是最好的老师"，一旦有了兴趣，学生的学习就会富有自觉性、积极性和持久性。与此同时，学生持续学习所获得的学习结果将实现预想的学习目标，这又强化了学生的学习兴趣，这样的教学就形成了良性循环，达到教学目标不再是难事。

(三)评测功能

教学目标一旦确定，它的达成与否就成了评测教学效果的重要标准。一些教师在评测一堂课、一个教学课题或一个教学单元的时候，往往仅从课堂气氛是否热烈、学生思维活跃与否、学生参与活动的多少等方面来评价。这种评价标准是表面的、形式化的。科学正确地评价一堂课的成败优劣，应从学生在教师预先设定的知识与技能、过程与方法、情感态度与价值观等方面是否真正达到了目标或达标的程度来作判断。这样教学目标才能落到实处，产生实效，教学质量才会真正得到提高。

第二节　当代教学目标分类理论

教学目标是教学中师生预期达到的学习结果和标准。它的作用贯穿于教学过程的始终，直接影响着教学过程的成败。为了更有效地落实教学目标在教学过程中的作用，就必须将教学目标具体化、序列化，使之成为一套可测定、可操作、看得见、摸得着、便于理解和运用的目标体系，从而使教学目标的各项功能真正落到实处。

教学目标分类的思路是：运用分类学的理论把各项具体教学目标按由简单到复杂、由低级到高级连续递增的分类形式进行有序的排列和组合，构成明确、具体、有序、可测的教学目标分类体系。以下为当代教育界颇有影响力的一些教学目标分类理论。

一、布鲁姆的教学目标分类理论

1956 年，美国著名的教育心理学家布鲁姆出版了《教育目标分类学》一书，第一次提出了用分类学方法分析学生在课堂中发生的各种学习。布鲁姆等人认为教学目标可分为三大领域，即认知领域、情感领域和动作技能领域，每个领域又可分为由低级到高级的若干个不同的层次和水平。

(一)认知领域的教学目标

认知领域的教学目标主要是，使学生掌握大量的科学文化知识，并且在掌握知识的过程中，训练学生的思维，形成分析问题、解决问题的能力。布鲁姆将认知领域的教学目标按由低到高、由简到繁的顺序划分为知道、领会、运用、分析、综合和评价六个层次。这六个层次对知识的理解和把握的程度都是逐步加深的，往往前一个层次是后一个层次的基础，后一个层次是前一个层次的加深。

(1) 知道：对先前学习内容的回忆，包括对具体事实、方法、过程、理论等的回忆。所要求的心理过程主要是记忆，这是最低层次的认知学习结果。

(2) 领会：能够把握学习内容的意义。领会可以通过三种形式表现出来：一是转换，即能将所学内容转换成与学习时不同的方式表达出来。例如，能用自己的语言翻译一首古诗等。二是解释，即能对所学的内容加以说明或概括。例如，概括文章的段落大意，能举例说明某个抽象的概念、定理或定律等。三是推断，即根据所学内容描述的趋势、倾向或给出的条件作出估计或预测。例如，让学生判断放在光滑水平面上的小球受到一个推力作用时将如何运动，地理中根据湖的纵截面图判断该湖是咸水湖还是淡水湖等。领会超越了单纯的记忆，代表最低层次的理解。

（3）运用：能将所学内容应用到新的具体的情境中去，也就是用所学的知识去解决实际问题，包括概念、规则、方法、规律和理论的应用。与领会相比，它代表高水平的理解。

（4）分析：把所学的内容分解成若干组成部分，并明确各部分的相互关系和构成的方式。分析代表比运用更高的智能水平，因为它不仅要理解材料的内容，还要理解其结构。分析又包括三种形式：一是要素分析，即将所学内容分解成各个组成部分。如区分事实与假说、结论与证据等。二是关系分析，即明确各个要素之间的关系。如确定事实与假说之间的关系、结论与证据之间的关系。三是组织原理的分析，即明确各个要素是按照何种规则或原理结合在一起的。如识别文学作品的形式和模式等。

（5）综合：能将表面零散但有着内在联系的知识整合成一个有机的整体或将所学知识按照新的规则重新组合形成新的整体。如能将所学的零散知识整理出一个结构合理、层次分明、联系紧密的知识系统。又如能根据所学的知识创作出一篇内容独特的演讲稿或文章。综合不仅表现出对所学知识深层次的理解，而且对所学的知识进行了一定程度的加工改造，从而超越了所学知识，创造出了新的模式或结构。因此，综合已经达到了一种更高层次的认知。

（6）评价：能根据一定的标准对所学内容作出价值判断。这是最高水平的认知学习结果。评价包括两种形式：一是根据内在标准进行的价值判断，即根据学习内容内部各要素的价值来判断学习内容的价值。如根据某研究报告语言的准确性、论据的确切性、论证过程的逻辑性等来判断该研究报告的价值。二是根据外在标准进行的价值判断，即根据学习内容之外的标准来判断学习内容的价值。如历史作品要用历史标准来判断，而不能用文学标准来衡量。

在上述布鲁姆的分类系统中，第一层次是"知道"，主要涉及对言语信息的简单记忆，不需要对原输入的信息作太多改动或加工。而后面的五个层次与"知道"的不同之处在于：它们是加工知识的方式，需要学习者在心理上对知识进行组织或重新组织。这个分类系统为我们确定教学目标提供了一个很好的思考框架。

(二)情感领域的教学目标

情感教育关注教育过程中学生的态度、情绪、情感以及信念，以促进学生的个体发展和整个社会的健康发展，它是教育的重要组成部分，并且随着社会的发展已经成为世界教育的发展趋势。然而，由于情感领域目标研究的困难以及学校的不重视，直至布鲁姆的《教育目标分类学，第一分册：认知领域》出版后9年，即1965年，由克拉斯沃尔(Krathwohl)负责完成的《教育目标分类学，第二分册：情感领域》才公诸于世。克拉斯沃尔根据价值内化的程度将情感领域的教学目标分为由低到高五个层次，即接受或注意、反应、评价、组织以及价值体系个性化。

（1）接受或注意：是指学习者愿意注意某些特定的现象或刺激。它分为三种情况：一是无意注意，即无预定目的又不需要意志努力的注意；二是有意后注意，即有预定目的但不需要意志努力的注意；三是有意注意，即有预定目的又需要意志努力的注意。从无意注意到有意注意，学习者对某现象或刺激的价值内化得到了明显提升。但接受或注意与其他层次相比，仅是低级的价值内化水平。

(2) 反应：是一种伴随行为的接受。反应可分为默认的反应、愿意的反应和满意的反应。默认的反应是指虽然在行为上接受了，但在心理上未必完全接受；愿意的反应是指在行为上接受，心理上自愿，但满意程度不高；满意的反应是指伴随着喜悦、兴奋、满足等积极情绪体验的接受。反应受到学习者的兴趣以及学习材料的生动性影响。

(3) 评价：是指学习者依据一定的价值标准对一件事情、一种现象、一个行为作出价值判断，包括接受某种价值标准、偏爱某种价值标准和为某种价值标准做出奉献。这一阶段的学习结果所涉及的行为表现出一致性和稳定性。

(4) 组织：是学习者将多种价值观念整合到一起，比较它们的异同，确定它们的关系，从而建立重要的和普遍的价值观念。组织可分为价值的概念化和价值体系的形成。价值的概念化是指认识了某些价值观念的本质和联系。如了解了很多英雄人物的感人事迹、对英雄的价值观和世界观的认同。价值体系的形成是指将所有获得的价值观念整合成一套价值体系。如通过各门学科的学习，形成了唯物主义的世界观。

(5) 价值体系个性化：是指学习者通过对价值观体系的组织，逐渐形成个人的品性。它强调学习者的行为方式已体现出了稳定性和典型性。

克拉斯沃尔等人的分类告诉我们，情感教学是一个价值标准内化的过程。外部的价值标准必须经历学习者的接受、反应、评价、组织等内化过程，才能将它们转化为自己信奉的内在价值。另外，情感教学不应该只是政治课或思想品德课的任务，各门学科都应对学生进行情感、态度和价值观的教育，因为无论是知识的获得、技能的形成，还是行为习惯的养成，都离不开价值观念的指导。

(三)动作技能领域的教学目标

对动作技能领域的教学目标的分类出现得最晚，而且出现了多家之言，这里主要介绍哈罗(A. J. Harrow)于1972年提出的分类系统。他把动作技能由低级到高级分为反射动作、基础性动作、感知能力、体力、技能动作、有意交流。由于反射动作和基础性动作是随着身体发育自然形成的，而不是习得的技能，所以教学中不设定这两方面的低层次的学习目标。其他四类较高层次的动作技能如下所述。

(1) 感知能力：是指通过感觉和知觉对外界刺激进行观察和理解，从而做出相应的调节动作的能力，包括视觉、听觉、触觉、动觉等，如踢球、平衡、旋转等。

(2) 体力：包括动作的耐力、力量、灵活性和敏捷性。这是学习高难度技术动作的基础，构成运动技能训练中的基本功训练，如长时间运动的耐力锻炼。

(3) 技能动作：是指熟练完成复杂动作的能力。以基础性动作为基础，结合感知能力和一定的体力，经过一段时间的综合练习，就可熟能生巧地掌握技能动作，如弹拉乐器、艺术表演、调整机器等。

(4) 有意交流：是指传递感情的体态动作，亦称体态语。有意交流既包括反射性的，也包括习得的，涉及姿势、手势、面部表情和即时活动等，如舞蹈、通过动作改变脸部表情等。

布鲁姆的教育目标分类学并非尽善尽美，但有助于从多角度、多水平、多层次去考虑学校的教育、教学目标问题。它提醒我们每一位教师，使学生获取知识或者对所教内容的简单回忆远不是教学所要达到的最终目标，必须努力帮助学生达到更高水平的认知目标。教师不仅要考虑认知领域目标的实现，还要考虑情感领域和动作技能领域目标的实现。有效的教学要促进学生态度和情感的发展，使学生能够以积极、肯定的态度参与各科学习。教师除了发展学生的认知和情感外，还要发展学生健康的体魄及各种身体运动技能。

二、加涅的教学目标分类理论

美国当代著名教育心理学家加涅(Robert Mills Gagné)是继布鲁姆之后又一位对目标理论有重大影响的心理学家。西方教育心理学界认为，布鲁姆的教育目标分类系统和加涅的学习结果分类系统都是指导学习目标设计得很有实用价值的学说。加涅在《学习的条件》一书中，将教学可能产生的结果即学生的学习结果或教学目标分为五类：言语信息、智力技能、认知策略、动作技能和态度。

(一)言语信息

言语信息是指凭借口头或书面语言所表达的信息。加涅所指的信息既是知识也是能力。这里的知识是回答世界是什么的知识，它对学生的能力要求主要是记忆。言语信息学习的内部条件是学生已有的知识结构，学生只有具备一定的简单知识，才能进一步学习有组织的复杂知识。符合学生知识水平的教学内容以及教师通俗易懂的讲解是学生获得言语信息的外在学习条件。

(二)智力技能

智力技能是指学习者运用习得的概念、规则等与环境相互作用的能力。加涅认为，学生智力技能的学习包括辨别、概念、规则和问题解决四个层次。

(1) 辨别：是指学生能够对不同的刺激作出不同的反应，或者在众多刺激中识别出相同的刺激。影响辨别学习的内在条件是学习者必须经由感官觉察到刺激，而且能够辨别各刺激之间相同的或不同的特征。辨别学习的外在条件是来自教师、长辈或权威的强化，当学生做出正确的行为后给予学生有益的奖励，以使该行为在相同或相近的情境下出现的概率得到增加，并且通过一段时间的多次强化可以使强化的结果得以巩固和保持。学习辨别技能的重要性在于它是学习其他技能的必要前提。

(2) 概念：是在一系列事物中找出共同属性并给同类事物赋予同一名称的一种习得技能。加涅将概念分为两类：一类为具体概念，另一类为定义性概念。具体概念是指事物的共同属性可以具体显现的概念，如形状(平行四边形)、颜色(蓝色)等；定义性概念是指事物的共同属性不能显现于外，只能用下定义的方式表述的抽象概念，如"安全""教育""正义""勇敢"等。具体概念学习的内在条件是学习者的辨别能力，其外在条件是由教师提供具体事物让学生去按属性进行辨别。定义性概念学习的内在条件是在给予概念的定义之前，学生必须了解定义所涉及的语言信息的含义；其外在条件是教师提供具体活动作为示范，使抽象的定义性概念与某项具体活动相联系，从而使学生得以理解。

(3) 规则：是指两个或两个以上的概念组合在一起所表达的完整的意义，也就是我们常说的对客观规律的主观描述，它多数表达的是两个或两个以上的事物或概念之间的关系。如"路程等于速度乘以时间"这个规则表达的是路程、速度和时间三个概念之间的关系。规则学习的内在条件是学习者对组成规则的各个概念的含义的把握，其外在条件是教师必须先确定学生是否已经掌握了组成规则的各个概念。比如，在教"圆的面积的计算规则"之前，教师必须先确定学生已掌握了"圆周率"的概念。

(4) 问题解决：是指运用已掌握的规则解决问题的心理过程。人们在解决问题时，往往需要将已经习得的简单规则进行组合，使之成为有助于问题解决的高级规则，从而解决现实中的各种复杂问题。高级规则作为一种学习结果，是学习者在解决问题过程中思维的产物。加涅指出："学习者在试图解决一个特定的问题时，可以把属于不同内容范围的两条或两条以上的规则结合在一起，组成一条能解决该问题的高级规则。"可见，高级规则还是规则，只是在复杂性上与作为其组成部分的简单规则有所不同而已。问题解决学习的内在条件是学生对解决问题所需的各项规则的了解和掌握；其外在条件是教师在提出问题时，必须针对学生对问题的理解程度，给予适度的解释说明，使学生的先备知识与问题情境相衔接。

(三)认知策略

认知策略是指学习者借以调节他们自己的注意、感知、记忆和思维等内部心理过程，从而促进学习的技能。认知策略强调的是学习者对自身参与到学习中的各种心理机制的调节和控制，如学习者在上课时将注意力集中在课堂上，在学习过程中选择和甄别重要的信息和内容，调节自身的状态、选取恰当的方法记忆某个学习材料等。可以说，认知策略是学习者"使用脑子"管理或操作自己学习过程和解决问题的方式。认知策略学习的内在条件是学生的先备知识及智力技能；其外在条件是教师所提供的教学内容适合学生的能力和经验，并给学生提供较多的练习机会、给予精心指导等。

(四)动作技能

动作技能亦称运动技能，是指通过人的一般活动而习得的一套熟练的动作系统。这种能力的掌握会使操作变得精细、流畅、及时。如乐器演奏、绘画、实验操作、打球等。动作技能也可存在于不使用器具或设施的活动中，如竞走、练拳、唱歌、舞蹈等活动。动作技能学习的内在条件是学习者要具备技能中所需要的动作及动作的程序，其外在条件是教师要给学生提供练习的机会并提供直接而精确的反馈。

(五)态度

态度是指影响学习者行为选择的内在心理准备状态。如一个对学习产生积极态度的学生放学后会抵制电子游戏和动画片的诱惑，选择先完成作业。当教学目标使学习者形成先前未有的态度或改变当前积极的或消极的态度时，就意味着我们要求学习者从事一项有关态度的学习任务。以积极态度学习的内在条件是学习者要尊重或崇拜所模仿的榜样，并具备该榜样行为的能力；其外在条件是教师提供榜样，并且在学生表现出教师所期待的积极态度时给予及时的正面强化，从而使积极的态度得到巩固和加强。

三、新课程三维目标分类

教育部 2001 年 6 月在《基础教育课程改革纲要(试行)》中提出的三维目标，将教学目标分为三个层次：知识与技能、过程与方法、情感态度与价值观。

(一)知识与技能

知识与技能指的是基础知识和基本技能的获得。基础知识主要包括人类生存所不可缺少的核心知识和学科基本知识；基本技能主要是指获取、收集、处理、运用信息的能力，创新精神和实践技能，终身学习的技能。

(二)过程与方法

过程与方法是指使学生在获得基础知识和基本技能的过程中学会学习的方法，培养各方面的能力。强调让学生"学会学习"，主要包括人类生存所不可或缺的过程与方法。方法包括基本的学习方式(合作学习、自主学习、探究学习)和具体的学习方式(小组式学习、交往式学习、发现式学习等)。

(三)情感态度与价值观

情感态度与价值观是指教学不仅应关注人的理性发展，更应致力于教育的终极目的，即学生人格的完善。情感不仅指学习兴趣、学习责任，更重要的是乐观的生活态度、求实的科学态度、宽容的人生态度。价值观不仅强调个人的价值，更强调个人价值和社会价值的统一；不仅强调科学价值，更强调科学价值和人文价值的统一；不仅强调人类价值，更强调人类价值和自然价值的统一，从而使学生在内心确立起对真善美的价值追求以及人与自然和谐和可持续发展的理念。

三维的课程目标是一个整体，知识与技能、过程与方法、情感态度与价值观三个方面相互影响，统一于一体，体现了学生的全面发展、个性发展和终身发展的基本规律，体现了学生各种素质在学科课程培养中的有机联系，体现了时代对基础性学习能力、发展性学习能力和创新性学习能力培养的整体要求。

在这三种分类中，布鲁姆的目标分类侧重于学生的发展水平，旨在使教育工作者认识到应该让学生掌握不同水平的技能。布鲁姆的分类虽好，但不易操作。比如，领会技能如何教，综合技能如何教，这些内容不十分明确。加涅的分类相对具体，适用于各个学科的教学，也便于操作，但说法不符合我们的习惯。新课程的三维目标分类则吸收了二者的优势，是在它们的基础上建立的。

第三节　教学目标的设计与表述

教学目标的设计是教学活动的核心工作和关键环节，它决定着整个教学活动的方向、过程和结果评估，直接关系到教学的效果和学生的发展，因此，教师必须确保教学目标设计的科学性。

一、教学目标的设计

教学目标功能的实现有赖于教学目标设计的科学性。科学、恰当的教学目标必将指引教学工作有条不紊、循序渐进地进行，从而取得良好的教学效果；相反，不恰当的教学目标会对教学工作起到消极负面的影响，阻碍教学工作的顺利进行。因此，教学目标的设计必须建立在科学依据的基础之上。

拓展阅读 2-2：

扫右侧二维码阅读《从"双基"到三维目标再到核心素养》的相关内容。

拓展阅读 2-2

(一)教学目标设计的依据

教学目标的设计必须依据课程标准规定的教学总目标、学科的性质特点以及学生的实际情况来确定。

1．教学目标必须依据课程标准规定的教学总目标来确定

教学目标是一个完整的系统，它由教学总目标、学校教学目标、课程目标、单元目标和课时目标组成，各组成部分彼此影响、水乳交融。教师通常需要设计的是具体的课时目标。教学总目标与课时目标之间是一般目标与特殊目标、上位目标与下位目标的关系。特殊目标是一般目标的具体化，下位目标是上位目标的具体化。因此，在设计具体的课时目标时，必须使之与教学总目标保持方向上的一致、内容上的统一，并推动和促进教学总目标的实现。

2．教学目标必须依据学科的性质特点来确定

不同学科具有不同的特点，由于它们在知识类型、教学方式、能力培养等方面存在差异，其对学生学习结果的要求也必然不同。例如，对于语文学科来说，主要传授的是陈述性知识，即关于事物及其关系的知识，也就是说明事物是什么、为什么、什么样的知识，这类知识往往要求学生达到理解、记忆和应用的目标；而对于计算机基础这门学科来说，主要传授的是程序性知识，即关于操作和实践的知识，也就是关于怎么做的知识，这类知识往往要求学生动手操作，反复训练，从而达到形成熟练、灵活的操作技能的目标。如果教师对所教学科的性质和规律的认识出现偏差，目标设计脱离实际，教学就难以收到良好的效果。

3．教学目标必须依据学生的实际情况来确定

教学的主体是学生，教学目标的实现必须有赖于学生的参与和实际操作。这就要求教师依据学生的认知水平、需要、兴趣、性格特征等因素去设计恰当的教学目标。教学目标定得过高，超出学生的"最近发展区"，会使学生产生挫败感，学生将丧失学习的积极性，教学目标就无法实现；相反，教学目标定得过低，不具挑战性，无法激发学生的学习兴趣，即使达到目标也不能促进学生的发展，教学目标也就形同虚设。

📱 **拓展阅读 2-3：**

扫右侧二维码阅读《维果茨基与最近发展区》的相关内容。

拓展阅读 2-3

(二)教学目标设计的原则

教学目标的设计不但要建立在科学的依据之上，而且必须遵循以下原则。

1．整体性原则

教学目标是一个上下贯通、有机联系的整体。它由五个层次构成，即教学总目标、学校教学目标、课程目标、单元目标和课时目标。它们都由教学总目标也就是教学目的决定的。教学目的作为纵贯教学活动全局的一种指导思想而存在，它把握着各科教学的发展趋势和总方向。但由于它是一种高度概括的原则性规定，致使其对教学活动的指导作用不够明确具体，因此，需要制定具体的教学目标来对实际的教学工作加以指导和规定，以便层层贯彻执行和检验。教学目标的各组成部分之间层次分明、联系紧密，构成一个不可分割的有机整体。

2．层次性原则

教学是一种循序渐进的活动，必须层层深入、逐步进行。教学目标的设计一定要充分考虑到教学内容的前后连贯性以及学生身心发展的阶段性特征，以使所确定的教学目标既符合学科教学的客观规律，又能顺应学生发展的"最近发展区"。

另外，教学目标本身也具有层次性。比如，在布鲁姆的认知目标中，从知道开始，经过领会、运用、分析、综合到评价，这六个目标就有一个从低级到高级的发展关系。这也要求教师在设计教学目标时应多加注意。

3．灵活性原则

教学目标虽然是教师在课堂教学之前预先设定的，但根据教学实践活动的实际情况，教师可以灵活地对其进行调整和变化。在实际教学过程中，教师可以根据学生的个性特征、学习需要以及具体的教学情境，因时因地制宜，随机应变地对事先确定的教学目标做适当调整，以便更好地完成教学任务、促进学生的发展。

4．可操作性原则

教学目标的可操作性是指教学目标在实际的教学过程中应该是明确具体的、可观察可测量的。为了保证教学目标的可操作性，必须确保教学目标表述的科学性。教学目标的表述包括行为主体、行为动词、行为条件和表现程度四个要素。教师必须通过对这四个要素进行恰当的语言表达来描绘经过教学活动学生在行为上发生的变化。只有教学目标的设计具有可操作性，才能确保教学目标在教学活动中的导向功能、激励功能和评测功能得到落实和发挥。

(三)教学目标设计的步骤

在了解了设计教学目标的依据以及设计教学目标必须遵循的原则之后，我们就要按部就班地着手设计具体的教学目标了。一般来说，教学目标的设计要按照以下步骤进行。

1．钻研课程标准，分析课程内容

钻研课程标准、分析课程内容的目的是确定为达到教学目标而必须学习的知识项目，实际上，就是厘清教材的知识体系。教材的知识体系是指各个知识点之间的相互关系，即知识结构。知识体系的确定要根据课程标准、教材的相关内容来进行。例如，许多学科的《教学参考》中就有内容结构归类图。

2．分析了解学生

分析了解学生是确定教学目标的重要环节。分析了解学生一般应从以下几方面入手：①了解学生已有的知识经验中哪些可以成为学生学习新知识的起点。②根据学生的认知水平区分教学内容的难易程度，从而确定在教学内容中，哪些内容学生通过预习就可以掌握，哪些内容需要教师稍加解释，而哪些内容是学生学习的难点，需要教师对其进行加工处理、点拨引导。③了解学生的兴趣爱好，投其所好地选取教学方法，设计教学过程，从而增加教学过程的兴奋点，促进教学目标的实现。

3．根据教学要求，对教学内容进行分类

厘清教材的知识体系并对学生已有的知识经验进行分析以后，下一步就是确定教学要求，并根据教学要求对教学内容进行分类。此步骤可分三步进行：第一步，从知识体系中确定哪些内容是需要学生掌握的。第二步，在所确定的知识内容中找出相对独立的成分，即知识点。知识点应包括知识、技能和态度等方面的教学内容。第三步，从知识点中确定重点、难点以及易混易错点。找出知识点非常重要，知识点往往就是教学目标的重点内容，教师要认真找出来，可用图标或知识树的形式表示出来，也可以在教材中圈出来。

4．列出概括性的教学目标

列出概括性的教学目标是指用简明、扼要的语言对教学目标进行概括性的表述。在对教学目标进行表述时，应明确学习任务，凸显学习的重点、难点。另外，为使教学目标便于课堂教学的实际操作，其语言表述除了要具有概括性外，还应具有指向性和动作性。

二、教学目标的表述

在表述教学目标时，通常采用 ABCD 方法。A 是 audience，即学习的主体；B 是 behavior，即主体的行为；C 是 conditions，即主体行为产生的条件；D 是 degree，即主体行为达到的程度。这四个要素构成了教学目标表述中的行为主体、行为动词、行为条件和表现程度，以体现学生通过教学所要达到的行为上的变化。

(一)行为主体

教学目标的行为主体必须是学生，而不能是教师。以往在设置教学目标时往往以教师为主，重视教师应该做什么，这种表述是不科学的。正确的教学目标表述应该是学生通过教学后学会了做什么或说什么，也就是说，学生才是教学中的行为主体。如"拓宽学生的知识面""培养学生的听说能力"等，这些写法都是不规范的，因为这些目标行为的主体表述的是教师，而不是学生。

(二)行为动词

克服教学目标含糊、不具体的办法，就是用好行为动词。在教学目标的表述中所使用的行为动词必须是具体、精确、可测量和可评价的。目前教学中不少教学目标的表述不够合理，如"学生懂得了……"，学生究竟懂得了没有，无从考证。类似的动词还有"了解""理解""学习"等，应避免使用。而"说出""写出""复述""再认""使用"等行为动词，对学习结果能作出明确具体的规定，可操作性强，便于观察和测量，是教师表述教学目标时的最佳选择。以下给出了新课程标准中描述教学目标的行为动词列表，即表 2-1，供学习者学习参考。

表 2-1　新课程标准描述教学目标的行为动词列表[①]

学习水平	常用行为动词	举例	
		语　文	数　学
知识	了解：说出、背诵、辨认、回忆、选出、举例、列举、复述、描述、识别、再认等 理解：解释、说明、阐明、比较、分类、归纳、概述、概括、判断、区别、提供、猜测、预测、估计、推断、检索、收集、整理等 应用：使用、质疑、辩护、设计、解决、撰写、拟订、检验、计划、总结、推广、证明、评价等	会写、读准、认识、学习、学会、把握、了解、写下、熟记、理解、展示、扩展、使用、分析、区分、判断、获得、表现、扩大、扩展、评价、掌握、运用、懂得、联系上下文	读、写、会用、认识、说出、识别、了解、辨认、描述、知道、表示、会画、确定、找出、获得、读懂
技能	技能：模拟、重复、再现、例证、临摹、扩展、缩写等 独立操作：完成、表现、制定、解决、拟订、安装、绘制、测量、尝试、试验等 迁移：联系、转换、灵活运用、举一反三、触类旁通等	讲述、表达、阅读、复述、诵读、写出、倾听、观察、朗读、推想、揣摩、想象、转述、选择、扩写、续写、改写、发现、借助、捕捉、提取、收集、修改	口算、计算、测量、观察、操作、实验、调查、笔算
过程与方法	经历、感受、参加、参与、尝试、寻找、讨论、交流、合作、分享、参观、访问、考察、接触、体验等	感受、尝试、体会、参加、发表意见、提出问题、讨论、积累、体验、策划、交流、制订计划、收藏、分享、合作、探讨、沟通、组织	体验、感受、交流、解决问题、经历、发现、探索、感知、交换意见

---

① 陈旭远. 有效教学[M]. 北京：教育科学出版社，2016.

续表

学习水平	常用行为动词	举 例	
		语 文	数 学
情感态度与价值观	反应：遵守、拒绝、认可、认同、承认、接受、同意、反对、愿意、欣赏、称赞、喜欢、讨厌、感兴趣、关心、关注、重视、采用、采纳、支持、尊重、爱护、珍惜、蔑视、怀疑、摒弃、抵制、克服、拥护、帮助等 领悟：形成、养成、具有、热爱、树立、建立、坚持、保持、确立、追求等	喜欢、有⋯⋯的愿望、体会、乐于、敢于、抵制、有兴趣、欣赏、感受、愿意、尊重、理解(别人)、抵制、辨别(是非)、品味、关心、养成、领悟	体会、欣赏、感受、养成、树立

(三)行为条件

行为条件即行为产生的条件。这里的行为指的是学生的学习结果。教学目标是教师在教学活动进行之前对学生学习结果的预测和推断。而学生的学习结果有可能是内隐的，只有在特定的条件下才可能转化成外显的行为表现出来。另外，学习是循序渐进的过程，不是一蹴而就的，因此，学习所带来的行为变化也是在一定范围内的变化，这种变化的范围也是教学目标表述中的一个必要的内容。行为条件的表述将成为教师评价教学目标是否达到的一个重要的依据。

(四)表现程度

表现程度用以衡量学习表现或学习结果所要达到的程度。一般教学目标表述的是基本的、共同的、可达到的教学标准，是学生学习后预期达到的最低水平，而不是无法实现的最高要求。如"就提供的一道应用题，学生至少能写出三个解题方案"。

三、三维教学目标的设计

三维教学目标在本章第二节中已经提到过，是指知识与技能目标、过程与方法目标以及情感态度与价值观目标。在新课程改革实施中，人们借用数学和物理学上的"三维空间"这个词来形象地描述这三个方面的教学目标，比较科学地表明了三者之间既相互独立又有机结合的关系。

三维目标的提出是建立在布鲁姆的教学目标分类理论的基础之上的。"知识与技能目标"是认知领域的目标，"过程与方法目标"是动作技能领域的目标，"情感态度与价值观目标"是情感领域的目标，它们既相互独立，又相互促进，共同以实现人的全面、和谐、充分的发展为最终目标。

(一)设计三维教学目标的步骤

确立一个教学单元或某一节课的三维教学目标，要着重做好以下四方面的工作。

1．钻研教学内容

教师理解和把握教学内容一般要经历三个阶段，即"懂""透""化"。"懂"即把握教学内容的基本结构，找出知识点，分析出重点、难点、关键点等；"透"即对教学内容融会贯通，使之成为教师自己知识体系中的有机组成部分；"化"即对教学内容的处理达到"从心所欲，不逾矩"的程度，在教学过程中能够随机应变、灵活运用。

2．充分了解学生

教师了解学生，包括了解学生的学习基础、学习需要、学习态度、学习方法、学习习惯、个性特征等。只有充分了解学生，教师才能在设计教学目标时做到有的放矢、因材施教。

3．重组教材内容

重组教材内容就是要在钻研教学内容，充分了解学生的基础上，开发学习资源和运用教学媒体对教材的顺序、详略、深浅等作适当取舍、加工、提炼等处理，再确定三维教学目标。这一过程要与对教学过程的设计以及对教学方式方法的选择相结合，使得对教材内容的重组有利于知识的掌握，有利于技能的训练，有利于能力的培养，有利于学生的参与，有利于情感的激发，有利于学生世界观、人生观、价值观的形成。

4．挖掘德育内容

教师在深入掌握教学内容、充分了解学生、对教材进行重新加工处理的基础上，应进一步挖掘教学内容以及教学过程设计中有利于学生情感、态度、价值观形成的内容，找出对学生进行思想品德教育的着眼点，使得情感态度与价值观的目标得到落实。

(二)设计三维教学目标应注意的问题

在设计三维教学目标的过程中应注意以下问题。

(1) 要处理好知识与技能、过程与方法、情感态度与价值观的关系。知识与技能是教学目标的核心，它通过过程与方法、情感态度与价值观目标的实现过程而最终实现；过程与方法是教学目标的组成部分和课堂教学的操作系统，它渗透在知识与技能目标的实现中而实现；情感态度与价值观目标要渗透在整个学习过程中，任何外加的和拔高的思想教育都是不恰当的。

(2) 目标的陈述必须从学生的角度出发，语言要体现出"学"的结果。即教学目标应表述学生通过教学活动之后的知识、能力、情感变化，而不是陈述教师行为。如"培养学生热爱大自然的情感"可改为"体验大自然的美好"。"使学生……""提高学生……"等陈述都是不符合要求的。

(3) 不要机械教条地运用教学目标的全面性。由于学科特点不同，每一门课教学目标的侧重点都有所不同，有的可明显体现出三维目标，而有的只能重点体现其中两项目标。我们要从教材实际出发，科学地设计教学目标。

(4) 在进行教学设计时，要树立单元整体备课的意识，既要注意设计教学的"硬任务"(如识字、阅读、口语交际、习作、综合性学习等)如何在课堂教学中实现，也要设计"软任务"(如文化意识的培养、道德情感的熏陶、想象力思维发展的培养、学会学习的引导等)如何在教学中体现，做到真正吃透教材、融会贯通、全面把握、整体设计、分节实施。

本 章 小 结

教学目标是教学活动的核心和灵魂，是教师教学工作的出发点和落脚点，在教学过程中意义重大。本章由浅入深、由表及里、由理论到实践介绍了教学目标的含义和功能、当代教学目标的分类理论以及教学目标的设计和表述。教师通过学习，应能从对教学目标的初步了解逐渐过渡到对教学目标的理性认知，并学会自己设计和表述一堂课的教学目标。

【推荐阅读】

[1] 蔡铁权. 新编科学教学论[M]. 上海：华东师范大学出版社，2008.

[2] ［美］诺曼·E. 格朗伦德(Norman E. Gronlund)，苏珊·M. 布鲁克哈特(Sucan M. Brookhart)等. 盛群力，郑淑贞，冯丽婷，译. 设计与编写教学目标[M]. 北京：中国轻工业出版社，2017.

[3] 靳建设. 新课程物理教学目标设计[M]. 兰州：甘肃教育出版社，2007.

思考与练习

一、名词解释

教学目标　　教学目的

二、简答题

1. 试述美国著名教育心理学家布鲁姆在认知领域的教学目标分类理论。

2. 试述美国著名教育心理学家加涅的教学目标分类理论。

3. 简述设计教学目标的步骤。

4. 什么是三维教学目标？如何设计三维教学目标？

三、案例分析

高中化学《海水资源的综合利用》①

(1) 通过设计海水提镁的流程，引导学生形成基于类别、价态的角度实现物质转化的思路，并丰富学生基于实际优化反应的角度，建立认识模型。

(2) 通过对海水提溴流程的分析和评价让学生进一步认识富集、能量转化、分离提纯在实现海水资源综合利用中的重要意义，应用认识模型。

(3) 认识化学知识在开发和利用资源过程中的实际价值，初步具备从工业视角看问题的能力，形成科学、技术、能源与社会和谐发展的理念。

结合本章内容的学习，分析《海水资源的综合利用》教学目标设计之依据。

【实践课堂】扫右侧二维码阅读相关内容。

实践课堂

---

① 李艳，王春. "海水资源的综合利用"教学设计与案例赏析[J]. 高中数理化，2021(11)：63-64.

当教师把每一位学生都理解为他是一个具有个人特点的，具有自己的志向、自己的智慧和性格结构的人的时候，这样的理解才有助于教师去热爱儿童和尊重儿童。

——赞科夫

第三章　教 学 主 体

本章学习目标

➢ 熟悉教师和学生的基本内涵。
➢ 熟悉教师的基本角色。
➢ 掌握良好师生关系构建的策略。

核心概念

教师角色(teacher's role)　教师专业发展(teacher's professional development)　教师专业素养(teacher's capacity)　学生观(student views)　师生关系(teacher-student relationship)　师生冲突(teacher-student conflict)

引导案例

抽烟的"好处"①

班上不少男生最近开始迷上抽烟，深谙教育心理的老师知道这是许多男生在发育期追求"成人化"的表现，横加指责会造成师生对立。因此，在一次班会上，老师并不点吸烟学生的名，只是说了这样一席话："今天我给大家讲讲吸烟的"好处"。"一句妙语开场，如石击水，反响强烈。老师讲道："第一大好处是可以引起咳嗽，半夜尤剧，可以吓退小偷；第二大好处是咳嗽导致驼背，可以节省布料……"这种诙谐的反语暗示了抽烟的害处，使学生在笑声中感受和理解了老师的用意。

教师和学生的交往，不仅需要爱、沟通、理解，还需要一些技巧和一点点幽默。

---

① 唐思群，屠荣生. 师生沟通的艺术[M]. 北京：教育科学出版社，2001.

 **案例分析**

这个案例为我们提供了一个教师解决学生问题行为的成功范例。在案例中，教师用反语暗示了抽烟的害处，没有使学生的心理受到语言刺激而产生对立的情绪。所以，作为一名教师，在处理问题的时候，应该尽量从保护学生的自尊心出发，尽量不要用语言去训斥学生，也不要用语言去恐吓学生，更不要用语言去激将、挖苦、讽刺学生。新型师生关系构建的理念是：教师和学生在人格上是平等的、在交互活动中是民主的、在相处的氛围上是和谐的。它的核心是师生心理相容，心灵互相接纳，形成师生间真挚的情感关系。

 **学习指导**

本章的重点是新课程运作过程中教师的角色、教师的专业素养、学生的本质特点以及建立良好师生关系的策略。在学习过程中，首先要仔细阅读教材，掌握相关的理论；其次，要结合自己的学习，理解教师专业发展的途径；最后，根据教学实践活动，掌握构建师生关系的策略。

第一节 教　师

百年大计，教育为本；教育大计，教师为本。自从有了学校教育，便有了教师这一职业。教师是人们在日常生活和学习中经常涉及的一个概念，但有许多不同的理解和界定。我国古代有："师者，教人以道者之称也。""师也者，教之以事，而喻诸德者也。""师者，所以传道、授业、解惑也。""师者，人之模范也。"以上对教师概念的揭示，多是从教师的功能、作用和品行等方面来反映教师职业的某些特点。

近代一些思想家、教育家对教师概念的认识则更加全面、深刻，如英国的哲学家培根(Francis Bacon)曾把教师称为知识的传播者、文明之树的设计者。苏联教育家加里宁(Kalinin Mikhail Ivanovich)认为："教师这个词有两种含义，按狭义解释，是专门学科的讲授者；按广义解释，是有威望的、明智的、对人们有巨大影响的人。"[1]

要想全面理解和把握教师的本质和含义，就必须把教师作为一个特定的社会群体，从人类社会发展的关系中，从其所承担的社会职责中以及活动对象中考察。因此，我们把教师定义为：受社会委托，通过在学校中对学生的身心施加特定影响，使之成为社会所需要的人为主要职责的专业人员。

拓展阅读 3-1：

扫右侧二维码阅读《新时代教师职业行为十项准则》《新时代中小学教师职业行为十项准则》《新时代幼儿园教师职业行为十项准则》的相关内容。

拓展阅读 3-1

---

[1] 加里宁. 论共产主义教育和教学[M]. 北京：人民教育出版社，1957.

从"学者必有师"的角度而言，远古时候有教师，今天有教师，将来必定还有教师。如何认识教师的角色定位及教师的专业素养，促进教师的专业发展，从而全面提高教育质量，是教育理论研究的一个重要课题。

一、教师的角色

传统的教育观念、教育行为已难以适应社会对教育的期望，我国新课程改革应运而生。这一轮新课程改革能否成功受制于诸多因素，在众多影响因素中，教师是最直接也是最关键的一个因素，所有的影响因素最终要体现在教师的角色观念、角色行为中，从一定意义上讲，教师的角色观念、角色行为能否作出相应的改变是新课程改革成功与否的最终决定因素。我们认为，在新课程改革的大背景下，教师角色应该作出如下改变。

(一)师生关系中教师角色的转变

1. 由"课堂主宰者"转向"平等中的首席"

师生关系是一种复杂的人际关系，可以从多种角度予以分析，如情感关系、人际关系、法律关系、知识传授关系等。但我国传统的教育对师生关系的理解有简单化的倾向，在传统观念里，人们往往把知识传授关系看作一个核心的关系，而就知识传授本身而言，又固守于简单的知识单向传递。

由于传统教育中教师在信息上具有垄断性、权威性的特点，师生关系从学校教育产生开始就是一种权威与服从的关系，教师是绝对的权威，始终以居高临下的姿态俯视学生，学生始终处于被动的应付地位，"师道尊严""一日为师，终身为父"等观念根深蒂固。随着时代的发展，人们可以通过多种渠道获得信息，教师不再是知识的唯一来源。而传统的师生关系因忽视师生的情感关系、人际关系和法律关系，容易造成学生的片面发展甚至人格的扭曲。

现代师生关系的基本理念应该是平等的相互交往、相互尊重、相互合作。在这种关系中，学生既作为一个独立人格的人，又作为学习者积极地参与教学活动，也能在与教师的相互尊重、合作信任中全面发展自己，并感受到自主与尊严，真正表现出自身的主体性。同时应该看到，由于学生的年龄、生理、知识、个性、能力等都处于发展中，教师在很多方面具有明显的优势。因此，在平等理念的前提下，教师又不能完全等同于学生。有人把教师比喻为"平等中的首席"，意味着教师在平等的关系上肩负着教育人的职责，起着组织、引导、帮助和促进的作用。

2. 由知识灌输者转向人格培养者

"传道、授业、解惑"是我国古代文学家韩愈对传统教师角色作用的概括。千百年来，无论是在古代的个别教学中，还是在近代的课堂教学中，教师的角色基本上没有超出这六个字的范畴。随着时代的发展，教师的职责也发生了变化。一方面，教师知识垄断及因此而产生的权威地位受到挑战。现代网络技术的发展使获取信息的渠道多元化，如果教师的职责仍然固守于知识传递，那无异于教师自己剥夺了自己存在的理由。另一方面，学生人格发展的意义越来越为人们所重视。学生品德、能力、性格、潜能、兴趣发展的价值，已经超越了知识的学习。因为随着终身学习理念的确立以及相应保障条件的成熟，知识不再只有通过学校才能获取。

教师角色的职责应该从单纯的知识灌输转向关注学生整体人格的发展。教师在学生的人格发展过程中应该是一个积极的培育者。一个合格的教师应该善于了解学生的兴趣，挖掘学生的潜能，发展学生的能力，培养学生健全的性格，培育学生良好的品德。在培育这些人格因素的过程中，应该注意的是，培养的方式不是灌输，而是激发和引导，既顺应学生身心发展，又能使其按照社会要求健康发展。因此，当前教师一方面要在职责上从单一的知识传授转向学生整体人格的培养，另一方面在方式上要从简单强制的外在灌输转向灵活内在的激发与引导。

3. 从单向传递者转变为多向对话交往者

无论是知识的传递还是人格的培养，当前的教育方式都存在着单向传递的问题。授受式几乎是教师课堂教学的唯一方式，从而引发出一系列问题。首先，教师控制了整个课堂活动，学习的内容、学习的时间、学习的方法、学习的氛围、学习的结果完全掌握在教师的预设中，忽视了课堂中生成性问题的引发，忽视了学生的积极性；其次，这种单向的传递方式，必然忽视学生的问题意识，漠视激发学生思维的发展，最终导致学生缺乏创新意识，缺乏独立思考的能力；最后，这种单向的传递方式忽视了师生之间、生生之间全面的交流与交往，使师生之间、生生之间失去了感情、观点、思想交流碰撞的机会，造成课堂氛围的单调压抑。

新课程的理念强调在教育教学过程中应该重视师生的交往与对话。交往是一个有目的的活动过程，它是师生之间、生生之间为了协调、沟通、达成共识，联合力量去达成某种目的而进行的相互作用。对话是交往在教学中的重要形式，通过对话发现自我和探索真理，对话的过程也是个体从视野狭隘走向视野广阔的过程。交往具有平等性和非强制性，所以能更好地促进学生的主动性、创造性和民主平等思想的发展，有助于学生学会理解、尊重同伴，平等地接纳他人，有助于促进学生社会知觉、交往技能和自我意识的发展。对话的过程也是师生之间、生生之间智力、感情、观点、思想交流与碰撞的过程，能激发学生的智慧、潜能，激发学生学习的兴趣、动机，激发学生相互学习、相互合作，促进学生的好奇心，引发和培养学生的问题意识，营造良好的学习氛围。

(二)课程运作中教师角色的转变

1. 由执行者变为决策者、构建者

在传统课程理念和环境下，教师的作用被局限在教学计划、教学大纲、教材构筑的围城里，所以教师只要"照本宣科"，就算完成了教学任务。新课程体系则给教师预留了充分的余地。新课程与学生的生活世界结合，与实践连接，为教育教学活动开拓了广阔的空间；新课程实行开放的内容体系，有利于创新精神和创造能力的培养；新课程注重实践和实际，关注人生、社会和环境，有利于学生情感、态度、价值观的形成。所以，新课程体系要求教师成为课程的建构者。

教师的教不再是简单地写出常规教案、组织学生按部就班地学习，教师必须对自己所教的课程重新进行设计，对知识进行重新认识和定义，把原本固有的、没有感情色彩的书本知识变成生机勃勃、富有生命力的精神文化；同时，教师还将根据课堂上师生互动中表

现出的真实情况重组知识传递的方式，改变以往那种千方百计把学生的思考、提问纳入自己设计好的框架中的定式，灵活地实施教学、评价教学，而不是按"死"的教学提纲和计划去运作。

2．由实施者变为开发者

新课程增加了地方课程和校本课程。因此教师不仅要做课程的实施者，更要做课程的开发者。没有教师的充分参与和积极主动的工作态度，校本课程的开发是无法进行的，新课程的实施也是十分困难的。随着三级课程管理政策的确立，教师在获得课程开发权利的同时，也承担了课程开发的责任和义务：不仅要与学生一起对教学文本进行加工和建构，还要承担起开发学校选修课程、综合实践活动课程资源的任务。为此，教师要不断地学习，培养、提升自己广泛地、创造性地开发和利用课程资源的能力。

(三)职业发展中教师的角色

1．教师应该是一个终身学习者

知识经济时代，教师必须成为学习型的人。把教师角色定位为学习者，是教师专业发展特点的深刻反映，同时也反映了社会和公众对教师的心理期望。在信息化时代，学习将成为人类的第一需要。终身学习将成为一种生活方式和社会普遍行为。因此，在提倡终身学习的时代，教师首先应成为终身学习的楷模。教师只有成为终身学习者，才能保证自己的知识不断更新，才能适应社会的不断变化，进而在扩展知识和适应社会要求的过程中促进自己的专业发展和人生价值的实现。

2．教师应该成为研究者

钱伟长先生曾说："你不上课，就不是老师；你不搞科研，就不是好老师。教学是必要的要求，不是充分的要求，充分的要求是科研。科研反映出你对本学科清楚不清楚。教学没有科研作为底子，就是没有观点的教育，没有灵魂的教育。"所谓研究型教师，除了具备所教学科的专业知识和教学技能外，还必须具有深厚的教育理论修养、高瞻远瞩的教育前沿视野、敏锐的教育问题意识，以及较强的教育科研能力。反思型则强调教师对自己的教学活动进行不断地审视、分析、批评，然后予以改进。

教师的生命力不是"复制"，而是创新。教师不仅是知识的传递媒介，更是知识的"再创造者"，仅仅是"经验型"教师，不能适应社会对学生创新能力的要求。"教书匠"是社会对教师的一个嘲讽的称谓，反映的正是教师劳动创造性缺失的问题。"教书匠"可能使学生在各类考试中获得高分，但很难使学生具有较强的社会适应能力和创造力，教师自身也很难在职业生涯中有所成就。因此，教师角色必然要从传统意义的"教书匠"向具有科研意识的"研究者"转变。

(四)工作方式中教师的角色转变

1．教师之间的合作

"三级课程管理"的理念赋予教师参与课程开发、管理课程的权利，尤其是在学校层面上，从而促进教师成为课程开发的主体。但是，任何教师个体都很难独立胜任课程开发工作，这就需要教师之间展开对话与交流。同时，新课程倡导课程的综合化，这就使得教师之间必须合作。因为任何教师都不可能具备所有学科的知识和技能，实施综合课程需要教师之间的合作和互补，努力打破原有独立作业的教学状态，形成一个以平等为前提、以互动为主要特征的教师工作群体。

教师之间的合作，从内容上看，可以是学科教学的合作，可以是学生教育、管理的合作，也可以是教育教学研究的合作；从教学上看，可以是从课程设计、教学方法、教学内容、教学组织到教学评价的全程合作；从教师合作群体上看，可以是同一学科教师的合作，可以是相邻学科的合作，也可以是不同学科之间的合作；从时空上看，可以是在教学时间内校内教师之间的合作，也可以是教学时间外校内、校外教师之间的合作。

2. 教师与学生家长的合作

新课程改革需要教师与家长加强合作。首先，新课程的理念与具体措施需要家长理解、认同、支持，新课程的理念和实施如果不能被家长接受，那么在具体落实中就会遇到很多问题。其次，新课程要求充分发掘教育资源，充分利用资源；要求开设校本课程，使课程生活化；要求重视学生的差异，对学生因材施教。所有这些，势必要求教师加强与家长的合作。最后，新课程比较重视学生全面均衡的发展，尤其重视学生人格的发展，学生人格的发展依赖于家庭、学校、社会的全面合作，因此加强教师与家长的合作是学生人格发展的必然要求。

教师与家长的合作需要搭建相应的平台。当前的家长学校、家长委员会等在加强教师与家长合作过程中起了一定作用，现代信息技术的发展更为教师与家长的合作提供了便利的技术支持，充分利用网络技术，将是加强教师与家长合作的有效途径。

二、教师的专业素养

教育改革成功与否，最主要的是看教师的专业素养，也就是教师在教育教学活动中表现出来的、决定其教育教学效果、对学生身心发展有直接而显著影响的心理品质的总和。教师专业素养在结构上至少应包含以下内容：教师的职业道德修养、教师的知识结构及教师的能力结构。

拓展阅读 3-2：

扫右侧二维码阅读教育部、中国教科文卫体工会全国委员会关于重新修订和印发《中小学教师职业道德规范》的相关内容。

拓展阅读 3-2

(一)教师的职业道德修养

师德及教师职业道德是指教师从事教育教学工作所必须遵守的道德规范，它是调节教师活动及教师与学生之间、教师与教师之间、教师与家长之间等各方面关系的行为准则。古今中外关于教师的研究都非常重视师德修养，不仅把师德当作教师任职的基本条件，也把它当作一种教育的影响手段。

1. 热爱教育事业，热爱教育对象

身为教师，热爱祖国、热爱人民、热爱社会主义，集中于一点，就是热爱教育事业。

教师的事业心强，就会把自己所从事的一切工作与国家、与民族、与社会主义紧密结合起来，以满腔的热忱和科学的精神来做好自己的本职工作；否则便会随心所欲、任意而为、玩忽职守、摆臭架子、贻误后代。因此，热爱人民教育事业，献身于人民教育事业，已成为一个教师最基本的道德准则，也应成为一个人民教师最基本的品质。

教师对事业的态度，集中地反映在他所服务的对象——学生身上。热爱学生，既是教师高尚师德的集中表现，也是教师做好教育工作的前提。因此，教师应该像爱自己的眼睛一样爱自己的学生。只有热爱学生，才能从内心深处爆发出一种强大的力量，踏实肯干，拼命工作，置个人的得失于不顾；只有热爱学生，才能勇于对学生负责，热忱地鼓励和保护他们的每一点进步，千方百计地帮助他们克服存在的缺点和不足；只有热爱学生，才能放下"架子"，与学生建立民主、平等的亲密关系，尊重学生的人格，使学生自尊、自强、自立，真正获得进步；只有热爱学生，才能以炽烈的情感去打开学生心灵的闸门，启迪他们的聪明才智，激励他们的进取心，使他们茁壮成长。因此，教师必须努力培养热爱学生的优秀品质。

2. 以身作则，为人师表

以身作则，为人师表，是教师的职业道德与其他职业道德相区别的一个显著特点，是由塑造人美好心灵的特殊规律所决定的。也就是说，教师作为一个具体的榜样所特有的、强烈的、感化性的教育力量，在教育学生中有潜移默化的特殊作用。孔子说过："其身正，不令而行；其身不正，虽令不从。"教师是以其完整的人格出现在学生面前的，因此，凡是要求学生做到的，教师自己必须首先做到；凡是要求学生不去做的，教师自己首先不去做。只有言行一致、表里如一、身教重于言教、严于律己的教师，才是学生所信赖的、有威望的、可尊敬的教师。

以身作则，为人师表，是人民教师应有的品质和劳动态度。因此，教师起码应注意以下几点：首先，品行端正，严于律己。品行端正指的是品德高尚、行为庄重、作风正派、为人诚实，具有高尚的道德情操和崇高的精神境界。教师在日常的学习、工作、生活中，要有明确的政治立场、饱满的政治热情、积极的生活态度、坚定的人生目标。其次，衣着整洁，举止端庄。衣着举止是一个人心理品质的反映。衣着整洁给学生的印象是思想作风淳朴、生活态度严肃、治学精神严谨；举止端庄给学生的印象是成熟稳定、老成持重。课堂上讲究仪态，不啰唆拖沓，不东倒西歪，给人的印象是富有修养、身心纯正。教师必须对此有正确认识，并注意从细微处做起。最后，奉公守法，遵守纪律。教师是学生的人格楷模，理应成为奉公守法、遵守纪律的典范。

3. 学而不厌，诲人不倦

"学而不厌，诲人不倦"是教师职业道德区别于其他职业道德的又一个显著特点，是由教书育人的特殊规律所决定的。加里宁曾经说过：教师一方面要献出身上的东西，另一方面又像海绵一样，从人民中、生活中和科学中吸收一切优良的东西，然后再把这些优良的东西贡献给学生。可见教师的好学精神是多么重要，教师必须勤学好问、广采博积、永不自满。

学而不厌是诲人不倦的前提。教师的职责是给人以知识、教人以做人的道理。只有自身孜孜不倦地学习、进取、提高，才能履行好自己的职责。在科学技术迅猛发展、"知识爆炸"的现代社会，学生视野开阔、思想活跃，他们接触、思考、提出的问题，往往超越他们的年龄，如果教师知识狭窄、浅薄、陈旧，就满足不了学生旺盛的求知欲。教师只有学而不厌，才能自如地引导学生在知识的海洋里遨游。

诲人不倦是教师职责对教师提出的要求，这是因为：十年树木，百年树人。学生的成长是一个长期复杂的过程，无论是知识的掌握还是人生道理的获得，都不是一朝一夕能完成的，这要求教师要满怀热忱，以巨大的耐心、坚韧不拔的毅力，对全体学生孜孜不倦、循循善诱，努力完成教书育人的光荣任务。

4．互相支持，团结协作

正确地处理好教师之间、教师和家长之间以及学校和社会之间的关系是教师职业道德的又一个重要方面。一个好教师固然会对学生的一生产生深刻影响，但无论是知识的积累、智力的发展，还是思想品德的形成，都不是哪一门课、哪一位教师能单独完成的，既需要各学科教师的互相配合，也需要家庭和社会的密切配合。正因为如此，首先要求教师在行动上而不是口头上互相支持、团结协作，主动为别的教师创造顺利工作的条件，正确地评价别的教师的劳动。有不同意见时，求大同存小异。其次，教师要主动与家长取得联系，争取得到家长的支持和配合，共同教育学生。另外，教师还应利用报纸、广播、电视、电影中的积极因素教育学生，使学生在良好的教育氛围中茁壮成长。

(二)教师的知识结构

1．学科专业知识

教师的学科专业知识是指教师所具有的特定的学科知识，如语文知识、数学知识等，这是人们普遍熟知的一种知识。从教师是知识的传授者这个角度来看，教师传授的内容必须是教师所掌握和了解的知识。教师本体性知识是教学活动的基础，在教学活动中，一切是以本体性知识的传授为基础的，教学的最终绩效是用学生掌握的本体性知识的质量来衡量的，因此，教师的本体性知识必须达到一定水准。已有研究表明，教师的本体性知识水平与其教学效果之间并非线性相关。本体性知识超出了一定水平之后，它与学生成绩之间不再呈现统计上的关系。即具有丰富的学科知识仅仅是个体成为一个好教师的必要条件。

学科不同，学科专业知识的具体内容也不同。仅从一般意义上说，教师的学科专业知识应包括以下四个方面。

(1) 教师应对学科的基础知识有广泛而准确的理解，掌握相关的技能、技巧。这不仅是因为不能把错误的知识教给学生，还因为只有在对知识和技能熟练掌握的基础上，教师才有可能花更多的精力去设计教学，在课堂上更关注学生和整个教学的进展状态。

(2) 教师要了解与所教学科相关的基本知识点、相关性质以及逻辑关系。这使得不同学科的教师在教学上能够相互沟通、协作，在组织学生开展的综合性活动中相互配合。

(3) 教师需要了解所教学科的发展历史和趋势，了解推动其发展的动因，了解该学科对于社会、人类发展的价值以及在人类生活实践中的多种表现形态。了解这些知识的意义在于：教师能够在教学中揭示出学科知识与人类的关系、与现实世界的关系，使学科具有丰富的人文价值，同时也能激发学生的学习兴趣，激发学生发现、探索和创造的欲望。

(4) 教师需要掌握一门学科所提供的独特的认识世界的视角、域界和层次，即思维工具和方法，熟悉学科内科学家的创造发现过程和成功原因，以及在他们身上体现出的科学精神和人格力量，这对于增强学生的信心和创造意识具有重要且远远超出学科知识所能提供的价值。

2. 教育学科知识

教师的教育学科知识涉及如何教的知识，即如何将本体性知识以学生容易理解的方式表达、传授给学生。教师的教育学科知识由三部分组成：关于学生身心发展的知识、关于教与学的知识和关于学生成绩评价的知识。

教育学科知识是教师在教育教学过程中能够保证工作获得成功的教育科学和心理科学的知识。教育科学知识既包括教育科学基础知识，也包括国内外教育教学改革信息和动态的知识，此外，还要懂得一些心理科学知识。这些教育学科知识对于教师来说，是自身知识结构的重要组成部分，是创造性地从事教育教学工作的重要依据，是开展教学活动的基础和前提。具备这些知识，有利于教师认识各种复杂的教育教学现象，不断增强工作的自觉性；有利于帮助教师对教育学科知识进行思考和重组，以使学科知识顺利地转化为学生易于接受的知识，从而更加自如地进行创造性的教育教学活动。掌握丰富的教育学科知识，必将极大地增强教师在教育教学工作中的创新能力。

3. 普通文化知识

教师需要具备广博的文化知识，博采众长，以实现教育的文化功能。教师的文化知识不仅能扩展学生的文化视野，而且能激发学生的求知欲。事实上，学生的全面发展在很大程度上取决于教师广泛而深刻的文化背景知识。具体来说，教师的文化知识包括：基本哲学理论知识，例如辩证唯物主义和历史唯物主义的知识；现代科学和技术的一般常识，例如现代科学的一般原理和现代技术的本质内涵；社会科学的理论和观点，例如法律的知识、民主的思想、经济学的观点和社会学的方法。

当然，教师的文化知识修养具有很大的差异性，教师不可能掌握所有的文化知识，因此，我们主张每一位教师都要发挥自己的一技之长，以获得最佳的教学效果。可以说，教师广博的文化知识与其学科专业知识具有同等重要的地位。教师专业的多层面知识相互支持、渗透与有机整合，表现为教师教育行为的科学性、艺术性和个人独特性，充分显示出教师作为一个专门职业对专业知识的丰厚而独特的要求。只有教师具有丰富的、合理的知识结构，我们的教育才有希望。

4. 实践性知识

实践性知识是教师积累的教学经验，是指教师在实现教育目的的行动中所具有的课堂情境知识以及与之相关的知识。教师的教学不同于研究人员的科研活动，具有明显的情境性。例如，专家型教师面对不确定的教学条件能作出复杂的解释和决定，并且能在仔细思考后再采取适合特定教学情境的教学行为，而新教师往往束手无策。

在教育工作中，很多情况需要教师机智地对待。这种教学的机智不是一成不变的，例如某种方法在一种情况下是适宜和必要的，而在另一种情况下就可能不恰当。只有针对学生的特点和具体情况恰当地工作，才能表现出教师的教学机智。在处理特殊教学情境时，教师所采用的知识来自个人的教学实践，具有明显的经验性。实践性知识受个体经历的影响，这种知识的表达包含丰富的细节，并以个体化的语言存在。如果把教师的教学看作程式化的过程，忽略教师的实践知识，不利于取得富有成效的教学效果。

已有的研究成果表明：教龄是实践性知识的显著影响因素，丰富的教学经验对处理问题、组织好教学十分有利。因此，专家型教师可以灵活地利用自己的知识，认清当前的教学情境，并能引发过去的教学经验，产生符合当前教学情境的行为。研究的另一个结果表明，专家型教师将从实践中获得的经验加以结构化、系统化总结所形成的理论是可以为新教师习得的。这说明新教师可以通过向有经验的教师学习而快速提高其实践性知识水平。

(三)教师的能力结构

教师的能力在教育教学实践中扮演着重要角色。要实现教师这一角色的职责和义务，个体除了需要具备先进的观念和全面的知识外，还需要有称职的能力。只有具备了相应的能力，才可能开展有效的教学，从而顺利地让学生建构自己的知识和发展自己的能力。

1. 人际交往能力

交往是指人在社会生活中交流信息、沟通情感和相互作用的过程。要实现育人的目的，教师必须具备与他人交往的能力。众所周知，教师的工作对象是学生，学生生活在学校、家庭、社会等不同的环境中，除了具有群体的共同特性外，还具有个体的差异性特点。由于学生的成长既需要帮助又需要引导，因此教师要了解学生所处的班级情况，了解学生的个性特点，了解学生所处的家庭环境。同时，教师还要调动一切可行的教育手段对学生施教，要与班主任、同班的其他教师、学生家长、社会中的教育力量等多种教育组织进行交流。概言之，就是教师要与学生沟通，建立与学生之间的"教学相长"的平等关系；教师要克服个体工作意识，建立与其他教师的相互合作、相互支持的工作关系；教师还要建立与家长的相互支持的合作关系、与社会有关人员的协作关系，这样才能形成教育合力，进行有效的工作。

2. 课堂管理能力

课堂管理是教师在课堂教学过程中，根据教学的目标或任务要求，运用管理学的知识和技术，遵循一定的原则，采取一定的方法和措施，建立良好的课堂教学环境和调动学生学习积极性的一种活动。从不同的角度，可以对教师的课堂管理能力进行不同种类的划分，下面我们将根据课堂管理能力的功能进行划分。

(1) 目标导向能力。教学目标是教学活动的出发点和归宿点。确立教学目标，一方面是依据课程目标，自上而下地进行；另一方面还要关注学生身心发展的需求，关注他们多样化的学习需要，自下而上地展开。

(2) 激励与强化的能力。激励主要指向学生学习活动的内驱力，是内在需要和学习动机的激发过程。强化主要指向个人的外在行为，是增加学生某种课堂行为重复出现、持续出现可能性的过程。课堂强化是对学生期望行为的强化，是教师课堂管理必须掌握好的一项技能。

(3) 课堂秩序的管理能力。有序，才有效率；但并不是有序度越高，效率也就越高。高度绝对的有序将使教学系统失去应有的自由度，失去应有的随机性、应变性，最后走向死板僵化。因此，课堂秩序的管理必须适度。

（4）营造课堂气氛的能力。有的教师习惯于决定一切学习计划、目标，并控制学生的一切行为，时不时显示或证实自己的权威性，造成课堂气氛过于沉闷，学生谨小慎微。反之，有些教师作风民主，倾向于与学生一起共同设立学习目标，拟订学习计划，师生间经常讨论，共同维持课堂秩序，课堂气氛比较活跃。课堂氛围的不同，将对学生的学习成绩、个性发展和社会化的进程产生不同的影响。

3．教学监控能力

教师的教学监控能力，是指教师为了保证教学的成功或达到预期的教学目标，在教学过程中将教学活动本身作为意识的对象，不断地对其进行积极主动的计划、检查、评价、反馈、控制和调节的能力。根据在教学过程不同阶段的表现形式不同，教师的教学监控能力包括以下六个方面。

（1）计划与准备。即在课堂教学之前，明确所教课程的内容、学生的兴趣和需要、学生的发展水平、教学目标、教学任务以及教学方法与手段，并预测教学中可能出现的问题与可能的教学效果。

（2）课堂的组织与管理。即在课堂上密切关注学生的反应，努力调动学生的学习积极性，随时准备有效地应对课堂上的偶发事件。

（3）教材的呈现。这是课堂教学的一个核心，在这一过程中，教师应对自己的教学过程、教学方法、学生的参与和反应等方面随时保持有意识的反省，并能根据这些反馈信息及时调整自己的教学活动，使之达到最佳效果。

（4）言语和非言语沟通。在课堂教学中，教师和学生之间的言语和非言语沟通是很重要的，教师在这方面应努力以自己积极的态度去感染学生，以多种形式鼓励学生努力学习，并保持自己和学生之间交流的敏感性和批判性，一旦发现沟通过程中存在的问题，应立即想办法纠正。

（5）评估学生的进步。教师教学的效果最终要落实到学生对知识的掌握程度和他们能力的发展速度与水平上，因此，教学监控能力水平高的教师必然会非常认真地了解学生的情况，采用各种方法评估学生的进步程度，以便改进自己的教学。

（6）反省与评价。在一堂课或一个阶段的课上完后，教学监控能力高的教师会对自己已经上过课的情况进行回顾和评价，仔细分析自己的课在哪些方面是成功的，在哪些方面还有待改进，分析自己的教学是否适合学生的实际水平、是否能有效地促进学生的发展等。反之，教学监控能力差的教师一般不会认真地考虑这些问题，课上过就完事了，不考虑学生是否能接受，不反思自己教学的得失。

4．教育研究能力

教育研究能力，是指各级各类学校教师进行教育教学工作的同时，从事与教育教学相关的各类课题的实验、研究及发明创造的能力。它具体包括选题能力、查阅文献的能力、调查实验的能力、整理分析资料的能力和撰写报告的能力等。

一定的教育研究能力，是一名合格教师必备的素质。教师应是教育家，而不是教书匠。教学过程绝不是知识的"贩卖"过程，而是一个再创造的过程。通过教育科学研究，教师可以提高教学水平，更好地完成教书育人的重任。教师应当而且必须从事教育科学研究，坚持不懈地把"教书""读书""写书"有机地结合起来。

三、教师的专业发展

新课程改革给教师的自身发展既提出了严峻的挑战，也提供了难得的机遇。教育与课程的不断深入、教师角色的转换，特别是校本课程开发的推进，内在地推动了教师的专业化进程。正是在教师专业化的进程中，教师作为重要的专门化职业得到了确认，教师发展的意义和可能性得到了确认。人的发展是从幼稚走向成熟，进而不断完善的过程。作为社会职业人的教师，其专业化发展也要经历从接受师范教育的学生到初任教师再到实践教育家的持续过程。

(一)教师专业发展阶段

1．教师"关注"阶段论

"关注"阶段论是教师专业发展阶段研究中较早出现的一种理论，是由富勒(F. Fuller)提出的。富勒通过对教师关注问题的研究，提出了教师专业成长过程中的四阶段模式。

(1) 任教前关注阶段。此阶段是师资养成时期，师范生仍扮演学生角色，对于教师角色仅仅是想象，没有教学经验，只关注自己；不仅如此，他们对于给他们上课的教师的观察，常常是不同表情的，甚至是有敌意的。

(2) 早期关注生存阶段。此阶段是初次实际接触教学工作时期，所关注的是自己作为教师的生存问题，主要关注对课堂的控制、是否被学生喜欢和他人对自己的评价。在此阶段，教师具有相当大的压力。

(3) 关注教学情境阶段。此阶段所关注的是教学和在这种教学情境下如何完成教学任务。教师较为重视自己的教学，重点关注的是自己的教学表现，而不是学生的学习。

(4) 关注学生阶段。虽然许多教师在职前教育阶段表达了对学生学习、社会和情绪需求的关注，却没有实际行动。直到他们亲身体验到必须面对和克服较繁重的工作时，才开始把学生作为关注的中心。

2．教师职业生涯周期阶段论

在对教师职业生涯周期阶段的研究中，颇具影响的是休伯曼(M. Huberman)等人对瑞士教师的调查研究。休伯曼等人把教师职业周期分为以下五个时期。

1) 生存与发展期

这一时期处在从教的第1～3年。教师在正式入职之前，在师范院校中接受的有关教育、学校及学生的形象通常比较理想化，但当教师进入实际的职业场景时，往往会面临严重的理想与现实的冲突。教师需要在理想与现实、意愿与困难的冲突中，挣扎求存、寻找新的平衡点，这就是"生存"的意思。当然新教师也会发现自己已经成为学生的老师，开始有了自己的学校、自己的班级、自己的学生及自己的教师群体，这会使新教师产生某种积极的拥有感，所以又表现出积极热情的一面，这就是"发展"的意思。

积极参加学校、教育主管部门组织的入职教育，尽快地重新认识现实中的教育工作的性质，以便在以前所接受的偏于理想主义的教育观念和现实教育情境中会遇到的困难与矛盾之间找到平衡点，从而尽快形成比较全面的教育观念，是这个阶段的教师职业发展的重点。

2) 稳定期

这一时期处在从教的第 4~6 年。在经过生存与发展期后，教师进入稳定期。这种"稳定"一方面表现在教师与学校的关系上，此时新教师已经结束与学校工作关系上的"试用期"，成为学校"正式"的一分子。另一方面表现在心理上，那些认定自己不适合从事教育工作的人，一般也在这个阶段开始作出抉择，退出教育行业；那些留下来的教师，一般在心理上已经确定可以胜任教师的工作，愿意选择教师职业作为自己的终身职业。在这一阶段，教师要不断地增加专业知识、提升专业技能，以便尽快地从一名"新手教师"成长为一名"胜任教师"甚至"熟练教师"，这是这一阶段教师职业发展的重点。

3) 尝新与自疑期

这一时期处在从教的第 7~25 年。经过稳定期后，教师的发展线路表现出差异性。由于教育工作在性质上相对缺乏创造性，或者由于连续不断的改革后令人失望的结果，都容易使教师对自身的价值产生怀疑。同时，这一阶段的教师随着教育知识的积累和巩固，也开始主动地作出一些自我更新的尝试，如调整教育内容、变更教学方法等，试图增加对课堂的影响；在教学材料和评价方面开展不同的个性化实验；对课堂的职责有了初步的了解后，开始寻找新的思想和挑战。

4) 平静与保守期

这一时期处在从教的第 26~33 年。随着年龄的增长，许多教师经历了怀疑和危机之后开始半静下来，能够较轻松地完成课堂教学，也更有自信心。教师在人际关系上开始趋于宁静平和，尤其表现在师生关系上。由于与学生的年龄差距开始加大，学生对教师的角色期望也开始发生变化。即使教师愿意与学生建立亲密关系，作为学生的"大哥哥""大姐姐"，但在学生看来，教师已经是自己的父辈甚至更年长的人，心理上的距离也开始增加，师生关系往往融洽，但不再像青年教师与学生的关系那样亲密了。在专业上，长期积累的经验逐渐使教师形成某些认定有效的"铁律"，不愿意再作出大的调整和更新，也不愿意"冒险"尝试一些不确定的新做法，趋于保守。有的开始抱怨学生的纪律性差、缺乏动力，抱怨公众对教育的消极态度，抱怨年轻教师不够认真投入。这一阶段的教师应该注意承担更多引导其他教师的职责，这有助于重新激发对专业上的热情，以便谋求自身的持续发展。

5) 游离与悠闲期

教师职业生涯的最后几年，进入游离与悠闲期。一般而言，处在这一时期的教师开始有意识地为退休做心理上的准备，对于学校的当前工作(如某种新的教育观念的实行)往往并不十分关心，处在某种游离的边缘状态。对于这个阶段的教师来说，如果能重新唤起其专业兴趣与热情，更投入地对待自己的工作，对于身心健康都有益处。

(二)教师专业发展设计

无论是新任教师还是工作时间较长的教师，都应该对自己的专业进行一次设计。

1. 自我定位与目标设计

首先，教师应从实际出发，给自己一个比较符合实际又有挑战性的定位。自我定位包括两点：一是对类型的定位；二是对层次水平的定位。

教育人才类型可以划分为：教育理论研究人才、学校管理人才、教育行政人才和教育教学人才。一般学科教师适于向教育教学人才和学校管理人才的方向发展。

教育人才的层次，根据其素质的高低、创造力的大小、对教育事业影响的大小，可以划分为教育家(最有创造性，有深刻的、长远的、广泛的影响)、教育专家或卓越教师(有较高的创造性，在一国范围、一定时期有较大的影响)、教育专家或骨干教师(有一定的创造性，在某个地区、某个方面或领域有一定影响)、好教师或有经验的教师(有比较熟练的工作经验和技能，在某方面有较好的工作成绩)、一般教师或称职教师(能够胜任教师工作，工作效果较好)。[①]教师可以根据自己的客观条件和自身素质确定自己最终要达到的层次水平。可以说，大多数教师能够达到好教师或者有经验的教师的水平，少数教师能够达到优秀教师或骨干教师的水平，极少数人能够达到教育专家或卓越教师甚至教育家的水平。

其次，进行具体目标的设计。目标设计的内容可以从两个角度进行划分：一是时间的角度，教师在成长的不同阶段，目标是不同的，也就是要设计阶段目标，阶段目标主要是指各个成长阶段要解决的主要问题；二是项目的角度，在教育工作中，许多方面和项目都可以成为教师攻克的目标，比如教材的开发、教学方法的改革、教学手段的革新、学生管理、课外活动指导、某个问题的实验或科研等。

在阶段目标的设计上，可以参照教师专业发展理论，了解各个阶段应该解决的主要问题，将其作为自己的目标。而在具体的项目目标的设计上，一方面要考虑自己的兴趣、爱好、优势，尽可能发挥自己的长处；另一方面还要考虑教育改革和趋势，考虑学校教育中存在的主要问题和教育的需要，根据需要选择目标，顺应时势是教师成才的规律。

2. 成长阶段设计

明确了自己在职业生涯上的定位之后，就必须考虑这样的问题：要成为这种类型、这样层次的教育人才，实现总的目标，需要什么样的素质和客观条件？需要经过几个阶段？成长阶段的设计就是围绕这两个问题进行的，具体工作如下。

(1) 了解自己现在所处的成长阶段。根据自己对现在素质水平的分析，与教师生涯周期的理论进行对照，确定自己现在处于什么阶段。

(2) 设计每个阶段的发展任务和大体时间。其具体内容包括：阶段的主要目标，具体的任务项目，大体的时间周期，最终的成果预期，完成任务需要的素质水平和客观条件。

(3) 提出和解决成长中需要的条件和做法。应该采取的具体包括：要学习哪些知识，参加哪些进修，去哪些地方考察，每项任务需要的时间预算及经费预算是多少，需要请哪些人帮助等。还必须考虑工作和其他生活内容的协调问题，如照料家庭、教育孩子，以及自己的休闲生活等。

第二节 学 生

学生是教师劳动的对象，了解学生是教育成功的前提。教师要完成培养人的神圣使命，把学生培养塑造成合格的社会成员，首先要有正确的学生观，其次要了解、认识学生的身心发展规律。

[①] 钟祖荣. 现代教师学导论[M]. 北京：中央广播电视大学出版社，2004.

教师的学生观，是教师对学生本质特征和培养方向所持的基本认识和根本态度。它支配着教师相应的教育行为模式，决定着教师的工作态度、工作方式和效果，对师生关系也会产生较为重要的影响。教师应树立正确的学生观，这就要求教师要研究学生、了解学生。

一、学生的本质特点

(一)学生是发展中的人

在学校教育中，中小学生的生理和心理发展尚未成熟，正处于身心发展的重要阶段，蕴藏着极大的发展可能性和可塑性。一方面，学生是具有发展潜能的人。在中小学阶段，学生身心发展最迅速，而且持续时间长，因此处于这个时期的学生具有极强的可塑性。另一方面，学生是具有发展需要的人。在这一阶段，涉世未深的学生对外界表现出浓厚的兴趣和旺盛的求知欲，其自我价值往往需要通过个体的自身努力与外界客观现实的相互作用才能得以实现。所以，没有活动，没有个体与环境的相互作用，也就没有学生个体的发展。因而，在学生身心的发展过程中，既要了解学生发展的潜力，又须把握学生发展的需要，以促使学生在发展中走向成熟。

(二)学生是具有主体性的人

作为教育对象的学生，既因其是自然的人而具有自然属性，又因其是社会的人而具有社会属性和主体性。马克思指出："人的本质并不是单个人所固有的抽象物，在其现实性上，它是一切社会关系的总和。"[①]学生在各种社会因素的影响下，成为社会的人，具有社会关系所决定的社会性。与此同时，在接受社会因素影响的过程中，学生又会作出不同的选择和反应，体现出在社会活动中的主体性。学生的主体性也就是主观能动性，它包括独立性、选择性、创造性、自我意识等。应该看到，学生的发展既不是一种先天的"内发"，也不是一种完全由"外铄"决定的反应模式，而是作为一种生物和社会个体，运用自我调节机制的活动结果。换句话说，学生的主体活动是学生发展的源泉。这里的学生主体活动是指学生依据自我调节水平对内外刺激进行有意义的构建过程。因而在教育活动中，教师应该注意调动学生学习的自觉性和积极性，引导他们主动参与教育活动，发挥学生在教育活动中的主体作用。

(三)学生具有个体差异性

人与人之间是存在差异的，这种差异可以概括地称为个性的差异。正如世界上没有两片完全相同的树叶一样，也不存在两个个性完全相同的人。在教育实践中，教师如何对待学生之间的个体差异也是其学生观的一个重要部分。人们认识到，由于遗传和环境的不同作用，每一个个体都具有其独特性，即个性。个性是个体的总的精神面貌，反映了该个体同其他人之间稳定特征上的差异性，它具有主体性、独特性、社会倾向性和完整性等特征。教育应该遵循学生的个性，按照每个学生不同的兴趣、能力、气质和性格特点等因材施教，使每个学生的个性心理品质和能力特征都在原有的基点和可能的发展水平上获得长足的进

---

① 马克思，恩格斯. 马克思恩格斯选集(第一卷)[M]. 北京：人民出版社，1995.

步，使学生在思想品德、智力水平、劳动习惯和身体与心理素质等方面得到生动活泼的发展。与强调整齐划一、强调共性的传统教育相反，当代教育更强调培养学生的独特个性和创造性。

二、教师学生观的更新

在当前推行新课程改革的过程中，落后的学生观还是存在的。另外，随着教育理论和实践的发展，新的观念也在不断涌现，这都要求教师必须随时更新学生观。

(一)用发展的眼光看待学生

学生是发展着的个体，由于受到先天遗传和后天教养等因素的影响，不同地域、不同年龄的学生具有不同的心理和行为特点，同一个学生也会因为时间、环境的变化而有不同的表现。教师要有效地实施教育教学活动，必须以发展的眼光看待学生，深入了解和研究自己的教育对象，否则，单凭主观臆断、想当然地去对待学生，很可能会导致错误的教育行为。一项关于教师对学生认识问题准确性的研究中发现，随着教龄的增加，教师对学生是否存在认识方面问题的判断越来越不准确，大家公认的有经验的教师对学生的认识未必是更准确的。之所以出现这一现象，可能与教龄延长而带来的知识、观念老化有关，但同时也提醒教师，了解和研究学生是非常重要的。

具体来说，教师需要研究学生的生理、心理特点，研究他们的同龄共鸣现象和人际关系状况，研究他们受时代、社会、环境影响所产生的兴趣、爱好、特长、个性，以及所具有的知识背景和智力背景，进而深入他们的内心世界去研究他们的精神需要、渴望与追求等。除了共性的特征以外，教师还要了解每一个学生的个性特征，不仅了解其当前的学习成绩和行为习惯，更要了解其潜在能力和各种非智力因素等。只有这样，教师才能帮助他们更好地发展。苏联教育家苏霍姆林斯基(VA. Sukhomlinsky)在教育实践中就特别重视了解和研究学生，他一生曾研究了 3700 名学生，并作了详细的记录。在现实生活中，我们经常看到那些有经验的教师一接手新班，往往会立即查阅学籍卡片，建立学习档案，随时记录新情况，适时地与家长联系，统一教育要求，定期交流情况，分析学生的进步水平和存在的问题，以便采取相应的方法，有针对性地进行教育。

(二)确立学生在教育中的主体性地位

新型学生观认为，学生首先是一个人，主体性是人的本质特征，发展是人的天性，教育是促进主体发展的活动，学生的主体活动是学生获得发展的内在机制和内因。学生作为各种学习活动的发起者、行动者、作用者，其前提是要有一定的主体性，这是他们作为主体的基本条件。事实上，随着青少年学生自我意识的形成和不断增强，他们自身就有一种自尊自信和追求真理的自觉性，在许多活动中表现出渴望独立、渴望自主选择、渴望自我判断。教师作为学生学习活动的促进者，必须确立他们在教育活动中的主体性地位，具体来说，就是要理解信任学生和尊重爱护学生。

理解、尊重每一位学生，首先是相信学生发展的主动性，相信每一位学生的内心都存在主动求知、主动求发展的愿望。教育并不是赋予学生发展的特性，而是顺应其身心发展规律，促使他们更快更好地发展而已。教育者的责任在于激发学生发展的内在动力——

主体意识，调动学生发展的积极性，从而使他们成为在人格上自尊、在学习上自信、在生活上自立、在挫折面前自强的人。教师要对学生始终如一地坚持友爱、诚恳、友善的态度，切实地帮助、理解、支持他们心理上的自尊；教师应积极地帮助学生发现学生自身的特长，并适时地进行鼓励、表扬，使他们体会到成就感，从而增强其自信心；在培养学生具有自尊心和自信心的基础上，教师应进一步培养能发挥他们个性特长的能力，逐步使他们在生活中自立、在失败面前自强，从而发展他们的自主选择能力和敢于负责任的意识。应该说，有些学校提出"一切为了学生、为了一切学生、为了学生一切"的办学口号，也正是这一学生观的体现。

(三)认识学生的独特性

学生不仅是发展中的人，而且是具有发展个体差异的人，教育要承认、尊重和接受学生发展的个体差异性，这就意味着教师要认识到学生的独特性，为学生的发展创设最好的教育条件，鼓励学生发挥特长、发展个性。

认识到学生的独特性，首先要为学生创造多种发展条件，形成一种以促进学生自我发展为目的的多指标、多元的评价观念，适应并开发不同发展水平学生的潜能。教育的功能应该是促进人的多方面发展，而不是促进全体学生的同一、统一和标准化发展，更不是采取"一刀切"的方法限制人的多方面发展。教师要注意到以一种统一评价标准衡量全体学生的方法是存在局限的，要尊重学生的独特性要求，实现由"选拔适合教育的学生"向"创造适合学生的教育"的方向转变。

认识到学生的独特性，还要求培养学生学会做人、学会生活、学会学习、学会发展。学会做人，就是指通过思想政治教育、行为规范训练，在校纪、校规及社会道德的约束下提高学生的思想品德修养，使他们做一个堂堂正正的人；学会生活，就是让学生养成良好的生活习惯，学习必要的卫生常识，掌握生活自理能力、独立谋生能力和经受挫折并不断奋进的能力；学会学习，就是指培养学生善于发现问题、提出问题、解决问题的能力，引导学生从学习中得到乐趣，变不愿学为乐学、好学；学会发展，就是鼓励学生根据自己的个性充分发挥自己的特长，培养他们的创造性思维和人格。正如苏霍姆林斯基所说，教师要帮助学生"在无数的生活道路中，找到一条能鲜明地发挥他个人的创造性和个性特长的生活道路"。

第三节 师 生 关 系

教育是师生交往的过程，师生的交往关系带有教育本质的含义。能够正确处理师生关系，可以说就是抓住了教育的真谛。教师的素质，实际上就是在处理师生关系的过程中所需要的素质。尤其是现代教师，对于其师生关系的处理能力要求更高。

一、师生关系概述

(一)师生关系的内涵

对师生关系的界定，不同学者、不同书籍的观点可谓见仁见智。《中国大百科全书·教育卷》对师生关系下的定义是，师生关系是教师和学生在教育教学过程中结成的相互关系，包括彼此所处的地位、作用和相互对待的态度等。[①]《教育辞典》上说，师生关系是教师和学生相互作用的性质，以及师生相互对待的态度。[②]还有观点认为，师生关系就微观而言，主要指师生之间在教育过程中所发生的直接交往和联系，包括为完成教育任务而发生的工作关系、以满足交往而形成的人际关系、以组织结构形式表现的组织关系、以情感认识等交往为表现形式的心理关系。[③]

(二)师生关系的主要表现形式

1. 工作关系

师生之间的工作关系，是在教育任务、课程计划、学校规章制度和其他行政措施的指导下形成的一种关系，是建立其他方面师生关系的基础。师生间的工作关系主要表现为教与学的关系。在教与学活动中建立良好的师生关系，主要取决于教师主导作用的发挥。教师必须充分了解学生的实际，反对主观、盲目地教学；必须充分调动学生学习的主动性、积极性，反对注入式教学；师生之间要平等协作，反对压制教学民主。只有这样，师生之间才能建立良好和谐的师生关系。

2. 心理关系

在教育活动中，始终存在着师生间的亲密交往和心理交流，主要包括认知和情感两个方面的因素。

师生之间的心理关系是建立在认知基础上的。学生都有一种向师性，尊重、信任教师，服从教师的教导，同时也希望得到教师的关注、鼓励和表扬。针对这种情况，教师要多给学生积极、肯定的评价，以强化学生积极向上的信心。教师对学生不能持有偏见和成见，以免导致师生关系的破裂。学生则通过与教师多方面的交往，认识自己的老师，并对其作出自己的评价。

师生之间的情感关系是师生关系的又一个重要方面。教师对学生充满爱的情感可以形成教师良好的心境，激起对工作的热情，领略到事业的兴趣和幸福，激励自己克服困难、进行创造性的工作。同时，教师对学生的积极情感，又能转化为学生接受教育的内部动力，赢得学生的爱戴和尊重，激起学生对教师的亲近感、信赖感，从而沟通师生的思想、协调师生的关系。

3. 道德关系

在教育活动中，教师和学生都必须遵守一定的行为规则和道德规范，履行一定的责任和道德义务，这就出现了师生之间的道德关系。建立师生之间良好的道德关系，对协调师生之间的关系起着重要作用。在社会主义社会，尊师爱生是师生间道德关系最准确、最生动的概括。教师对学生的爱是教师最重要的道德品质，它是一种巨大的教育力量，是沟通师生关系的纽带。师生之间的交往有着广阔的领域，渗透着丰富的道德内容，最终都集中

① 董纯才. 中国大百科全书·教育卷[M]. 北京：中国大百科全书出版社，1985.
② 张焕庭. 教育辞典[M]. 南京：江苏教育出版社，1989.
③ 南京师范大学教育系. 教育学[M]. 北京：人民教育出版社，1984.

反映在教师热爱学生这个根本层面。学生的道德行为和道德义务的集中体现是尊师。学生只有从内心尊重师长，才能使自己在思想和学识上不断长进。同时，学生尊师又可以激起教师献身教育事业的积极情感，令其更加热爱学生、关心学生。总之，尊师爱生是中华民族的传统美德，是衡量师生道德水平高低的重要标志。

师生之间的心理关系是在师生之间的直接交往过程中形成的，而教师在这中间起着决定性作用。如果教师不经常主动接近学生，未能不断满足学生的各种合理需要，真诚和谐的师生关系也就难以建立。

二、不良师生关系(师生冲突)的表现及解决策略

由于受传统"师道尊严"教育思想的影响，学校和教师把学生单方面的"绝对服从"作为学生的最高行为准则，教师在处理师生关系时，习惯于对学生进行严格控制和压制，把学生当成被动和机械的受体。随着社会的发展变化，学生的主体意识得到提升。我们发现学生对民主、平等、尊重有着强烈的需求。学生需求的东西，正是他们缺少的。学生基本需要的缺失，必然会导致师生关系发展的失衡。师生关系不协调，就一定会引起冲突。

(一)师生冲突的实质、影响与原因

1．师生冲突的实质

师生冲突是指教师和学生之间的情绪对立或公开对抗。世界上没有无结果的原因，任何冲突都不会无缘无故地发生，也不会无痕无迹地消失。要弄清楚造成人际冲突的原因，就必须涉及一个复杂的心理学概念——需要。任何行为背后都隐藏着特定的需要、目的，冲突就意味着交往双方不同的需要的相互碰撞。人们存在着许多普遍的共同需要，此外还有很多微不足道、转瞬即逝的需要，这些需要总是这样或那样地推动着我们的行为。需要得不到满足，就会产生人际关系的不协调，但不是所有的人际关系不协调都会导致冲突，只有那些重要的、隐秘的需要和利益出现相互不容的情况时，才会引起冲突。冲突总是伴随着强烈的消极情感，如果不能及时解决，就会引发各种心理问题。

2．师生冲突的影响

一旦形成师生冲突，对师生都有不利影响。首先，对学生的影响是显而易见的。师生冲突直接破坏课堂教学，甚至使课堂教学中断，必定会影响教学效果。冲突后有的学生直接接受教师施加的压力，遭到惩罚，严重影响学生的自尊心。有的学生在冲突后，对老师怀有戒心，情绪对立，使学生长期处于消极状态，直接影响学生的身心健康。其次，师生冲突对教师本人也有极不利的影响。促进教师工作积极性的重要方面就是工作中积极有效的反馈，而师生冲突会使教师感到失败、痛苦、沮丧，使教师丧失教学的热情，因此，师生冲突是形成教师职业倦怠的一个重要原因。此外，由于教学本身就会使教师处于紧张状态，再加上师生关系的紧张，很容易形成不良的应激状态，这样就加剧了教师的身心反应，从而影响其身心健康。当然，师生冲突也并非完全没有积极的因素。有时，师生冲突是难免的、客观的，但是，如果处理得好，教师和学生都能够从中汲取教训，反思自己的问题，以此为契机，改变过去的不良行为，使教师和学生在冲突中获得真正的发展。

3. 师生冲突的原因

造成师生冲突的原因是多方面的，表现形式也不尽相同。例如，一位教师说："当我开始执教时，我把自己看成一群快乐学生的领导者。他们热衷于探索发现。可是事实却大相径庭。我简直不想再教了。我恐惧每一堂课、每一个新日子。学生也有这样的感觉。我觉得自己好比是奴隶的领班，在一群懒惰而没有出息的乌合之众头顶挥舞着鞭子。他们唯一的兴趣便是歇工。他们扯谎、骗人、互相贬低，而且似乎只求少费力就能过关。还有的学生对我有抵触情绪。最糟的是，如今人家要凭学生的考试成绩来考查我。"这些似曾相识的经历与体验，相当一部分教师都曾有过。

造成师生冲突的原因可以归纳为以下几个方面。

(1) 大学教育或师范教育与工作实际有较大差距。有许多年轻教师开始走上工作岗位时都雄心勃勃，可一旦他们在工作中遭到许多挫折后，就会产生在大学期间没有让他们知道"那个世界的真相"的感觉。因此，他们情绪开始波动，工作状态开始动摇。这就为以后出现师生冲突埋下了思想上的根源。

(2) 双方的期望不一致，会引起师生冲突。由于教师对学生不合乎期望的行为不满意，就会对学生进行批评指责，从而引起学生的压抑、不满或怨恨情绪。这种情况下的师生冲突往往产生于教师对学生有正确的要求，但帮助的方式不正确。学生对教师不合乎他们的期望的行为的不满，也是造成师生冲突的原因之一。由于教师的个人特征或行为方式不符合学生对教师的期望，引起学生不满，学生就可能有意无意地制造冲突，从而表达他们的不满情绪。

(3) 角色意识过强的误区。教师要有角色意识，要符合角色要求。但是如果这个角色意识与行为"过分"，就可能造成教师的"强权"意识，要求学生绝对服从，即所谓"师道尊严"，因此，教师在与学生交往时，就容易发生冲突。

(4) 师生的"代沟"问题。师生之间在年龄上存在着差距，这是客观事实。由于不同时代的人在思维方式、价值观念及行为方式上存在着明显的差距，因此，对同一问题观察的角度不同，所得的结果也不一样。有些教师抱怨，今天的孩子实在难教，与过去所谓"自己时代"的孩子不一样。教师在观念与行为方面与学生存在着"沟"，因而师生冲突就在所难免了。

另外，某些教育制度或体制的不合理，如班级人数较多、升学压力、竞争、考核等，以及教学条件差、待遇低等情况，也是造成师生冲突的外部因素。

(二)师生冲突的类型

师生冲突，实质就是发生在师生之间的一种非人道行为。师生冲突，一般来说是由教师对学生的非人道行为引起的。进入对抗状态后，学生对教师也可能采取非人道行为。有人把教师的非人道行为分为三类，与此相应，学生对教师非人道行为的反抗也分为三类，具体如下所述。

1. 教师的体罚型——学生的报复型

教师对学生的体罚是一种常见的非人道现象，年纪越小的学生身上表现得越严重。体罚的形式五花八门，而学生受到教师的体罚，在心理和行为上是一定要作出反应的，这种反应多半是报复性行为。比如，以恶作剧的形式还击教师，以欺凌小同学宣泄怨气，以反社会的行为作为报复，等等。学生的报复行为与教师的体罚一样，表现得直接而明显。化解这类师生对抗并不困难，关键是教师勇于认错。

2．教师的惩罚型——学生的逃避型

惩罚不同于体罚，它并不对学生诉诸拳脚、伤害学生身体，而是以某种借口并以某种形式间接地对学生进行处罚。例如，用作业压迫学生。此外还有变相的惩罚，比如，提醒家长、暗示家长，甚至直接要求家长"管教"孩子。课业惩罚或变相惩罚的结果多半是学生厌学、逃学、旷课、流失等，他们以这种形式来与教育、教师相对抗。化解这类师生对抗，相对而言要困难得多，它涉及教育领域中多方面的内容，而教师所做的就是要转变观念，树立民主意识，提高自身修养，人道地处理好师生关系。

3．教师的心罚型——学生的沉沦型

所谓心罚型，就是刺伤学生自尊心，侮辱他们的人格，损伤他们的尊严，破坏他们的情感，歧视他们，轻慢他们。心罚常见的表现有谩骂、训斥、讥讽、嘲弄、取绰号、名次、隔离等。教师的各种心罚对学生心理和情感的伤害所造成的后果是非常严重的。教师对学生心罚的结果，往往会使学生心灰意冷，萎靡不振，沮丧沉沦，自尊心受到打击，失去自信心。心罚给孩子留下的是一种内在的创伤，是一种无助感和绝望感。这种师生对抗一般表现为心理和情感及人格的冲突，这种冲突隐秘而不外显，多半是依靠直觉和情感的微妙变化来体察。化解这类对抗更艰难，最主要的是教师要树立正确的学生观，确立民主、平等意识，与学生建立良好的人际关系，尊重学生。

上面三种冲突形式，其程度为：心罚重于惩罚，惩罚重于体罚。体罚固然不能容忍，但相对来说，心罚对学生造成的后果更严重。

(三)师生冲突的解决

发生师生冲突，如果处理不当或过于草率，是不利于问题解决的。在日常教育教学中，常见的不当处理方式有两种：一是高压政策，即教师使用强制手段将矛盾平息下去；二是草草了事，当冲突发生后，教师不愿意正面解决冲突，而是掩盖冲突，就事论事，草草处理，只求能将冲突暂时平息下来。

教师可从以下几个方面对冲突进行分析并着手解决。

(1) 冲突解决要抓住主要矛盾。面对冲突，教师要抛开表面现象，切忌就事论事，不要和学生纠缠具体细节的是与非，要找出冲突发生的根本原因及产生背景。

(2) 要加强师生间的思想沟通，敞开思想，坦诚以待，增加相互理解。教师要向学生说明其思想和行为的真正动机，同时让学生说出他们的真实想法和感受。如果教师认为自己的做法有不妥之处，可以率先检讨，这种真诚往往会感动学生，也会取得他们的谅解，学生也会反过来检讨自己的错误。如果学生承认了自己的错误，教师应在讲明道理作出适当批评的同时，对学生过激的行为表现出宽容大度。

(3) 师生要共同分析产生冲突的原因，只有找到原因，才能有针对性地找出解决的办法。教师要全面地、耐心地听取学生的意见，共同分析原因，找出解决冲突的一致看法。但是，教师切忌迫于学生的压力而放弃原则、放弃立场，因为解决冲突并不一定要屈从于

另一方的意愿。师生双方通过共同讨论，达成共识，才能使冲突顺利解决。

在现代学校教育中，师生冲突是不可避免的，关键是要处理得当。教师要用民主的态度对待学生，尊重学生，热情、耐心地帮助学生，不断加深对学生的理解，加强与学生的思想和情感沟通，努力营造一个和谐、健康向上的师生关系。

三、良好师生关系的特点及构建

良好的师生关系的建立尽管要受多种因素的影响和制约，但由于教师是教育活动的主要设计者和教学过程的主要调控者及教育成败的主要责任人，在全部教育活动中起主导作用，所以师生关系的建立和发展主要取决于教师的工作作风和人格品质。

(一)良好师生关系的特点

素质教育的根本目的是把学校的教育工作从"知识中心""应试中心"转到以学生发展为中心上来，其核心是培养学生的自主意识和创新能力，全面提高民族素质。在认识了素质教育的本质意义和核心内容的基础上，实施素质教育就不能停留在表面的"少搞考试，多搞活动"，而应抓住核心解决根本问题，那就是确立学生在整个教育过程中的主体地位，确立教育的一切工作为学生发展服务的思想。因此，实施素质教育必须首先革新传统的师生关系。

在推进素质教育的过程中，我们应该建立怎样的师生关系？概括地说，就是应该建立民主平等的新型师生关系，这种关系的特点应从以下几个方面体现出来。

(1) 师生民主平等，意味着教师对学生作为"人"的价值的承认。

(2) 师生民主平等，意味着教师对学生人格的尊重。

(3) 师生民主平等，意味着教师对所有学生的公平对待和一视同仁。

(4) 师生民主平等，意味着教师对学生的信任。

新型师生关系的本质是民主和创造，它是充满生命活力的现代教育的生动体现。在这种关系当中，学生体验的是平等、自由、民主、尊重、信任、同情、理解和宽容，形成的是自主自觉的意识、探索求知的欲望、开拓创新的激情和积极进取的人生态度。教师的活动也不再是依据既有模式灌输现成知识，而是要应对学生活跃的思维和变化的情绪，不断地推出有创意、有针对性的教育策略。在师生平等相待的情境中，师生共同面对的就不仅仅是知识和教材，而是更广泛、更精彩的现实生活。通过这种民主平等的交往，素质教育所倡导的学会做人、学会求知、学会健体、学会劳动、学会交往可望成为现实。

(二)良好师生关系的构建

1. 教师与学生交往的原则

(1) 理解。理解是教师与学生交往的前提，更是当代师生沟通的关键。因此，理解学生是当教师的首要任务。

(2) 尊重。尊重是一种爱，一种信任。只有教师对学生付出真挚的、深沉的爱，只有教师对学生体现出一种高度的人格信任，才能得到同样的回报。

(3) 宽容。宽容是教师思想境界的标尺，也是教师人格力量的展示。

(4) 平等。平等是一种人格的平等。教师与学生的人格是绝对平等的，只有达到了这种平等，师生才可以真正沟通。

2. 教师与学生交往的技巧

教师除了要坚持理解、尊重、宽容、平等的基本原则外，还必须讲究方法和技巧。下面对常用的一些方法、技巧做粗略的分析。

(1) 要知道学生心里想什么。教师在与学生交往的过程中，首先应知道学生心里想什么、怎么想。例如，可以组织学生一起议论老师，让每个学生说出想要对老师说的心里话。

老师，我希望您是一个有感情的人，而不是一台教书的机器。

老师，请不要单看我的成绩，还要看我今后的行为表现。

老师，请您教会我一种方法，使我懂得独立思考、独立判断，而不仅仅是背诵现成的答案。

老师，我们希望能从您那里学到新的东西，您也需要学习。

老师，请您不要老是自己讲，我们喜欢讨论和辩论。

您作为老师，有没有听到过上面这些议论？如果没有听到过，就应该到学生中间走走，谈谈心，他们会把心里话"掏"出来的。

(2) 期待。皮格马利翁效应证明：只有教师真正"爱"学生，对孩子寄予期望，这些孩子(包括差生)才会取得较大的进步。教师与学生交往，就是要通过自己的特定行为方式，将各种期待有意识地传达给学生。比如将一个任务交给一个能力较弱的学生，相信他能完成这个任务，这实际上就包含了一种期待和信任。又如教师主动和差生接触，同样蕴含了一种期待，学生会在这种期待中，努力超越自己，把教师的期待内化，最终达到与教师期待的一致。

(3) 记忆。希望别人记住自己，是人需要尊重的表现，教师在与学生的交往过程中，记住学生和与其有关的一切信息(如学生的名字、年龄、家庭、兴趣、爱好、特长、心理状态、个性特征等)，并在交往中表现出来，可以使其自尊的需要得到满足，从而使学生对教师产生好感，有利于密切双方的关系。

比如，一位初二年级的班主任，在过了一年之后，仍然叫不全自己班级学生的名字，有时甚至张冠李戴，无形中会使学生觉得这个老师对他们根本不感兴趣，更谈不上关心爱护他们，从而拉大了师生之间的心理距离。

(4) 公平。教师与学生交往，尤其要注意公平对待。有的教师对不同学生的相同行为表现往往不能一视同仁。例如，没有按照教师的思路去解数学题，没有按照书本上的要求进行实验等，一个"调皮鬼"这样做，教师认为是"故意捣乱"；而一个"好学生"这样做，教师认为是"有创造性"。教师对前者给予批评，对后者则给予表扬。对于学生行为的反应，是由教师对这一行为的知觉来决定的。由于以往的经验，使教师形成了知觉定式，这种偏见会使学生感到，教师对有的人亲近，对有的人疏远，对人不公平。

(5) 幽默。幽默是学生对教师普遍要求和赞赏的一种素质，也是教师与学生形成良好人际关系的催化剂。教师的幽默能够给学生留下深刻印象，能够活跃课堂气氛，能够冰释各种误解。那么，如何运用好这种幽默呢？

一是幽默的表达，力求自然，不是刻意追求，而是自然而然。

二是内容高雅，不是"只博一笑"、油腔滑调，而是格调高雅、不落俗套。

三是不能过度夸张，要有限度，不能失去幽默的真实。

四是寻找最佳时机，尤其注重幽默的场合和对象。

五是动机要正确，要把幽默和讽刺区别开来。

总之，应把幽默这种艺术上升为一种含笑的启示，给学生以智慧的启迪和情感的陶冶。

(6) 暗示。暗示是教师对学生产生心理影响的一种特殊的交往方式。暗示的过程主要是通过语言或非语言符号进行信息传递的过程。由于学生的年龄、思想、智力、经历等特点，决定了学生受暗示的程度较高。所以，如何对学生暗示以及利用暗示达到良好的人际关系效果，是教师需要关注的问题。

一是巧妙运用直接暗示和间接暗示。

二是采用积极暗示和避免消极暗示。

三是综合运用语言暗示和非语言暗示。

四是学会使用反暗示，即教师利用学生的逆反心理所进行的一种相反信息的传递。

教师要学会科学地、艺术地运用暗示方法，让学生在不知不觉中接受思想观点、知识和意念，实现交往的有效性。

(7) 谈话。谈话是教师的基本功，是师生沟通的常见方式。教师与学生的谈话有几种不同的性质。一是接触性谈话，即"随便聊聊"，意在寻求心理接近，也可以说是一种感情投资；二是调查性谈话，即针对某人或某事，了解过程，弄清前因后果，以便作出正确判断；三是教育性谈话，如鼓励、表扬、防范等。教师应根据不同的内容和目的设计谈话的方法，尤其要做到以下几点。

一是对学生持尊重、平等的态度，不要采取处罚的、轻视的、嘲弄的、责难的态度。

二是要慎重地考虑提出问题的方式，最好从学生喜欢听的话题谈起，诱发学生插话，谈思想，表露真情。

三是不要急于求成、急于得出结论，应善于开导、启发，多在如何建立信赖关系上下功夫。

四是对学生自由的、主动的、有独立见解的谈话持积极的倾听态度。

五是对学生要热情、理解，不能敷衍塞责，要站在学生的立场上去理解他们提出的问题。

六是要注意自己的姿势和神态，尤其是要注意学生所表现出的不同的复杂心理，如推测心理、逆反心理、防御心理和懊丧、惊恐心理等。

(8) 角色淡化。教师是社会的一员，不仅仅扮演"教师"这一社会角色，而且还扮演多种角色，如"长辈""学者""朋友"等。教师与学生交往，既是角色交往，又是个性交往，是以双重身份出现的；既是非个性的"社会角色"执行者，又是具有独特个性的人；既是群体的一分子，又是独立的个人。

在现代社会中，青年学生交往的一个重要特点是对于体现非个性的"角色交往"的现状越来越感到厌倦，而更多的是去寻找既充满友谊又增加生活情趣的"个性交往"活动，以达到心理和精神上的平衡。因此，"老师也是朋友"便呼之欲出。这实际上就是希望老师淡化角色，以"人"的原来面目、以个性特点参与交往。

以上是几种常见的师生交往的技巧，当然，还有很多其他技巧。总之，任何技巧的运用都在于使教师用心关注学生，促进师生情感的交流。

拓展阅读 3-3：

扫右侧二维码阅读《良好师生关系的特征》的相关内容。

拓展阅读 3-3

本 章 小 结

教师是以培养人为职业的专门劳动者，开发人类思维，塑造个体灵魂，影响社会未来。教师劳动既是体力劳动，也是脑力劳动；既有一般劳动的特点，也有其特殊性。目前社会上有很多人对教师职业认识不足，对教师劳动的具体特点理解不透。为了振兴中华，发展教育，全社会必须树立起尊师重教的好风气，提高教师地位，优化教师素质，加强教师修养，稳定教师队伍，充分发挥他们在社会主义现代化建设中的重要作用。

学生是生活在一定社会关系中，具有特定社会属性的人。学生是社会的人，又是自然的人；学生是未成熟的人，又是具有发展潜能的人；学生是接受教育的人，又是自觉能动的人。树立正确的学生观，正确认识学生的基本属性，是教师做好教育工作的前提。教师要依据青少年身心发展的特点和规律，实施卓有成效的教育，使学生认识学习的过程、掌握学习的方法，从而不断提高学习质量和智力发展水平。

师生关系是指教师和学生在教育教学过程中结成的各种各样的相互关系。师生冲突是指教师和学生之间的情绪对立或公开的反抗，它有不良影响，教师应采取恰当的方法避免师生冲突。教师不仅要建立民主平等的师生关系，还要掌握一系列技巧，以增进师生交流。

【推荐阅读】

[1] 苏红. 教师专业发展中的关键事件研究[M]. 北京：北京师范大学出版社，2014.

[2] B. A. 苏霍姆林斯基. 给教师的建议[M]. 赵聪，译. 长沙：湖南人民出版社，2021.

[3] 申继亮. 新世纪教师角色重塑[M]. 北京：北京师范大学出版社，2006.

[4] 朱旭东. 教师专业发展理论研究[M]. 北京：北京师范大学出版社，2011.

[5] 何劲松. 教师学习与专业发展：关键问题研究与多元实践探索[M]. 上海：华东师范大学出版社，2021.

思考与练习

一、名词解释

教师　　学生　　师生关系

二、简答题

1. 教师的角色有哪些？

2. 教师专业发展的阶段有哪些？

3. 学生的本质属性是什么？

三、论述题

1. 教师应该设立怎样的学生观?
2. 请结合实际阐述如何建立良好的师生关系。

【实践课堂】扫右侧二维码阅读相关内容。

实践课堂

秩序是把一切事物教给一切人们的教学艺术的主导原则。

——夸美纽斯

第四章 教学过程

本章学习目标

➤ 掌握教学过程的概念。
➤ 了解教学过程的动力。
➤ 理解教学过程的特殊本质说和交流说。

核心概念

教学过程(teaching procedure) 教学动力(teaching dynamic) 教学要素(teaching elements) 教学本质(teaching essence)

《使市场在资源配置中起局定性作用》教学片段①

教师播放视频材料，向学生呈现案例内容：2020 年初，一场突如其来的疫情，使口罩一时成为大家生活的必需品：奋战在一线的工作人员、经受着病痛折磨的患者、居家隔离的普通人都需要口罩。而目前市场上口罩的供给量远远少于人们的需求量，所以，许多投资者转战口罩行业，各个口罩生产厂都在加班加点地生产口罩，这些生产出来的口罩按照需求的紧迫性，首先运往疫情严重的武汉以及收治新冠肺炎患者的医院，以保证对一线医护人员的保护和对患者的救治，同时为了满足普通群众的需要大家可以通过线上预约、摇号、排队等方式进行购买。

教师：同学们，新冠肺炎疫情期间，我们也感受到了视频中所报道的情况。疫情初期，口罩的需求量远远大于口罩的供给量，那么，我们如何合理配置这些资源？我们为什么要合理配置这些资源，以及为什么会出现许多企业转战口罩行业呢？要弄清楚这些问题，就让我们一起来学习这节《使市场在资源配置中起决定性作用》课程。

---

① 王银鹤. 案例法在高中思想政治课程教学中的应用[D]. 西南大学. 硕士学位论文，2021：22.

案例分析

这个案例，为我们展示教学过程的一个片段。教师通过疫情期间的典型案例引导学生思考市场在资源配置中的作用。教师呈现给学生是大家"亲身经历"过的案例，通过大家的感同身受，把理论和现实生活结合起来，提高学生发现问题、分析问题和解决问题的能力，从而提高课堂教学质量。

学习指导

教学是教与学相统一的过程。在学习本章的过程中，应重点理解教学过程的概念、教学过程的本质。教学过程重在明确教学概念、目标并采取相关案例进行系统分析，教师应充分发挥学习者的主体作用，采用教学案例、实践活动等方式，引导学生来理解教学过程。

教学过程是指教学活动的展开过程，是教师根据一定的社会要求和学生身心发展的特点，借助一定的教学条件，开展教学活动，实现老师和学生双边互动的过程。在教学过程中，教师有目的、有计划地引导学生能动地进行认识活动，自觉调节自己的志趣和情感，循序渐进地掌握科学文化知识和基本技能，指导学生主要通过认识教学内容从而认识客观世界，并在此基础上实现学生德、智、体、美、劳全面发展。在教学过程中，必须遵循比较稳固的教学程序及教学方法策略体系。

第一节 教学过程概述

教学过程理论是教学论研究的核心，它要解决的重要问题，如教学的本质、规律等，都是很有价值而且难度较大的研究课题。要探明教学的本质及其规律这样深层次的问题，必须先从分析构成教学过程的基本要素及其内在联系开始。

拓展阅读4-1：

扫右侧二维码阅读《课堂教学过程的再认识：功夫在论外》的相关内容。

拓展阅读 4-1

一、教学过程的概念

对于教学过程这一概念的准确界定目前学术界尚未有定论，但针对教学过程本身的特点，不同的学者从不同角度提出了自己的看法，这些看法各自不同但都言之有理，究其原因，主要是由于界定概念的视角不同，所持有的教育哲学观也有所区别。

1989 年出版的《教育辞典》中认为，教学过程(teaching process)是指教学从开始到结束的实施过程，即教师有目的、有计划地引导学生积极、主动地掌握系统的文化科学基础知识和基本技能，发展学生的智力、能力、体力，并形成一定的思想品德的过程。[①]1994 年出

---

① 张焕庭，李放. 教育辞典[M]. 南京：江苏教育出版社，1989.

版的《中国成人教育百科全书》中则认为，教学过程是依据学科的课程计划和教学大纲，在教师的指导下，为实现既定的教学目标，通过师生教与学的共同活动，使学生掌握系统的科学文化知识、基本技能，以及提高身体素质、心理素质、社会文化素质的复杂的、多方面统一的教育过程。[①]除了工具书中的不同解释外，不同学者也有不同的看法。如有学者提出教学过程的概念有广义和狭义之分；还有学者将教学过程看作师生双边的活动和相互作用，这种相互的活动和作用，使学生掌握前人积累下来的宝贵知识和经验，并在此过程中使学生的智力、体力、品德等方面得到发展。[②]还有学者认为教学过程本身是学生掌握人类长期积累的科学文化知识的认识活动，从社会学角度看，教学过程除了认识活动之外，还应当包含交往活动、审美活动；从心理学的角度看，教学除了认知之外，还有情感、意志、行为诸方面。[③]

无论对于教学过程概念本身的认识如何不同，不可否认的是，教学过程本身具有的一些本质性特征是所有认识者都不能回避的。

首先，教学过程是一种教育过程，是教育过程的一种形式，这与其他形式的教育过程有许多共同之处。教学过程本身有两个基本的功能，一是传递科学文化知识，以促进人类社会的发展；二是使学生的身心得到发展，以促进个体自身的发展。但是，教学过程与其他形式的教育过程，如团队教育活动过程，与各种课外、校外教育活动过程不同，它有自己的规律，如教学过程是认识的特殊形式，必须以学习间接经验为主；教学过程是发展过程等。综而述之，教学过程具有如下特点。

1．教学过程有很强的目的性

教学过程是有目的、有组织、有计划展开的教育活动，这种计划和目的通常来源于国家的课程计划、课程标准。课程标准是教学活动最基本的依据，它规定了教学目标，规定了教学科目和每一科目教学的内容深度、广度。教材或教科书正是依据课程标准编订的；教学方法、教学形式的选择与运用也受到教学目标、教学内容的制约。教学内容、教学方法、教学形式都是为实现教学目标服务的。因此，教学过程是一个目的性很明确、计划性很强、组织性很严密的教学活动。

2．教学过程是一个师生互动、共同交流、师生共进的过程

教与学是矛盾的统一体，教学活动与学习活动是在统一的教育过程中进行的，因此教学过程不是"教+学"，而是教与学相互依赖、相互渗透的矛盾过程。教是在已学基础上的教，为了学而教；学是在教的指导下学。离开教师指导的学，是存在于教学过程之外的自学。教学过程的学与教是相互作用、共同活动的。

3．教学过程使五育一体，共同实施各育

教学活动不仅是实现智育目标的活动，也是实现德育目标、体育目标、美育目标、劳技教育目标的活动。教学把实现智育目标作为教学的基本目标，但教学过程不仅仅只是实现智育目标。教学过程是以实施智育为基本方面，同时对学生实施德育、体育、美育、劳

---

① 林崇德，姜璐．中国成人教育百科全书[M]．海口：南海出版公司，1994．

② 李世令．试论教学的审美价值[J]．山东教育科研，2002(7)：29-30．

③ 宋宁娜．教学认识论和教学理论[J]．当代教育论坛，2004(10)：12-19．

技教育的复杂多维的整体。当然不能把教学过程和智、德、体、美、劳各育过程并列，它们不在同一层次上。教育目标是较高层次的目标，教学是贯彻、落实各育目标的活动。各种课外教育活动也是具体贯彻、落实各育目标的，因此教学活动应与各种课外教育活动相互配合，共同实现教育目标。

综上所述，教学过程本身不仅仅只是知识技能的教学，同时也是促进多方面素质发展的过程；不仅是实施智育的过程，同时也是实施德、美、体、劳多方面教育的统一过程；不仅是认识过程，也是心理活动过程、社会过程。而对教学过程概念的认识上也应该有广义和狭义之分。狭义的教学过程，主要指的是一节课或一个单元的教学所占有的时间，通常包括：①启发动机，激发求知欲望。②感知教材，发展观察能力。③理解教材，发展思维能力。④巩固知识，发展记忆能力。⑤运用知识，形成技能技巧。⑥检查知识，调节教学活动等几个阶段。广义的教学过程，是指师生在共同实现教学任务中的活动状态交换及时间流程，它包含了相互依存的教和学两方面，是教师与学生双边活动的过程，包括制订教学计划、备课、上课、作业处置、评价反馈等全过程。

本书关注的不仅是一节课或一个单元的教学时间，更重要的是关注学生在教师有目的、有计划的指导下，积极主动地掌握系统的科学文化基础知识和基本技能，发展能力(特别是综合能力、创新能力)，形成情感价值观的过程。从教育学的角度讲，教学过程需要教师根据教学目的和学生身心发展的特点，引导学生掌握知识、陶冶性格、发展智力、形成能力。

二、教学过程的基本要素

关于教学过程的要素分解，目前我国教学论领域也存在着不同的观点，集中起来可以划分为两大类：一是"多因素论"。这种理论是用现象描述的方法，把教学过程中的全部参与要素都包含其中，认为教学过程所有的要素都是必不可少的。二是"简单要素论"。这种理论试图从教学过程的众多要素中，找出那种作为"构成事物的主要成分，可以决定事物发展的条件"的最基本要素。

实际上，这两种观点并不矛盾，要找出教学过程的基本要素，必须以分清作为教学过程组成部分的全部要素为前提。因此，我们必须先弄清作为教学过程组成部分的全部要素。

由于教学过程有多个要素，要素与要素之间形成了复杂的关系系统。为了弄清楚教学过程运动、变化、发展的根本动力，为了揭示教学过程的本质特征，有必要在众多要素中找出最基本的要素，也有必要在纷繁复杂的矛盾关系中找出决定教学过程运动、变化、发展的主要矛盾。

所谓基本要素，是指构成事物的主要成分，可以决定事物发展的条件。在教学过程中，基本要素是教学活动开展的基本条件，有了基本要素，其他要素才有存在的必要性和可能性。那么，在教学过程中，到底哪些要素才是基本要素呢？目前有"三因素论""四因素论"等不同的观点。我们认为，教师、学生和教学内容是构成教学过程的基本要素。其理由有二：一是由教育活动的本质特征所决定的。教育活动是教师对学生施加教育影响，在教师的引导下，通过学生的主动学习获得发展的一种活动。这样的一种育人活动，主要是以"教师引导学生学习掌握科学文化知识"为主要途径的。换言之，教师传授知识、学生掌握知识是学生得到发展的基本"凭借"。而知识体现在专门编制的教学内容之中，教师和学生是通过教学内容联系起来的，有了教师、学生、教学内容这三个基本要素，而且三者之间相互联系、相互作用才能使得教学过程得以展开。二是由各要素的有机联系决定的。正是因为有了教师、学生和教学内容中三个基本要素的相互联系与相互作用，才会有对教学方法手段、教学组织形式、教学测评、教学环境等要素的考虑，没有教师、学生、教学内容这三个基本要素，其他要素就没有存在的必要性和可能性。而有了这三个基本要素，再将其他要素有机配合、共同作用，就能完成教学任务、实现教学目标。

教师、学生和教学内容作为教学过程的基本要素，要素与要素之间是紧密联系的，具体有教师与学生的关系、教师与教学内容的关系、学生与教学内容的关系。在教学过程中，每一对关系的两极往往是不一致的，存在着一定的矛盾，如教师的教学要求与学生的现有发展水平之间不一致，教师教学的局限性与教学内容的全面性之间不一致，学生的已有知识经验与教学内容之间的不一致等。正是有了这样一些矛盾关系，才能推动教学活动的进行，又通过教学活动，使各种矛盾得以解决，使教学过程不断地向前推进，使学生在此过程中得到提高和发展。

三、教学过程的基本阶段

教学过程是教师与学生按照教学规律与原则分步骤、分阶段进行的。古往今来，在教学实践中形成的关于教学过程基本阶段的观点多种多样，此处列举一些教学过程基本阶段的代表性观点。

《中庸》总结了先秦儒家的教学过程，认为教学过程基本阶段有：博学、审问、慎思、明辨和笃行。

朱熹把教学过程划分为熟读、精思、笃信和实行四个阶段。

赫尔巴特认为教学过程基本阶段有明了、联想、系统和方法。

赫尔巴特学派对赫尔巴特的观点进行了修正，指出教学过程基本阶段可以分为预备、指示、联想、概括和应用。

莱因(Rae)则把教学过程分为感受、类化和表现三个环节。

德可乐利(Dr. Decroly)强调教学过程有观察、联想和表达三个阶段。

达尼洛夫(Aleksandor Danilau)把教学过程基本阶段划分为准备、感知、思维、巩固、在实践中运用和练习。

尽管关于教学过程的阶段划分观点不一，但是经过对上述观点进行仔细推敲，就会发现按照一定顺序，在教学过程中存在一些共同因素。我们把这些具有共性的因素组织起来，就形成了与教学实践相符的关于教学过程基本阶段的认识。

(一)心理准备

心理准备主要是引起学生对即将进行的教学活动的兴趣和求知欲，创设一种教学氛围，使学生产生强烈的求知欲望和浓厚的认知兴趣。如果学生头脑中的兴奋中心还没有向将要进行的教学活动转移，或者对即将学习的课题毫无兴趣，那么在这种情形下进行的教学就不会有好的效果。因此，心理准备是教学过程的一个必要阶段。

(二)领会知识

领会知识是学生在教学过程中逐步认识事物的联系、关系直至认识事物的本质、规律的活动。这个阶段包括感知教材和理解教材两个方面。

感知教材是学生通过各种学习材料的协同活动,获得事物表象的过程。学生必须有感性知识,才能理解和把握书本知识,否则学生对书本知识就会生吞活剥、食而不化,以致不能理解知识的实质。感知教材有两种形式:一是直接感知;二是间接感知。直接感知就是让学生直接接触所要学习的对象,如观察、实验、实习、参观、调查、访问等。间接感知主要靠教师的讲解,即教师运用形象生动的语言和各种形象化的直观教具使学生对教材形成初步认识。这两种感知形式在教学过程中是相互配合、互为补充的。

毛泽东曾指出:"感觉到了的东西,我们不能立刻理解它,只有理解了的东西才能更深刻地感觉它。"①因此教学过程不能停留在感知层面上,必须上升到理解教材的层面上,这是领会知识的关键。理解教材就是教师引导学生在感知教材内容的基础上,进行抽象思维加工,形成概念,掌握本质。教师在学生理解教材的活动中一定要设法让学生通过自己的思维活动来完成任务,使学生对教材的定义、原理、结论的理解合乎规律。

(三)巩固知识

巩固知识是使学生把所学知识牢固地保持在记忆中,当需要时能正确及时地提取。巩固知识是由教学活动的特点决定的。学生主要学习的是间接经验,在学习中往往感受不深,容易忘记,而且学生在各科教学中连续不断地接受多方面的新的科学知识,教师如果不帮助学生及时进行巩固,教学活动将无法继续进行,学生也会无法继续学习。知识的巩固贯穿于教学的全过程,巩固方式也多种多样,主要有作业、练习和复习等。

(四)运用知识

运用知识是学生用领会的知识去解决同类课题的活动,目的在于使抽象知识与具体事物相联系,使领会了的知识具体化。学生通过运用知识于实际,形成技能技巧,检验所学知识,丰富直接经验,使认识深化。这对于他们进一步理解和牢固掌握知识、提高分析和解决问题的能力具有重要意义。运用知识基本有两种方式:一种是问题的解决只需要通过词的说明(包括口头和书面语言)就能完成,另一种是通过实际操作才能完成。

(五)检查效果

检查效果是根据一定的标准对教学过程产生的结果进行测试评估。通过检查评定可以获得反馈信息,了解教学和学习情况,并据此来调节教与学的活动方向和节奏。借助于学习效果的检查,还可以激发和强化学生的学习动机。

教学过程中所经历的心理准备—领会知识—巩固知识—运用知识—检查效果五个阶段,既是密切联系又是可以进行灵活变化的。通过对教学过程的基本阶段进行符合教学规律、反映特定教学实际的重新组合,就可以形成多元化的关于教学过程基本阶段的观点。

---

① 毛泽东. 毛泽东选集(第一卷)[M]. 第2版. 北京:人民出版社,1991.

第二节　教学过程的动力

教学过程的动力是推动教学过程不断前进和发展的根本力量，其本身来自教学过程内部本身。马克思主义哲学告诉我们，矛盾是事物发展的动力，矛盾中的双方既对立又统一。正是对立统一之间的相互作用，推动了事物的运动和变化。在教学过程中，构成教学过程的基本要素是教师、学生和教学内容彼此之间也有相互作用的对立统一过程，形成了多种矛盾运动。这些基本的矛盾运动就是教学过程发展的内部动力。

一、教学过程动力的内涵

教学过程的发展动力，是推进教学不断开展和深入的教学动力。有学者认为，"教学动力是推动和维系教学系统结构与逻辑联系的制约，教学动力就是教学与学生的动机联系体。"

如同教学过程概念一样，人们对于教学动力问题的认识也有很多不同的看法，影响比较大的观点如下所述。

教学动力系统结构论

这种理论认为教学系统有三种调节机制：①由广泛的相互联系支配；②由教学系统中的反馈机制实现；③由人的心理调节系统实现。它们分别对应下面将要介绍的教学动力存在说、教学动力矛盾论、教学动力动机论和教学动力认识论四种观点。这四种不同的动力构成了一个系统，这就是教学系统的动力结构，也就是教学过程发展的动力系统。

1. 教学动力存在说

这种看法认为教学过程发展的动力是社会对学生必须具备的修养提出的要求与学生修养程度之间的矛盾，即个体认识与社会认识之间的矛盾。

2. 教学动力矛盾论

这种看法认为教学过程的动力源于教学过程的内部矛盾。

3. 教学动力动机论

这种看法认为教学动力是一种特定情境下人的适应模式，强调从个体活动的角度来讨论学生从事学习的原因以及怎样改善和唤起学生的学习动机。

4. 教学动力认识论

这种观点将教学动力看作师生两方面共同力量的共同体。在教学活动中，教师的主导作用，以及其在自身工作动力推动下不间断地通过设置诱因，激发、引起学生的学习动机，将自己的动力转化为学生的动机，从而形成了整个教学认识活动的动力。

虽然人们对教学过程动力的认识各有不同，但是从马克思主义辩证唯物主义观点出发，推动教学过程的基本动力主要来自教学内部的矛盾。

二、教学过程动力矛盾说

从根本上说，教学过程的动力是由教学过程的基本矛盾及其对立统一运动推动的。而教学过程的基本矛盾，是教师在教学过程中所提出的认识和学习任务或其他任务与学生知识和能力现有发展水平之间的矛盾。这个矛盾贯穿于教学过程的始终，同时也是其他矛盾的最终归因。按照教学的要求逐步提出，认识任务要能为学生所理解和接受，要与学生的认识潜力相符合，并在学生进行一定的紧张的教学活动之后就能得到解决。教师的艺术在于，在使学生掌握知识时，要循序渐进地让他们逐渐接触到更复杂的任务。在教学中，既要要求学生学会独立思考和学习，同时还要使学生学会交流和合作，兼顾不同学生的年龄差异和个体差异。不过，当所提出的教学任务落在学生的最近发展区之外时，前面所说的教学过程的基本矛盾就变得毫无意义，它不仅不能成为教学的动力，甚至还会成为学生学习的障碍和阻力。

由此可见，教学内容要与学生的认识和发展能力相符合，教学内容要与教师的个人水平相符合，是基本矛盾成为教学动力的必要条件。与此同时，教师不仅要解决学生在掌握知识过程中自然产生的认识冲突，还要激发其产生达到教学目标和认识新事物的愿望。

前面已经说到教学过程是师生互动、相互交流的过程，而在这个过程中，教师、学生和教学内容成为不可替代的重要部分，使教学过程顺利开展。三要素之间是密切联系、相辅相成的关系，彼此之间既矛盾又统一。教学过程中的这些矛盾的产生、发展和变化，是教学过程得以存在并不断发展的动力。

(一)教师与教学内容之间的对立统一关系

教师与教学内容之间的关系从以下两方面来说。

一方面，指导学生进行认识活动的教师，他们已有的知识未必能适应现代教学对教师知识水平的要求，这就形成了教师与教学内容的矛盾，教师只有不断学习，不断"充电"，才能跟上教学内容更新的步伐。教师的教学准备过程，是了解教学内容和掌握教学内容的过程，其实质是教师自身获取和补充新知识、认知能力再提高的过程。在研究教授与学习规律的过程中，伴随着教师教学技术、教学艺术的不断提高，教师在教学过程中的创造性能力亦不断发展。

另一方面，教师的职责在于教会学生学习，教师自己对教学内容的充分掌握并不表示他能够教会学生。因此，对于教师，还面临着如何使教学内容转变成学生可接受的知识，成为学生自己的知识财富；能否更好地引导学生的学习；对教学内容根据教学要求考虑如何组织教材、处理教材，采取哪些适宜的教学方法和手段教授这些教学内容等。教师与教学内容的矛盾的两个方面可以表述为"教什么"和"怎样教"。

(二)学生与教学内容之间的对立统一关系

教学内容是教学过程中教师和学生共同的认识对象。由于学生与教师在知识程度上的差异，学生与教学内容的矛盾更甚于教师与教学内容的矛盾。一方面，学生已有认识能力和知识水平有限；另一方面，教学内容对学生来说属于未知领域，它规定了学生所必须掌握的知识和技能。因此，学生与教学内容的矛盾关系主要表现为教学的客观要求与学生已有经验之间的矛盾。教学的最终目的，就是要教会学生掌握人类全部知识体系中最基本的内容，而各科教材就是这一内容的反映，因此，教学过程就失去了意义。由于科学文化是世代延续的结果，在教学过程中，青少年学生的认识总是落后于社会历史的认识。人类社会在其漫长的文明历史发展进程中，不断地创造并积累丰富的科学文化知识，学校和教学作为社会科学文明传递的主要渠道，总是以其特有的方式与手段，努力使社会个体成员的认识能够尽快地达到社会历史认识的现有水平，并以此保证社会连续不断地进步与发展。

这一矛盾的解决涉及教学内容如何安排适当，教师的教和学生的学是否体现了调动学生主体积极性，从而极大限度地利用和发展现有水平。

(三)教师与学生之间的对立统一关系

对于教师与学生这对矛盾关系，我们关注的焦点是教师主导作用怎样发挥，学生主体作用怎样体现？此外，学生在接受教师教育影响的同时，也在反作用于教师，教学过程要做到"教学相长"。

教学过程是通过教师向青少年一代传递人类科学文化遗产的过程，是教师指导学生学习的活动。教师在教学过程中起主导作用，必须根据一定的教学目标，协调教学内容、学生等因素及其关系。而学生则是教学过程的主体，在教师指导下，发挥主动学习的精神，学习知识技能，发展智力和能力，陶冶情操。在教学活动中，师生双方表现出一种相互对立、相互依存的关系。教学过程既要求学生独立学习，也要求教师照顾到学生的个人差异和发展水平。教学要与学生的认识、发展潜力相符合。教师应善于创设问题情境，激发学生的学习动机，培养学生逐步掌握独立解决问题的能力，使学生亲身体验到创造性劳动的快乐，激励学生认知新的、未知的事物的内心愿望。

师生双方在教学过程中的认识活动是有差异的。这种差异表现在：①学生掌握知识和认识活动是在教师的指导下进行的。学校教学活动的主要目标就是使学生在较短的时间内掌握人类社会所积累的科学文化知识体系中的精华。各门科学知识作为"科学基础"形成体系，以学科的形式展现给学生。对这样一种形态的知识的掌握乃是教学活动的主要任务，也反映出不同于科学认识过程的教学过程的特点。科学认识的课题是为了扩充并变革科学知识，而参与教学活动是教师的任务，是根据科学业已取得的成果，选择其中最基本的知识作为学科内容，编制成相应的教材，由学生通过教学活动而加以掌握。②教师通过学生在教学活动中掌握科学知识的情况，发展其认识能力。现代教学任务已不再局限于学生对知识本身的掌握与积累，还必须以学生对知识的掌握为基础，培养和发展学生的认知能力，充分发掘和发挥学生在学习过程中所具有的能动性与创造性。

教师与学生的矛盾在不同阶段、不同年级会有所不同。在以导为主阶段，主要依靠教师学习的阶段，或是低年级阶段，教师的直接指导比较多，因此教的作用也比较大，而到了以学为主阶段，即学生独立学习的阶段，或是中高年级阶段，教的作用渐渐削弱，学生的自学所占比重增加，因而独立性成为学生学习的关键。

第三节 教学过程的本质

对有关教学过程本质的认识，不同学者有不同的看法，目前比较有影响的有特殊认识说、教学过程内化说、教学过程交往说以及教学过程多本质说等。不同认识并无优劣、对错之分，只是对教学本身不同角度的认识以及认识个体所持有的教育哲学观不同而已。

一、教学过程的本质观

对教学过程本质的不同认识其实代表了不同的教学本质观，这归根结底是与个体所持有的教育哲学观紧密联系的。从认识论的角度出发，将教学过程视为一种认识过程，由此才有教学本质的"认识说""认识—实践说"；以价值论为研究视角，将教学过程视为一种追求教育价值目标实现的活动过程，而有"价值增值说"；从心理学的角度来考察，有"发展说""反映说"；从教学发展史的角度来考察，有"传递说""学习说"；以实践论为指导，有教学本质的"实践说"；采用现代解释学方法，又有"语言活动说"等。

研究者的出发角度不同，也造成对教学本质认识的不同。比如，着眼于学生来考察教学过程，形成了"学习说""学生实践说""发展说""认识说"等诸观点；着眼于教师来研究教学过程的本质，就产生了"价值增值说""传递说""教师实践说"等认识；而从师生双方的角度来论证教学本质的则有"交往说""知情统一说""审美过程说""多本质说"等。

不同的研究视角决定了教学本质认识的多样性，但无论观点如何不同，研究者们都普遍认为，揭示教学的本质应该用全面的马克思主义哲学理论来指导，做到唯物论与辩证法的统一、认识论与本体论的统一、历史与逻辑的统一，同时实践的观点应是马克思主义的首要的、基本的观点。[①]

对教学本质的探讨，有的是从教师教的角度，有的是从学生学的角度，有的是从教学的角度；有的从一个侧面概括，有的从两个侧面概括，有的从整体概括；有的着力于教学过程的归属的分析，有的着力于教学过程的性质的分析，有的着力于教学过程的功能的分析等。

(一)特殊认识说

特殊认识说将教学过程认为是学生的特殊认识过程，这种认识活动以人类已有的知识为主要对象，力求在较短的时期内传授大量的人类科学文化知识，使个人知识达到当代社会的平均知识水平。其主要特点是：①教学是学生个体的认识活动，不同于人类历史总认识。②教师有目的的指导。③教学认识无论是方式还是内容都具有间接性。④教学认识具有发展性和教育性。

特殊认识说以马克思主义认识论为指导，按照认识的普遍规律来把握教学的一般过程，确定了教学理论与实践的一个方法论前提。但批评者认为：①特殊认识说仅仅局限于唯一

---

① 张广君. 教学本质研究 20 年回顾、反思与展望[J]. 克山师专学报，2002(1)：76-81.

的特殊认识过程，不利于深入、全面地揭示多层次的教学过程的本质，违背了马列主义唯物辩证法的认识论。②认识过程是囊括不了教学过程的本质的，具有很大的片面性，这种片面性导致在教学实践中片面强调传授知识，忽视了智力、能力、情意、思想品德、体质等，忽视了学生多种心理的参与。③把教学过程的本质归结为认识过程，不能够概括和指导一切教学活动和学科教学，也无法解释教学过程的某些规律，如教学的教育性规律。④它只描述了教学过程中学生的学习活动，忽视了教师的教授活动。⑤它在教学实践中极易形成师生间的主客体关系，造成教学上的片面和单一，不利于学生个性的整体性和谐发展。

(二)教学过程内化说

教学过程即内化过程，或者说教学过程就是内化与外化统一的过程。把外部的客体的东西转化为内部的主体的东西叫作内化。教学效果的好坏由知识内化与智力内化的水平决定。

1. 知识内化

知识内化即把外部的知识结构转化为学生主体头脑内的认知结构。对于知识内化问题，皮亚杰认为，内化有两种方式：一种是同化，即头脑中已有的认知结构与将要接纳的认知结构基本一致时，便直接把它纳入已有的认知结构之中；另一种是顺应，即当认知结构与将要接纳的认知结构不一致时，就要改变已有的认知结构，再去接纳新的知识结构。这种内化，实质上就是通常所讲的新旧知识的联系。

美国教育心理学家奥苏贝尔(D.P.Ausubel)提出了保证有效内化的两个必要条件：①学生要具有内化的倾向，即把新知识结构与认知结构中原有的适当观念联系起来的意向。②学习的材料对学生具有潜在意义，即学习材料可以与学生认知结构中可利用的有关旧知识相联系。

2. 智力内化

智力内化即外部的实际操作转化为学生主体头脑内的智力操作。苏联学者加里培林认为，智力内化的过程可以分为以下五个阶段。

(1) 活动的定向阶段。这个阶段就是确定活动的目的和进行步骤，并在头脑中构成活动课题的一定映象。

(2) 掌握物质或物质化活动阶段。这个阶段是通过手的操作来获得对物体的直观印象。

(3) 形成出声的外部言语活动阶段。即以出声的外部言语的形式来完成实际的活动。

(4) 转化不出声的外部言语活动阶段。即由朗读转为默读，在言语机制上要进行很大的改造，必须对儿童加以训练才能使其掌握。

(5) 形成内部言语活动阶段。内部言语是"为自己所利用的语言"，它的功能主要是为固定智力过程的个别因素与调节智力过程的开展而服务的。

有内化必有外化，二者是同一过程的两个不同方面，内部的主体的东西转化为外部的客体的东西称为外化。学生把获得的知识应用于实际活动，或是按照智力操作的规律进行实际操作，以解决实际问题，便是外化。没有内化便没有外化，内化是外化的基础；没有外化也不会有优质内化，外化可以使内化成果得到巩固与加深。

从内化的角度去把握教学过程的本质和规律，有如下几个方面的积极效应：①有助于激发学生全部心理活动的积极性。②有助于尊重学生的主体地位，发挥学生的主体作用，调动学生的主体积极性。③有助于教学外化。④有助于加强教师的主导作用。

(三)教学过程交往说

这种教学是教师的教与学生的学的统一，这种统一的实质就是交往。《基础教育课程改革纲要(试行)》指出：“教师在教学过程中应与学生积极互动，共同发展，要处理好传授知识与培养能力的关系，注意培养学生独立性和自主性，引导学生质疑、调查、探究，在实践中学习，促进学生在教师指导下自动的、富有个性地学习。”师生的交往互动，是教学过程的本质属性。没有师生的交往互动，就不存在真正意义的教学。教学中交往的属性决定了教学过程的本质规定性。

1．交往的本质属性——主体性

交往是主体的生存状态与活动方式，有交往的主体，才有交往的行为，才能构成交往活动。处于教学交往中的教师与学生应该是教学过程共同的主体，他们之间不是施教与受教、改造与被改造的单一对象关系，而是一种“人与人”“我与你”的意义存在关系。在这种关系中，师与生人格上独立、关系上平等、活动上自主、教学上民主。有了师与生，特别是学生主体的定位，交往的双方才能相互尊重、敞开心扉、彼此接纳、互相作用，教师才能真正成为学生学习的伙伴和朋友，交往的主体性的发挥才能真正体现教学过程的民主性。

2．交往的准则——相互理解

理解是交往的“生态条件”，只有相互理解，才能相互沟通、相互倾听、相互信任、相互合作；没有理解，人的交往就会萎缩。教学不是教师单方面的表演或说教，而是拥有教学理论素养的教师与学生进行的文化交往过程。教学任务的完成、教学活动的创新都离不开师与生的共同努力与相互配合。相互理解才能清除长期统治教坛的“师道尊严”的无形屏障，使彼此走向对方的内心世界，使师与生情感共鸣、思维共振。交往的相互理解属性决定了教学过程的合作性。

3．交往的运行机制——视界融合

交往的相互影响、相互作用体现了“主体间性”的存在，这种“主体间性”的实质是没有内外压力与制约的相互理解与沟通。教与学的交往是双向的、互动的，包括教师与学生、学生与学生、师生与教材及其各种教学资源等；单方面的教与学，不是无济于事就是索然无味。而教学中的对话、沟通实现着参与者对现实和历史的各种视界的汇聚融合。在相互碰撞的回应中，来自对方的信息不断地为自己所吸收，对各自的认识偏差不断地加以克服矫正，新的思想、新的视点不断产生。视界融合过程就是教学的意义建构过程，也是师生吸纳人类文明、净化心灵、共同发展的过程。这种交往的固有机制铸成了教学过程的第三个品性——创造性。

4．交往的存在状态——全息互动

交往是双方或多方的接触、往来、对话和沟通，教学中交往的意义已远远超越它原始的语言学意义，它已经成为人们存在与发展的基本方式。教学是交往的特殊形式，是有

知识和经验的人与获得这些知识和经验的人之间的交往的特殊活动。教学这一交往活动，不仅指向参与者的认知过程，也指向参与者情感的形成过程，作用于其身心的各个方面。全息互动的交往是一种能动的建构，包括知识技能的获得、智慧能力的提高、主体人格的完善，它不仅是知识生产的过程，也是精神生产的过程。交往的全息互动属性保证了学生全面和谐发展。

教学是交往的特殊存在形式，交往决定了教学活动的本质。用"教学交往"观审视教学过程，并以此构建共同主体的师生关系，将传统的教学改造为平等、民主的教学，沟通合作的教学，互动创生的教学，促进人全面和谐发展的教学，这是我们的基本出发点和理想追求。

交往是人类社会生产和生活中普遍存在的基本活动，是人类社会性的主要表现形式。任何一个人既是个体的存在，也是一定社会关系的存在，现实社会中每个成员的成长和发展必然存在着与他人、与社会的接触、交流和往来。与他人的相互理解、相互交流，是每一个人与生俱来的心理需求。没有交往，就没有社会，就没有人类的存在，也就没有人类及其社会的发展。

教学作为人类重要的社会活动，其本质就是人与人的交往，这种交往既体现了一般的人际关系，又在教育的情境中"生产"着教育，推动着教育的发展。交往的教育功能体现在交往双方为共同目的、就共同内容进行探究、发现、获得真理的过程之中。正如我国学者叶澜教授所说："教育起源于人类的交往，人与人交往，也隐含了教育构成的基本要素。"

(四)教学过程多本质说

多本质说具体包括多方面本质说和多层次本质说。其基本观点可表述为：教学过程是一个多层次、多方面、多形式、多序列、多矛盾的复杂过程，教学过程的本质应该是一个多层次、多类型的结构，主张用系统论的观点，从整体性和全过程上对教学过程的各个侧面进行客观的、系统的、全面的、综合的分析研究。

多本质说的合理之处在于承认人们可以从多方面、多角度去分析和研究教学过程的本质，有利于打开思路，克服认识上的单一化和形而上学的弊端。但批评者认为：①依据唯物辩证法的本质观，本质是事物存在的依据，事物的本质只有一个而不是多个，否则该事物就失去了存在的依据。②该说把一事物与其他事物的每一种联系或关系，都看成该事物的一种"类型"的本质，并将它们并列起来，违背了分析与综合相结合的原则。③该说没有揭示教学的整体本质，它揭示的是教学过程的特点或学科属性，本质只能是对所揭示的特点和属性的一种抽象。④该说提出的各类型的本质之间没有逻辑上的内在联系，既没有层次上的深化、递进关系，也没有同一平面上的并列关系，如此还可提出更多的本质，使人们对本质的认识越来越糊涂。⑤研究教学的本质可吸收各门学科的研究成果，但是绝不能用各门学科推导出一个相应的教学过程的本质。认识论提供的是思维的方法，而生理学、心理学等学科提供的是科学基础，只有从教学论的角度才能对教学过程的本质作出解释。

二、教学过程本质研究之思考

(一)我们应树立怎样的教学本质观

教学的本质究竟是否存在？长期以来，人们一直习惯于本体论的思维方式，认为在千变万化的教学现象中存在着一般的、普遍的、抽象的、统一的本质，一旦揭示了事物的本质，就把握或占有了真理，从而能够更好地认识和控制事物。教学理论研究的一个首要的且极其重要的使命在于找出这个本质，没有人对问题本身的价值及研究的方法论提出过质疑。这种唯理性的本体论倾向的研究思路是我国教学本质观研究的主流，也是造成教学过程本质讨论没有根本性进展的重要原因。

在后现代主义者看来，一种事物确实有许多特征，但是事物本身却不能区分并告诉人类哪些是本质的、哪些是非本质的，能够区分它们的只有人类，但是人类却找不到一种标准来判断自己的区分是不是符合原貌的，更找不到一种标准来判断自己区分时所使用的标准是不是合理的。在他们看来，在教学活动中根本没有什么真理性的教学的本质和规律，即使存在，在教学研究中试图再现教学的本质或规律也是不可能的，因为任何研究者都是以某种"先入为主"为出发点来进行教学研究的。

确实，承认本质的存在，就可能沾染"本质主义"的色彩，陷入"本质主义"的陷阱；如果认为没有，也就意味着可能陷入"不可知论"的陷阱。这两种倾向都不利于教学研究的深入发展。然而，"教学之所以为教学，恰恰由于有这'本质'的存在，否则肯定已成他物了，我们也就无法确定所研究的是教学或是别的什么了。"因此，对待教学本质的正确态度，也许应像一些"温和的反本质主义者"所希望的那样：一方面拯救本质范畴和保存本质信念，另一方面反对本质主义。也就是说，我们应通过思维方式的变革和研究范式的转向，来重建教学本质研究的方法论基础，而不能彻底抛弃本质信仰、放弃本质追求。

(二)教学本质研究范式的转向与合理定位

1. 确立实践论的研究范式

现代教学研究范式的主要特征就是对具有确定性的教学本质或规律的探求，认为要摆脱概念、理论和规范的任意性，不能依据毫无根据的偏见、传统与外在权威，只能诉诸理性自身的权威、诉诸终极的基础，它所遵循的是先设定事物的本质，然后用这种本质来解释对象存在和发展的思维模式。由于这种思维模式把教学视为一种外在于人的实体，采用的是自然科学的"主客二分"的认知模式，这就容易导致对现实教学活动的遮掩和遗忘，从而使对教学本质的研究陷入纯粹"形而上"的思辨。

事实上，自马克思主义的唯物辩证法诞生以来，人们认识世界一般存在两种哲学形态：从现象和具体活动角度来认识世界的"形而下"的现象哲学；从理性和抽象属性方面来认识世界的"形而上"的理念哲学。在教学论研究中，教学本质不能仅停留在形而上学的所谓探寻"本质"的"研究"层面上，形而上的思考只有与形而下的关怀有机结合起来，才能使教学研究从抽象走向具体、走向现实的教学存在；也只有从现实的教学存在中，我们才能找到"教学是什么"的确切解答。同时，更重要的是，我们应将教学本质视为各种具体教学研究的形而上学的基础，进而确立教学的合理性观念，以此审视具体的教学实践活动，发现现实教学实践中存在的问题并加以解决，以促进教学的有效变革。

2. 确立理解的研究范式

理解的研究范式以解释学为哲学基础。如果说认识论指导下的教学本质的探讨，旨在追逐并占有真理，那么，在解释学的方法下研究教学本质，则是通过语言中介来理解或诠释教学。"理解"是解释学的核心方法。理解不是对客观知识的说明，而是人生经验的表达方式，它融入了人的情感、态度和体验，是人与人、人与自我、人与文本之间的沟通、交流、对话。其研究不再仅仅是为了寻找某些本质、规律并为这些本质、规律作出证明，而是要面对教学现象，摒弃具有排他性的"理论"概念，尝试着去解释而不是去"界定"教学现象。解释最大的特点是其开放性，即对任何现象的解释都不能是一元的、单向度的，而是多元的、多维度的、歧义的和多视角的。但由于现代解释学过分注重这种"多元"和"差异"，往往缺乏对"一致""共识"和"一元"的理论论证和重视，所以容易导致相对主义。为此，哈贝马斯(Habermas)的"共识理论"也许值得我们借鉴，即提倡对教学现象进行多元的解释，但是我们也要寻求在更大范围内，特别是研究者与研究者之间、研究范式与研究范式之间的视界融合，通过对话与交流达成共识，从而走向对教学的整体理解，为未来的教学及其研究提供具有深度的方向。事实上，教学本质的研究只有立足于教学实践，在教学的特殊性与普遍性、现实性与理想性、科学性与人文性等种种张力之间进行合理的定位，并借助于"共识理论"，才能通过辩证的综合达到对教学实存的合理逼近，使得教学本质论能够更具质感和实践理性，从而拉近理论与现实的距离。

本 章 小 结

在对教学过程的分析和理解中，处理好教师和学生所处的地位和扮演的角色尤为重要。明确学习的主体是受教育者——学生，而不是教师。针对这个特殊群体，教师应该注重学生在学习活动中的情感变化、能力提高和知识长进的过程，并在教学活动中适当地添加真实生动的教学案例，这样的课堂教学更加具有启发性，使学生从中能够得到一些感悟，使学生懂得如何进行学习，明确学习的方向，让学生成为知识的主人。

【推荐阅读】

[1] 李政涛. 教学过程本质之我见[J]. 上饶师专学报，1995(2)：42-47.

[2] 田汉族. 教学交往实践：现代教学的本质[J]. 河北师范大学学报(教育科学版)，2000(4)：54-59.

[3] 靳玉乐. 教学本质特殊交往说论析[J]. 教育理论与实践，2001(10)：35-40.

[4] 黄光荣. 关于教学本质的理性思考[J]. 当代教育论坛，2003(3)：36-37.

[5] 燕国材. 论教学过程的本质[J]. 上海教育科研，1995(1)：33-39.

[6] 金琦钦，洪一鸣，盛群力. 对话教学过程与原则新探——论劳里劳德会话框架的要义与启示[J]. 课程·教材·教法，2017(11)：33-39.

[7] 和学新. 教学的本质究竟是什么[J]. 宁夏大学学报(人文社会科学版)，2001(1)：18-23.

[8] 柳士彬. 建构与反映——从教学本质到课程改革[J]. 当代教育科学，2003(12)：26-28.

[9] 许耀刚. 教学过程的社会性本质论初探[J]. 乌鲁木齐成人教育学院学报(综合版)，1995(3)：48-51.

[10] 周建平. 教学本质新探[J]. 绍兴文理学院学报，2002(6)：106-109.

[11] 罗祖兵. 深度教学："核心素养"时代教学变革的方向[J]. 课程·教材·教法，2017(4)：20-26.

[12] 高天明，李定仁. 教学本质研究之研究[J]. 教育理论与实践，2000(5)：34-38.

[13] 潘洪建. 教学过程本质研究之反思[J]. 四川师范大学学报(社会科学版)，2001(1)：87-91.

[14] 熊和平. 我国近20年教学过程本质研究的反思[J]. 教育与现代化，2001(3)：3-8.

[15] 张广君. 教学本质研究20年回顾、反思与展望[J]. 克山师专学报，2002(1)：72-77.

[16] 徐继存，赵昌木. 教学本质追问的困惑与质疑——兼论教学论研究思维方式的变革[J]. 教育理论与实践，2002(11)：48-50.

[17] 熊和平，赵鹤龄. 后现代批判视角：我国近20年的教学过程本质研究[J]. 比较教育研究，2003(2)：46-50.

思考与练习

一、名词解释

教学过程概念　　教学过程构成要素　　教学过程动力　　教学过程本质

二、简述题

1．如何认识教学过程的本质？

2．如何认识教学过程的动力？

3．如何理解教学过程动力矛盾说？

三、论述题

1．试述教学过程是交往过程。

2．阐述教学过程是特殊的认识过程。

实践课堂

【实践课堂】扫右侧二维码阅读相关内容。

规律和原则是教学成功的依托，要想做好教学工作，必须遵循规律和原则。

——题记

第五章 教学规律与原则

本章学习目标

- ➤ 熟悉教学规律和教学原则的概念。
- ➤ 知晓教学原则制定的基本依据。
- ➤ 掌握我国中小学常用的教学原则。

核心概念

教学规律(teaching law)　教学原理(principles of instruction)　教学原则(teaching principles)　教学规则(teaching rules)

高中物理《带电粒子在匀强磁场中的运动轨迹》教学片段[①]

带电粒子(不计重力)在匀强磁场中的运动是电磁学中相对比较烦琐的内容，在初始教学中要教会学生快速找到规律，合理建立模型，问题就会化繁为简。例如，在平行竖直双边界磁场的一边有一带电粒子源，向周围发出相同、等速的粒子，问有哪些粒子能够穿过对边界呢，出射范围的长度有多大，放手让学生利用尺规去发掘规律，让小组间充分讨论。最后引导学生总结规律，建立模型。

模型的建立：①"L"模型，求解此类题关键是画图，在用左手定律判断出洛伦兹力方向的基础上规范作图，由于速度始终与半径垂直，且速度和半径都是定值，以"L"的拐点(即入射点)为圆心画圆，从而获得粒子轨迹圆的圆心轨道，这样可以追踪到轨迹圆心的运行规律。②"钟摆"模型，本题由于竖直双边界磁场的限制，"钟摆"只能从水平位置向下摆，当"钟摆"与另一边界相切时达到临界状态，结合几何知识就可以获得出射点集中的

---

① 刘东升. "实"字当头让物理课堂落地生根——以高中物理若干教学片段为例[J]. 华夏教师，2020(6)：44-45.

范围。模型的准确建立，能使学生的思维更加顺畅，学生在处理问题时能够抓住事物的主要因素和本质特征，不会眉毛胡子一把抓，胡乱分析使思维细腻但逻辑性不强的这部分同学也有了相对较为感性的解题依据。

案例分析

从上述案例可以看出，教师在教学中能充分调动学生积极性，把教师主导和学生主体作用结合起来，让学生自己总结规律建立模型。在教会知识的同时，引导学生抓住事物的主要因素和本质特征，实实在在促进学生思维的发展，不知不觉中接受思想教育。

学习指导

教学原则作为教学工作的基本要求和教学规律的具体体现，对教学工作具有指导作用。教学原则带有很强的实践性，而且具有较强的理论依据。作为教育者要认识教学原则的现实价值，多钻研，多探讨，进而对自身的教学实践起到指导作用。

第一节　教　学　规　律

一、教学规律的概念

教学规律是教师在教学过程中应当把握的客观原则，遵循教学规律对教学实践具有十分重要的意义。我们在教学实践中，不仅要遵循教学规律，而且要勇于探索和发现新的教学规律。

(一)教学规律的定义

教学规律是指教学中客观存在的、本质的、内在的、必然的联系。教学有其客观存在的规律，教学符合教学规律，就可以取得好的效果，违背了教学规律，则会收效甚微。毛泽东在《中国革命战争的战略问题》中说："不论做什么事，不懂得那件事的情形、它的性质、它与它以外的事情的关联，就不知道那件事的规律，就不知道如何去做，就不能做好那件事。"所以，探究教学规律，对教育工作者做好教学工作具有非常重要的指导意义。

(二)教学规律与教学原理

教学规律是教学及其组成成分发展变化过程中的本质联系和必然趋势。它是内在的东西，是人的感官不能把握的，而只有思维才能把握。也就是说，只有当这种联系具有必然性和稳定性时，才可称为教学规律。比如，教学与育人的关系，不管教育者有意还是无意，教学总是具有教育性。教学具有教育性是一条教学规律。教学规律是客观存在于我们意识之外的东西，不管我们是否认识清楚、是否愿意遵循，它都是客观存在的。当人们力图用一些专业术语、命题来反映和描述教学规律时，这种反映和描述就属于教学原理的范畴。

教学原理是人们对教学规律的认识结果的一种逻辑语言表述，并不是教学规律本身。教学原理的任务及特点，在于说明教学规律。教学原理是主体对教学开展研究和认识的产物，它与客观存在的教学规律吻合的程度是需要不断深化的。①

二、教学规律的来源

规律是一种客观存在，只能认识和把握。教学规律也并非创造出来的，是教师在教学实践活动中总结出来的。①教学规律来源于教师自身的教学实践与反思，也就是直接经验。教师在教学过程中敢于实践，把实践的心得和体会以自身已有的教育理论为载体加以反思，在反思的基础上，提升自身对教学规律的基本认识。②教学规律来源于教师教学经验的科学总结与提炼，也就是间接经验。教学规律的认识与把握不是一朝一夕的事情，它需要长期的积累，以及几代教育工作者的不懈努力。所以，科学地认识和理解教学规律，有助于广大教师对教学规律的科学把握。

三、教学的基本规律

(一)间接经验与直接经验相统一的规律

间接经验即他人的认识成果或已知的真理，主要指理性知识或书本知识；直接经验是学生亲自的认识，主要指学生在实践中获得的感性认识。

在教学中，学生认识客观世界的过程，其特点是以学习间接经验为主。人类认识世界，既需要直接经验，又需要间接经验。人的生命有限，不可能事事都去实践，不可能都依靠直接经验去认识。人类在漫长的历史过程中积累了大量的经验和系统的知识，作为新生一代的学生，要认识和改造世界，就必须掌握人类已经积累的经验和系统的科学文化知识，即间接经验。

教学过程就其实质而言，是以传授和掌握前人积累的间接经验为主的过程，也就是说，学生以学习书本知识为主，唯有如此，才使学生能够跨越时空的限制。学生学习掌握这些知识，不仅是必要的，而且是完全可能的。恩格斯指出："每一个个体都必须亲自去体验，这不再是必要的了，它的个体的经验在某种程度上可以由它的历代祖先的经验的结果来代替。"毛泽东也曾指出："一切真知都是从直接经验发源的，但人不能事事直接经验，事实上多数的知识都是间接经验的东西，这就是一切古代人和外域的知识。"

学习间接知识是学生缩短自己的认识水平和人类现有认识成果差距的一条最有效的捷径。例如：人类对机械运动的认识，从公元前古希腊的亚里士多德，到17世纪牛顿继承了伽利略、开普勒等人的研究成果，建立了牛顿三大定律和万有引力定律，其中经历了两千多年的漫长岁月。马克思说："再生产科学所需要的劳动时间，同最初生产科学所需要的劳动时间是无法相比的，例如学生在一小时内就能学会二项式定理。"因此，在教学活动中不能以一切真知都来源于实践，实践是认识的唯一源泉为由，要求学生事事躬亲，这在教学中是根本不可能，也没有必要的；相反，教学以学习掌握间接经验为主，这既是必要的，也是可能的。

---

① 黄甫全，王本陆. 现代教学论学程(修订版)[M]. 北京：教育科学出版社，2003.

学生学习书本知识是把前人的认识成果变成自己的知识的过程。但是，不能从书本到书本，脱离实际来学习。脱离实际的书本知识，不是一种完全的知识。同时，学生要将书本知识转化为自己的知识，要能深刻理解和运用它，必须有一定的直接经验作为基础，没有起码的直接经验，不可能掌握好间接经验。因此，在教学中必须把间接经验和直接经验结合起来，必须安排和组织必要的实践活动，如练习、实验、实习、独立观察、调查、访问，参加一定的生产劳动和社会活动。

总之，在教学中，要坚持以传授和学习书本知识为主，既要重视书本知识的教学，又要适当地组织学生的实践活动，使学生学好书本知识，增加实践能力。要在间接经验和直接经验的相互联系、相互作用中提高学生的学习质量，这是一条重要的教学规律。

(二)掌握知识和发展智力相统一的规律

教学中通过传授和掌握知识，促进青少年身心全面发展，不仅是青少年健康成长的需要，也是教学的客观要求。

在人类教学发展的早期，传授和掌握知识与发展智力是自然地结合在一起的，中国古代伟大的思想家、教育家孔子就曾说过"好学近乎智"。他要求学生学思结合，认为"学而不思则罔，思而不学则殆"。他们教授的四科"文、行、忠、信"，既包括传授文化知识，又包括培养心理品格、行为习惯。古代西方也是如此。如古希腊教育家苏格拉底，是用"像雕刻师样"的功夫，逐层诘问，使对方发现自己的错误，然后又用"产婆术"的方式，逐步引申，使对方能够运用合理的理论方式进行教学。但自从17世纪以后，西方就出现了以传授知识为主还是以发展智力为主的认识分歧，形成所谓"形式教育论"和"实质教育论"之争。

"形式教育论"是18世纪资产阶级教育学的一种主张。这种主张认为教学的任务主要是发展学生的智力，而不是传授知识，认为智力可以通过专门的训练而充分发展，至于使学生获得多少知识不是他们追求的目标。形式教育因侧重研究形式的学科而得名。

由于资本主义工商业的发展，形式教育不能培养社会所需要的具有实用知识的人才。为了适应资本主义发展的需要，18世纪末至19世纪初资产阶级教育学的另一种主张——"实质教育论"诞生。这一派认为，教学的主要任务是使学生掌握实用知识，掌握了知识，智力就会自然而然地得到发展。实质教育因重视自然科学和实用知识而得名。

这两种理论都将掌握知识与发展智力对立起来，都具有各自的片面性。形式教育把思维的内容和形式割裂开来，错误地认为形式可以离开内容而得到发展，片面强调智力训练而轻视掌握学科知识，使学生得不到应有的教育和应得到的系统科学知识。实质教育的片面性在于对发展智力的任务认识不足，看不到知识与智力的区别，错误地认为掌握了知识，智力就会自然而然地得到发展，对智力发展采取自发、放任自流的态度。在教学中，掌握知识与发展智力的关系的争论一直延续了几个世纪，直到现在才开始走上相互融合的道路。以美国布鲁纳为代表的西方新教学论思想和以赞可夫为代表的苏联新教学论思想，都一致主张既要重视学习系统科学理论知识，又要特别重视发展学生的智力。

在教学中，掌握知识与发展智力是互为条件、相互依存、相互促进、相互影响、相辅相成的。首先，知识是智力的内容，是进行智力活动的凭证，掌握知识是智力发展的基础。智力是在掌握知识过程中发展的；智力离不开知识，不学知识，就不可能发展智力，智力发展就会成为无源之水、无本之木。俄国教育家乌申斯基说过："智慧不是别的，是组织得很好的知识体系。"古今中外卓有建树的大作家、大发明家，没有一个是只靠天赋过人的智力取得成功的。伟大的革命导师马克思之所以能够创立无产阶级的革命理论，一部《资本论》震惊了整个世界，正是由于他几乎把一生的时间都用在了学习和研究上，几十年内大英博物馆每天都留下了他的身影，浩瀚的资料大多经过他亲自阅读检索。这说明掌握知识是取得智力发展的基础，智力是由知识转化而来的。大量调查证明，一个人的知识越丰富，对事物的观察就越敏锐、深刻，思维活动就能在更广阔的领域进行，因而对事物的判断、推理就会更正确。列宁曾说："我们需要用基本事实的知识来发展和增进每个学习者的思考力。"我国古代的思想家、军事家诸葛亮也说过："才须学也，非学无以广才，非志，无以成学。"可见，在教学中重视向学生传授系统的科学文化知识是非常重要的。

另外，学生的智力发展水平，影响其掌握知识的进程及其广度和深度。学生的智力水平高，就能举一反三，触类旁通。学生的智力水平不高，则是学习的一大障碍。一个学生的观察能力和思维能力强，他对事物的观察就能及时抓住主要问题，进行分析，对科学的概念和原理懂得快、用得活。有些心理学家曾专门研究过所谓"差生"，认为他们不是天生就笨，而是老师对发展他们的智力重视不够。所谓落后，往往是从观察力、注意力落后开始的，因此思维能力也随之落后。所以发展智力是学习科学知识的前提条件。只有注意发展学生的智力，才能学得更好、更多、更主动、更灵活，真正使学生成为学习的主人。掌握知识与发展智力在教学中是相互联系、相互促进的，任何偏重一方的做法，都只能是两败俱伤。

智力是在掌握知识的过程中发展的，但并不是只要传授了知识，学生的智力就自然而然地发展起来了。只有系统的、规律性的知识才具有发展智力的价值，只有用启发式的教学方法，才有可能促进智力的发展。教师在传授知识的过程中，要抓住培养思维能力这个中心环节，促进学生智力的发展。

(三)传授知识与思想教育相统一的规律

教学永远具有教育性，这是客观的必然，是教学中的客观存在。任何学校的教学总是要给学生思想品德教育，为实现一定的教育目的服务。我国各级各类学校的教学，对学生进行思想品德教育，这是实现全面发展教育目的的客观需要。

科学知识体系不仅是人类智慧的结晶，而且凝聚了人们的思想感情和精神力量，同时教给学生的任何知识体系，都是建立在一定的世界观、方法论基础之上的。因而，科学知识本身具有教育价值。自然科学反映的是各种客观事物发展运动的规律，这是辩证唯物主义思想的基本内容，是共产主义世界观的核心。社会科学反映的则是社会发展规律的知识，这就必然使它具有科学性。当教师在对学生进行上述知识传授时，辩证唯物主义、历史唯物主义思想必然会对学生产生影响。

教师自身的思想修养，必然反映在教学中，学生也将从教师那里汲取思想教育的营养。教师是真理的传播者，是教学的组织者和领导者，是用共产主义思想塑造学生心灵的人。在学生的心目中，教师是最受到尊敬和崇拜的人，学生总是把教师的一言一行当作自己学习效仿的楷模。所以说教育工作无"小事"，教师的立场、观点、思想感情、言行品德无一不对学生起着潜移默化的作用。

另外，教学组织形式和教学方法的选择和应用，也要考虑思想教育。组织得良好严密的教学，不仅能使学生集中注意力、诱发兴趣、加强情感、锻炼思维活动、培养创造精神、坚定对理想的追求，而且还能培养学生不怕困难、努力学习、热爱集体、遵守纪律的意志品质。同时，学生思想品德的培养和发展能促进知识的学习和掌握。学生掌握知识的过程是能动认识的过程，他们的思想品德状况、学习目的对学习起着决定性的作用。学生思想品德越好、学习目的越明确，学习活动就会更加自觉，他们的动机、兴趣、情感等个性品质就会与社会需求联系起来，形成为社会做贡献的积极动机，建立以社会需要为中心的兴趣，以良好的心态对待学习，用顽强的意志克服学习中的困难。

总之，教学是实现教育目的的基本途径，教学必然为它的教育目的服务，教学在客观上永远具有教育性。教学进行的过程就是使学生接受德、智、体全面发展教育的过程。知识含有教育因素，传授知识和进行思想教育的关系是相互联系、相互促进、相互影响的，两者统一于教学过程之中。

(四)教师主导作用和学生主体地位相结合的规律

教学是教和学的双边活动过程，教和学是教学过程的主要矛盾。教师处于教的地位，是矛盾的主要方面；学生既是教育的客体，又是学习的主体。教学矛盾的运动和不断解决，在客观上要求正确处理教和学的关系，充分发挥师生双方的积极性，把教师的主导作用和学生的主体地位结合起来。

教师的主导作用有其客观必然性和必要性。在教学中，教师闻道在先，学有专攻，对所教内容是已知者；教师接受社会的委托，按照社会的要求培养和教育人。因此，教学任务的制定，教学内容的安排，教学方法的选择，教学组织形式的确定和教学活动的组织，都要由教师来确定。可以说，教师的知识、品格、修养以及工作精神，教师主导作用的性质和程度，直接决定教学过程的思想方向和活动过程，决定教学质量的高低。"名师出高徒"，有了好的老师才会有好的学生。一所学校只要有一支专业知识丰富、教学艺术精湛、思想品德高尚，而又认真负责、严于责己、身体力行、热爱学生的各科教师，教学质量就从根本上得到了保证，即使其他条件差一些，也能培育出高质量的人才。正如邓小平在全国教育工作会议上指出的："一个学校能不能为无产阶级培养合格人才，培养德智体全面发展，有社会主义觉悟有文化的劳动者，关键在教师。"

学生是受教育者，处于青少年时期，知识缺乏，经验欠缺，学什么、怎样学，都依赖于教师的"教"。教师主导作用发挥的程度，决定着学生学习的自觉性、积极性发挥的程度。从学生这方面来看，学习是一个相对独立的心理矛盾运动的过程。学生是学习的主人，学生在教师的指导下进行学习，并不是一种消极被动的学习过程，而是要随着教师的教作出积极的自我调整和控制，学生学的过程决定着教学内容内化的可能和程度。

明末清初的著名教育家王夫之说过："学以学夫所教，而学必非教，教以教人之学，而教必非学。"意思就是，学生所学习的东西就是教师所传授的东西，但学习的过程不等于传授的过程；所说传授就是指导学生如何学习，但传授过程不等于学习过程。这里他深刻地阐述了教学过程中教与学的辩证统一的关系。教和学两者虽然相互联系，但不能相互代替。教师的主导作用终归是学生学习过程的外因。要使这些外部条件转化为学生的知识、技能、品格，最终决定因素还在于学生的内在素质，如学习目的是否明确，兴趣是否浓厚，情绪是否高涨，意志是否坚定，以及智力(感知、记忆、想象、思维)品质的好坏，都是学生学习的真正动力。

总之，教是为了学，学又离不开教。因此，我们既要重视教师的主导作用，又要重视学生的主体作用。

第二节 教学原则

一、教学原则的概念

教学原则是教育理论的重要组成部分。教学工作的顺利开展，除了要明确教学过程的特点，把握教学规律之外，还必须研究和掌握教学活动中应遵循的一系列教学原则。

(一)教学原则的定义

教学原则是根据一定的教育目的和教学任务，遵循教学过程的基本规律而制定的对教学的基本要求，是指导教学活动的一般原理。它包含四个方面的含义：第一，教学原则是为教育目的实现而服务的；第二，教学原则对教学内容、教学手段起着指导作用；第三，人们对教学规律的认识是教学原则确定的基础；第四，教学原则从属于教学目的，是为实现教学日的服务的。[①]

(二)教学原则与教学规律

教学原则不同于教学规律，它们之间既有区别又有联系。教学规律是不以人们的意志为转移的客观存在，是教学过程中固有存在的、本质的、必然的联系。人们只能发现、掌握、利用规律，而不能取消、改造和制造规律。教学原则不同，它是由人们制定的，是属于主观意识形态的东西。教学规律是制定教学原则的客观依据和基础，科学的教学原则是教学规律的体现和反映。所以，正确地认识二者的关系有利于教师科学地实施教学活动。

(三)教学原则与教学规则

教学原则是借助于一定的教学规则来实现的。教学规则是人们提出供教师和学生在教学活动中共同遵守的教学制度或规章。教学规则是教学原则的组成部分和具体细节，每个教学原则都包含一系列具体的教学规则。

二、教学原则制定的依据

任何教学理论都不是主观臆造的，教学原则也不例外，它是依据教学实践经验，按照教学目的的要求和教学的一般规律总结出来的。

(一)教学原则是教学实践经验的科学概括和总结

教学原则来源于教学实践。教学实践是教学原则赖以产生的根基和土壤，也是教学原

---

① 黄甫全，王本陆. 现代教学论学程(修订版)[M]. 北京：教育科学出版社，2003.

则不断更新、发展、丰富的唯一源泉。自从有了教学活动，人们在教学实践中，经过不断地摸索和探讨，逐步发现了一些使教学取得成功、带有规律性的因素，认识到一些导致教学失败的教训。于是一些先进的思想家、教育家将它们加以总结、提炼、概括成为理论原则，作为指导教学实践的基本法则。我国古代就积累了丰富的教学经验。例如，大教育家孔子概括出"学思结合""因材施教"等教学原则，《学记》提出了"教学相长""长善救失"的主张，韩愈说过"弟子不必不如师，师不必贤于弟子"，朱熹总结出了"循序而渐进，熟读而精思"的读书法，等等，这些教学经验既来源于教学实践，又指导教学实践，对今天教学原则的制定仍然大有借鉴意义。

(二)教学原则是教学规律的科学反映

教学原则虽然具有主观性，但是反映了教学过程的客观规律，因此它是教学规律的客观反映。古今中外的学校教育活动，尽管形形色色，差异很大，但是教学过程作为一个特殊认识过程，存在一些共同的、不以人的主观意志为转移的客观规律。可以说，只要有教学工作，就存在着教学工作的规律。人们依据客观存在的教学规律制定教学原则，用以指导教学工作。随着经济社会的不断发展，人们对教学规律的认识也在不断深入，伴有时代特点的教学原则也将逐渐发展和完善。

(三)教学原则受到教育目的的制约

教学原则是为各科教学目标服务的，各科的教学目标是为整体的教育目的服务的。所以，教育目的的实现是教学工作的出发点和归宿。任何教学原则体系的制定都要遵循和反映教育目的，为教育目的的实现而服务。我国社会主义教育的目的，是使受教育者在德、智、体、美等方面都得到发展，成为从事社会主义现代化建设的有用人才。这一目的从总体上规定了社会主义学校教学活动的发展方向和预期的发展结果，指导和支配着教学活动的各个方面。教学原则作为指导教学活动的基本要求，必然要遵循和反映这一目的。

三、教学原则的作用

教学原则作为教学工作的基本要求和教学规律的具体体现，对教学工作具有指导作用。教学原则带有很强的实践性，而且具有坚实的理论依据。它从对教学规律的认识中得出指导教学实际工作的结论，提出有效行动的要求。在整个教学活动中，教学原则既是教学活动的出发点，又是教学过程的总调节器。它在一定程度上具体决定着教学内容的安排、教学方法的选择和教学组织形式的运用。无论从纵的方面还是从横的方面来看，教学原则涉及的面都很宽。因此，学习和掌握教学原则，能使教师按照教学的客观规律组织教学活动，正确解决教学内容、教学方法和教学组织形式等一系列理论与实践问题。遵循教学原则进行教学工作，就能提高教学质量；反之，违背了教学原则，就会降低教学效果，甚至劳而无功。

四、我国中小学常用的教学原则

教学原则作用的发挥，不是某个原则能单独完成的，而是需要一个完整的教学原则体系，使之发挥整体功能。所谓教学原则体系，是指反映教学规律的多个原则之间不是孤立分散的，而是有机地相互联系的组合。只有建立一个科学完整的教学原则体系，才能发挥教学原则对整个教学过程以及教学活动的各个基本环节的指导作用。但是，如何建立一个完整的教学原则体系，目前在教育理论界认识尚未达成一致，这主要是因为人们论述的出发点不同。有的侧重心理学方面，有的侧重教育史或社会学方面，有的侧重控制论方面。在本章，我们以教学活动的特点为侧重点加以分别论述的教学原则有直观性原则、启发性原则、系统性原则、巩固性原则、量力性原则、思想性和科学性相统一的原则、理论联系实际原则、因材施教原则，这些原则都有自己的理论依据和具体运用的基本要求与方法。

(一)直观性原则

1．基本含义

直观性原则是指在教学中引导学生直接感知事物、模型或通过教师用形象语言描绘教学对象，使学生获得丰富的感性认识。[①]

直观性原则是根据学生认识客观世界和学生思维发展的规律提出的。它反映和要求正确处理的是树立理性认识与感性认识，即概念与事物及其形象之间的矛盾关系。直观教学的巧妙实施能使抽象的概念具体化、深奥的道理形象化、枯燥的知识趣味化。直观性教学原则在教育史上是一个古老的原则。例如，荀子就曾提出："不闻不若闻之，闻之不若见之，见之不若知之，知之不若行之，学至于行而止矣。"

直观性原则要求利用学生的多种感官，通过各种途径和形式，直接感知教材，增强直接经验，获得生动表象，并在此基础上，进行分析、综合、抽象、概括，形成科学概念，把生动的直观和抽象的思维结合起来，掌握知识的本质。

2．贯彻该原则的基本要求

(1) 根据学科教学任务和学生特点选择教具。直观性原则不仅要贯彻在各门学科中，而且要贯彻教学过程的始终，教师在讲授新课和在检查和巩固新教材时，都可以演示直观教具，以加深学生理解、巩固学生记忆。但是对于不同学科、不同教材内容、不同年龄阶段的学生，运用这个原则时应有所区别。一般而言，直观的种类有三种：实物直观、模像直观、语言直观。如物理、化学、生物及地理课程可采用实物直观；历史课程主要采用模像直观；语文、外语、政治课可采用语言直观。根据需要和可能，教师尽量利用幻灯、电视、电影等现代化教学手段，强化形、声、光教学。

(2) 要充分发挥语言的直观作用。语言直观是指教师用语言进行生动的描述、形象的比喻，从而丰富学生的感性知识。语言直观的突出特点是，可以不受时间、地点和教学设备条件的局限，随时帮助学生由感性认识向理性认识转化。当然，语言直观不是万能的，企图用语言描绘来代替实物直观和模像直观也是不现实的。

(3) 直观性原则运用要适当。直观教学是一种手段，而不是目的。要避免为直观而直观。因此，教学中直观教具不宜用时就不要用，宜少用时就不多用，而且演示要适时、要严肃，切忌画蛇添足、哗众取宠。

---

① 石忠仁，王继湘，董贵馥. 教育学[M]. 长春：东北师范大学出版社，1994.

(二)启发性原则

1．基本含义

启发性原则是指教师在教学中要最大限度地调动学生学习的积极性和自觉性，激发他们的创造性思维，使学生在融会贯通地掌握知识的同时，通过独立思考，获得知识，发展能力，进而培养他们的创造性人格。

启发性原则要求充分发挥教师的主导作用，最大限度地调动学生学习的积极性、自觉性，激发思维活动，主动探求知识，增强独立分析问题、解决问题的能力。它反映和要求正确处理教学过程中发挥教师主导作用和重视学生是学习主体之间的对立统一关系。我国历史上的教育家很重视教学的启发性。孔子说："学而不思则罔，思而不学则殆。""不愤不启，不悱不发。举一隅不以三隅反，则不复也。"《学记》也提出："道而弗牵，强而弗抑，开而弗达。"

2．贯彻该原则的基本要求

(1) 激发学生的学习动机，培养学生的创新意识。学习动机一般可分为直接动机和间接动机。直接动机是由学习活动本身所引起的对学习的需求。如教材内容的新颖、教师讲课的生动、教学方法的恰当配合等，都可以引起直接性的学习动机。间接动机则是指与学习活动没有直接联系，只是把学习作为实现某种目标的手段，成为间接性的诱因。如为实现自己的理想，为祖国建设，为得到好成绩，为得到家长的某种物质报偿而学习，等等。在教学中，教师既要激发和利用学生的直接动机，又要帮助学生逐步树立为祖国建设而学习的高尚动机，进而形成创新思维习惯。因此，教师要结合教学内容，经常进行学习目的的教育。

(2) 培养学习兴趣，不断激发求知欲。"兴趣是最好的老师"，所谓兴趣，是人们力求认识客观事物而产生的渴求获取知识、不断探求真理的一种富有感性色彩的心理倾向。教师要以真挚的感情、饱满的热情、丰富的讲授内容、生动有趣的形式，感染学生，吸引学生，引起师生的同频共振，这样才能激起学生对知识真谛的渴求。

(3) 激发学生积极的思维活动。学习是一个复杂的思维活动过程。只有学生自己开动脑筋，积极思考，才能真正理解和融会贯通地掌握知识，做到举一反三，触类旁通。因此，教师首先要善于提问、激疑，启发学生的思维活动。"问则疑，疑则思"，好的提问，发人深思，会使学生思维活跃起来，这时教师要抓住"思维的战机"因势利导，恰到好处地讲授，使学生的认识步步深入，从而获得新的知识、增长智慧。这也是启发性原则所要求的教学过程。

(4) 发扬教学民主，培养自主学习习惯。只有发扬教学民主，才能为实行启发式教学提供保证和创造良好的学习气氛。在这种气氛中，教师就会不断改进教学工作并多方鼓励学生敢于质疑问难，学生也会解除顾虑、心情舒畅，积极主动地学习。在这种气氛中，引导学生进行逻辑思维推理活动，培养正确的解题思路，才能使学生掌握知识的规律和方法，逐步培养学生举一反三、触类旁通的能力。

📝 **典型案例 5-1：**

扫右侧二维码阅读《蚂蚁推铁球》的相关内容。

典型案例 5-1

(三)系统性原则

1. 基本含义

系统性原则是指教学要根据所传授学科知识的内在逻辑结构以及学生能力发展、知识掌握的顺序，循序连贯地进行。系统性原则也被称为循序渐进原则。

系统性原则是古今中外教育经验的总结。中外教育家对此论述的有很多，如我国古代《学记》中就提出"学不躐等""不陵节而施"的要求。朱熹说："读书之法，在循序而渐进。"夸美纽斯也强调："应当循序渐进地来学习一切。"但是，他们对此都没有作出科学的说明。现代教学论强调，教学之所以要循序、系统、连贯地进行，是因为教学中传授和学习的各门科学知识本身具有内在的逻辑联系；是因为学生的认识活动也是有顺序的，是由已知向未知、由具体到抽象、由简单到复杂逐步深化的渐进过程；是因为学生的智力活动和能力的发展也是有顺序的。所以，教学活动要做到既符合学科知识本身的逻辑结构，又符合学生认识和能力发展的顺序，这样才可以保证学生获得系统的知识，获得对客观世界的规律性的认识，并有利于学生对知识的理解和记忆，发展智力。

2. 贯彻该原则的基本要求

(1) 处理好教学活动顺序与学科知识逻辑顺序、学生能力发展、知识掌握顺序之间的关系。教学的系统性，首先是指要以学科的知识体系为主导。这就要求教师要深入钻研教材，熟悉和掌握教材的逻辑系统和各部分之间的有机联系，注意新旧知识的衔接，同时尽可能贴合学生掌握知识和能力发展的顺序。

(2) 教学时突出重点、难点，主次有别。系统性并不意味着面面俱到、平均使用力量，而是要主次分明，抓住重点；分清难易，突破难点，只有这样才能提高教学质量。重点，就是教材体系中最基本的部分；难点，就是学生对教材内容中难以理解和掌握的部分。学生掌握了重点，就可以带动全面，举一反三；理解了难点，就可以扫除学习的障碍。教学中只有解决了重点和难点问题，才可以保证学生掌握知识的系统性和完整性。

(3) 教学中要及时发现和补救学生在学习中的缺陷。在学生复习和检查时，及时发现和补救学生掌握知识和能力发展中的缺陷是尤为重要的，是教学系统连贯进行的连接点，是系统教学的重要保证。同时，还要注意培养学生系统学习的习惯。

(4) 教学要有一定的难度和速度。教学要有系统性并不是指消极地适应学生的接受能力。由于学生的大脑蕴藏着很大的智力潜力，因此应当使教材保持一定的难度和适当加快教学速度。其分寸掌握在符合学生智力的"最近发展区"的范围内，这样才会收到较好的学习效果。

(四)巩固性原则

1. 基本含义

巩固性原则是指教学要引导学生在理解的基础上牢固地掌握知识和技能，长久地保持在记忆中，能够根据需要迅速地再现出来，以利于知识技能的运用。

巩固性原则，是由学生的认识活动的特点决定的。学生主要是通过学习间接经验而认识世界的，这样得来的知识如果不采用多种方法进行巩固，非常容易遗忘。同时，学生原有知识技能得到巩固和完善，又使他们顺利接受新知识、运用已有知识解决问题、提高学生智力的必要条件；否则知识的链条就连接不起来，教学过程就会中断。因此，历代教育家都把教学中的巩固列为重要的教学原则。

2．贯彻该原则的基本要求

(1) 要求学生在理解的基础上巩固。要引导学生清晰地感知教材，深刻地理解教材，这样容易使学生巩固所学知识。为此，教师要认真搞好课堂教学，讲授坚持少而精，充分运用建构主义的教学理念加强直观教学，尽可能联系已学过的知识讲授新知识，加深学生对新知识的理解。

(2) 要及时组织学生进行系统的复习和练习。孔子说："温故而知新。"复习和练习能使学生所学知识条理化和系统化，加深理解，还可以培养学生运用知识的能力。这是巩固知识、技能和克服遗忘的重要方法。复习和练习的方式还应多种多样。

(3) 在扩充改组和运用知识中积极巩固。学习知识是为了更好地应用，如果一味地学习理论知识而不去联系实际，知识就会缺乏有效载体。在教学活动中，教师要帮助学生扩大加深对原有知识的理解，引导他们积极运用所学的知识解决实际问题，这样才能更好地帮助学生巩固知识。

(五)量力性原则

1．基本含义

量力性原则又称"可接受性原则"，是指教学的内容、方法、分量和进度要适合学生的身心发展，是他们能够接受的，但又要有一定的难度，需要他们经过努力才能掌握，以促进学生的身心发展。

在中国古代，早就有这种教育思想的萌芽。孔子说："中人以上，可以语上也；中人以下，不可以语上也。"据传，墨子教弟子各视其程度的深浅、能力的强弱而有所不同。《学记》提出："语之而不知，虽舍之可也。"即学生不能理解所教的知识的时候，可以暂时停下来。明代王守仁说："在教学中对学生要'量其资禀'，常使精神力量有余，则无厌苦之患，而有自得之美。"从欧洲文艺复兴时期开始，资产阶级教育家们就极力主张教学和教育要适合学生的年龄特征。捷克教育家 J. A. 夸美纽斯更明确地提出这个原则。他说，教给学生的知识，必须"是青年人的年龄与心理力量所许可"，"一切事情的安排都适合学生的能力，这种能力自然会和学习与年龄同时增长的"。这种主张不仅具有历史进步意义，而且具有反映客观教学规律的科学因素。

2．贯彻该原则的基本要求

(1) 要正确认识和科学估计学生的发展水平及其潜在的发展可能。由于历史的局限，无论古代还是近代的教育家，都不能全面地认识教学的要求与学生接受能力之间的关系，也不可能正确处理好这种关系。现代教学论认为，客观上对学生不断提出新的要求与学生现有知识和智力水平之间的矛盾，是教学中一对重要的矛盾。这一矛盾处理得不好，就会造成学生或者学习负担过重；或者学习轻而易举，满足不了日益增长的求知欲望。这都不利于学生知识的学习和能力的发展。这一矛盾处理得好，就会促进教学水平不断提高，促进学生知识的增长和学习能力的发展。在教学中贯彻量力性原则，重要的是正确认识学生和科学地估计他们的知识和智力水平。传统教学往往对学生接受能力估计偏低，尤其对低年级儿童抽象思维能力发展的可能性估计不足。因此教学内容和教学方法等的设计就偏于消极地适应学生现有水平，而这实际上却阻滞了教学的要求和学生水平的不断提高。现代生理科学和心理科学以及教学改革的实验研究证明，过去的教学未能使青少年的学习潜力得到充分发挥。

(2) 合理组织教学，使之在促进学生发展上起重要作用。教师在组织教学中，有由近及远、由已知到未知、由简单到复杂、由易到难、由具体到抽象、由部分到全体等教学规则，对这些规则要依据具体情况灵活运用。例如，已知的不一定是简单的，简单的不一定是容易的；历史教学不一定在时间上由远及近；地理教学在空间上也不一定由近及远；教学既可以由具体到抽象，也可以由抽象到具体。贯彻量力性原则的中心问题是真正从学生发展的实际可能性出发，充分发挥教学和教师的主导作用，积极地促进学生知识的增长和学习能力的发展。

(3) 考虑学生认识发展的时代特点。教师在组织教学的时候，考虑到学生认识发展的时代性是非常必要的。我们知道，时代不同，教育目的就不同，教育内容就不同，人们的思想意识也不同。例如，我国古代的学生，只学习四书五经、圣贤先哲，与近代学习天文、地理、文学、艺术、物理、化学的学生在理解认识能力上相比而言肯定有局限。所以，很好地把握学生认识发展的时代特点，对于教学活动的顺利开展大有裨益。

(六)思想性和科学性相统一原则

1. 基本含义

思想性和科学性相统一原则是指教学中要以马克思主义为指导，引导学生掌握正确的知识，同时结合知识对学生进行思想教育。[①]

科学性和思想性相统一原则是我国教育传统的表现。文以载道是我国教育的传统。科学性和思想性统一原则是我国教育目的基本精神的体现。我国的教育目的是培养德、智、体、美等全面发展的社会主义事业的接班人。作为社会主义的建设者，不仅要有渊博的知识，还要有事业心和创新精神；而完成这个目标，则要求教学不仅要促进学生知识、技能的发展，还要关注学生的情感、态度和价值观的养成。

2. 贯彻该原则的基本要求

(1) 教学内容筛选和选择要注意科学性和思想性相统一的原则。在中小学教学中，传统的教学内容主要是教材，教材内容本身具有科学性和思想性。在新课程改革的今天，由于课程资源的开放性，各种资源进入教师的视野，因此教师在对教学内容进行筛选和选择时要注意科学性和思想性的统一。教师在选择过程中，应该以马克思主义观点对内容进行分析，保证教学的科学性。

(2) 挖掘教材的思想性。在实际课堂教学过程中，一些学科和活动可以直接对学生进行思想、道德、心理教育。有些学科则蕴含潜在的思想性，这种潜在的思想性需要教师进行挖掘。教师在教学过程中应该时刻提醒自己，除了对学生进行知识教育外，也要对学生

---

① 纪国和，李朝辉. 教育学[M]. 长春：东北师范大学出版社，2005.

进行思想教育。此外，教师要艺术性地挖掘教学中的思想因素，不能牵强附会。在教学中，教师也可以利用情感的作用，使学生潜移默化地受到教育。

(3) 教师要努力提高自己的专业水平和思想素质。时代在发展，学生在变化，知识在更新，这些都决定了教师只有不断提高自己的专业水平和素养，才能保证教学科学性和思想性的统一。此外，教师的言谈举止也具有一定的教育性。因此，教师在教育教学过程中，要为人师表，对学生进行知识和思想教育。

✎ 典型案例5-2：

扫右侧二维码阅读《虹桥对话》的相关内容。

典型案例5-2

(七)理论联系实际原则

1．基本含义

理论联系实际原则是指教学要以学习基础知识为主导，从理论与实际的联系上去理解知识，注意运用知识去分析问题和解决问题，达到学懂会用、学以致用。

理论联系实际是人类认识的普遍规律的要求，是学生认识活动规律的反映，也是教育目的学以致用的要求。人的认识活动要经过实践—理论—实践的过程，而学生的学习主要是掌握间接经验，但是要把这些间接经验真正变成自己的知识，还是要通过一定的实践活动的。另外，正因为教学以传授和学习间接经验为主，实际上容易产生理论脱离实际的问题。所以，教学应重视理论联系实际，使学生获得比较全面的知识，以培养他们分析问题和解决问题的能力。

2．贯彻该原则的基本要求

(1) 重视理论知识的教学。教师要按照课程标准和学科教学内容的具体要求，把理论知识教授给学生，保证学生掌握必要的知识和基本技能。学生的发展离不开一定的知识储备，它是促进学生发展的基础，任何脱离理论知识盲目联系实际的教学都是不利于教学的。

(2) 教学中要密切联系实际。教学中联系实际的方式主要有两种：一是所学知识在实际生活中的运用，通过这些实际验证学生学习理论知识的价值，调动学生的学习积极性；二是密切联系学生的生活经验，教学内容和学生生活经验的联系，有助于学生很好地理解和学习知识。无论是哪种联系方式，教师在教学中都应避免在联系实际时牵强附会、不切合实际。

(3) 适当地开展实践活动。在教学中，教师根据教学需要，引导学生进行练习、实验、实习、参观等活动。特别值得一提的是，新课程改革中倡导的研究性学习实际上就是教学中理论联系实际的形式。

(八)因材施教原则

1．基本含义

因材施教原则是指教师要从学生的实际情况、个体差异出发，有的放矢地进行有差别的教学，使每个学生都能扬长避短、获得最佳的发展。

因材施教是我国古代孔子创立的一条重要的原则。经过不断发展，我们认为这条原则至少包含以下含义：①教师在教学活动中应根据学生的个性特点和年龄特征进行教育；②教师在教学过程中应根据教学内容的难易程度，采用不同的方法教授给不同的学生。因此，因材施教的对象实际上是学生和教学内容。

2. 贯彻该原则的基本要求

(1) 教师要深入了解和研究学生的一般特点和个别差异，有针对性地进行教学。了解、研究学生是实行因材施教的前提。正如乌申斯基所说："如果教育家希望从一切方面去教育人，那么就必须首先也从一切方面去了解人。"

(2) 要正确处理集体教学和个别教学的关系。教师要立足全班，面向全班，又要照顾两头，教学内容的难易、多少，既要照顾大多数，又要兼顾"尖子生"和"学困生"。此外，教师还要指导全体学生正确处理学好各门功课和发展个人兴趣爱好的关系。

📝 **典型案例 5-3：**

扫右侧二维码阅读《单式"复教"》的相关内容。

典型案例 5-3

上述八条就是我国大多数教学论研究者所肯定的适用于我国中小学教学的教学原则，但这些原则还有许多不完善之处，还谈不上是科学的教学原则体系。例如：这八条教学原则，主要还是传授和学习知识的教学原则，对教学中发展智力、培养非智力因素的规律还缺乏深入的研究，了解不够深刻。但是，上述八条教学原则，终归是我们在五十余年教学实践中，吸取前人和国外的教学经验，并在总结自己经验的基础上概括出来的，已成为我们自己的理论。正反两方面的经验教训，也证明它确实对我国的教学实践起指导作用。因此，我们要认真坚持贯彻这些原则，并不断地用新鲜的经验来丰富它、完善它、发展它。

本 章 小 结

掌握教学规律和教学原则是完成教学任务的基础。作为一名合格的教师，把握教学规律有助于更好地认识教学过程，理解教学原则有助于更好地优化教学手段，只有很好地践行教学规律与教学原则，才能使教学工作由理性走向自觉。

【推荐阅读】

[1] 张楚廷. 教学原则今论[M]. 长沙：湖南师范大学出版社，1993.

[2] 王道俊，王汉澜. 教育学[M]. 北京：人民教育出版社，1989.

[3] 张燕镜. 教育学[M]. 北京：北京师范大学出版社，1991.

[4] 车文博. 教学原则概论[M]. 武汉：湖北人民出版社，1982.

[5] 叶澜. 新编教育学教程[M]. 上海：华东师范大学出版社，1991.

[6] 孔繁成. 布鲁纳的教学原则[M]. 太原：山西大学出版社，2019.

[7] 李敏. 新课程理念下中学英语有效教学的原则、策略与案例分析[M]. 武汉：华中科技大学出版社，2019.

[8]　车文博. 教学原则原理及其实施策略[M]. 北京：首都师范大学出版社，2010.

[9]　李铣. 教学原则新论[M]. 北京：北京教育出版社，1988.

思考与练习

一、名词解释

教学规律　教学原则　教学原理　教学规则

二、简答题

1. 教学的基本规律有哪些？

2. 教学原则制定的依据有哪些？

3. 我国中小学常用的教学原则有哪些？

4. 如何贯彻系统性原则？

三、论述题

1. 论述因材施教的原则。

2. 论述科学性与思想性统一的原则。

【实践课堂】扫右侧二维码阅读相关内容。

实践课堂

新课程是旨在促进每一个学生健全成长的活动，而不是"教化"和"训练"。

——钟启泉

第六章　课程理论

本章学习目标

➢ 掌握课程和课程实施的基本概念。
➢ 了解课程资源和课程标准的基本内涵。
➢ 了解主要的课程理论流派的基本观点。
➢ 熟悉教师在课程资源开发中的作用。

核心概念

课程(curriculum)　课程实施(curriculum implementation)　课程开发(curriculum development)　课程资源(curriculum resource)

杜牧《泊秦淮》教学设计①

一、烟月笼罩下的愁绪

导入：今天我们一起来学习杜牧的《泊秦淮》。从诗的题目看，"泊秦淮"中"泊"是动词，表示停泊、停船靠岸的意思；"秦淮"表地点，本意指秦淮河，在这里指今天的南京秦淮河岸。作为古往今来出名的繁华场所，南京秦淮是非常有名的，常常被诗人吟诵歌唱。同学们还知道哪些描写秦淮景色的诗作？(此为预习内容)

根据学生回答进行总结：秦淮在大多数诗人的笔下都是声色的代名词，是一派繁华景象，让古诗文中的秦淮拥有了一个暖色调标签。

布置任务：杜牧这首《泊秦淮》可以说格外与众不同，他来到秦淮停船后，最先注意的不是喧闹的锦绣乡，而是"烟笼寒水月笼沙"。大家多吟诵回味几遍这句诗，体会其中

---

① 何丽辉. 杜牧《泊秦淮》教学设计[J]. 语文教学与研究，2022(3)：131-132. 选入时有改动。

的氛围与情感，然后分组讨论。(等待 5 分钟，让学生分组讨论并逐渐整合成小组观点)

小组讨论后总结："烟笼寒水月笼沙"这句描写诗人所见的秦淮夜景，不同于常见诗文中秦淮繁华热闹的景象，这首诗中的秦淮景色偏冷淡、朦胧，画舫中的欢歌笑语、千灯玩火仿佛无法穿透这层烟、月的笼罩圈。所谓"一切景语皆情语"，如此写景传达出诗人此时的情绪低落，似乎别有忧愁。诗人为何而忧愁呢？让我们继续往下品鉴。

二、秦淮酒家承上启下

提问："夜泊秦淮近酒家"与题目呼应，并引出了酒家。注意到其中的"近"没有？哪位同学能说一说这里的"近"有多近呢？

提问总结 1：从这里我们也可以看出，诗人所处的位置十分微妙，已经与"酒家"十分近，但又并未真正踏入。这个距离在诗歌情感表达上非常完美，同学们来说说自己的看法。

提问总结 2：总的来说，"夜泊秦淮近酒家"具有承上启下的作用，既是衔接了前后的物理空间，也为两者之间的情感过渡搭建了一座桥梁。

三、商女歌唱身不由己

"商女不知亡国恨"中"商女"指的是歌女，跟白居易《琵琶行·并序》中"老大嫁作商人妇"的前半生一样，指古时候在酒家里侍候客人的女子。这类女子通常擅长歌舞表演为宴席助兴，古诗文中常用"秋娘"来指代她们。这样的歌女往往是根据客人的喜好进行各种表演，诗人却因她们所唱歌曲不合时宜而指责她们"不知亡国恨"，应当如何理解这一句呢？

提问总结 1：听什么歌曲是客人的个人喜好，诗人为何要对此进行批判？所以，诗人批判的不仅仅只是唱后庭花，而是所有的沉迷歌舞享乐曲而不虑国家兴亡的酒家中的客人吗？那么商女在这其中起着什么样的作用呢？

提问总结 2：秦淮河岸纸醉金迷的生活与国家生死存亡的危机形成强烈对比，将诗人前面写景的忧愁彻底引爆，他一扫之前的低沉，言辞激烈地发出悲愤的慨叹。这慨叹的中心表面看来是商女，实则是以商女为代表的秦淮生活景象。另一方面，中国古代诗人爱写商女，其实是从商女身上看到了自身遭遇的一部分。比如，白居易《琵琶行·并序》就是以琵琶女自喻：同样的技艺高超，却难以遇到自己的伯乐，最终只能沦落天涯。《泊秦淮》中商女的形象是否同样带有诗人杜牧的自喻呢？

提问总结 3：杜牧与李商隐被并称为"小李杜"(大致介绍杜牧的生平事迹，并总结)。因而，"商女不知亡国恨"中商女并非实指，而是一个人群指代标志——代表秦淮河岸日夜笙歌的那群人们。

四、清醒在奢靡唯余悲

教师提问 1：确定了"商女不知亡国恨"中真正的抨击对象并非商女，而是国家生死存亡之时仍只知纸醉金迷的酒家宾客，我们还有必要弄清楚诗人对他们的不满究竟落在何处？这个答案就在最后的"隔江犹唱后庭花"中找寻。经过预习，大家都知道后庭花的涵义吗？

教师提问 2：后庭花是亡国之音的代表，相应的，作曲人和第一个听曲人陈后主是怎样的代表？

教师提问 3：杜牧在这首诗中将亡国的统治者代表陈后主与酒家中听曲的宾客作比，是正确的吗？

教师总结：当时的秦淮确实是只有权贵才能进去消费的特殊场所，除了里面的工作人员如歌女等，其他人即使不是统治阶层，也是统治阶层的家人从属等，被杜牧批判为像陈后主一样有亡国之相，真的是一点都不冤枉。这首诗是杜牧对上层社会的抨击，但从另一个角度来说，又何尝不是对帝国命运担忧之下的警钟呢？

 案例分析

这是一个内涵丰富的案例。结合新课程改革，至少应该在两个方面引起我们的思考。

(1) 教师应该在教学过程中引导学生积极主动地探索知识，形成自主学习能力，使每个学生都能在轻松愉悦的氛围中愉快地学习，在原有的基础上不断进步。

(2) 课程既是学生学习的内容，更是学生发展的中介。理想的课堂教学不仅看这节课学生掌握了多少知识，更要看学生在掌握知识点的基础上学到了什么，形成了什么样的能力。

 学习指导

本章重点掌握课程的概念及类型、课程的内容与标准、课程的实施与开发及课程资源；了解课程理论流派的发展。在学习过程中，学生首先要学好课程的相关理论，掌握基本知识。其次在学习过程中，教师要引导学生结合当前课程改革的实际理解重要概念，掌握基本的技能。

第一节　课程的概念及类型

一、课程的基本概念

目前，关于课程概念的定义众多，几乎每一位课程学者都能根据自己的理解对课程下一个定义。课程的定义虽然繁多，但若加以归类，可以分为以下六种类型[①]，这六种类型基本上涵盖了课程的所有定义。

(一)课程即教学科目

课程即教学科目，在历史上由来已久。如我国古代的礼、乐、射、御、书、数六艺，欧洲中世纪初的文法、修辞、辩证法、算术、几何、音乐、天文学七艺。这些科目都是课程。现在我国仍有一部分人习惯于这种认识，即课程就是学校所开设的各个学科，如语文、数学、物理、化学、外语等。

(二)课程即有计划的教学活动

之所以有人这样定义课程，是考虑到第一个定义不够全面。比如，只关注教学科目本

---

① 施良方. 课程理论——课程的基础、原理与问题[M]. 北京：教育科学出版社，1996.

身，对教学过程中学生的情感、态度、体验以及教师的作用、课堂环境等方面认识不足，而这些都是学生在学校学习后的收获或者是学习时的有利影响。因此，有人提出了这样一个定义：课程即有计划的教学活动。这一定义把学校组织的所有有计划的教学活动都加进来，目的就是对课程有一个比较全面的认识。

但这一定义也有不足之处，做过教师的人都知道，在具体的教学实践中，有很多东西并不是计划之内的，或者说是在作计划时所不能考虑到的或不可能考虑到的。也就是说，在教学过程中有很多东西是不能计划的。如果过分依赖于教学活动的计划性，教学过程可能就会呆板。如果学校仅以计划来检查教师的教学活动，就有可能导致教学活动出现本末倒置的现象。

(三)课程即预期的学习结果

这一定义在北美课程理论中较普遍。一些学者认为，课程不应该指向活动，而应该直接关注学习的结果，即把重点从手段转向目的。这一定义可能与北美特别是美国的实用主义观念有一定的联系，为了预期的学习结果可以选择一切方式。但有研究表明，在具体的教学活动中，预期的事情与实际发生的事情总会有一定的差距，并且预期的学习结果对不同的学生来说，可能也会有所不同。

(四)课程即学习经验

由于在同一具体教学过程中，虽然面对的是同一位教师，但每个学生的实际收获是不同的。因此，有人又提出了这样一个定义：课程即学习经验。在这个定义中，课程关注更多的是学生个体的体验、感受，而不是学生再现学习的内容。虽然学生的体验和感受要通过学习内容及活动来获得，但学习内容及活动本身并不是最重要的，重要的是学生个人的实际收获。这一定义体现了以人为本的新课程理念，强调课程的重点从物(教材)转向人(师生)。

(五)课程即社会文化的再生产

持这种观点的人认为，任何课程都处在一定的社会文化中，都应该是这种社会文化的反映。学校教育的任务就是要在这种社会文化中，再发展社会文化。教育主管部门根据国家需要来规定所教的知识、技能等，并通过这些知识、技能来发展社会文化。这一定义更多地体现出这样一种理论假设：个体是社会的产物，课程是个体社会化的途径。

(六)课程即社会改造

坚持这一观点的人认为，课程不是使学生适应或顺从于社会制度，而是要使学生摆脱社会制度的束缚。他们认为，课程的重点应该是当代社会中学生比较关心的社会主要问题和弊端以及这些问题和弊端的解决方法。

上述六个课程定义，分别是研究者站在不同的课程理论流派，从不同的角度作出的总结。虽然每个定义都有一定的道理，但又或多或少地存在一些不足。

另外，美国学者古德莱德(J. I. Goodlad)也曾按照课程的层次对课程下过一个定义，这个定义对于我们全面理解课程有很大帮助。古德莱德认为，人们之所以对课程有不同的理解，是因为人们站在课程不同的层次上进行研究。因此，他提出了课程分为五个层次的理论。

第一层次是理想课程(ideal curriculum)。此时的课程处于理论层面，由课程专家、学者根据学生发展的需要及社会要求来确定。如多年前有人提议在中学开设有关性教育的课程，一些课程专家及学者从理论上论证了开设的必要性，这时就属于理想课程。这种课程最终取决于是否被官方采纳并实施。

第二层次是文件课程(formal curriculum)。这一课程是在前一层次课程(理想课程)的基础上发展起来的。它主要包括课程计划、课程标准(原教学大纲)和相应的教材等。现在许多人所理解的课程，实际上就是这一层次的课程。

第三层次是理解课程(understanding curriculum)。这一课程是指具体任课教师对前一课程(文件课程)内容的理解和领会。由于每位教师对同一文件课程的理解和领会有很大差异，因此，在具体实施中也会有所不同。

第四层次是实施课程(operational curriculum)。这一课程是指在学校课堂内具体实施的课程，即教师在课堂中说了什么、做了什么，学生从中得到了什么。

第五层次是经验课程(experiential curriculum)。这一课程是指学生实际得到的东西。实际上，每个学生在同一堂课中所获得的东西是不同的。

现在有很多课程专家及学者都认同古德莱德的课程层次理论。

拓展阅读 6-1：

扫右侧二维码阅读教育部关于印发《中小学综合实践活动课程指导纲要》的相关内容。

拓展阅读 6-1

二、课程的类型

(一)显性课程

显性课程也称正规课程或显在课程等，一般指学校所开设的所有课程，或者说在课程表上应该体现的课程。其显著特点就是有计划性，是国家根据培养人才的需要而有计划、有目的地在学校开设的课程。它具体分为以下两类。

1. 学科课程

一般理解的学科课程就是学生现在所学的所有学科。它基本上分为两类：一类是分科课程，也就是以某一具体学科知识为中心的课程，如数学、语文、物理、化学等；另一类是综合课程，主要是指新课程改革后出现的一些课程，如科学、艺术、品德与社会、品德与生活等。

2. 活动课程

活动课程与学科课程相对应，无论是实施方式，还是关注的重心，都与学科课程有所不同。活动课程以活动为主，更多地强调学生的参与及在参与过程中的体验、感受。因此，活动课程也称经验课程。

现在人们几乎普遍认为，活动课程的理论基础来源于杜威的教育思想。因此，"从做中学""教育即生活""学校即社会"等是活动课程存在及开展的理论依据。

相对于学科课程而言，活动课程具有过程的实践性、内容的开发性、形式的多样性等特点。在具体实施中，教师要更多地关注学生的兴趣、需要及创造，以学生为中心。

这两类课程各有利弊，活动课程最大的不足就是知识系统性不强，而学科课程的不足主要是体验及感受方面不深。

(二)隐性课程

隐性课程也称潜在课程、无形课程或隐蔽课程等，一般指学生在学习过程中，从具体学习环境中所获得的"计划外"的知识、观念、情感等，不是课程计划中所预期的东西。其显著特点是"自发的、个性化的"。

隐性课程的概念产生于20世纪六七十年代，一般认为是由美国学者杰克逊(P. Jackson)于1968年在其《课堂生活》一书中提出的。[①]其实，在杜威所讲的"附带学习"、克伯屈(William Heard Kilpatrick)的"附学习"和"副学习"中就已经提到隐性课程。它概指学习过程中自发的或自然而然产生的态度、情感和价值等。[②]

(三)各种课程类型的关系

各种课程类型的关系如图6-1所示。

图 6-1　课程类型关系图

第二节　课程理论流派

课程理论在其漫长的发展过程中，逐渐形成了自己的理论流派。不同的学者从属于不同的课程理论流派，因此，对课程的理解也各不相同。

一、知识中心课程理论

知识中心课程理论认为，知识是课程中最重要的部分。各学科应该以学科知识体系为核心来编制，课程的编制者应该是该学科专家，也只有该学科专家才能在对本学科有深入理解的基础上编制出有一定水准的学科课程。

知识中心课程理论在20世纪60年代曾风靡一时，这种课程的培养目标是各学科的科学家，不管是否承认，这样的课程在具体实施中确实具有这样的作用。支持这一理论的学说主要有以下几个。

---

① 施良方. 课程理论——课程的基础、原理与问题[M]. 北京：教育科学出版社，1996.

② 马云鹏. 课程与教学论[M]. 北京：中央广播电视大学出版社，2002.

(一)要素主义课程理论

1. 要素主义课程理论的形成与发展

要素主义课程理论形成于 20 世纪 30 年代，其主要代表人物是哈佛大学教授巴格莱(W. C. Bagley)及校长科南特(J. B. Conant)。1938 年 2 月，巴格莱等人在新泽西州大西洋城成立"要素主义促进美国教育委员会"，标志着要素主义教育流派的形成。巴格莱在会上提交论文《要素主义者促进美国教育的纲领》，作为该团体的理论依据。

要素主义教育是与进步主义教育学说相对立的教育思想流派，又称传统主义教育、保守主义教育。在 20 世纪 40 年代，要素主义因进步主义教育的声势浩大而处于劣势。第二次世界大战后，尤其是 1957 年苏联人造卫星上天，使美国政府大为震惊，并把科技落后归结为教育质量问题，要素主义重视系统知识传授的教育主张受到了人们的重视。但从 20 世纪 70 年代开始，由于要素主义教育片面注重书本知识和传统的教学方法，加重了学生负担，脱离了实际，引起了学生的普遍不满，因而在美国逐渐失去统治地位。

2. 要素主义课程理论的基本观点

巴格莱在研究人类社会进化的过程中指出，对知识的积累、提炼和传承是人与动物的分水岭，社会进化就是"积累和净化知识的过程"[①]。教育是影响人类社会进化的基本因素，因为它的存在，知识才能够进步、积累和精炼。巴格莱认为教育可以"使民主社会中绝大部分人群都有共同的思想、共同的理解、共同的准则、共同的精神，最终能使群体产生集体思维和集体决策，并且尽可能达到较高标准"[②]。如何使教育发挥这种功能呢？巴格莱认为应该注意那些相对稳定的、不变的"人类文化中和民族文化中的共同要素"[③]。这些"文化的共同要素"就是基本知识和技能，主要包括共同的思想、共同的准则、共同的精神，这是经过历史检验的总结经验，任何人都应该学习。

(1) 课程目标。要素主义者认为，教育的目标是为了社会的"进步"，要促进社会的进步，就必须传递人类文化遗产，"使每一代人拥有足以代表人类文化遗产中最宝贵的各种观念、意义谅解和理想的共同的核心"[④]，以帮助个体实现理智的和道德的训练，这实质上就是要素主义的课程目标。正是基于这种认识，可以把要素主义的课程目标归纳为两个方面：①传递人类文化遗产的要素；②进行个体理智和道德的训练。

(2) 课程内容。要素主义者认为，文化要素或文化遗产实质上就是种族经验。在巴格莱看来，人区别于动物的最显著特征，是人不仅具备利用个体经验的能力，而且具备利用种族经验的能力。种族经验远比个体经验重要，因为它吸收了千百万人尝试应付环境的经验，并经历了时间的考验。所以，学校首要的任务就是传递文化要素。文化要素，即种族经验，这是课程内容的核心。

(3) 课程组织。要素主义者特别重视教材的逻辑组织，强调应严格按照学科固有的逻辑顺序来组织教材。按逻辑顺序而不是心理顺序来组织经验是要素主义学科课程的显著特

---

① ② ③ 巴格莱. 教育与新人[M]. 北京：人民教育出版社，1996.

④ 华东师范大学教育系. 现代西方资产阶级教育思想流派论著选[M]. 杭州大学教育系，译. 北京：人民教育出版社，1980.

征。教育就是按逻辑顺序传授真理、传授知识的艺术。教师传授的必须是真理，至于儿童对所学的东西是否有兴趣，那是次要的。要素主义者认为，很多知识就其性质来说是抽象的，而且不可能被虚幻地分解为所设想的实际情境，要使学生掌握这些知识，靠学生的活动和已知经验是难以实现的。给学生提供分化了的、有组织的学科课程，可以促进学生个体理智和道德训练效率的提高。

(4) 课程实施。要素主义者认为，教育的主动权应该永远掌握在教师手中，只有教师才能把人类历史的共同遗产、民族文化的共同要素以及成年人的世界很好地介绍给学生。巴格莱指出，教师作为成熟了的成年人来教导儿童比儿童自己指导自己"有资格得多"。未成年人依赖成年人的教导、传授和训练，这是人性使然。要素主义认为，人性本恶，若不加以控制，任由欲望和感情驱动，就会胡作非为，无视纪律。个人虽有尊严和自由，但个人自由不能忽视社会责任。在教育教学过程中，教师应该树立权威，用权威控制学生，不能放纵学生。教师与学生之间是权威与服从的关系。教学就是儿童"接受""默认"教师所灌输的社会遗产的过程。

3．要素主义课程理论的不足

(1) 片面强调学生的智力训练及认知发展，较少考虑到学生的个体差异。

(2) 在教学过程中，片面强调教师的教而忽视学生的学。

(3) 不重视学生的学习兴趣，忽视学生个体的经验。

(二)永恒主义课程理论

1．永恒主义课程理论的形成与发展

永恒主义课程理论形成于 20 世纪 30 年代的美国，在对进步主义教育进行批评的过程中逐渐发展壮大，流行于 50 年代的英、法等欧洲国家，之后逐渐衰落。其最主要的代表有美国芝加哥大学的校长赫钦斯(Robert Maynard Hutchins)、美国教育哲学家艾德勒(Mortimer J. Adler)、法国古典主义教育家阿兰和英国教育家利文斯通。

2．永恒主义课程理论的基本观点

教育的目的是培养人的理性。永恒主义者认为，理性是人性的基础。无论是个体的自我实现，还是美好生活的获得，都源于人的理性的发展，而不是物质和财富，建议让儿童在摇篮中就多听经典音乐、多看名家画作。只有让儿童在人类文化宝藏中获得知识，儿童才会崇拜历史伟人及欣赏其名作，这是儿童进步的必由之路。

"永恒学科"是课程的核心，但不是全部。"永恒学科"是经历了许多个世纪而达到古典著作水平的书籍。如马克思的《资本论》、古希腊的荷马史诗《伊利亚特》及《奥德赛》、欧几里得的《几何原本》、柏拉图的《理想国》、修昔底德的《伯罗奔尼撒战争史》、亚里士多德的《物理学》等 100 多本名著。

永恒主义者认为，阅读名著是实现教育目的的最好途径，是概念的和理论的，不是技术的、应用的，是一种很好的理智训练，如果不读这些名著，就不可能理解当代的世界。[①] "一

---

① 陆有铨. 躁动的百年——20 世纪的教育历程[M]. 北京：北京大学出版社，2012.

个从来没有读过西方世界里任何伟大的书的人，怎样称得上是受过教育的呢？"[1]"这些书是普通教育的基本部分，因为没有它们，要想懂得任何问题或理解当代世界是不可能的。"[2]

赫钦斯明确指出：课程应该主要由永恒学科组成。我们提倡永恒学科，因为这些学科抽绎出我们人性的共同因素，因为它们使人与人联系起来，因为它们使我们和人们曾经想过的最美好的事物联系起来，因为它们对于任何进一步的研究和对于世界的任何理解都是首要的。[3]

"永恒学科"围绕着理智训练，大体可以分三类[4]：理智训练的内容类学科有哲学、文学、历史；理智训练的方法类学科有数学、科学、艺术；理智训练的工具类学科有关于读、写、算的知识技能类学科。

3. 永恒主义课程理论的不足

"脱离时代"是人们对永恒主义课程理论的最大不满。从美国马里兰州圣约翰学院 1937 年起实施的"名著课程"计划不难看出，计划规定的著作 2/3 属于 18 世纪以前的，3/4 属于 19 世纪的，仅仅有两种属于 20 世纪。[5]另外，"永恒学科"未必永恒。科学是不断向前发展的，随着时间的推移、实践的检验，古典名著在沉淀着相对稳定的精华的同时，也一定会淘汰其糟粕。

(三)结构主义课程理论

1. 结构主义课程理论产生的历史背景

尽管要素主义课程理论、改造主义课程理论以及永恒主义课程理论都对进步主义课程理论进行过批评、指责，但美国学校课程的实用化现象仍十分严重。据 1955 年统计[6]，中学未设外语课的学校约占全国中学的 46%，未设几何课的学校占 24%，未设物理学和化学课的学校占 24%。针对这种现象，一些教育家和心理学家不得不开始重新考虑课程问题。

1957 年，苏联成功发射了世界上第一颗人造地球卫星，美国政府极为震惊。这个无法容忍的事实——美国教育不如苏联，促使美国政府和学术界对美国的教育作出彻底反思。

1959 年 9 月，由美国科学院和美国科学促进会等组织的 35 位科学家、学者和教育家在科德角的伍兹霍尔开会，集中讨论将科学知识和科学方法传授给青少年的途径及方法，具体涉及课程设计的程序、教学的辅助工具、学习的动机、直觉在思维中的作用、学习中认知的作用等五方面的问题。作为大会主席，布鲁纳总结会议讨论的情况，撰写成名噪一时的《教育过程》。以布鲁纳、施瓦布(Joseph. J. Schwab)为主要代表的结构主义课程理论由此诞生。

2. 结构主义课程理论的基本观点[7]

(1) 学科基本结构论。"每一种知识领域(学科)都存在着一系列的基本结构。不论我们

---

①②③ 华东师范大学教育系. 现代西方资产阶级教育思想流派论著选[M]. 杭州大学教育系，译. 北京：人民教育出版社，1980.

④⑤ 廖哲勋，田慧生. 课程新论[M]. 北京：教育科学出版社，2003.

⑥ 滕大春. 外国教育通史(第 6 卷)[M]. 济南：山东教育出版社，2005.

⑦ 廖哲勋，田慧生. 课程新论[M]. 北京：教育科学出版社，2003.

选教什么学科，务必使学生理解该学科的基本结构。"[①]这是布鲁纳结构主义课程理论的核心。所谓学科的基本结构，即学科的基本观念。布鲁纳认为知识是人们解释事物的经验的积累，人的经验是在不断变化的，所以知识也应该不断地修改，但任何一门知识领域的内部总是存在着一套基本观念或"结构"，一个人学到的观念越基本，它运用于新问题的适用范围就越宽广。布鲁纳在《教育过程》一书中详细论述了掌握学科基本结构的重要意义：①掌握了学科基本结构，学生就更容易掌握整门学科。②有助于缩小"高级"知识和"低级"知识之间的差距。③有助于记忆。④有助于"一般迁移"，这种一般迁移是知识结构所产生的一种整体性后果，不同于具体知识和技能的迁移。

(2) "螺旋型"课程编制论。布鲁纳认为要将学科的基本概念以不同深浅程度教给任何年龄的儿童，必须结合儿童的行为把握、图像把握和符号把握，采取螺旋型课程(spiral curriculum)编制方式。"低年级到高年级的课程应当将同一基本概念多次反复地构成螺旋上升的系列加以编制。也就是说，对于一门学科的基本概念，首先用具体的、直观的方法去教学生，随着课程的展开，应反复地接触这些基本概念，通过第一螺旋的动作操作维度及第二螺旋的图像构成维度，逐渐进入比较抽象和复杂的第三螺旋的符号和形式维度，直到儿童掌握了与这些概念相适应的完全形式的体系为止"。[②]

(3) 发现—探究式学习论。怎样使学生掌握学科基本结构呢？布鲁纳主张采用发现法，让学生自己在教师的引导下概括出原则和规律，在学习过程中获得新知识，以培养学生的直觉思维能力。施瓦布提倡探究法，教师要为儿童设置实际的问题情境，使儿童通过探究实例自主地参与获得知识的过程，培养探究能力，而不是让学生发现教材中教师有意保留的那一部分内容。发现—探究式学习是结构主义课程实施的重要途径。

3. 结构主义课程理论的不足

结构主义课程理论的假设：任何观念都能够用学龄儿童的思想方式正确、有效地阐述出来；任何学科用在智育上正确的方式是，有效地教给任何发展阶段的任何儿童。这种假设在理论上或许是可能的，但在实践中绝非易事，课程的具体实施者——教师很难做到这一点。另外，布鲁纳、施瓦布等结构主义课程理论的代表人物并没有直接参与课程编制工作。在实际工作中，是学科专家在起支配作用，最终导致课程的学术性太强。20 世纪 70 年代以后，美国的课程改革转向联系生活实际，结构主义课程理论相对搁浅，其地位开始被人本主义课程理论所取代。

美国课程理论学者坦纳夫妇(Tanars)曾在 1980 年出版的《课程编制的理论与实践》一书中对学科结构课程列出九大罪状，其中最具有代表性的主要有：片面强调学术性知识和抽象理论，忽视实际问题和应用性知识；过分强调一部分科学课程(如数理化)，忽视音体美类课程，造成课程结构不平衡；过分强调孤立的、分化的知识类型而忽视学科交叉的方法；否定学生和成年学者之间的智力差异，课程内容与学生智力发展的实际相脱离；未在学科结构的要素上取得一致意见，使学科结构流于空泛的抽象概念，难以有效地指导课程编制工作；把知识学习几乎完全局限于专门的学术领域，没有密切地联系个人和社会的现实问题；忽视了情感过程在儿童身心发展中的重大作用。

---

① 布鲁纳. 教育过程[M]. 邵瑞珍，译. 北京：文化教育出版社，1982.

② 钟启泉. 国外课程改革透视[M]. 西安：陕西人民出版社，1993.

二、学生中心课程理论

学生中心课程理论认为，课程应该以学生的兴趣、爱好、动机、需要、能力等为核心来编制。这种课程强调的不是学科知识，而是学生的发展，体现的是以人为本的课程理念，关注学生在学习活动中的情感及体验。

学生中心课程理论起源于 18 世纪的欧洲，在 20 世纪二三十年代经美国教育家杜威的发展而逐渐形成。这种课程充分考虑到课程的最终目的是为了学生的发展，但这种以学生为中心的课程，无论是编制还是实施，都存在不可克服的现实问题。支持这一理论的主要流派有实用主义、人本主义和建构主义。

(一)实用主义课程理论

1. 实用主义课程理论的思想基础

实用主义哲学是实用主义课程理论形成的主要哲学基础。19 世纪末实用主义哲学形成于美国。此前，美国没有自己的哲学，哲学思想都是从欧洲输入的。实用主义哲学的代表人物皮尔士(Charles S. Peirce)认为实用主义哲学的两个基本观点为：实在依赖于信仰；一个概念是否清楚明白、是否有意义，要看它的实际效果、实际功用。另一代表人物威廉·詹姆斯(William James)认为"任何实在的东西必须能够在某一地方被经验，而每一种类被经验了的事物必须在某一地方是实在的"①。

卢梭的自然主义教育思想是实用主义课程理论形成的主要教育学基础。卢梭的自然主义教育思想中的一些观点，如重视儿童的本能活动，考虑儿童的实际需要和可能；注意身体和心灵两个方面的平衡发展；注重儿童个性的自由发展；注重儿童的直接经验；注意儿童个性差异的发展，等等，都被杜威充分吸收。因此，有学者说："如果从其中抽掉卢梭的思想观点，那么其中单纯是杜威自己的东西，恐怕就没有多少了。"②事实上，杜威的确继承和发展了卢梭的教育思想。但赫尔巴特以及赫尔巴特学派也起过作用，赫尔巴特以及赫尔巴特学派既是杜威批评的对象，又是杜威改进和发展的对象。

杜威的心理学研究成果构成了实用主义课程理论的心理学基础。杜威在 1886 年出版的《心理学》及 1896 年发表的《心理学中的反射弧概念》中提出：研究人的行为应在有机体与环境的积极、能动的相互作用中进行，研究环境中发生作用的整个有机体是心理学的真正研究对象。杜威认为，儿童就是积极、能动的有机体，儿童心灵的发展就在于他与周围环境不断发生联系并相互作用。所以，儿童作为个体是在社会中并通过社会而生活，社会由无数个体组成并通过个体而存在。作为个体的儿童，必须直接参与社会活动，才能主动地适应社会环境，有效地与所赖以生存的社会进行合作。

2. 实用主义课程理论的基本观点

(1) 课程的实质是经验。实用主义课程理论认为，课程就是经验，从严格意义上讲，就是教育性经验，即那种对学生经验增长有教育价值的经验才是课程。杜威认为，经验分

---

① 刘放桐. 现代西方哲学[M]. 北京：人民出版社，1981.

② 戴本博. 外国教育史(下)[M]. 北京：人民教育出版社，1996.

为日常经验与发展经验(developing experience)。日常经验是满足于日常生活活动的经验；而发展经验可以改造并发展生活，它是新创造的经验。发展经验虽然与日常经验不同，但是它以日常经验为基础，从有兴趣的日常经验中产生。当发展经验成为稳定的经验时，就变成了日常经验。教育真正的中心不是学校，不是书本，也不是教师，而是儿童。儿童不是小大人，他们有独特的精神世界和生活世界，不能把成人的意志强加给他们。课程必须与儿童的生活沟通，课程内容不能超出儿童的经验和生活范围，要考虑儿童的兴趣和需要。理想的课程应该促进儿童的成长，这是衡量课程价值的标准。学校教育的迫切任务是要在儿童当前的直接经验中寻找一些东西，作为在以后的年代里发展成比较详尽、专门而有组织的知识的根基，而不要把教材看作现在的儿童经验之外的东西。

(2) 经验"做"中学。实用主义课程理论认为，经验要在"做"中学。一切学习都要通过"做"，由"做"而得到的知识才是真知识。杜威强调，人们最初的知识和最牢固地保持的知识，是关于怎样做的知识。"做"是儿童的本性，既是经验生长的条件，也是儿童的愿望或兴趣所在。"做"并不排斥思维，做是为了培养学生的思维，为了经验的改组与改造。

(3) "做"的主要形式——主动作业。杜威认为，主动作业是儿童活动的一种形式，是创设获得经验的实际情境的主要手段，是儿童的兴趣所在，是儿童获得知识的最自然的方法，在课程中占首要地位。主动作业可以是社会情境，如园艺、木工、金工、烹饪、缝纫、编织等，可以与校外活动类似，如游戏、竞技、建造等，为学生提供作业，创设情境，开展活动，取得经验，这就构成一个教育教学的基本过程。杜威并不否认人文科学和自然科学在学校课程中的重要地位。但主动作业与人文科学和自然科学在整个学校课程结构中的地位是不同的。各门科学都是从有用的社会作业逐步发展起来的。"学校科目相互联系的真正中心，不是科学，不是文学，不是历史，不是地理，而是儿童本身的社会活动。"[①]

3．对实用主义课程理论的评价

作为实用主义课程理论的主要代表人物，杜威的课程理论极大地影响了世界教育的改革方向，他的许多基本观点经受住了时间的考验。目前，世界许多国家的教育改革总是直接或间接地与杜威的课程思想发生着联系。实用主义课程理论旨在解决的三个重要问题，即教育与社会生活的脱离、教育与儿童生活的脱离、理论(包括教育理论)与实践的脱离，不仅杜威的时代存在，现在乃至将来依然会存在，可以说它们一直困扰着每个时代的教育研究者和教育实践者。

当然，杜威的理论也有局限性。在教材与教学方法问题上，杜威有力地批判了传统教材和教学的弊端，提出了解决教材与教法问题的新思路。他希望学校的教材和教法既合乎儿童心理发展水平，又能使儿童在经验的基础上最后获取系统的知识，并能在理解的基础上将知识应用于生活经验，这个思路是无可非议的。但杜威的"从做中学"却不能负起此项重任，因为并非所有的系统知识都可以还原为直接经验。系统知识的存在形式是逻辑的，其根本特点是具有很大的概括性和包容性，有些系统知识所反映的内容根本不可能还原为儿童自己的直接经验；有些虽然能还原，但在数量和程度上也是很有限的。

---

① 赵祥麟，王承绪. 杜威教育论著选[M]. 上海：华东师范大学出版社，1981.

(二)人本主义课程理论

1．人本主义课程理论的形成与发展

自 20 世纪 70 年代起，人们开始严厉地批评结构主义课程理论。结构主义课程理论的主要代表人物布鲁纳于 1971 年也进行了自我批评，认为应该少说"学科结构"，多谈"学习者和他的学习结构"。在这种情况下，以人本主义心理学为基础的人本主义课程理论在批判结构主义课程理论的过程中迅速发展起来，其主要代表人物有马斯洛(A. H. Maslow)、罗杰斯等。

2．人本主义课程理论的基本观点

(1) 课程目标是自我实现。人本主义课程理论认为，课程的重点应该是学生个人，而不是教材，主张教材要适合学习者。自我实现是人的基本需要，但每个人的自我未必都能被认识到，所以课程要帮助学习者发现自我。"要为每一个学习者提供有助于个人自由和发展的、有内在奖励的经验。教育的目的是……个性完善的过程……自我实现这一理想是人本主义课程的核心。"[①]课程的教育价值就是发现人的潜能和满足人的需要，好的课程内容要与学生的基本需要及生活有密切关系，并对学生情感的丰富和理智的发展都具有重要意义。

(2) 课程内容的选择。人本主义课程理论认为，课程内容选择的原则应该是相关性(relevance)。有意义的学习只是在教材与学生自身的目的之间发生关系，由学生去认知时，才能产生。知识对学生是否具有个人意义，是知识保持的决定因素。课程内容要关注学习者多方面的兴趣价值，课程的难度要适中，学校课程最终应由学生的需要来决定。教学是教儿童，不是单纯教教材，要展开真正的学习，儿童必须参与教学过程。

(3) 课程实施。人本主义课程理论认为，在课程实施中，学生要亲自体验各种经验，形成自我概念和独立自主的个性。教师的主要任务是创设学习材料丰富、学习设备齐全、能刺激学生主动探索的环境以及充满尊重、理解、信任、温暖和愉快的气氛，教学过程重视启发、讨论、思考、探索、发现、表达等活动方式，借助于想象、文字、图片、表演、编制游戏、猜谜语、讲故事、文艺创作、手工制作、专题辩论等开发创造活动。罗杰斯认为学习是师生之间、班级成员之间交往影响的过程。教学的成败不在于教学的专业知识、技巧，而在于人际关系、情感态度。因此，老师应该以真诚、民主的态度与学生坦诚相见，尊重学生的选择，尽可能少用直接告诉、简单命令、详细指示，更多地使用间接的、非命令的、启发的交往形式。

3．对人本主义课程理论的评价

人本主义课程理论重视学习中的情感因素，充分尊重学生个体，有利于学生的个性发展；强调学生的主动精神，要求课程适合学习者的需要，对课程编制、教学实施都有启发作用。但人本主义课程理论忽视了社会对学生发展的现实性和可能性的必然制约的一面，这种制约又影响到人的整体的发展，使人的自我实现最终难以实现。

---

① 麦克尼尔．课程导论[M]．施良方，译．沈阳：辽宁教育出版社，1990．

(三)建构主义课程理论

1. 建构主义课程理论的产生与发展

建构主义理论的主要代表人物有：皮亚杰(J.Piaget)、科恩伯格(O.Kernberg)、斯腾伯格(R.J. Sternberg)、卡茨(D.Katz)、维果茨基等。

皮亚杰指出，儿童是在与周围环境相互作用的过程中，逐步建构起关于外部世界的知识，从而使自身认知结构得到发展；并提出"同化(assimilation)""顺应(adjustment)"与"平衡(equilibrium)"三个概念。同化是指学习个体对刺激输入的过滤或改变过程，也就是个体把外界刺激所提供的信息整合到自己原有认知结构内，使其成为自身的一部分。顺应是指学习者调节自己的内部结构以适应特定刺激情境的过程，即不能用原有图式来同化新的刺激时，便要对原有图式加以修改或重建，以适应环境。同化是认知结构数量的扩充，顺应则是认知结构性质的改变。平衡是指学习者个体通过自我调节机制使认知发展从一个平衡状态向另一个平衡状态过渡的过程。认知个体通过同化与顺应这两种形式来达到与周围环境的平衡。当儿童能用现有图式去同化新信息时，其处于一种平衡的认知状态；而当现有图式不能同化新信息时，平衡即被破坏，而修改或创造新图式(顺应)的过程就是寻找新的平衡的过程。儿童的认知结构就是通过同化与顺应过程逐步建构起来，并在"平衡—不平衡—新的平衡"的循环中得到不断地丰富、提高和发展。

在皮亚杰"认知结构说"的基础上，科恩伯格对认知结构的性质与发展条件等方面作了进一步的研究；斯腾伯格和卡茨等人强调个体的主动性在建构认知结构过程中的关键作用，并对认知过程中如何发挥个体的主动性做了认真的探索；维果茨基提出的"文化历史发展理论"，强调认知过程中学习者所处社会文化历史背景的作用，并提出了"最近发展区"的理论。维果茨基认为，个体的学习是在一定的历史、社会文化背景下进行的，社会可以为个体的学习发展起到重要的支持和促进作用。维果茨基区分了个体发展的两种水平：现实的发展水平和潜在的发展水平。现实的发展水平即个体独立活动所能达到的水平。而潜在的发展水平则是指个体在成人或比其成熟的个体的帮助下所能达到的活动水平。这两种水平之间的区域即"最近发展区"。在此基础上，以维果茨基为首的维列鲁学派深入地研究了"活动"和"社会交往"在人的高级心理机能发展中的重要作用。

以上这些学者的研究，使得建构主义课程理论不断丰富和完善。

2. 建构主义课程理论的基本观点

知识仅是一种个人诠释。学生的知识不是由教师教给的，而是由学生自己运用已有的知识经验积极主动建构的。在建构过程中，学生所处的社会历史文化大背景及个人的性别、年龄、种族、知识小背景等都起着重要作用。

学习者的建构是多元的。面对同一信息，不同的学生可能会有不同的建构，即认知结果可能有所不同。具体到某一课程内容，学生可以从不同的途径，以自己最适合的方式进行知识意义的主动建构，从而获得对这一课程内容的认识与理解。

在教学过程中，利用情境、协作、会话等学习环境要素，充分发挥学生的主动性、积极性和首创精神，最终达到使学生有效地实现对当前所学知识的意义建构的目的。教师起着组织者、指导者、帮助者和促进者的作用，而不是知识的传授者、灌输者；学生是知识意义的主动建构者，而不是外界刺激的被动接受者；教材所提供的知识不再是教师传授的内容，而是学生主动建构意义的对象；媒体等也不再是帮助教师传授知识的手段、方法，而是用来创设情境、进行协作学习和会话交流，即成为学生主动学习、协作式探索的认知工具。

3．对建构主义课程理论的评价

建构主义课程理论的主要优点：在教学过程中，以学生为中心；强调学习是学生对知识的"主动建构"，而不是"被动接受"；对改革传统的"填鸭式"教学提供了有力的理论支持，对正确认识学生在教学过程中的地位有积极的启示作用；强调知识建构的多元性，使课程目标由封闭走向开放。

建构主义课程理论的主要不足：过于强调知识的相对性，否认知识的客观性；过于强调学生学习知识的情境性、非结构性，否认知识的逻辑性与系统性；强调学习过程的个别性而忽视其本质上的共同性。

三、社会中心课程理论

社会中心课程理论认为，课程的重点应该是学生所关心的社会问题及社会现象，目的是让学生参与重大社会问题的解决，为将来"改造"社会服务。这种课程所关注的不是学生去适应社会，而是让学生建立一种新的社会。

事实上，学校只是一个社会机构，它不可能强大到通过课程来改变社会。况且，社会上的统治阶级也不允许学校这样做，更不允许这样的课程存在。这一理论的代表性学说是改造主义课程理论。

(一)改造主义课程理论的产生与发展

早在 1896 年，斯莫尔(Albion Small)就提出过社会改造主义课程思想。[①]斯莫尔强调，教育者不应把自己视为儿童的引导者，而应作为社会的创造者，学校是社会再生的工具。1929 年 10 月开始的席卷整个资本主义世界的经济危机，造成美国人民的大恐慌，个人目的与社会目的之间的矛盾日益明显。经济萧条的现实促使人们思考一些问题，其中就有学校的社会作用究竟是什么，人们纷纷指责风行全国的进步主义教育。在这种情况下，作为进步主义教育之一的改造主义开始与进步主义分道扬镳。可见，改造主义课程理论来源于进步主义教育理论。被称为"改造主义之父"的布拉梅尔德也宣称，改造主义是"进步主义(实用主义)的继承者"[②]。20 世纪 30 年代，杜威也曾指出，"教育必须参与社会的改造"[③]。只不过这一观点始终被"儿童中心论"所掩盖。改造主义课程理论早期的代表人物有杜威的高徒：哥伦比亚大学教授克伯屈、拉格(H. Rugg)和康茨(G. S. Counts)等。20 世纪 50 年代后，使改造主义以新的面貌出现并引起人们关注的是布拉梅尔德(S. Brameld)。

改造主义课程理论源于进步主义教育，是由进步主义教育左翼发展而来的。这二者之间有以下关系：从认识论上讲，改造主义认为知识来源于经验，与进步主义强调的个人经验不同的是，它主要指团体经验(group experience)，改造主义认为知识的出发点是社会，而

---

① 汪霞. 美国课程的三种思潮[J]. 外国教育资料，1996(5)：41-45.

②③ 华东师范大学教育系. 现代西方资产阶级教育思想流派论著选[M]. 杭州大学教育系，译. 北京：人民教育出版社，1980.

不是个人。从价值论上讲，改造主义认为价值是由"社会一致"决定的社会目标，将随社会的变化而变化，这与杜威的价值观有一致之处。从人类学上讲，改造主义认为，把教育视为传递文化的思想是错误的，儿童应关注社会的变化，致力于环境的改变。最充分的教育就是要充分解放人的创造力，使之自我实现，要达到此目的，就必须对社会进行改造。人与社会密切相连，共生共存，而不是互不相干，社会在改变人，但社会的改变也具有个人的痕迹。[①]

(二)改造主义课程理论的基本观点

布拉梅尔德认为，课程目标要统一于"理想社会"的总目标，各门学科的内容要统一于"社会改造"，课时的安排要统一于解决问题的活动。改造主义者认为，学校课程尤其要关心犯罪、家庭分裂、环境污染、交通和住房拥挤、娱乐、战争、疾病、饥饿等社会问题，学生对这些问题要有批判性见解。学校课程也学习社会学、人类学、政治学、历史、物理、化学等学科，但学习这些课程的最终目的是为解决上述社会问题提供知识背景。可见，改造主义课程理论是以"社会问题"为中心课程，教育的最终目的不是让学生适应现存社会，而是要培养学生的批判精神和改造现实的技能。

克伯屈在 1932 年出版的《教育与社会危机》一书中提出，教育不应只关心个人的发展，而应重视社会的改造。教育应通过研究与青年人和社会生活密切相关的问题，促进社会态度的形成。[②]布拉梅尔德主张，教育不仅应该帮助个人适应社会，更重要的是使他们参与社会。他致力于探索一种新的方法，既可以使公民保留基本的民主自由权利，又可以使学校发挥社会改造工具的作用。[③]康茨在《学校敢于建立新的社会秩序吗？》一书中提出，学校教育必须有勇气正视社会问题，正视生活的现实，学校与社会必须建立有机的联系。[④]

拉格认为，要真正发挥学校在社会改造中的作用，学校自身必须作出相应的改革，学校的改造首先是课程的改革。学校课程改革要遵循八条原则：①为每一个人提供运用所有能力的机会，即课程应该由多方面的活动和各种材料构成。②依据综合的原则组织这些活动与材料，并与需要理解的意义保持密切相关。③提供一切具有社会价值的技能。④提供关于当代生活的重要问题和课题的实践。⑤运用科学的思维。⑥组织和运用儿童的矛盾和动机，以儿童学习的矛盾而不是老师教学的矛盾为基础。⑦通过自治的学校团体，建立一种社会合作计划。⑧为创造力的表现和审美意识的形成，提供充分的机会。[⑤]在课程改革原则的基础上，拉格又进一步说明了课程的组织方式：①课程的安排要具有弹性。②多种形式的活动形成学习单元。③充分利用校内外的环境。④学科的重新组织。⑤对课程的重新认识。⑥课程计划无须事先制定。[⑥]

布拉梅尔德批评当时的各门学科被划分成若干不相连贯的单元，各门教材之间缺乏有意义的联系，进而主张"必须努力使课程结构具有有意义的统一性"[⑦]。"车轮状"的组织结构是改造主义课程常见的组织方式。以中等教育为例，轮子的轴心代表某些关键性问题；辐条是讨论、知识和技能的学习、职业训练等组成的各类课程，它们是解释和解决轮轴中

①②③④⑤⑥ 廖哲勋，田慧生. 课程新论[M]. 北京：教育科学出版社，2003.

⑦ 华东师范大学教育系. 现代西方资产阶级教育思想流派论著选[M]. 杭州大学教育系，译. 北京：人民教育出版社，1980.

关键问题的重要前提和支撑；最后是轮胎，它将涉及轮轴问题的所有相关课题统一起来，使整个"车轮"有机地联系起来。[①]这种组织方式介于学科中心课程和活动中心课程之间，它打破学科界限，从问题出发，把几门学科结合起来，由一个或几个老师组成教学小队，通过一系列活动对一个班进行教学。

尽可能让学生参与社会生活，是改造主义课程学习方式的显著特征。社会可以为学生提供许多新信息，是学生寻求解决问题的实验室，课堂学习固然重要，但更重要的是学以致用，能解决实际问题。

(三)对改造主义课程理论的评价

改造主义课程理论的确是进步主义教育的继承者与发展者，做到了他们所宣称的对进步主义教育弱点的改正。它强调课程建设要关注社会焦点问题、反映社会政治经济变革的客观需求，课程学习深入社会生活，提出课程结构有意义的统一性以及课程改革的一些原则等都有积极的意义。但实践情况不理想，在美国真正按照这一理论办学的学校却很少，这一理论只在一些相对贫困的社区得到了推广。

"知识""学生""社会"是课程理论研究的三个永恒主题。上面所述的课程理论，都是在强化某一主题的同时，弱化其他两个主题，都只是针对某一个学科或某几个学科而言是正确的，具有相对正确性的同时也具有相对的不足。我们所要努力的就是相对某一具体学科、某一具体课节内容而言，选择最恰当的课程理论作为指导，让学生得到最合适的发展。另外，"知识""学生""社会"三个"中心理论"并不是孤立的，强化与弱化也只是相对而言的，如图6-2所示。

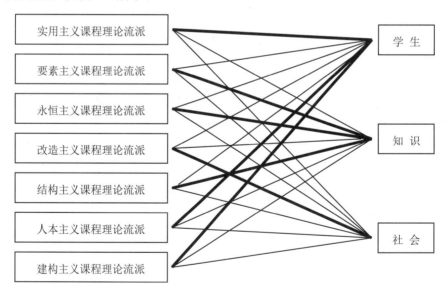

图6-2　主要课程理论流派与三个中心点(学生、知识和社会)之间的关系[②]

事实上，知识本身就是多元的。有些知识是确凿的、普遍的、永恒的、客观的，因此，

---

① 黄健. 现代美国课程观的考察[J]. 外国教育资料，1987(4)：71-78.

② 廖哲勋，田慧生. 课程新论[M]. 北京：教育科学出版社，2003，略有改动。

有人认为学校课程应该由永恒的定理、公理组成，强调知识的内在逻辑、推理的完备。但也有人认为，知识虽然是客观的、永恒的真理，但来自外部的实证，强调学生的观察、思考能力，重视实用性、技术性、操作性的课程。有些知识是为解决实际问题而不断改造的经验，是人与环境相互作用的产物，因此，强调在活动中学习、掌握知识。有些知识是人的主观选择，知识的获得过程就是对被知能动的领会过程，学校不应该为学生规定一成不变的课程，任何学科知识的价值都取决于学生主观上对它的感受、吸收和利用的程度。有些知识是动态的、开放的、富有个性的。没有人拥有真理，每个人都有权利要求被理解。有些知识是思想和观察到的事实相符合，人要用自己的智慧对观察到的事实进行反思，才能认识外部世界，获得知识。真理也就是与事实相符合的陈述。有些知识不是简单地由教师自然传递给学生，而是需要学习者主动地建造到自己的脑海里，学生不是"得到"想法，而是"产生"想法。

第三节　课程标准与课程内容

一、课程标准

课程标准是国家课程的基本纲领性文件，是国家对基础教育课程的基本规范和质量要求。《基础教育课程改革纲要(试行)》指出：国家课程标准是教材编写、教学、评估和考试命题的依据，是国家管理和评价课程的基础，应体现国家对不同阶段的学生在知识与技能、过程与方法、情感态度与价值观等方面的基本要求，规定各门课程的性质、目标、内容框架，提出教学和评价建议。

课程标准包括以下内容。[①]

(1) 它是按门类制定的。

(2) 它规定本门类课程的性质、目标和内容框架。

(3) 它提出了指导性的教学原则和评价建议。

(4) 它不包括教学重点、难点、时间分配等具体内容。

(5) 它规定了不同阶段学生在知识与技能、过程与方法、情感态度与价值观念等方面所应达到的基本要求。

这里的课程标准既不是 1912 年中国南京临时政府教育部颁布的《普通教育临时课程标准》，也不是中华人民共和国成立初期颁布的《小学各科和中学个别科目的课程标准(草案)》，而是取代教育工作者已熟悉多年的"教学大纲"的"新课程标准"。

新课程标准取代教学大纲，至少有以下三方面的考虑。[②]

1. 课程价值趋向从精英教育转向大众教育

1996 年教育部组织对我国义务教育实施状况的调研表明，我国现行教学大纲要求过高，教学内容存在繁、难、偏、深、旧、窄的情况，90% 的学生不能达到教学大纲规定的要求。与世界各国相比，我国同一学段教学大纲所规定的内容知识面较窄，同一知识程度较深。

---

① 朱慕菊. 走进新课程——与课程实施者对话[M]. 北京：北京师范大学出版社，2002.

② 教育部基础教育司，朱慕菊. 走进新课程——与课程实施者对话[M]. 北京：北京师范大学出版社，2002.

同时，对各科教学的内容、教学要求做了统一的硬性规定，缺乏弹性和选择性。这种状况导致大多数学生负担过重，学生辍学率增加，不利于学生的全面发展。

义务教育课程标准是国家制定的某一学段共同的、统一的基本要求，而不是最高要求，它应是大多数学生都能达到的标准。因此，课程标准是一个"最低标准"。接受义务教育是每一个儿童的基本权利，义务教育不是精英教育，应着眼于全体儿童的发展。

2. 课程目标着眼于学生素质的全面提高

教学大纲关注的是学生在知识和技能方面的要求，而课程标准着眼于未来社会对国民素质的要求。基础教育的目标是培养未来社会的建设者，随着 21 世纪科学技术的迅猛发展、经济的全球化，未来社会对人的素质提出了新的要求。作为国家对未来国民素质的基本要求的纲领性文件，各学科或领域对学生素质的要求应成为课程标准的核心部分。

3. 课程管理从刚性转向弹性

《基础教育课程改革纲要(试行)》在课程改革目标中明确指出：改变课程管理过于集中的状况，实行国家、地方、学校三级课程管理，增强课程对地方、学校及学生的适应性。

教学大纲是各科教学工作的纲领性文件。教学大纲关注的焦点是教师教学，对教学工作做出了十分具体细致的规定，这些规定是"刚"性的。这些"刚"性的规定束缚了教师的手脚，限制了教师发展的空间，不利于教师创造性地开展教学工作。与之相比，国家课程标准是国家对学生在某一方面或领域应该具有的素质所提出的基本要求，是一个面向全体学生的标准。它对教学目标、教学内容、教学实施、评价及教材编写给出了一些指导和建议，这些指导和建议"弹"性很大，给教师开展教学活动提供了很大的空间。

二、课程内容

(一)对课程内容的理解

课程内容是指各门学科中特定的事实、观点、原理和问题，以及处理它们的方式。[①]目前，对课程内容的解释，主要围绕着以下三个方面进行。

1. 课程内容即教材

教材是课程内容，但教材并不完全等于课程内容，因为课程内容所包含的直接经验、情感性经验是教材难以再现的。课程内容即教材是一种比较传统的观念，也是影响比较大的观念。这一观念的弊端主要有两个：一是让人们，尤其是让师生很容易得到这样一个信息，即课程内容是事先规定好的。如果课程内容是事先规定好的，那么教师在具体教学活动中就应该更多地采用忠实的课程实施取向，否则很容易出现"见物不见人"的现象，而这一做法与我国新一轮基础教育课程改革的要求是完全相悖的。二是课程内容不一定引起学生学习的浓厚兴趣。在这种情况下，教师所能做的就是尽力采用各种教学方法来调动学生的学习兴趣，甚至用"糖衣"把课程内容"裹"起来，让学生"在他高兴地尝着某些完全不同的东西的时候，吞下和消化一口不可口的食物"。

当然，这一观点也有其优点，否则就不会存在这么长时间，影响这么大。其优点主要

[①] 马云鹏. 课程与教学论[M]. 北京：中央广播电视大学出版社，2002.

就是所学的知识成系统，具有很强的逻辑性。但这一优点在实践中，很容易受学生兴趣不足的影响而不能得到充分体现。

2．课程内容即学习经验

这一观点是在对上一种观点进行批判和反思的基础上形成和发展起来的。由于上一种观点过于轻视师生，而重视知识，因此这一观点特别强调学生自身的体验与感受，认为即使课程设计得再好，在实施中也难以达到预期的目的，只有那些真正为学生所经历、体验和感受了的东西才是真的课程。也就是说，在同一课堂听同一教师讲同一内容的两个同学所学到的东西是不同的。所以，决定学生学习好坏的不是教材而是学生，知识只能是"学"会的，而不是"教"会的。

但这一观点也有不足之处：一是"学习经验"通过何种方式获得，也就是教师如何操作的问题；二是有轻视知识及其系统性、逻辑性的倾向，也就是有轻视教材的倾向。

3．课程内容即学习活动

鉴于以上两种观点各有利弊，且非此即彼，要么重视学科教材，轻视学习经验；要么重视学习经验，轻视学科教材，所以，又出现了将以上两种观点通过活动来融合的说法，即课程内容即学习活动。这种观点认为，通过学习活动来完成学科教材和学习经验的融合，既突出了教材中知识的系统性和逻辑性，又强调了学生的体验及感受。

但这种观点也有不足：一是对"学习活动"的界定；是对学生个体的"内心活动"如何评价。

以上是对课程内容的三种解释，从中可以发现，这三种解释各有利弊，需要一线教师在具体实践中扬长避短，兼顾优点。这三种课程内容的特点如表 6-1 所示。

表 6-1　课程内容三种解释的特点[1]

课程内容	特　点
课程内容即教材	1．课程体系是以科学逻辑组织的 2．课程是社会选择和社会意志的体现 3．课程是既定的、先验的、静态的 4．课程是外在于学习者的，并且基本上是凌驾于学习者之上的——学习者服从课程，在课程面前是接受者的角色
课程内容即学习经验	1．课程往往是从学习者的角度出发和设计的 2．课程是与学习者个人的经验相联系、相结合的 3．强调学习者作为学习主体的角色
课程内容即学习活动	1．强调学习者是课程的主体，以及作为主体的能动性 2．强调以学习者的兴趣、需要、能力、经验为中介实施课程 3．强调活动的完整性，突出课程的综合性和整体性，反对过于详细的分科 4．强调活动是人的心理发生发展的基础，重视学习活动的水平、结构、方式，特别是学习者与课程各因素的关系

---

[1] 马云鹏．课程与教学论[M]．北京：中央广播电视大学出版社，2002，略有改动。

(二)课程内容选择的依据

1．课程目标[①]

课程目标作为课程编制过程中首要的组成部分，对课程内容的选择起着重要的指导作用。课程内容的选择必须依据课程目标，即有什么样的课程目标便有什么样的课程内容。课程内容一定要与课程目标相一致。

但有一点必须注意：课程目标与课程内容之间并不是一一对应的，一个内容可能同时实现多个目标；同理，一个目标也需要很多内容来完成。

2．学生的需要、兴趣与身心发展水平

课程的主要功能就是促进学生的发展，因此，课程内容的选择应该关注学生的需要、兴趣及身心发展水平。一方面考虑到学生的兴趣及需要，对于提高学生的有效学习是非常重要的；另一方面学生的身心发展在某种程度上决定着课程内容的深度、广度、难度。

3．社会发展

学生个体的发展总是与社会的发展交织在一起。"教育是为学生的未来生活作准备"，因此，在选择课程内容时，就必须考虑现实社会与未来社会发展的需要，为学生将来能在社会中找到自己的位置服务。否则，通过课程内容培养出来的学生，走出校门后并不能成为社会所需要的有用人才。如"教育要先行"说的就是这个道理。

4．科学文化知识[②]

课程内容的基本要素是知识。因而，课程内容的选择必须考虑人类科学文化知识和技术本身的特点及其发展趋势。由于知识本身的性质正在发生着变化，已经由过去的客观性、普遍性、累积性转变为现在的文化性、境域性、价值性。即使是牛顿的万有引力定律和爱因斯坦的相对论也有一些反常或不能解释的现象(自然的或理论的)被搁置起来，所以在选择课程内容时，必须充分认识到知识性质的这种变化，处理好"双基"(基础知识与基本技能)与知识更新的关系。

(三)课程内容的组织方式

课程内容的组织方式，是课程专家与学者争论比较多的热点问题之一。目前，基本上形成了以下三种相互对立的课程内容组织方式。

1．直线式与螺旋式

直线式是指把课程内容组织成一条在逻辑上前后联系的"直线"，前后内容基本不重复，即课程内容直线前进，前面安排过的内容在后面不再呈现。其强调的是知识本身内在逻辑的直线性。

螺旋式是指在不同阶段、单元或不同课程门类中，使课程内容重复出现，逐渐扩大知识面，加深知识难度，即同一课程内容前后重复出现，前面呈现的内容是后面学习内容的

---

① 马云鹏．课程与教学论[M]．北京：中央广播电视大学出版社，2002，略有改动。

② 廖哲勋，田慧生．课程新论[M]．北京：教育科学出版社，2003．

基础，后面学习的内容是对前面学过内容的不断扩展与加深、层层递进。其强调的是学生的认识逻辑或者说是学生认识发展过程的规律，即由简单到复杂、由低级向高级逐步深化的规律。

2．纵向组织与横向组织

纵向组织是指按照知识的逻辑序列，从已知到未知、从具体到抽象的先后顺序组织课程内容。这一课程内容的组织方式是根据学生学习的有关理论提出来的。

横向组织是指打破学科的知识界限和传统的知识体系，按照学生发展的阶段，以学生发展阶段需要探索的社会和个人最关心的问题为依据组织课程内容，构成一个个相对独立的内容专题。

相对而言，纵向组织更多地强调知识自身的体系和深度，而横向组织更多地强调课程内容的综合性及知识的广度。

3．逻辑顺序与心理顺序

逻辑顺序与心理顺序是课程内容的三种组织方式中争论最激烈的，也是"传统教育"派与"现代教育"派的最大分歧所在。

逻辑顺序是指根据学科本身的体系和知识的内在联系来组织课程内容。这是"传统教育"派的主张。

心理顺序是指按照学生心理发展的规律来组织课程内容。这是"现代教育"派的主张。

以上三组相对的课程内容组织方式各有利弊，一般视学科的特点及学生的年龄而有所变化。

第四节　课程实施与课程开发

一、课程实施

(一)对课程实施的理解

课程实施是指把课程计划付诸实践的过程，它是达到预期的课程目标的基本途径。以往课程改革之所以不理想，很大一部分原因就是在课程实施中出了问题，课程在设计时很美好，但在具体实施中却没有达到预期的目标，许多研究及事实都表明了这一点。课程改革的设计者们往往对课程改革方案的科学性、可行性等都进行了比较充分的研究和论证，对课程改革的结果也按着逻辑推理做了一定的研究及展望，然而对连接课程改革方案与结果之间的课程实施却缺少必要的研究，导致课程改革的成果不理想。事实上，对于课程实施的研究，一方面可以使优秀的课程改革方案得到真正的落实，达到课程改革预期的目的；另一方面也可以反馈课程改革方案在实践中遇到的问题，从而促进课程的发展。可见，课程实施是一个关系课程改革成败的重要问题。

对于课程实施的研究世界各国起步都比较晚，20世纪70年代之前，很少有对"课程实施"问题进行专门研究。从对美国20世纪50年代末至60年代末所进行的"学科结构运动"的反思开始，人们才对那种认为"只要课程改革计划完善就可以自然在实施过程中达到预期结果"的假设提出质疑，并且逐渐意识到"课程改革很少有在实践中获得所希望的实施效果"。因此,人们开始关注课程实施的问题。但一直到现在,关于课程实施的本质问题,学者和专家们都有不同的理解。[①]

一种观点认为,课程实施问题就是研究一个课程方案的执行情况,对课程实施的研究重点就是考察课程方案中所设计内容的落实程度。这种观点是将课程方案看作固定的、不可变更的,实施就是一个执行的过程。作为课程执行者的学校和教师,应当很好地理解和运用课程,忠实地执行课程方案中规定的项目。而实施的效果如何,取决于课程执行者对课程方案的理解水平和落实程度。

另一种观点则认为,课程实施是作为一个动态的过程而存在的,"课程实施是把一项课程改革付诸实践的过程。它不同于采用某项改革(决定使用某种新的东西),实施的焦点是实践中发生改革的程度和影响改革程度的那些因素"[②]。因此,课程实施问题不只是研究课程方案的落实程度,还要研究学校和教师在执行一个具体课程的过程中,是否按照实际情况对课程进行调试影响课程改革程度的因素。

以上是两种比较典型的对课程实施的本质的认识。也可以说,课程实施本质观的不同,导致了课程实施取向以及实施过程中问题解决方式的不同。持第一种观点的人,更倾向于以国家或地方为中心来推行改革,认为改革的过程即是忠实地执行计划的过程;而持第二种观点的人,则强调在一个连续的、动态的实施过程中,将学校、教师、学生作为改革的主体,赋予其更多的自主权来实施变革,并且解决改革过程中的问题。

在我国,教育部所规定的课程,都是经过一段时间的研究、实践和论证而形成的,从总体上看,具有科学性和可行性。但由于我国的地区和校际之间的差别较大,在实施的过程中,不可避免地会带来一些问题。所以,在理解课程实施问题时,应当将课程计划看作可以调整和改变的,判断课程实施的成败也不应以对原有计划的执行程度为标准,而应关注执行过程中教师在特定的情境下对课程计划的调适和改造。[③]

(二)课程实施的取向

辛德等人(Snyder,Bolin和Zumwalt,1992)关于课程实施取向问题的研究受到了课程学者及专家的普遍认同,他们将课程实施或研究课程实施的取向分为三种。

1. 课程实施的忠实取向

这种课程实施取向认为,设计好的课程是不能改变的,课程实施的过程应该是忠实地执行课程计划的过程。

持这种取向的教师在具体的课程实施过程中,显得呆板、僵化,缺乏创造性,与我国新课程改革的要求不相适应,是批判的实施取向。

2. 课程实施的相互调适取向

这种课程实施取向认为,设计好的课程计划是可以变动的,课程实施过程是课程计划

① 马云鹏,唐丽芳.课程实施策略的选择——课程改革中一个不可忽视的问题[J].比较教育研究,2002(1):16-20.

② 江山野.简明国际教育百科全书:课程[M].北京:教育科学出版社,1997.

③ 马云鹏,唐丽芳.课程实施策略的选择——课程改革中一个不可忽视的问题[J].比较教育研究,2002(1):16-20.

与班级或学校实际情境在课程目标、内容、方法、组织模式诸方面相互调整、改变与适应的过程。

持这种取向的教师在具体的课程实施过程中，显得灵活、多样，能充分运用自身的权力创造性地实施课程，与我国新课程改革的要求相一致，是新课程改革所支持的课程实施取向。

这种实施取向是在一些课程改革失败后，才被人们逐渐认识到的。在一些课程改革失败后，人们在分析课程改革失败的原因时发现，许多改革方案的设计是很好的，在理论上是行得通的，可在实施过程中，课程设计者的意图并没有很好地体现。在做进一步分析后发现，课程方案的执行过程僵化、死板是一个重要原因。

✍ 典型案例 6-1：

扫右侧二维码阅读《水沸腾的实验》的相关内容。

可见，老师在课程实施过程中，可以根据学生的具体情况对课程内容进行适当的变动，以增强课程的适切性，提高教学效果。

典型案例 6-1

3. 课程实施的创生取向

这种课程实施的取向认为，设计好的课程并不是固定不变的，课程实施的过程也是课程的设计过程。真正的课程是教师与学生在具体的教育情境下，联合创生的教育经验，课程实施的过程是在具体教育情境中由师生共同创生新的教育经验的过程，原来设计好的课程只是这个"经验"创生过程中可供选择的材料之一。

持这种取向的教师在具体的课程实施过程中，能根据实际的教育情况，引导学生创造出新的课程，这种课程实施取向对教师的要求较高，要求教师不仅是课程实施者，还是课程的开发者。

✍ 典型案例 6-2：

扫右侧二维码阅读《学生感受到的春天》(节选)的相关内容。

典型案例 6-2

二、课程开发

课程开发是新课程改革提出的一个重要概念，也是新课程改革对教师提出的基本要求。课程开发的主体很多，但在学校层面教师是最重要的开发主体。

(一)对课程开发的理解

目前对课程开发的理解，主要有两种解释：一是狭义的课程开发，仅指校本课程的开发；二是广义的课程开发，既包括校本课程的开发，又包括对国家课程及地方课程的二次开发。本书采用的是广义上的课程开发。

(二)中小学教师参与课程开发的一般过程

课程开发是课程领域关注较多的热点问题之一，目前有关课程开发的研究很多。我们认为课程开发应该按以下层次的先后顺序来进行。

1. 对国家课程的二次开发

所谓"二次开发"，就是指教师根据具体的教育情境及学生的实际需要，对国家课程的内容进行适度的增减、调整、解释和加工，从而更好地适应学生学习的一种课程行为。

事实上，在新课程改革之前，有些教师(多数都成了名师)就在进行着对国家课程的开发，具体表现为对教学内容的删改、综合、增减及解释等。只不过相对而言，开发的范围、程度及规模比较小，处于自发状态，且围绕着考试内容进行。从这一角度看，中小学教师对国家课程的二次开发并不陌生。也正因为如此，我国所有中小学教师在参与课程开发时都应该从对国家课程的二次开发开始。

现在新课程改革提倡教师开发课程，且给予很大的空间和权力。但从实际情况看并不理想，具体原因有很多，其中有一点是不能忽视的：那就是没有找到过去与现在之间的"衔接点"。"衔接点"很重要，它是新课程改革发展的基础。从哲学的角度看，它应该是新事物对旧事物"扬弃"后得到肯定的部分。通过这个衔接点，让教师从自己原先熟悉的教学生活开始逐渐过渡到新课程改革的要求中来。这样做，既缓解了教师面对新课程改革的紧张，又让教师找到了一条进入新课程的道路。在调研中也发现，有一部分教师，可能缺少的不是课程开发意识，而是苦于找不到一条进入新课程的"路子"。也不一定是课程开发能力不足，因为还没有做，怎么就能知道课程开发能力不行呢？

另外，从国家的课程政策及制度上也可以看出，在中小学教师课程开发方面应该把对国家课程的二次开发作为第一层次。2001 年 6 月，国务院召开全国基础教育工作会议，随后发表的《国务院关于基础教育改革与发展的决定》指出："实行国家、地方、学校三级课程管理。国家制定中小学课程发展总体规划，确定国家课程门类和课时，制定国家课程标准，宏观指导中小学课程实施。在保证实施国家课程的基础上，鼓励地方开发适应本地区的地方课程，学校可开发或选用适合本校特点的课程。"同时，教育部也颁发了课程改革的纲领性文件——《基础教育课程改革纲要(试行)》，并在课程改革目标中明确规定："改变课程管理过于集中的状况，实行国家、地方、学校三级课程管理，增强课程对地方、学校及学生的适应性。"另外，《基础教育课程改革纲要(试行)解读》[①]一书中对校本课程的概括是这样的：校本课程是在具体实施上述两类课程(指国家课程和地方课程)的前提下，通过对本校学生的需求进行科学的评估，充分利用当地社区和学校的课程资源而开发的多样性的、可供学生选择的课程。

客观地讲，真正意义上的校本课程开发，在某种程度上完全取决于学校的实力。这个实力主要包括师资素质、办学条件等。如果学校不具备这一实力，校本课程开发可能更多的是对已有的课程材料进行选择或者调整，即对"官方课程"的二次开发，而不是编制新的文本式课程。在这种情况下，如果必须开发校本课程，就可能会出现粗制滥造、滥竽充数的现象。实际上，目前我国多数中小学校都不具备这个实力，这些学校的绝大多数教师也不具备这个能力。虽然，中小学一线教师参与课程开发得到了国家政策上的支持与鼓励，并且被赋予了权力，但赋予权力与拥有权力是两回事。即使拥有了权力，也不等于能使用权力，更不等于能用好权力。如果这一权力被滥用，后果是很可怕的。

通过以上分析，我们知道，中小学教师参与课程开发应该从对"官方课程"的二次开

---

① 钟启泉，崔允漷，张华. 基础教育课程改革纲要(试行)解读[M]. 上海：华东师范大学出版社，2001.

发开始。那么，对"官方课程"的二次开发应该如何进行呢？

在对"官方课程"开发的过程中，应该坚持这样一个原则，就是学科间的相互服务问题。即让每位科任教师都冲破单一学科的束缚，成为以所教学科为主、兼顾其他学科的综合型教师。这样，既为中小学一线教师进入课程开发提供途径，也提高了中小学教师自身的综合素质，为以后进入课程开发的第二个层次作准备。

✎ **典型案例 6-3：**

扫右侧二维码阅读《位置的确定》的相关内容。

典型案例 6-3

2. 综合实践活动课程的开发

综合实践活动课程所强调的是学生自身的经验、体会及感受，以终身学习能力的获得为核心，要求学生在活动中"直接与客观世界对话"。由于第一层次的进行，已经为综合实践活动课程的开发准备了条件、找到了起点。这个条件主要有两点：一是能力方面，通过第一层次的进行，师生的课程开发能力得到提高。二是时间方面，主要是学生的时间，也就是综合实践活动课程开展主体的时间。由于对官方课程的充分开发，一部分不必要的作业训练完全可以放弃，从而节省出一部分时间。要知道，没有课程主体时间的保证，任何综合实践活动课程的有计划进行都是不可能的。在这种情况下，如果一定要开设综合实践活动课程，只能是"抽风式"地进行。现在的新教材内容比较少，多数学生的单科练习题、训练册达 2～3 本，如"学王""王中王""拖王""一拖三"等。如果教师对新教材的二次开发不够，还不能很好地把握新教材，对这些训练册及练习题并不能进行很好的筛选，选出那些有代表性的习题，只好让学生全做。家长为了孩子的成绩基本上也是这样一个观点："做得越多越好，花钱买来的，为什么不做？"这样，学生有很多宝贵的时间用在了机械训练上。学生很少有自己控制的时间，没有时间，怎么开展活动？

另外，在这一层次，最好学校已经用综合学科(如科学、历史与社会、艺术)代替了原来的分科学科(物理、化学、生物、历史、地理、音乐、美术)，因为这样，可以在课时及师资方面为综合活动课程的开发提供帮助。综合实践活动课程的起点应该是"官方课程"对本校学生个性发展需要的不足。所以，课程开发应该有个先后顺序，没有对官方课程的充分开发，就很难有综合实践活动课程的更好地开发。

还有一点也应该引起注意，在这一层次上，可以与学校新课程改革前可能存在的一些组织及活动联系起来，如第二课堂、科技小组、兴趣小组等。虽说这些组织及活动不属于严格意义上的"综合实践活动课程"，但应该属于综合实践活动课程的雏形，其中有综合实践活动课程的合理因素，且一部分教师对此并不陌生。因此，教师可以在此基础之上发展、完善，使之达到综合实践活动课程的要求。

3. 文本式校本课程的开发

第三层次是校本课程的开发。教师是校本课程开发的主体，要提高教师参与校本课程开发的实效，学校要采用以下策略。首先，教师要认识校本课程，树立正确的校本课程理念。校本课程是学校课程体系的重要组成部分，教师要从整体角度提高课程开发的认识。校本课程开发要从学校的实际出发，立足于学生发展需要，考虑教师专业成长。校本课程开发要体现学校特色，发展学校特色。其次，教师要明确自己在校本课程开发中的角色。

教师不仅是校本课程的实施者，而且是校本课程的开发者和评价者。第三，学校要组织教师参与校本课程开发培训，提高教师课程开发能力。最后，学校要建立完善的校本课程开发管理和评价制度。

以上三个层次，只是课程开发的一般过程，仅供各中小学校在课程开发时参考。

(三)中小学教师参与课程开发应该注意的几个问题

首先，并不是所有的中小学校都需要实现三个层次的课程开发，能通过对国家课程的二次开发完成的，或者说能通过综合实践活动课程得到满足的，就不要进行新的文本式课程的编制。因为国家课程在人才培养方面体现着国家的意志，在满足学生的发展需要方面并没有太多的不足。有关"适切性"问题，只要通过对学生生活及国家教材的深层挖掘，用学生熟悉的生活来解释、说明国家课程的价值与功能，基本上就能得到解决。再加上综合实践活动的补充，在学生发展方面的一些个性需要基本上都能得到满足。

相对而言，在符合新课程标准的众多教材资料中，国家课程是比较优秀的。虽然课程标准与教材内容之间并不是一一对应的，教材也只是课程专家组织的用来反映课程标准的材料之一(绝不是唯一)，但国家课程仍然是选拔考试参考的主要教材之一，即使是高考也是如此。面对国家课程的这种影响力，中小学校一线教师开发课程的空间及权力再大，有时也会显得无能为力。

其次，绝大多数中小学教师并不是从内心深处拒绝课程开发，而是不知道进行课程开发的"着手处"。他们面对新课程改革的要求有些紧张，不能从原来的教育教学实践中找到与新课程改革要求相一致的合理因素，即没有找到课程改革前后的"衔接点"。

再次，与新课程改革相配套的教师评价体制亟须建立。因为评价具有极强的导向作用。

最后，在有些地区，可能确实需要实现第三个层次的课程开发。但必须注意课程开发的条件和出发点：一是学校的实力，二是学生的需要。如果这两点不能同时具备，即使需要也不要进行。

第五节　课　程　资　源

一、对课程资源的理解

目前，有关课程资源的概念很多，现列举三个有代表性的概念加以分析。

(1) 课程资源是指有利于学生学习和教师教学的任何材料和物质。它主要包括两大方面：①可以作为学习和教学内容的材料，如教科书、课外读物、音像材料、报刊、广播电视节目等。②使学习和教学能够顺利进行的客观条件和设施，如教室、桌椅、音像设备、电脑、网络、图书馆等。[①]这个概念强调了课程资源的作用，有利于教师教学和学生学习，却忽视了作为课程资源重要组成部分的教师与学生。

(2) 课程资源是课程设计、实施和评价等整个课程编制过程中可以利用的一切人力、

---

① 教育部基础教育司组织、英语课程标准研制组编写. 英语课程标准解读(实验稿)[M]. 北京：北京师范大学出版社，2003.

物力以及自然资源的总和，包括教材以及学校、家庭和社会中所有有助于提高学生素质的各种资源。课程资源既是知识、信息和经验的载体，也是课程实施的媒介。[①]这个概念似乎忽视了课程资源也有利于教师发展的一面。

(3) 课程资源是指富有教育价值的、能够转化为学校课程或服务于学校课程的各种条件的总称。[②]这个概念强调了课程资源的条件性，但是作为课程资源重要组成部分的学生，是转化为学校课程的条件，还是服务于学校课程的条件？

课程资源是在新一轮国家基础教育课程改革中提出来的一个重要概念，其作用是便于基础教育阶段国家课程的创造性实施及地方课程和校本课程的建设，也就是为基础教育阶段师生的教育教学活动服务，最终实现基础教育课程改革目标。从这一角度看，我们通常说的课程资源应该是基础教育课程资源。那么，基础教育课程资源与高等教育课程资源之间有没有区别和联系呢？它们并不是完全相互独立的，有些高等教育课程资源，如校园文化环境等，在基础教育的师生来参观时就会成为基础教育课程资源；有些基础教育课程资源，如某些中小学是某些高等师范院校的实习基地，在实习的过程中，这些基础教育课程资源又成了高等教育课程资源。有些课程资源之所以既是基础教育课程资源又是高等教育课程资源，是因为服务对象发生了变化。

另外，课程资源与教育资源在内容上并没有什么不同，课程资源就是教育资源，在我们国家，以前是从教育教学的角度谈教育，而现在是从课程的角度谈教育，两者在内涵上基本是一致的，只不过研究的视角不同而已。

根据以上分析，从基础教育课程改革的角度来定义课程资源，其概念应该包括这样两大部分：第一部分是基础教育阶段师生个体自身的先天资源，主要有个体的兴趣、爱好、长处、优点与不足等，这部分资源是个体发展的自然基础；第二部分是促进基础教育阶段师生个体发展的一切资源，主要有人力、物力及自然资源等，这部分资源是个体发展的后天环境。

这样来定义课程资源的概念充分体现了以人为本的理念，这个"人"是个体自身，而不是个体以外的其他人；是活生生的具体的个人，而不是抽象出来的人。每个个体首先要认清自身的资源优势，这是每个个体发展的基础，只有认清了这个自然基础，才能根据自身的实际情况来选择促进自身发展的一切资源，进而实现个体发展的健康、自然、高效。这也是教育教学活动的本质。

拓展阅读 6-2：

扫右侧二维码阅读《初中地理生成性教学经验》的相关内容。

二、课程资源的作用

拓展阅读 6-2

课程资源是在国家新一轮课程改革的进一步深化中，由于其作用突出才引起人们的重视，其作用主要体现在以下几个方面。

(1) 学校课程的创造性实施需要课程资源。没有课程资源的广泛支持，再美好的课程

---

② 徐继存，段兆兵，陈琼. 论课程资源及其开发与利用[J]. 学科教育，2002(2)：1-5.

① 范蔚. 实施综合实践活动对课程资源的开发利用[J]. 教育科学研究，2002(3)：32-34.

改革设想也很难转化成中小学的实际教育成果。新一轮国家课程改革，为了使课程适应我国各地区经济、文化发展的需要，同时更重要的是使各地学生都能结合当地经济、文化的需要及自身的兴趣、长处、优点发展自己，体现以人为本的新课程理念，我国实行国家、地方、学校三级课程管理。在国家课程改革中，给师生留下了很大的发展空间，而填补这一发展空间的就是师生开发利用的课程资源。在地方课程及校本课程的开发建设中，也需要师生根据地方特色、师生特点及个性需要等这些重要的课程资源来进行。可见，无论是国家课程的创造性实施，还是地方课程和校本课程的开发建设，都应该充分发挥地方及学校师生都熟悉的具有一定教育教学价值的资源，为具体的教育教学活动服务，为学生发展服务。从这一角度来说，没有课程资源，就没有课程。

（2）师生的个性化发展需要课程资源。新一轮国家课程改革的核心是促进学生发展，提高教师素质。提高教师素质的最终目的也是通过教师的提高来促进学生的发展。无论是教师的提高，还是最终学生的发展，都需要丰富适切的课程资源。因为课程资源的开发利用直接改变着传统的课堂教学活动，突出了以人为本的课程改革新理念。一方面，丰富了课堂教学的内容，使师生个人的生活经验、价值观念及思想判断与以前相比，更多地进入了课堂教学过程，让课堂教学的过程与师生个人自身的体验、感受、判断过程融合起来，使课堂内师生的思维真正"活"起来，既改变了教师教的方法，也改变了学生学的方式；另一方面，体现了师生应有的自主权力，课程资源的开发利用本该是师生应有的权力，但新课程改革之前，却没有引起应有的重视，致使教师教条、学生僵化、课堂死板(即使有"活力"，也是表面上的"活力")。现在，课程资源的开发利用过程，就是师生充分利用自主权力发展自己的过程，在这一过程中，实现着教师和学生的双主体地位，从而激发、调动了师生的工作积极性和学习主动性。

（3）科学知识的发明与创造需要课程资源。课程资源的开发利用体现出对师生个体的尊重，尊重师生个体的经验、感受、判断等，师生个体的经验、感受、判断本身就是重要的课程资源。因此，从这一视角看，在课程资源的开发利用过程中所体现出的对师生个体的尊重本身就是对课程资源的开发利用。从科学技术发展史来看，这些个体的经验、感受、判断有时就是科学技术发展的起点。英国学者 P. H. 泰罗等人也指出，科学理论的原材料来自经验的世界，而不是来自想象的世界。只是在整理证据时，想象才具有一定的作用。可是，以前的课程是由学科专家和课程专家从自身研究领域的角度来选择、编制、设计的，很少注意甚至根本就不注意课程的具体实施者——教师及课程的具体作用者——学生自身的体会与感受。课程的具体实施者及具体作用者在课程实施的过程中是按着程序来进行的，在这个程序中，个体经验、感受、判断的介入问题并没有得到应有的重视。虽然在客观上，个体的经验、感受、判断总是或多或少地介入，没有个体经验、感受、判断介入的教学过程是不存在的，但介入的程度却远远不够。只有个体经验、感受、判断充分介入的知识才是个体的知识、印象深刻的知识，否则永远是人类的知识、别人的知识。以前的课程实施在取向上多数是忠实的，师生互动取向的课程实施不会太多，而师生创生性取向的课程实施几乎是不存在的。这样，作为课程的具体实施者——教师，在具体的课堂教学活动中扮演的主要角色就是"工具"，一个把由学科专家和课程专家选择、编制、设计的人类经验按照一定程序传递给学生的"工具"。而作为课程具体作用者的学生，在接受教育的过程中，扮演的角色基本上是个"容器"。教学过程仅仅是一个知识的传输过程，在忽视个体经验、感受、判断的同时，也影响了科学知识的发展。从这个角度看，教育的作用也由创造知识、发展文明变成复制知识、传承文明。

三、课程资源的开发原则

从理论层面上看，一个总的原则是服务性。这个服务性原则体现在以下两个方面。

(1) 必须为师生的个性化发展服务，这是课程资源开发利用的出发点，主要体现在校本课程的开发建设上，通过校本课程的开发与建设，使师生有个性、学校有特色。每个师生个体都有其自身的资源优势，这是个体发展的自然基础，也是个性化发展的起点，亦是师生个体作为课程资源被开发时必须首先正视的问题。在此基础之上再选择开发与利用其他有利于自身发展的一切课程资源，最终实现师生的个性化发展，充分体现以人为本的新课程改革理念。

(2) 必须为国家课程纲要和课程标准服务，主要体现在国家课程的创造性实施上。在国家课程领域，国家课程的创造性实施需要课程资源的开发利用，但课程资源的开发利用必须有一个度，这个度就是国家的课程纲要和标准，不能喧宾夺主、本末倒置。例如，在对科学知识认识、学习的过程中，我们要善于从身边熟悉的事物、现象入手，最终达到对科学知识的理解、掌握。要知道，科学知识作为一种规律性的东西，其表现方式是多方面的。因此，人们对同一规律的认识途径也可能是不尽相同的。如太阳系天体运行地球上产生一年四季更替的规律。古埃及人根据尼罗河水的变化情况发明了"太阳历"，中国人则根据星辰日月的变化发明了"夏历"。可当时人们并没有真正认识到太阳、地球及月亮的运行规律，而只是通过对规律发生作用的事物现象进行研究，便使得相距遥远的两个区域的人们在这一认识上趋于一致。可见，在人们对规律的认识过程中，没有必要也不可能途径一致，应该结合地域文化特点和自身优势来进行。

从现实层面上看，一个根本性的原则就是围绕着考试内容进行。这个事实性的原则，不但影响了课程资源的正常开发利用，而且可能最终影响新一轮课程改革的顺利进行。客观地讲，一些学校目前在评价教师工作成绩时虽然有些"花样"，但本质并没有变，在实际操作上仍然围绕着学生的考试成绩转，考试成绩是必不可少的、主要的评价手段及指标。教育行政部门及学校的领导考核一名教师，基本上是单纯地从升学率来看。升学率，不仅作为教师晋职称、涨工资、成"名师"或提干的重要条件，也是评价学校好坏及教育政绩的主要标准，更是决定学校生存与发展的"利润率"。事实上，一名能快速提高班级学生升学率的教师，很可能是以牺牲学生们的其他能力，特别是创造能力为代价的。更可笑的是，一些牺牲学生创造力的教师竟因此成为"名师"，成为应试教育下的"名师"；而这一荣誉又在无形中鼓励着教师的这种以牺牲学生创造能力为代价的"拔苗助长"，甚至"杀鸡取卵"的急功近利行为。我们知道，创造能力，对于一个人、一个民族乃至一个国家的生存与发展是至关重要的，这一真理已被人们所普遍认同。既然如此，我们的教师在做什么？为什么这样做？深层次的原因可能是教育评价体制问题，因为教育评价对教育行为尤其是教师个体行为具有很强的导向作用。从这一角度看，我国新一轮基础教育课程改革在具体实践层面出现课程资源开发利用是围绕着考试内容进行的就不难理解了。

四、教师是重要的课程资源

课程资源的概念虽然在学术界并不确定，但教师是重要的课程资源这一论断几乎得到了所有学者的认同。具体原因很多，以下两点是不能忽视的。

(一)教师在教学实践中具有多重身份

(1) 教师是学校课程的具体实施者。课程在编制过程中，倾向于以专家学者为主；在具体实施过程中，倾向于以一线教师为主；在评价过程中，倾向于以学生质量为主。这样就出现了三者之间如何协调统一的问题，或者说，在具体的课堂教学活动中，教师与学生如何领会并体现课程编制者在编制课程时根据新的课程理念和国家意识所寄予的愿望。因为这一愿望是课程编制者代表国家提出来的，是课程改革目标的具体体现。如果不能实现，新课程改革的目标就不能完成，进而影响到以课程改革目标为标志的新一轮国家基础教育课程改革的圆满完成。由于我国各地的教育现状受民族文化、经济发展、地区差异等各方面原因的影响而存在很大差距，在具体的教学情境中，需要教师充分开发利用自己身边师生都熟悉的资源来帮助学生理解教科书，进而实现教师提高与学生发展的新课程改革目的。开发利用课程资源的过程，也是师生反思个人经验并把个人经验与人类经验(教科书)进行交流，最终促进师生发展的过程。例如，综合实践活动课，虽然国家规定了课时，并制定了指导纲要，但具体实施的内容和形式则完全由学校和教师来决定，是在实践过程中动态生成的。实施的结果如何，在很大程度上是由教师所开发利用的课程资源决定的。

(2) 教师是重要的课程资源开发主体。在课程资源的开发利用中，教师首先需要开发的就是自身的资源，只有自身资源得到充分开发后，才能作为课程资源的主要开发主体去开发利用其他的课程资源。也就是说，首先开发的是作为课程资源的教师，身份是被开发者；其次才是被开发后的教师作为重要的课程资源开发主体去开发利用其他课程资源，身份是开发主体。说得再详细些，就是被开发后的教师才能更充分地认识学生，并根据学生的实际情况开发利用最适合学生发展的课程资源来为学生服务。客观地讲，课程资源并不像有些人所说的那样缺乏，实际缺乏的是认识和利用课程资源的能力。从这一角度可以看出教师资源开发的紧迫性。因为教师是课程资源的认识者、利用者和开发者，而认识、利用和开发的能力，对于教师来说是亟须解决的。试想，再好的课程资源，如果没有教师资源的充分开发，也很难发挥其应有的价值。事实上，教师是学生资源的主要开发者，对学生的发展影响较大，因为相对来说，只有教师才最了解学生现有的知识、技能及兴趣、长处、优点，并以此为根据来开发利用各种课程资源以适应技能高低、知识多寡及兴趣、长处、优点各不相同的学生的发展需要。由于新课程改革是为了学生的发展，因此，从这一角度来说，教师无论是作为课程资源被开发，还是被开发后作为开发主体去开发利用其他课程资源，最终都是为了学生的发展、为了新课程改革的成功。可见，教师在课程资源开发利用中的作用是非常重要的。在课程资源的开发利用过程中，要始终把教师资源的开发利用放在首位，通过这一最重要的课程资源的开发来带动其他课程资源的优化发展。

(二)教师是意识主体，具有能动性

从哲学的角度看，意识的能动性具体表现在以下三个方面：①意识活动具有目的性和

计划性。正常人的行为都是有计划和目的的，都是在意识的指导下进行的，无意识的行为是不存在的，至少有潜意识的参与。②意识能够能动地反映世界。人在反映世界时的能动，是指人在认识和改造世界时并不是形而上学的，而是在意识的参与下，创造性地"加工"。这个世界既包括认识主体以外的外部世界，又包括意识及意识主体。意识对意识主体及意识的能动作用主要有两点：首先，意识对意识主体的能动作用。意识的形式是主观的，但内容是客观的，意识一经认可，就会对意识主体产生作用，主要表现为影响人的言行及身心。其次，意识对意识的能动作用，主要指社会意识对个人意识的作用和传统意识对现代意识的作用。③意识的能动性更重要的是可在反映事物本质和规律的基础上制定出理论、计划、方法来指导实践活动，并通过实践活动，把"观念地存在"着的东西变成客观现实，把自然界通过改变其具体形态，或制造出自然界原本没有的事物来。

由于意识能动性的作用，人在与外部世界、意识主体及意识的关系中处于主导地位。但是，意识能动性的作用除了可以产生积极影响之外，还可以产生漠然和消极影响，而这些影响对教师在课程实施层面是否具有真正意义上的创造性实施行为起着根本性的作用。因为意识的能动性是把"双刃剑"，它既可以产生积极的正面影响，成为事物发展的动力，也可以产生消极的负面影响，成为事物发展的阻力。意识的能动性是有选择的，既可以选择积极的意识形态来指导实践活动，也可以选择落后保守的意识形态来指导实践活动；既可以选择实践，也可以拒绝实践。

可见，教师是最重要的课程资源这一论断，无论是对于澄清课程理论上的认识，还是对于课程改革实践上的指导，都具有重要意义。它使人们分清主次，抓住主要矛盾的主要方面是人，而不是物，彻底改变以往课程资源开发中人与物混乱、主次不清的状况。因为在调研中发现，目前一些教学设备一般是一些基层学校有一种错误的认识倾向，认为影响课程实施质量的核心因素似乎是能够资源共享的网络设备，是"物"，而不是"人"；似乎只有国家出钱改善教学设备，课程的实施质量才能得到提高。这种错误的认识应该引起高度重视。没有钱不行，但是把"物"的因素排在"人"的因素前面，不但与我国的经济能力不相称，更重要的是用这种错误认识来指导实践，会出现许多不必要的影响课程改革进一步深化的阻力。这给政府出了难题，使政府在财力有限的条件下拨放的教育资金，有时并没有用在真正需要的地方，在造成浪费的同时，还助长了这种错误认识；更可怕的是使一些教师以此为借口，进而影响我国新一轮基础教育课程改革在学校实践层面的效果。

本 章 小 结

课程是教学中的重要组成部分，由于人们所处的视野不同，对课程的概念也就不同。概括来说，人们无非从知识、活动和经验三个方面来理解课程的本质。课程有着悠久的历史，不同的课程流派都推动了课程理论的发展。课程有着不同的类型，它们都有各自的优势，也有各自的缺陷。在教学实践中，教师要依据一定的标准选择课程内容，积极地推进课程的实施，开发课程资源。

【推荐阅读】

[1]　潘洪建. 课程与教学论基础(第二版)[M]. 镇江：江苏大学出版社，2020.

[2] 马云鹏. 课程与教学论[M]. 北京：中央广播电视大学出版社，2002.

[3] 施良方. 课程理论——课程的基础、原理与问题[M]. 北京：教育科学出版社，1996.

[4] 钟启泉，崔允漷，张华.《基础教育课程改革纲要(试行)》解读[M]. 上海：华东师范大学出版社，2001.

[5] 廖哲勋，田慧生. 课程新论[M]. 北京：教育科学出版社，2003.

[6] 朱慕菊. 走进新课程——与课程实施者对话[M]. 北京：北京师范大学出版社，2002.

[7] 张华. 课程与教学论[M]. 上海：上海教育出版社，2001.

[8] 钟启泉等. 课程与教学论[M]. 上海：华东师范大学出版社，2011.

[9] 李森，陈晓端. 课程与教学论[M]. 北京：北京师范大学出版社，2015.

[10] 郑玉飞. 共和国教育学 70 年·课程与教学论卷[M]. 北京：北京师范大学出版社，2020.

[11] 靳玉乐，罗生全. 新中国课程论 70 年[M]. 北京：人民教育出版社，2020.

[12] 徐继存，段兆兵，陈琼. 论课程资源及其开发与利用[J]. 学科教育，2002(2)：1-5.

[13] 范蔚. 实施综合实践活动对课程资源的开发利用[J]. 教育科学研究，2002(3)：32-34.

思考与练习

一、名词解释

课程　课程实施　课程资源　课程开发　课程标准

二、简答题

1．如何理解课程的含义？

2．课程标准为什么取代教学大纲？

3．简述课程内容的三种解释及其特点。

4．如何选择课程内容？

5．课程内容的组织形式有哪些？

三、论述题

1．结合课程实施的三种取向，谈一谈课程实施忠实取向的弊端。

2．为什么说教师是最重要的课程资源？

3．论述中小学教师参与课程开发的一般过程。

【实践课堂】扫右侧二维码阅读相关内容。

实践课堂

所谓教学组织，是组织学生在教师指导之下掌握教材的外部组织框架。

——佐藤正夫《教学原理》

第七章　教学组织形式

本章学习目标

➤ 熟练掌握教学组织形式的概念。
➤ 熟悉教学工作的基本环节。
➤ 掌握课堂教学的含义、优点和不足。

核心概念

教学组织形式(teaching organizational form)　课堂教学(classroom instruction)　备课(lesson preparation)　上课(classes)　教案(teaching plan)　学案(learning plan)

引导案例

凯勒计划①

美国著名的心理学家、教育家凯勒(F.S.Keller)在实验研究的基础上，于20世纪60年代末系统地确立其"个别化教学体系"，亦称"凯勒计划"。凯勒计划既吸收了20世纪二三十年代道尔顿制的一些积极因素，也吸收了50年代末斯金纳程序教学思想的一些有益成分，还吸收了60年代布鲁姆的一些教学思想。凯勒在1968年发表的《老师，再见!》一文中系统地阐述了其个别化教学的五个特征：①以掌握为指导；②学生自定步调；③教师用少量几次讲课来激励学生；④使用指导性教材；⑤安排学生助理。

案例分析

凯勒计划既能照顾学生的个别差异，给学生一定的学习自主权，又能通过一系列措施保证学生掌握既定的学习目标，在实践中取得了较好的效果，因此流传范围也很广，产生

---

① 王守恒，查啸虎，周兴. 教育学新论[M]. 合肥：中国科学技术大学出版社，2005.

了一定的国际影响。

学习过程中首先要掌握教学组织形式的基本概念和功能；然后通过听课与课外阅读相结合的形式深入了解教学组织形式的类型选择和运用；并且根据制定教案、学案的要求，能够独立地制定某学科的教案或学案。

第一节　教学组织形式概述

教师和学生在时空上的不同组合对于教师有效地教、学生有效地学，从而实现教学目标有重要影响。因此，需要对教学组织形式的内涵、历史演变和分类有所了解。

一、教学组织形式的概念

关于教学组织形式的概念，曾经有许多学者做过探讨，也形成了不同的看法。

休金娜认为，教学组织形式是教学过程的重要组成部分。教学组织形式体现出对学生的学习活动进行严密的组织。它与教师的活动又是相互联系的。这种活动可以是全班教学、小组教学、个别教学，还可以是群众性的教学。[1]

索罗金认为，教学组织是教师和学生按规定的秩序和一定的规定而实现的协调活动的外部表现。教学组织形式具有社会制约性，它们规定教师和学生的共同活动，确定个别教学和集体教学的相互联系，决定学生在认识活动中的积极程度和教师给予指导的程度。[2]

列尔涅尔认为，教学有三个特点：①从表现在外部的职能特点来看，教师和学生都服从一定的教学程序——全班上课，小组或个人完成教师布置的作业等。②教学的组织形式应服从作息时间和规章制度。例如：每节课规定时限为 45 分钟或 30 分钟，学生人数可以固定，也可以经常变动。③教师和学生相互配合，是通过直接或间接的接触实现的。[3]

日本学者不用"教学组织"一词，而是用"教授组织"，认为教授组织是把教学过程中学生和教师的"搭配"在一定程度上定型化了的持续的模式。[4]

《中国大百科全书·教育》中指出：教学组织形式是指"教学活动的结构。它决定于教学任务和内容，并为完成特定的教学任务和内容服务……"[5]。

傅道春认为，教学组织形式是指为完成特定的教学任务，教师和学生按一定要求组合起来进行活动的结构。教学组织形式不是固定不变的东西。随着社会政治经济和科学文化

① 休金娜. 中小学教育学[M]. 华东师大比较教育研究所，译. 北京：人民教育出版社，1984.

② 巴班斯基. 教育学[M]. 北京：人民教育出版社，1986.

③ 罗正华. 比较教学论[M]. 长春：吉林教育出版社，1992.

④ 筑波大学教育学研究会[M]. 现代教育学基础[M]. 上海：上海教育出版社，1986.

⑤ 瞿葆奎. 中国大百科全书·教育[M]. 北京：中国大百科全书出版社，1985.

的发展及其对培养人才要求的不断提高，教学组织形式也在不断地发展和改进。①

李秉德等认为，教学组织形式"是教学活动中师生相互作用的结构形式。或者说，是师生的共同活动在人员、程序、时空关系上的组合形式"②。

王策三认为，教学组织形式理论所要研究和解决的问题，就是教师以什么形式把学生组织起来，并通过什么形式与之发生联系。是个别的、小组的，还是班级的；是固定的，还是灵活变动的；教学活动如何安排；教学时间如何规定和分配，等等。③

虽然上述定义的表述各不相同，但有几点是相同的：①从外在表现来看，教师和学生都要服从一定的教学程序。学生以集体上课、小组或个人形式完成教师为他们设计、规定的学习任务。②师生的活动必须服从一定的时空限制，并结成一定的"搭配"关系。③师生以这种程序和"搭配"关系组成的共同的活动，直接或间接地相互作用。④在这种相互作用中，包括了教学内容、教学方法、教学手段和教学程序步骤在时空上的综合。

既然中外教育家关于教学组织形式的表述有以上四个共同点，那么皮连生等关于教学组织形式的定义就是可接受的。即教学组织形式就是教学活动中师生相互作用的活动方式。它所涉及和所要解决的主要问题是，教育者怎样把学生组织起来，通过教和学使师生紧密联系；怎样科学地利用空间、时间和其他教学条件来安排教学活动，使教师有效地教，学生有效地学，从而实现教学目标。④

二、教学组织形式的演变

教学组织形式不是一成不变的，从教育史上看，教学组织形式随着社会政治、经济、文化、科学水平以及培养人才需求的变化而不断地发展变化。

(一)国外教学组织形式的演变

1. 古代学校的教学组织形式

古代的学校由于社会生产力尚不发达，社会生活尚不丰富，加之教学技术工具的限制，都是采用个别教学的组织形式。个别教学是历史上最早出现的教学组织形式，它是一种不限制入学年龄和修业年限，把不同年龄和不同知识基础的学生组织到一起，教师分别对每一个学生进行教学的组织形式。

2. 近代学校的教学组织形式

近代学校的教学组织形式是以班级教学制为主，它产生于16—17世纪资本主义兴起的时代。其发展大体经历了三个阶段：第一个阶段是在17世纪，以捷克教育家夸美纽斯为代表，总结了16世纪兄弟会学校的经验和教学实践，对班级教学制从理论上加以总结和论证，使它作为一种基本的教学组织形式确定下来；第二个阶段是以赫尔巴特为代表，以"教学过程作为一个知识传授的过程"为基点，提出了教学过程的形成阶段理论，即明了—联想—

① 傅道春．教育学[M]．北京：教育科学出版社，2003．

② 李秉德．教学论[M]．北京：人民教育出版社，2002．

③ 王策三．教学论稿[M]．北京：人民教育出版社，2001．

④ 皮连生．教学设计[M]．北京：高等教育出版社，2006．

系统—方法，从而使班级教学制基本定型；第三个阶段是以苏联教学论为代表，提出了课的类型和结构的概念，使班级教学制成为一个较为完整的体系。

19世纪末，欧美各国从班级教学制的基本结构"班、课、时"入手，对班级教学制进行了改革，并对新的教学组织形式进行了探讨和研究，提出了设计教学法(克伯屈)、道尔顿制(柏克赫斯特)、文纳特卡制(华虚朋)、柏布洛制、拉麻尔制、剑桥制、伊丽莎白制等多种教学组织形式。

3. 现代学校的教学组织形式

现代学校的教学组织形式在第二次世界大战后，朝着两个相反的方向发展。一方面表现为苏联坚持和完善班级授课制，在20世纪30年代，苏联教育部颁布了《关于小学和中学的决定》等文件，强调课堂教学仍然是中小学教学工作的基本形式。凯洛夫运用马克思主义认识论原理，进一步探讨了班级授课制的基本类型和结构，并将学生的学习活动划分为感知、理解、巩固、运用和检查效果等几个相互联系的阶段，据此把课程划分为组织上课、检查复习、讲解新教材、巩固新课、布置作业等几种类型。另一方面表现为西方各国大胆尝试采用开放性的个别化教学形式，寻求既不失集体影响，又有个人独立自学的教学组织形式。西方各国在改革中试图从全面系统的角度，分析研究影响教学活动的各种因素，寻求教学组织形式的最佳结合，从而出现了如分组教学、不分级制、特朗普制、活动课时制、开放教学、小队教学、程序教学、选科制等多种教学组织形式的发展格局。

(二)国内教学组织形式的演变

中国最早采用班级授课制的是在1862年的京师同文馆，随后《癸卯学制》(1903年)对此加以确定，20世纪初班级授课制逐步在全国各级学校加以推行。另外，20世纪初的设计教学法，对中国教育实践的影响也比较大。后来，杜威派教育理论以及设计教学法、道尔顿制等传入中国，但只限于教育报刊、师范院校教育课程以及一些省市的少数实验学校，广大学校教学主要还是采用班级教学制。

中华人民共和国成立后几十年来，由于历史原因班级授课制在我国一直占据统治地位，并且通过学习苏联教育教学理论，班级授课制得以不断完善，达到了一个较为规范化的程度。另外，在程序教学的影响下，1964年对个别化教学进行了研究，如数学自学辅导实验研究(卢仲衡等)；小学英语程序教学实验研究(刘静和等)；小学识字程序教学实验研究(佟冬泉等)；小学算术分数部分程序教学实验研究(茅于燕等)。

三、教学组织形式的分类

(一)按教学组织形式的组织结构分

按教学组织形式的组织结构分，教学组织形式可分为直线型结构、直线—层级型结构和矩阵型结构。

(1) 直线型结构。直线型结构是单个教师和不同数目的学生组合起来进行教学活动的方式。常见的直线型结构有教师—个别学生(个别教学)、教师—全班学生(包班制)、教师—多班学生(合班上课、复式教学)、教师—部分学生(分组教学)、教师—学生自主型(开放教学、自动性教学)等。

(2)　直线—层级型结构。直线—层级型结构是教师或学生通过一中间层级对学生进行教学活动的方式。如教师—个别学生—全班学生(如导生制)、学生—教师—学生(如设计教学法)、教师—辅助教师—学生(如导师制)等。

(3)　矩阵型结构。矩阵型结构就是两个以上的教师和不同数目的学生组合起来进行教学活动的方式，常见的有班级授课制、小队协同制等。

(二)按教学组织形式的空间结构分

按教学组织形式的空间结构来划分，教学组织形式可分为秧田型、马蹄型、圆型或方型和模块型。

1. 秧田型

秧田型是一种传统的师生结构排列形式。这种座位排列是封闭的学生一致面向教师和黑板，目的是使学生将注意力集中在教师身上，使学生专心听课、记笔记，如图 7-1 所示。

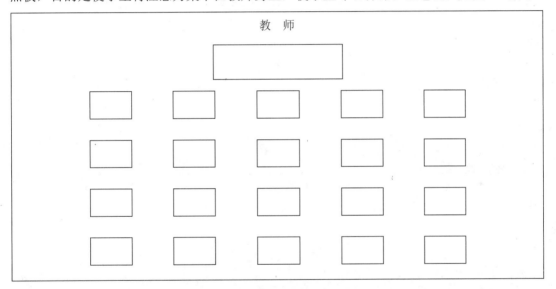

图 7-1　秧田型教学组织形式

2. 马蹄型

马蹄型是座谈讨论时常用的一种课堂空间安排。在这种形式下，教师处在"U"字缺口的对面，大大提高教师与学生的目光交流机会，可以使全班同学尽可能多地参与课堂教学，如图 7-2 所示。

3. 圆型或方型

圆型或方型是让学生围在长方桌子或圆桌子的周围进行小组学习交流讨论。这种形式可以充分发挥小组长的作用，小组成员也可以增加交流机会，如图 7-3 和图 7-4 所示。

4. 模块型

模块型是建立起一块块独立的活动学习板块，使学生能在不同的模块中学习，如图 7-5 所示。

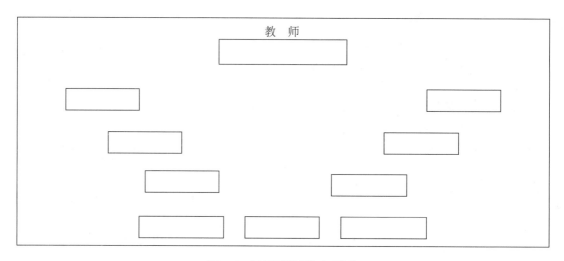

图 7-2　马蹄型教学组织形式

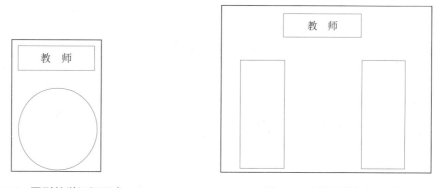

图 7-3　圆型教学组织形式　　　　　图 7-4　方型教学组织形式

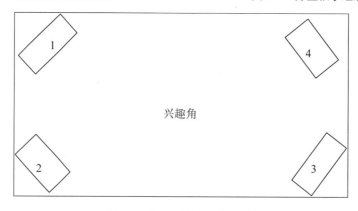

图 7-5　模块型教学组织形式

(三)按教学的场所分

按教学的场所分，教学组织形式可分为课堂教学和课外教学，课外教学又可分为现场教学、课外作业(包括课外辅导)等。

(1)　课堂教学是指在有一定的教学设备设施的条件下，在可稳定持续使用的场所(如教室、实验室、操场等)进行的教学。

(2)　现场教学是指在一定的自然环境以及社会生产、社会生活的实际情境中进行的教学。

(四)按学生特质分

根据学生特质不同，教学组织形式可分为同质分组和异质分组。

分组教学组织形式大体有以下三种。

(1)　校外分组，相当于现在的重点、次重点、普通学校、薄弱学校。

(2)　校内分组相当于现在的特殊班(尖子班等)和普通班，校内分组常常成为"多级制"或"不分级制"教学组织形式的基础。

(3)　班内分组是把一个班内不同水平的学生分成几个小组，施以不同的教学。

(五)按教师配备情况分

按教师配备情况，教学组织形式可以分为这样几种：①一师独包制(包班制)；②班级授课制；③小队协同制；④导师制；⑤"一课多师"制。

四、研究教学组织形式的意义

实践活动的展开离不开理论的指导，任何教学目的不管多么理想，任何教学内容不管多么完美，任何教学方法不管多么先进，都需要通过具体的教学组织实现、实施和运用。教学组织形式研究的意义在于：①教学组织形式是完成教学任务、实施教学内容的重要保证。②教学组织形式影响着教学质量的高低。③教学组织形式影响着教学效率的高低和教学规模的大小。④教学组织形式影响着学生不同技能、技巧的形成。⑤教学组织形式对学生的个性形式和情感发展有重要影响。

第二节　教学组织形式及其改革趋势

教学组织形式是教学过程中的一个基本要素，它的基本形式是课堂教学，辅助形式有小组教学、现场教学、个别化教学，教学的特殊形式是复式教学，教学组织形式的改革出现了小队教学、师生教学合同制、问题教学、数学自学辅导实验、中学最优教学方式、实验等新的教学组织形式。

一、教学的基本组织形式——课堂教学

(一)课堂教学的概念

课堂教学又称班级授课制，是指把年龄和知识程度相同或相近的学生编成有固定人数的教学班，由教师根据课程计划中统一规定的课程内容和教学时数，按照学校的课程表进行授课的教学组织形式。

(二)课堂教学的优点和缺点

1．课堂教学的优点

(1) 课堂教学大规模地面向全体学生进行教学，一位教师能同时教许多学生，而且使全体学生共同进步。

(2) 课堂教学能保证学习活动循序渐进，并使学生获得系统的科学知识，扎扎实实，有条不紊。

(3) 课堂教学能保证教师发挥主导作用，首先是教师系统讲授，而且在这个基础上直接指导学生学习的全过程。

(4) 课堂教学对教学内容及活动有计划地加以安排，特别是通过课程体系，分工合作，从而提高教育效率。

(5) 学生彼此之间由于共同目的和共同活动集结在一起，可以互相观摩、启发、切磋、砥砺。

(6) 班级授课制在实现教学任务上比较全面，从而有利于学生多方面的发展。它不仅能较全面地保证学生获得系统的知识、技能和技巧，同时也能保证对学生正常的思想政治影响，启发学生的思维、想象能力以及学习热情等。

2．课堂教学的缺点

(1) 学生的主体地位或独立性受到一定的限制，教学活动多由教师直接做主。

(2) 实践性不强，学生动手机会少。

(3) 探索性、创造性不易发挥，主要接受现成的知识成果。

(4) 难以照顾学生的个别差异，强调的是统一、齐步走。

(5) 不能容纳和适应更多种的教学内容和方法，因为它一切都固定化、形式化，灵活性有限。

(6) 缺乏真正的集体性。每个学生独自完成学习任务，教师虽然向许多学生同样施教，但每个学生以自己独特的方式去掌握，每个学生分别地对教师负责，学生与学生之间并无分工合作，彼此不承担任何责任，无必然的依存关系。

(三)课的类型与结构

1．课的类型

课的类型是指课的种类。

如果按教学任务来区分，课的类型可分为单一课和综合课。单一课是指在一节课内只完成一种主要任务的课，如传授新知识的课、巩固知识的课、培养技能技巧的课等。综合课是指在一节课内要完成两种或两种以上教学任务的课。

如果按一节课主要采用的教学方法来区分，课的类型可分为讲授课、谈话课、练习课和实验课等。

2．课的结构

课的结构是指每堂课的组成部分及各个部分的安排顺序和时间分配。课的类型不同，相应的结构也不同，每种类型的课都有一定的结构，但是由于学科特点及具体教学内容的不同，同一类型的课在不同学科中的结构也会大同小异。

(1)　单一课的结构。传授新知识课的结构：组织教学、复习检查、明确目的要求、传授学习新知识、概括内容要点及小结、布置课外作业。巩固知识课的结构：组织教学、明确目的要求、复习巩固、总结。检查课的结构：组织教学、说明检查的要求和注意事项、测验检查、测验分析与评价(课后)。练习课的结构：组织教学、明确目的要求、教师示范分析、学生独立操作练习、总结。

(2)　综合课的结构。综合课的结构包括组织教学、检查复习、传授新知识、巩固新知识、布置课外作业。

二、教学的辅助形式

(一)小组教学

1．小组教学的含义

班内小组教学是把一个班暂时分为若干个小组，由教师规定共同的学习任务，并由学生分组学习的班级教学形式。

2．小组教学的特点

(1)　在全班上课的基础上开展小组活动，班级仍然保留。

(2)　小组不是永久性的，主要为具体的教学活动而组建，期限一般是几周或一个学期。

(3)　在小组的构成上应把学习情况或性格特征不同的学生编排在一起，这样小组成员间可以取长补短。

(4)　在小组人员的编排上一般以5～7人为宜；小组成员过多，积极活动的学生数量就会减少；小组成员过少，则对提出观点的丰富性以及补充意见的多样性不利。

3．常用的小组教学形式

(1)　以学习任务为定向的学习小组。其目的是将小组成员集中起来完成特定的学习任务或计划。

(2)　教导式学习小组。其目的是传授或澄清抽象的材料，考前进行复习或让学生就某一问题或观点展开讨论。

(3)　个别指导式学习小组。其目的是强调学习以后的矫正、指导，或对个别学习者独立的超前学习进行评价。

(4)　苏格拉底式的小组学习。其目的在于把师生会聚在一起讨论教师提出的问题，经过开诚布公的师生交谈而获得答案。

(5)　合作式学习小组。其目的是为完成共同的学习任务或学习目标，将学习程度不同的学习者组织在一起，通过成员共同的相互作用，调动每一个人的学习积极性和责任感，促进学业成绩的提高。

(6)　脑力激荡式学习小组。其目的是将不同的个体组合在一起，针对某一富有创新意义的课题展开讨论，发表自己的观点。

(7)　漫谈式学习小组。其目的是鼓励学生对与目前正在考虑的或与已经学过的材料相联系的课题作自由的、不受任何约束的讨论。

4．小组教学的优点

(1) 可以给学生提供更多的直接参与学习的机会，有利于培养学生的参与意识和领导组织能力。

(2) 师生之间、学生之间的相互作用，可以促使学生民主与合作精神的形成。

(3) 小组教学还特别有利于情感领域和动作技能教学目标的实现，如形成态度、某些动作技能的训练等。

5．小组教学的缺点

(1) 教学进度不容易控制。

(2) 教学目标难以一致。

(二)现场教学

1．现场教学的概念

现场教学是指根据一定的教学任务，组织学生到事情发生或活动开展的现场进行教学的一种教学组织形式。

2．现场教学的优点

(1) 可以给学生提供直接知识，丰富学生的感性认识，对于理论联系实际，特别是结合生产实际，有着重要作用。

(2) 现场教学能够使学生深刻理解和掌握书本知识，并培养他们运用知识的能力。

3．现场教学的缺点

(1) "现场"的选择存在困难。

(2) 占用的时间较多。

4．运用现场教学形式需要注意的问题

(1) 要有明确的目的。

(2) 准备要充分，教师事前要钻研教材，熟悉现场情况，根据目的要求拟出现场教学计划，确定现场教学的内容、程序和方法。

(3) 要重视理论的指导，一方面现场教学能为学生掌握理论提供丰富的感性材料；另一方面，在现场的讲解、观察和操作中又必须用一定的理论作指导，真正做到理论联系实际。

(4) 及时总结。

(三)个别化教学

1．个别化教学的含义

个别化教学是指为了适合个别学生的需要、能力、兴趣、学习进度和认知方式特点等而设计的教学组织形式，但它并不单纯意味着个体独自学习。

2．个别化教学的特点

(1) 在全班上课的基础上，照顾到班上学习速度慢的学生或学习速度快的学生，以及有特殊需要的学生。

(2) 教师给学生布置的学习任务以及辅导，必须以该生的学习准备、学习特点和个性特点等为依据。

(3) 教师的作用主要在于指导和帮助学生自学和独立钻研。

(4) 学生的学习由教师"扶着走"向独立学习过渡。

3．个别化教学的优点

(1) 个别化教学可使教学适合每个学生的学习需要、能力水平和学习速度，有利于因材施教。

(2) 它可调动每个学习主体的学习积极性，使差生不致失去信心，优生不致失去进一步学习的机会和条件，从而使每个学生都能从教学中受益。

(3) 它有助于训练学生的独立学习、自负学习责任、独立钻研和自我教育的能力。

(4) 学习的时间和空间灵活性大。

4．个别化教学的缺点

(1) 若长期把个别化教学形式作为主要的教学形式，会削弱师生之间、学生之间的相互作用，不利于合作精神的培养，同时也不利于竞争意识的形成。

(2) 若用单一途径和固定不变的学习方法，学生可能会感到单调无味，削弱学习的热情，容易疲劳。

(3) 个别化教学不适合所有的学生，特别是有些缺乏学习自觉性的学生，可能会拖延学业。

(4) 个别化教学其"代价昂贵"，需要比其他教学形式花更多的时间、精力、财力和物力。

(5) 个别化教学不利于学生交往能力的发展。

5．运用个别化教学形式需要注意的问题

(1) 学习的步调。个别化教学最典型的形式就是将所学材料转化成一系列学习活动或任务，让学生以自己的步调学习同样的任务。

(2) 教学目标。个别化教学需要教师设置各级水平能力上的目标以适应不同的学生。教师可以让每个学生通过同样的目标顺序，也可以调整目标以适应不同学生的需要、兴趣和能力。

(3) 学习活动或材料。个别化教学中的另一个变量是学习活动本身。即使学生迈向同样的目标，但他们使用的手段可能不同：有的可能依赖于课本；有的可能需要阅读一些课外的辅助材料；还有部分学生则可能需要使用视听媒体。

(4) 评价学生的手段。个别化教学对学生的学习评价手段应有所不同。

(5) 个别辅导。

三、教学的特殊形式——复式教学

(一)复式教学的内涵

与单式教学(即把同一年级的学生合成一班，在一个教室内由一位教师教学)相对，复式教学是把两个或两个以上年级的学生编成一班，由一位教师用不同的教材，在同一节课内对不同年级的学生进行教学的组织形式，教师对一个年级的学生讲课，同时组织其他年级的学生自学或做作业，并有计划地交替进行。

(二)复式教学的主要特点

(1) 直接教学和学生自学或做作业交替进行。

(2) 由于学科头绪多、讲课时间少、教学任务重，因而备课时对教学过程的组织、教学时间的分配和教学秩序的处理等，有更复杂的要求。

(三)复式教学的具体编班形式

(1) 单班学校制是把几个年级的学生全部编在一个班里。

(2) 二级或三级复式制是把两个年级或三个年级的学生编在一个班里。

(四)运用复式教学形式的基本要求

(1) 复式教学的日课表的编制，以"同堂异科"编排为好，一般是把直接教学时间长的学科与便于安排自动作业的学科相互搭配。

(2) 复式班的座次编排，是左右划片分别安排不同的年级。

(3) 为了相对地增加直接教学的时间，适当地减少教师在教学中难以分身的困难，可以培养品德和学习较好的学生当小助手，协助教师做一些力所能及的工作。

拓展阅读 7-1：

扫右侧二维码阅读《高考改革背景下"走班制"的诉求与问题反思》的相关内容。

拓展阅读 7-1

四、教学组织形式的改革

随着科学技术的进一步发展和资本主义民主化运动的兴起，班级教学的局限性和弊端日渐显现，于是，人们不断批评、抨击班级教学压抑了学生的个性培养，阻滞了学生的整体发展，改革传统班级教学的呼声日益高涨，并出现了一些探索和尝试。

(一)小队教学

1. 小队教学的内涵

小队教学又称协同教学，是对教师的组织结构进行改革的一种尝试，旨在发掘教师个人的特殊才能，从而提高他们的教学效果。

2．小队教学的基本特征

(1) 采取两名或两名以上的教师合作施教，根据他们的能力和特长组成"互补性"的结构，通过分工协作，在教学中分别承担不同的任务，共同负责一个班或几个平行班的教学工作。

(2) 教学组可分为大组和小组两种，大教学组由5~6名教师组成，小教学组由3名教师组成。

(3) "小组组长"和"高级教师"主持教学组的工作并负责上大课，其他教师则负责小班或小组教学、讨论及个别辅导等。

(4) 在教学组中，教师按课业需要和个人专长轮流进行教学。

3．小队教学的优点

(1) 小队教学的长处突出表现在它是一种合理而有效地利用教师的人才资源的优化组合方式，使每个教师的兴趣和特长得到有效的发挥。

(2) 有利于教师之间的相互学习、交流与提高。

4．小队教学的模式

从目前来看，国外小队教学的主要模式有：①单科协同。②双科协同。③多科协同。④跨校协同。⑤循环式教学。⑥主题式协同。

(二)师生教学合同制

1．师生教学合同制的含义

师生教学合同制是教师与学生通过签订合同的形式进行教学的一种组织形式。师生教学合同，通常用书面文字，明确具体地规定学生应该做什么，在做完了这些事情后又可以得到什么。按照这一组织形式，每个学生可以从教师提供的几个供选择的合同中，根据自己的能力大小和兴趣，随意挑选一个合同；如果学生对这几个合同都不满意，也可以与教师进行个别商谈，制定出符合自己特殊的兴趣、爱好与学习风格的合同。

2．师生教学合同制的步骤

第一步：由教师以班级集体授课形式向学生讲授某门课程的基本框架原理(又称"核心知识")。

第二步：组织学生讨论，在掌握了基础知识后，再由学生与教师制订一份"学习合同"，规定学生在合同所给定的期限内要达到的学习目的、学习活动及成绩评定的方法等内容。

第三步："学习合同"期满后，又集中在一起，同学之间相互汇报、提问、讨论，教师对每位同学作出总结评估，合同也就圆满结束。

3．师生教学合同制的优点

(1) 师生教学合同制使学习目标更加明确，从而使每个学生都清楚地知道自己应该做些什么。

(2) 由于"学习合同"是学生自愿签订的，所以他不仅在学习内容的选择上有了发言权，而且也为自己的学习承担了责任。

(3) 对于促进学生自我评价能力的提高与责任感的增强具有深远的影响。

(三)问题教学

问题教学是由苏联教科院院士 M. N. 马赫穆托夫创立的。它包括问题情境的创设、问题的提出和问题的解决三个步骤。

1. 问题情境的创设

马赫穆托夫认为，教师创设问题情境的基本方式有：①让学生面临要加以理论解释的现象或事实。②引导学生在完成实践性作业时产生问题情境。③布置旨在解释现象或寻找实际运用该现象的问题。④激活学生分析生活中的事实或现象，即让他们遇到这些事实的日常观念与科学概念之间的矛盾。⑤提出假想，概述问题，并对结论加以检验。⑥激发学生比较和对照事实、现象、定则、行为，由此引起问题情境。⑦让学生对比已知事实与新事实，并独立作出概括等。

2. 问题的提出

马赫穆托夫认为，问题的提出分三个阶段：①分析问题情境。②"看出"问题的实质。③用语言概括问题。

3. 问题的解决

马赫穆托夫认为，问题的解决包括以下阶段和环节：①拟订问题的解决计划。②提出推测并论证假想。③证明假想。④检测问题的解决结果。⑤重温和分析解决过程。

问题教学在班级教学的条件下，改变了传统教学中那种由教师介绍和分析新概念、定律，学生通过记忆掌握新知识的组织形式，而是由教师引导学生从事探索性学习活动，由学生自己去发现科学结论，对于培养学生的思维能力和创造能力具有重要意义。

(四)数学自学辅导实验

这是中国科学院心理研究所卢仲衡主持的一个实验，该实验自 20 世纪 60 年代初，断断续续开展起来，至今已遍及全国许多省市，效果卓著。它最初比较多地在试验美国程序教学的做法，在初中数学科编出程序课本，进行自学实验，后来逐步实行了对程序教学的改造。这种教学形式一般有如下步骤：①教师布置自学任务的范围。②学生自己独立阅读教材和做习题，教师巡视，个别辅导。③教师提问和讲解、答疑、小结。

(五)中学最优教学方式实验

这是武汉师范学院黎世法主持的从 1979 年开始进行的一项实验，至今已在全国许多省市的学校获得良好的效果。1979—1980 年间，他对武汉地区 300 多名优秀中学生的学习方法进行了调查研究，总结出"中学生最优学习方法"，由前后联系的八个环节组成一个体系：制订计划、课前自学、专心上课、及时复习、独立作业、解决疑难、系统小结、课外学习。据此，提出"最优中学教学方式"，它由六种课型组成：自学课、启发课、复习课、作业课、改错课、小结课。

拓展阅读 7-2：

扫右侧二维码阅读《从规范教学秩序到建构学生发展的有效教学机制——我国教学组织形式变革 70 年的回顾与展望》的相关内容。

拓展阅读 7-2

五、教学组织形式的发展趋势

(一)班级教学规模小型化

20 世纪 80 年代前后，美国教育家格拉斯和史密斯运用综合分析法，对班级教学的规模与教学效果之间的关系进行了实验研究。他们把学生人数在 24～34 人的小班作为实验班，与学生人数在 35 人及以上的大班进行了比较，发现小班的学生成绩优于大班，即小班教学效果比大班好。

这可能是因为在小班教学中，由于学生人数少，教师的备课量较小，而且不用花大量的时间去管理学生和维持课堂纪律，从而将教师从繁重的日常琐事中解放出来，更能集中精力搞好教学工作，有利于提高教学效果和质量；另外，在小班的课堂教学中，教师增加了与每一个学生的接触，并能及时解答学生的疑难问题，每个学生也有更多的机会参与教学活动，有利于因材施教。

美国联邦小班化教育改革计划(Class-Size Reduction Program，CSR)始于 1999 年，由克林顿总统最先提议，计划在 7 年内招聘 10 万新教师，以降低小学低年级班级规模至 18 人，其最终目标是提高学生学业成绩，特别是阅读能力。美国推行小班化项目"严格控制师生比例，要求师生比必须在 15∶1～18∶1 之间波动，不得超出此范围"。[①]

(二)教学组织形式多样化、综合化

1. 多样化

由于各个国家和地区的情况不同、生产力发展水平不同，教育发展程度存在差异，所以未来的教学组织形式必然出现多元化态势，班级教学、分组教学、合作学习等均有其适用的范围和生长的土壤。

2. 综合化

一切教学组织形式都有其优点和缺陷，不存在一种万能的组织形式，每一种教学组织形式都有其特定的目标指向和适用范围。一种教学组织形式能够顺利地完成这项教学任务，但用来解决另一项任务不一定会成功。在众多教学组织形式中，一种组织形式的优点，可能恰恰是另一种组织形式的不足所在；反之亦然。因此，我们应当加强对各种教学组织形式的互补性和相关性的研究，在此基础上实现多种组织形式的优化组合，将具有互补性的教学组织形式互配使用，以取得最佳的教学效果。

(三)教学组织形式个别化

这是现代科学技术的发展和现代化教学手段的运用，特别是电子计算机辅助教学、信

---

① 王莹，党万智. 国外小班化教学研究对我国中职教育的启示[J]. 职业教育，2020(1)：73-78.

息高速公路等给教学组织形式带来的新变化。自 20 世纪五六十年代以来，随着电子工业和信息技术的发展，录音机、录像机、电视机、电子计算机、卫星广播电视、激光视盘等相继问世，加速了教学技术手段的更新，极大地改变了教学方法和教学组织形式，开辟了电子技术应用于教育的新天地，其重要表现就是实现了教学的个别化。学生可以通过计算机和信息高速公路，在教师的帮助下，根据自己的实际情况选择学习内容，自定时间和地点，自己控制学习进度和步调，更好地发挥学生学习的自主性、积极性和主动性。同时，现代化教学手段，可以使教育内容变得更加生动、直观、形象，有助于引发学生的学习兴趣和热情，提高学生学习的注意力和记忆力，收到最佳的教学效果。

第三节　教学工作的基本环节

教师在课堂教学活动中，始终具有主导作用，这种主导作用主要表现在教学活动的准备、组织、调节、评价等方面。从教师教的角度去划分，教学活动一般可分为：备课、上课、作业的布置与批改、课外辅导和学生学业成绩的检查与评定。

一、备课

备课是教学工作的起始环节，是上好课的前提和基础，是教师为上课及其他教学环节所做的准备和策划工作。

备课可以分为间接备课和直接备课。直接备课是指钻研教材、了解学生、研究教学方法和制订教学进度计划。间接备课指教师为了提高教学工作水平不断地进修专业知识和教育理论。

直接备课必须做好以下几项工作。

(一)钻研教材

钻研教材包括研究课程标准、教科书和有关参考资料。钻研课程标准，着重领会其意图，对学科教学有总体的把握，包括学科的体系结构、学科教学的特点和原则。钻研教科书，要熟练掌握教科书的全部内容，包括教科书的逻辑结构、重点、难点和关键点。围绕着教科书阅读有关参考书，以占有与教学有关的资料，可以帮助教师更好地组织和充实教学内容。

教师掌握教材一般经过"懂""透""化"三个阶段。"懂"就是掌握教材的基本结构；"透"是对教材的融会贯通，使之成为自己的知识体系中的有机组成部分；"化"就是在教学活动中对教材的处理能够"从心所欲，不逾矩"，使教材的思想性和科学性有机地融合起来。

(二)了解学生

了解学生包括了解学生的学习基础、学习态度和学习方法，以及学习兴趣、倾向和学习习惯、思想情况、个性特点、健康水平、家庭环境等，只有这样，才能使教学有的放矢、因材施教。

为了了解学生，开始时教师可以通过查阅学生档案、诊断测验等方式了解学生，获得对学生的初步印象。师生面对面的教学开始后，教师就要深入班级，通过座谈、个别谈心、课堂教学中的观察、作业调查、个别辅导等途径，获得关于学生的更多信息。

(三)研究教学方法

教师要把教材转化为学生可以接受的内容，就必须研究教学方法。教师研究选择教学方法，必须紧紧围绕选择教学方法的基本标准进行。

(四)制订教学进度计划

制订教学进度计划有一个由粗到细、由整体到局部、由笼统到具体的程序，即先制订学年或学期教学进度计划，再制订单元(课题)教学进度计划，最后制订课时计划。

(1) 学期或学年教学进度计划。学期或学年教学进度计划，是在学期(或学年)开始之前制订的，其内容包括：本班学生简要分析；本学科在本学期或学年教学的总要求；教科书的章节或课题以及有关复习、考试等的时间安排。

(2) 单元(或课题)教学进度计划。单元(或课题)教学进度计划的内容包括课题名称、教学目的和任务、课时分配，以及各课时的主要问题、教学方法、必要的教具等。单元(或课题)教学进度计划是在本单元(或课题)实施前制订的。

(3) 课时教案与学案的详细内容见第四节。

二、上课

上课是教学工作诸环节中的中心环节，因为这是教师面向全班学生进行信息、情感交流和行为相互作用的主要环节。其余环节都是为上课服务的，以上课为中心展开的。

教师要想上好一堂课，必须达到以下几个基本要求。

(一)目标明确

目标明确是指上课时教师明白这堂课要掌握什么知识和技能、要养成什么行为方式和品格、要有什么样的态度、要学会什么方法等，也就是要有明确的教学目标。

(二)内容正确

教学内容必须是正确的，对内容的说明和解释应该准确无误；讲授要有条理，符合逻辑，层次分明。

(三)方法恰当

根据选择教学方法的基本标准选择教学方法，坚持启发式，充分利用现有的设备条件，使学生顺利地掌握该节课的教学内容。

(四)组织得好，积极性高

对课的安排井然有序，教学步骤能够有条不紊地进行；组织好一节课的全过程，有良好的教学秩序；在整个教学过程中，师生双方的积极性都高，课堂气氛活跃。

(五)语言规范，板书工整

讲课时应说普通话，语音清晰、流畅，语调抑扬顿挫，语言的速度要适合学生的可接受程度；语言要准确精练，生动形象，富有启发性。

板书内容上简明扼要，形式上整齐、美观，使学生一目了然。

三、作业的布置与批改

作业是为了使学生消化所学知识，巩固技能和技巧，培养学生应用知识和技能以及独立工作的活动。

教师在布置、批改作业时应遵循下列要求：①作业内容要符合课程标准的要求，要注意理论联系实际，启发学生思考。②作业的分量要适当，难易要适度。③要提出明确、具体的要求。④及时检查，认真批改。

四、课外辅导

课外辅导是对课题的补充和延伸。

课外辅导的方式：个别有问题的采取个别辅导；部分学生具有的共同性问题，则采用小组辅导；学生中存在的普遍性问题，则采用集体辅导。

课外辅导的内容：给学生解答疑难问题；给学习有困难的学生或缺课的学生补习；指导学习方法；对尖子学生作提高性指导；为有学科兴趣的学生提供课外研究的帮助；开展课外辅助教学活动，如看电影、录像、参观；指导学生的实践性和社会服务性活动等。

五、学生学业成绩的检查与评定

学校通过对学生学业成绩的检查与评定，可以检查教学目标的完成情况，从检查中获得的反馈信息，可以用来指导师生对教学过程和学习过程进行调节，从而改善教学，提高教学质量。

(一)学生学业成绩检查与评定的类型

1. 考查和考试

考查(平时检查)是为了随时了解学生而采用的方法，主要包括课堂提问、作业、当堂演算与演示等。

考试(阶段检查)一般是在一个教学阶段完成之后进行的总结检查，通常安排在期中、期末和毕业前集中进行。考试的形式有口试、笔试和实践性考试三种。

2. 评分和评语

常用的评分方法有百分制计分法和等级制计分法。评分法能看出学生学业成绩的等次；而评语则能反映和表达学生学业上具体的优缺点，并分析原因，指出努力的方向。因此，评分和评语应结合使用，以增强评分效果。

(二)学生学业成绩检查与评定的基本要求

(1) 检查与评定应严格按照课程标准和教材规定的范围，不出偏题、怪题，不搞突然袭击。

(2) 注意考查学生分析问题和解决问题的能力。

(3) 考查、考试的次数和时间要统一安排，适当控制，次数不宜过多，并且同一学科两次考试的间隔不宜过短。

(4) 评定成绩要客观、公正，不带任何偏见。

(5) 及时分析总结。

第四节　教案与学案的研制

教育的计划性在课堂教学中的体现就是教师对教学内容和环节的"预设"，这就涉及教案和学案的问题。

一、教案的研制

(一)教案的含义

教案也称课时计划，是指教师经过备课，以课时为单位设计的具体教学方案，通常包括班级、学科、课题、上课时间、课的类型、教学方法、教学目的、教学内容、课的进程和时间分配等，有的教案还列有教具和现代化教学手段(如电影、投影、录像、录音等)的使用、板书设计和课后自我分析等项目。

(二)教案的类型

1. 条目式教案和表格式教案

教案按形式可分为条目式教案和表格式教案。

条目式教案是以顺序排列的条目为结构形式的教案类型，有大致固定的条目及其结构顺序，每一个条目之下研究、设计和安排相关内容。它的主要特点是，每一个条目的容量具有伸缩性，可因人因材因校制宜，是一种常用的教案。

表格式教案是以特制的有专门栏目的表格为结构形式的教案类型，有特定的栏目及其结构，在每一个栏目之中研究、设计和安排相关内容。它的主要特点是具有提示特性，适合新教师使用。

2. 详细教案和简要教案

教案按篇幅可分为详细教案和简要教案。

详细教案篇幅比较长，一个教案常常数千字甚至上万字，对教案的每一个条目和教学活动过程的每一个细节，均进行详细思考、研究、设计并编写出计划。对教学活动过程的每一个细节的设计和计划，均包括内容、教的活动、学的活动、教具和媒体使用、教与学的统一方式以及时间分配。详细教案是新教师和年轻教师备课时，以及老教师在进行新课题教学时，常常采用的教案类型。

简要教案篇幅比较短，一个教案常常只有几百字甚至几十字，一般只需规划出教学过程中的关键内容、使用的新颖手段和媒体或特殊事例等，不需将教学活动的细节设计描述出来。简要教案一般是经验丰富的老教师所使用，常常可以浓缩为一张卡片。

(三)教案的基本结构

教案的基本结构是指教案必需的条目、内容及其相互关系。

1. 条目式教案的基本结构

条目式教案基本包括：①课题名称。②教学目标。③教学内容。④重点、难点。⑤课的类型。⑥教学方法。⑦教材教具准备。⑧教学时间。⑨教学过程设计。⑩板书设计。

2. 表格式教案的基本结构

表格式教案基本包括：①教学准备。②教学目标。③教学程序。

(四)教案的研制过程

教案研制过程实质上是教师对自己组织每一节课的教学活动的时间和空间结构的规范和优化过程，这是一个循环往复、逐步发展提高的过程，包括教案的设计撰写、实施检验和评价修改三个环节。

1. 教案的设计撰写

教案的设计撰写是在认真备课的基础上，按照教案的基本结构进行精心设计，并用规范的结构和简练的语言表达出来，形成一份书面教案。

2. 教案的实施检验

教案的实施检验是在教学活动中进行的，一方面是按教案实施教学，另一方面则是对预先编写的教案进行实际检验。重点突出检验的内容有：教学目标设计是否准确、全面、合乎实际，是否达到了作业化，教材教具准备是否充分，教学过程设计是否全面，各环节安排是否合适、时间分配是否恰当，学生的学习积极性是否充分调动起来了，临场有什么新发挥等。

3. 教案的评价修改

在教案实施以后，应及时对教案进行评价修改。评价要以实施检验为基础，从而确定对教案的修改目标；修改应该及时、完善并以简练为基本原则；在评价的基础上，对教案进行修改，撰写教案修改稿。

二、学案的研制

学案与教案不同，它是帮助学生掌握教材的桥梁。它的设计应该遵循一定的原则。

(一)学案的内涵

学案是指教师依据学生的认知水平、知识经验，为指导学生进行主动的知识建构而编制的学习方案。学案实质上是教师用以帮助学生掌握教材内容、沟通学与教的桥梁，同时也是培养学生自主学习和构建知识能力的一种重要媒介，具有"导读、导听、导思、导做"的作用。

(二)学案的特点

(1) 问题探究是学案的关键。它能起到"以问拓思，因问造势"的效果，并能帮助学生从理论阐述中掌握问题的关键。

(2) 知识整理是学案的重点。学案的初步目标就是让学生学会独立地将课本上的知识进行分析综合、整理归纳，形成一个完整的科学体系。

(3) 阅读思考是学案的特色。可根据课文内容进行阅读思考，也可为开阔学生视野，激发兴趣，设计一系列可读性强、有教育意义的文章，包括与所教内容密切相关的发展史、著名专家的科研业绩、现代科学的热门话题等。

(4) 巩固练习是学案的着力点。在探索整理的基础上，学生独立进行一些针对性强的巩固练习，对探索性的题目进行分析解剖、讨论探索，不仅能通过解题巩固知识、掌握方法和培养技能，而且能优化学生的认知结构，培养创新能力。

(三)教案与学案的区别

目的：教案——为教师上好课作准备；学案——为学生自学提供指导。

性质：教案——教师中心，单向性，封闭性；学案——学生中心，互动性，开放性。

角色：教案——教师自导自演，学生是听众；学案——教师组织调节，学生是主角。

表达：教案——界面规整，表述严整周密，多用书面语；学案——界面亲切，表述生动活泼，多用口语。

(四)学案设计的原则

1．课时化原则

即分课时处理学习内容，防止几个小专题的内容只写成一个学案，一般一个小专题为1~2课时。

2．问题化原则

即将知识点转变为探索性的问题点、能力点，通过对知识点的设疑(以问题形式设计成题组)、质疑、释疑、激思，培养学生的能力品质和创新素质。

3．参与化原则

即在学案设计中应考虑让学生进行参与性学习，通过学案创造人人参与的机会，激励人人参与的热情，提高人人参与的能力，激励人人参与的意识，让学生在参与中学习。

4．方法化原则

即强化学法指导，通过学案教学变"授人以鱼"为"授人以渔"，同时注意学法指导的基础性与发展性。

5. 层次化原则

即在编写学案时应该将难易不一、杂乱无序的学习内容处理成有序的、阶梯性的、符合每阶层学生认知规律的学习方案，从而达到提高全体学生素质、全面提高课堂教学质量的目的。

(五)学案编制的方法

在学案编制过程中，一般采用下面几个方法：①明确教学目标，建立知识结构框架。②把握知识的重点、难点，找出最佳切入点。③设计问题，培养学生运用知识的能力。④通过练习及时自查，并巩固学习效果。

(六)学案编制的内容

一般而言，学案包括如下内容：①学习目标。②知识构成。③学习方法。④技能训练。

(七)学案编制的一般栏目

学案编制的一般栏目主要有：①基本信息，包括年级、学科、教材、课题和教师。②学习要点(目标)。③重、难点分析。④学习思路。⑤学法指导。⑥同步练习。⑦自我测评。⑧小结。⑨练习答案和提示。

📑 拓展阅读 7-3：

扫右侧二维码阅读《道尔顿制和特朗普制》的相关内容。

拓展阅读 7-3

本 章 小 结

教学组织形式是教学过程中的一个基本要素，教学组织形式是否科学合理是教学过程能否顺利进行并取得成效的重要保证。本章第一节主要阐述了教学组织形式的概念、演变和分类情况。第二节介绍了教学的基本组织形式——课堂教学，以及教学的辅助形式(小组教学、现场教学、个别化教学)和教学的特殊形式——复式教学，特别是小队教学、师生教学合同制、问题教学、数学自学辅导实验、中学最优教学方式实验等新的教学组织形式。第三节重点阐述了教学过程的基本环节，特别阐述了学生学习过程的基本环节。第四节介绍了什么是教案和学案及其编写程序。

【推荐阅读】

[1] 唐圣平. 微课设计、开发与应用[M]. 北京：中国劳动社会保障出版社，2020.

[2] 金陵. 翻转课堂与微课程教学法[M]. 北京：北京师范大学出版社，2015.

[3] 皮连生. 教学设计[M]. 北京：高等教育出版社，2000.

[4] 王定华. 走进美国教育[M]. 北京：人民教育出版社，2004.

[5] 陈珏玉. 协同教学：意蕴与智慧[M]. 上海：华东师范大学出版社，2018.

思考与练习

一、名词解释

教学组织形式　课堂教学　小组教学　现场教学　个别化教学　复式教学　小队教学　师生教学合同制　问题教学　数学自学辅导实验

二、简述题

1. 教学组织形式与教学目的、教学内容、教学方法、教学手段等到底是怎样的关系？如何实现教学过程的最优化？

2. 一堂好课的标准是什么？

3. 班级教学规模小型化更有利于贯彻因材施教的教学原则，从而培养出创新型人才吗？

4. 目前，我国中小学教学组织形式存在哪些问题？如何解决这些问题？

三、论述题

结合中学教学实践，试论述教学工作的基本环节。

【实践课堂】扫右侧二维码阅读相关内容。

实践课堂

花园里不能只有一种花，而应当存在各种各样的花，教学模式也是如此。

——题记

第八章 教学模式

本章学习目标

➢ 熟悉教学模式的概念、结构和特点。
➢ 了解国外有代表性的教学模式。
➢ 掌握教学模式的基本趋势、选择和运用的策略。

核心概念

教学模式(teaching model) 非指导性教学模式(non-directive teaching model) 发现学习教学模式(discovery learning teaching model) 掌握学习教学模式(mastery learning teaching model) 情境——陶冶教学模式(situation-cultivate teaching model)

引导案例

苏格拉底式对话教学模式[①]

古希腊思想家苏格拉底经常采用对话教学模式，在教学中从承认学生的定义开始，沿着有利于学生论证的实例一路下来，使学生不断增强自我肯定的信心，到最后却突然翻转，使学生最终发现，完全按照自己的思路论证的结论竟然变成反对自己定义的结论。下面他与欧谛德谟关于正义与非正义的对话就是采用了典型的对话教学模式。

苏格拉底：让我们列出两行，正义归于一行，非正义归于另一行。首先，虚伪归于哪一行？

欧谛德谟：归入非正义一行。

苏格拉底：偷盗、欺骗、奴役等应归于哪一行？

欧谛德谟：应归于非正义一行。

苏格拉底：如果一个将军必须惩罚那些极大地损害其国家的敌人，他战胜了这个敌人，

---

① 孔凡成. 课堂教学模式的交往分析[J]. 语文建设，2005(2).

而且奴役他，这对吗？

欧谛德谟：不能说不对。

苏格拉底：如果他偷走了敌人的财物，或在作战中欺骗了敌人，这种行为该如何理解呢？

欧谛德谟：当然正确，但我指的是欺骗朋友。

苏格拉底：好吧，那就来专门讨论朋友间的问题。假如一个将军所统帅的军队已经丧失了勇气，处于分崩离析之中，如果他告诉他的士兵，生力军即将来增援。他欺骗了战士们，使他们鼓起勇气，取得了胜利。这种欺骗行为如何理解呢？

欧谛德谟：也算是正义的。

苏格拉底：如果一个孩子有病，不肯吃药，他父亲欺骗他说药好吃，哄他吃了，他的病因而好了，这能算欺骗吗？

欧谛德谟：也应划到正义一行。

苏格拉底：假定有人发现其朋友发了疯，因怕他自杀，就偷了他的枪，这种偷盗是正义的吗？

欧谛德谟：应该算是正义。

苏格拉底：你不是说不能欺骗朋友吗？

欧谛德谟：请让我把所有的话全部收回。

案例分析

苏格拉底式对话教学模式是根据学生的学习规律探索总结出来的，其教学环节在一定程度上体现了学习的一般步骤和方法，基本做到了教的过程与学的过程的统一。苏格拉底式对话教学模式的优点在于，能够从学生的起点出发，采用引导方式得出结论，体现了一定的民主因素，体现了"学教一体，融教于学"的特点，在一定程度上是符合学习规律的。

由此可见，教学模式是联系教学理论和教学经验的桥梁，既有实践方面的功能，又有理论方面的功能，为联系教学理论与教学实践提供了方法论的指导。因此，作为教师应该掌握有关教学模式的相关理论，并了解国内外常用的教学模式。

学习指导

教学有法，教无定法，贵在得法，对教学模式的学习也是如此。本章的重点是了解教学模式理论、掌握具体的教学模式以及选用教学模式应该考虑的条件。在学习过程中，可以根据专业、学科、自身特点等的不同，选学适合的教学模式。

教学活动中教师教什么、如何教，直接影响着学生学习的主动性和积极性，影响着教学的效率和质量，也关系到教学目标能否实现、教学任务能否完成。教师要想在教学实践中获得成功就必须注重对教学内容(教什么)和教学方法(如何教)进行合理组合，即能按某一种或某几种有效的模式进行教学。这就是本章的研究范围——教学模式。

第一节　教学模式概述

　　长期以来，人们一直在不断地探索教学领域中理论和实践得以沟通的桥梁，寻找它们之间得以联系的中介。教学模式就是教学理论与教学实践之间的桥梁和中介。

一、教学模式的概念

　　在汉语中"模式"的意思为"某种事物的标准形式或使人可以照着做的标准样式"（《现代汉语词典》）。在英语中，"模式"一词是英文 model 的汉译名词，源于拉丁文 modulus，还可以译为"模型""范例""典型"等意思，一般是指被研究对象在理论上的逻辑轮廓，是经验与理论之间的一种具有可操作性的知识系统，是再现现实的一种理论性的、简化了的结构形式。将"模式"一词引入教学领域并加以系统研究的，应当首推美国学者乔伊斯（Bruce Joyce）和韦尔（Marsha Weil）。1972 年，乔伊斯和韦尔出版的《教学模式》一书系统地介绍了 22 种教学模式，并用较为规范的形式进行研究和阐述，"试图系统地探讨教育目的、教学策略、课程设计和教材，以及社会和心理理论之间相互影响的，可以使教师行为模式化的各种可供选择的类型"[①]。稍后，美国学者冈特（Mary Alice Gunter）、施瓦布等在《教学：一种模式观》（1990 年）中认为，教学模式就是"导向特定学习结果的一步步的程序"。

　　自 20 世纪 80 年代以来，我国教育界对教学模式的研究渐趋重视，并出现了一些重要的研究成果。综合国内外这些研究成果，我们认为，教学模式是在一定教学思想指导下和丰富的教学实践经验的基础上，为完成特定的教学目标和内容而围绕某一主题形成的稳定而简明的教学结构理论模型及其具体操作的实践活动方式。[②]教学模式不等同于计划，因为计划往往显得太具体、太具操作性，而失去了理论性的色彩。教学理论中"模式"一词的引入，力图说明的是在一定的教学思想或教学理论指导下建立起来的各种类型的教学活动的基本结构或框架，以及表现教学过程的程序性的策略体系。它的显著特征是阐述教学流程，它将教学程序、教学方法、教学手段、教学组织形式融为一体，把抽象的理论转化为具体的操作程序，使教师明确教学要"做什么"和"怎样做"。换句话说，教学模式是简约地体现了设计、实施、调控、评价教学活动的一整套教学方法论体系，是教学理论和教学实践得以发生联系并相互转换的媒介。

二、教学模式的结构

　　教学模式通常包括理论依据、主题、教学目标、操作程序、实现条件、教学评价等因素，这些因素之间有规律的联系就是教学模式的结构。其中，理论依据是教学模式得以建立的思想基础和依据；主题主导着整个教学模式；教学目标制约着操作程序、实现条件等；操作程序是教学模式实施的环节和步骤；实现条件保证着教学模式功能的有效发挥；教学评价能使我们了解教学目标的达成度，并对活动过程进行反馈和监控。

---

①　Joyce B, Weil M. Models of Teaching[M]. 3rd ed. New Jersey: Prentice Hall, 1986.

②　徐继存，王传金. 教学模式研究：何去何从[J]. 克山师专学报，2000(2): 75-83.

(一)理论依据

教学模式是一定的教学理论或教学思想的反映，是一定理论指导的教学行为范型。"每个模式都有一个内在的理论基础。换言之，它们的创造者向我们提供了一个说明我们为什么期望它们实现预期目标的原则。"[①]因此，在不同的教学理论指导下，往往会形成不同的教学模式。如以行为主义心理学理论为依据形成程序教学模式，以认知心理学派的学习理论为依据形成概念获得模式和先行组织概念模式等。

(二)主题

在一定的理论指导下，每一种教学模式都有一个突出的主题。它就像一根主线，贯穿和主导着整个模式体系，支配着模式的其他构成因素，并产生与主题相关的一系列概念范畴。比如，问题教学模式的主题是"问题性"。这一主题不仅制约着问题教学模式的目标、程序、方法及其内容，而且产生了诸如"问题情景""学习性问题"等一系列概念。

(三)教学目标

教学模式的目标，就是要完成主题所规定的任务。在教学模式的结构中，它处于核心地位，不同的教学模式是为完成一定的教学目标服务的。如问题教学模式的目标是培养学生在一定的问题情景下解决问题的能力。教学目标决定着教学模式的操作程序和师生组合，是教学评价的标准和尺度。

(四)操作程序

在教学模式中，操作程序就是特定的逻辑步骤，它规定在教学活动中师生先做什么，后做什么，以及各步骤应当完成的任务，具有明显的时间性、顺序性和可操作性等特点。如强调知识传授的赫尔巴特的教学模式，其操作程序是明了、联想、系统和方法四个阶段。杜威的实用主义教学模式的程序是情景、问题、假设、推理和验证五个步骤。操作程序源于教学阶段，并依据教学内容进行具体的设计，形成可操作的步骤。

(五)实现条件

教学模式的实现条件，是指能使教学模式发挥效力。达到一定功能目标所需要的辅助性支持。任何教学模式都有其特定的条件，只有在这些条件得到满足时，教学模式才能发挥其效用。实现条件的主要内容包括人力条件、物力条件和动力条件，如学校的基础设施、教师和学生、教学实践方式和内容等因素。

(六)教学评价

教学评价是教学模式的一个重要因素，它是指某种教学模式所特有的完成教学任务、达到教学目标的评价方法和标准等。由于不同的教学模式所要完成的教学任务和所要达到的教学目标不同、使用的程序和条件不同，因此其评价的方法和标准亦有所不同。非指导性教学模式主要实行学生的自我评价，而掌握教学模式主要采用效标参照性评价而不是标

---

① Joyce B, Weil M. Models of Teaching[M]. 3rd ed. New Jersey: Prentice Hall，1986.

准化评价。

一般来说，教学模式包括理论依据、主题、教学目标、操作程序、实现条件、教学评价等因素，这些因素在一个教学模式中各自占据不同的地位，起着不同的作用，具有不同的功能，共同构成了一个完整的教学模式。各个因素的具体内容不同，则会形成不同的教学模式。在教学实践中要具体问题具体分析，选择合适的教学模式。

三、教学模式的特点

尽管构成教学模式诸因素的内容和组合方式不同，适用的具体情况和范围大小不同，教学模式呈现出多样性和层次上的差异，但是不同的教学模式仍然同时具有指向性和探索性、操作性、完整性、稳定性、灵活性等共同的特性。

(一)指向性和探索性

任何教学模式都是为了达到一定的教学目标而提出和创立的，具有明显的目标指向性。同时，教学模式的提出和创立往往无法效仿，具有一定的实验性质，因而又表现出尝试和探索的特点。任何一种教学模式的有效运用都需要一定的条件，不存在对任何教学过程都适用的普遍有效的模式，最好的教学模式是在一定情况下达到特定目标的最有效的教学模式。教学过程中在选择教学模式时，必须注意不同教学模式的特点和效果，注意教学模式的指向性。

(二)操作性

教学模式产生的意义在于，便于人们理解、把握和运用，因此它不是单纯的理论阐述，其表述方法要便于教师学习、运用，便于推广。教学模式把某种教学理论或活动方式中最核心的部分用简化的形式反映出来，为人们提供了一个比抽象的理论具体得多的教学行为框架，具体地规定了教师的教学行为，使教师在课堂教学中有章可循，便于教师理解、把握和运用。

(三)完整性

教学模式不是一种教学的方法、程序或策略等，它是由理论依据、主题、教学目标、操作程序、实现条件、教学评价等因素构成的有机系统，体现着理论上的自圆其说和过程上的有始有终。教学模式反映教学过程的某个方面，揭示了教学过程中诸因素之间的动态联系，从全局上把握教学过程的始末，因而具有完整性的特点。

(四)稳定性

教学模式是大量教学实践活动的理论概括，在一定程度上揭示了教学活动带有的普遍性的规律。一般情况下，教学模式并不涉及具体的学科内容，所提供的程序对教学起着普遍的参照作用，具有一定的稳定性。但教学模式是依据一定的教学理论或教学思想提出来的，而一定的教学理论或教学思想又是一定社会的产物，因此，教学模式总是与一定历史时期社会政治、经济、科学、文化、教育的水平相联系，受到教育方针和教育目的的制约。因此这种稳定性是相对的。

(五)灵活性

教学需要模式，因为教学的各个环节在构成一定的逻辑联系的时候，也呈现着不同的模式，但教学切忌模式化，用唯一替代多样，用刻板替代灵活。任何教学模式都有自己的特性，也都有自己的适用范围、针对性，没有普遍适用的、万能的教学模式。教师可根据教学目标的要求、自身的条件、学生的特点、课程的需要及教学环境提供的具体情况，去利用、改造甚至创设教学模式，这体现了教学模式的灵活性。

四、教学模式的功能

人类建立一切模式的目的就是在观念、理论和实践之间架起一座桥梁。教学模式也是如此。它将教学理论与实践密切地结合起来，起到连接教学理论与教学实践的中介功能，为联系教学理论与教学实践提供方法论的指导。一般来说，对于教学模式的功能可以从以下两个方面来理解。

(一)实践功能：指导、预见、系统化和改进教学实践

即使是最好的教育理论，如果它是抽象的，就不可能对课堂教学产生多大的影响。赫尔巴特的理论最初没有对课堂教学产生普遍影响，原因就在于理论没有转化成系统的、注重实际的、能为教师普遍接受的教学模式。与教学理论相比，教学模式是教学过程基本理论的具体再现，是以更具体的方式对这些理论进行的模仿，然后以一定的形式把基本理论表现出来，成为受某种理论指导的教学模式。因此，教学模式对实践具有指导作用，具体表现在它包括了达到某一教学目标的条件和实施的程序及方法等，使抽象的理论有了可操作性，可供教师在设计和组织具体的教学活动时进行参考；教学模式对教学活动和过程中的诸因素及其联系和作用进行了系统的建构，使教师对教学过程有一个整体的、清晰的认识和把握；教学模式还能帮助教师预见预期的教学效果。

(二)理论功能：提升教学经验，丰富教学理论

教学模式来源于教学实践，是对教学经验的升华。它不仅对实践中的教学活动进行选择和加工，而且包含着一些尚未发生的预测和设想。教师往往从个别教学经验入手，将个别教学经验概括整理后升华到教学理论的层面；随着概括整理层次的提高，教学模式逐步由小型的、层次较低的理论发展为完整的、层次较高的理论。从这个意义上说，教学模式可以为教学理论不断充实发展提供各种素材，它是将教学实践转化为教学理论的必要环节，对教学理论的充实具有建构的功能。

正是由于教学模式具有以上两个功能，它便有助于改变教学理论和实际相脱离的状况，形成教学理论和教学实践的良性循环。学习和研究教学模式，既是教学实践的需要，也是教学理论研究发展的必然逻辑。

第二节　当代国外教学模式简介

近十几年，一批有代表性的当代国外教学模式被陆续介绍到国内，引起了较大反响，其中有些已对国内学校教学实践产生了深刻影响。现在要介绍有代表性的几种教学模式。

一、范例教学模式

20 世纪 50 年代初，世界各国在教育上不断增加教学内容，各级课程变得十分庞杂，学生智力活动受到阻碍、学习主动性受到阻滞，因而教学质量下降。面对这种情况，联邦德国的 M.瓦格舍因、J.德博拉夫、W.克拉夫基等许多教育家发表论著，提出教学改革的基本思路是：教学大纲应该从庞杂臃肿的教材中精选那些对进一步了解事物本质具有实例性的、启发性的部分，使学生借助对这些典型范例的研究，理解普遍性的东西。范例教学在 20 世纪五六十年代逐步形成一个教学理论体系。

范例教学模式遵循人的认知规律，即从个别到一般、从具体到抽象的过程。在教学中，一般从一些范例分析入手感知原理与规律，并逐步提炼进行归纳总结，再进行迁移整合。范例教学主张选取蕴含本质因素、根本因素、基础因素的典型案例，通过对范例的研究，使学生从个别到一般、从具体到抽象、从认识到实践，理解、掌握带有普遍性的规律、原理。

范例教学的实施步骤包括四个阶段：第一阶段，范例性地阐明"个"的阶段，用典型事实和现象为例说明事物的本质特征。教师以精心选择的具有代表性的特例，运用直观的方法，让学生通过具体范例的学习，认识某一事物的本质特征。在教学组织第一阶段中，范例主要用于为知识迁移创设必需的起点。第二阶段，范例性地阐明"类"的阶段，用许多在本质上与"个"案一致的事实和现象来阐明事物的本质特征。从对第一阶段"个"例的认识出发，探讨一类事物的共同特征，从而达到对同类事物的本质关系——规律性的认识。这一阶段的教学，是在个案学习的基础上，对同类事例进行归类，对其本质特征上相一致的许多现象加以分析、综合，从而实现对课题内容的第一次抽象——由具体到抽象。第三阶段，范例性地掌握规律和范畴的相互关系的阶段。通过对"个"和"类"的分析、认识，使学生的认识上升到对普遍性的规律的认识。第四阶段，范例性地获得关于世界与生活的经验的阶段。该阶段的教学，在很大程度上是一种对学生培养目标的追求。

范例教学模式具有启发式教学思想，举证示范的例子引导学生利用示范的思想方法解决多个问题。范例教学模式符合现代教育的发展趋势，有助于增强教学的实效性，减轻学生负担。但有的学者认为，范例教学加重了教师的身心负担，加重了学生的课堂负担，实践操作性差，范例选择与知识的系统化之间存在矛盾，忽视了传统教学方法的作用，不利于教师创造能力的发挥。也有的学者认为，范例教学使知识的基础性与系统性脱节，忽视了教师的实际教学能力，未能解决如何在实际教学中组织"教养性的学习"、如何构建一门范例的学科的问题。

二、抛锚式教学模式

抛锚式教学模式要求建立在有感染力的真实事件或真实问题的基础上。确定这类真实事件或问题被形象地比喻为"抛锚"，因为一旦这类事件或问题被确定了，整个教学内容和教学进程也就被确定了(就像轮船被锚固定一样)。由于抛锚式教学要以真实案例或问题为基础(作为"锚")，所以有时也被称为"实例式教学"或"基于问题的教学"或"情境性教学"。

抛锚式教学的理论基础是建构主义。建构主义认为，学习者要想完成对所学知识的意义建构，最好的办法是让学习者到现实世界的真实环境中去感受、去体验(即通过获取直接经验来学习)，而不是仅仅聆听别人(例如教师)关于这种经验的介绍和讲解。抛锚式教学模式的基本程序是：创设情境(使学习能在和现实情况基本一致或相类似的情境中发生)—确定问题(选择出与当前学习主题密切相关的真实性事件或问题作为学习的中心内容，选出的事件或问题就是"锚"，这一环节的作用就是"抛锚")—自主学习(不是由教师直接告诉学生应当如何去解决所面临的问题，而是由教师向学生提供解决该问题的有关线索，并特别注意发展学生的"自主学习"能力)—协作学习(讨论、交流，通过不同观点的交锋，补充、修正、加深每个学生对当前问题的理解)—效果评价(不需要进行独立于教学过程的专门测验，只需在学习过程中随时观察并记录学生的表现即可)。抛锚式教学模式要求情境设置与产生的问题要一致，创设情境适时抛出问题，注意情境感染与熏陶作用。问题难易适中并具有一定的真实性，在教学中要充分发挥学生的主体性。抛锚式教学模式能培养学生的创新能力、解决问题能力、独立思考能力及合作能力等。

典型案例 8-1：

扫右侧二维码阅读《抛锚式教学模式案例》的相关内容。

典型案例 8-1

三、发现学习教学模式

发现学习教学模式是美国教育家布鲁纳针对传统"仓库式"的教学思想提出的。布鲁纳强调学科的基本结构，认为"不论我们教什么学科，务必使学生理解学科的基本结构"，因此在教学中采用一种最能使学习者有效地掌握学科基本结构的方法——发现法。在此基础上，布鲁纳形成了发现学习的教学模式。该模式是指在教师指导下，学生能像科学家那样，通过自己的探索来学习，寻找事物变化的因果关系及其内在联系，形成概念，获得真理。

拓展阅读 8-1：

扫右侧二维码阅读《发现学习教学模式案例》的相关内容。

拓展阅读 8-1

发现学习教学模式的理论基础主要是结构主义、学科的基本结构和发现法。结构主义强调认识事物内部的结构，反对单纯地研究外部现象；强调整体性的研究，反对孤立的局部性研究；强调从系统功能中把握事物，反对单纯的经验描述。学科的基本结构是指该学科的基本概念、基本原理以及它们之间的关联性，是知识的整体和事物的普遍联系，而不是孤立的事实本身和零碎的知识结论。发现学习教学模式认为，学生的认识过程类似于人类的认识过程，教学过程是教师指导下学生的发现过程，学生要主动地进行学习、探究和发现事物，而不是消极地"接受"知识。学生要像数学家那样思考数学，像历史学家那样思考历史。发现学习教学模式的教学目标在于让学生掌握学科的基本知识，并帮助每个学生获得最好的智力发展。

学生的智力和能力的发展是教学的中心目标，同时还注重发展学生的直觉思维及学习的内在动机。发现学习教学模式的操作程序大致分为四步：提出问题(教师选定一个或几个一般的原理，给学生一些感性材料，使学生带着问题学习，学生提出弄不懂的问题或疑难)

—创设问题情境(问题情境是一种特殊的学习情境，情境中的问题既适合学生已有的知识水平、能力，又需经过一番努力才能解决，从而使学生形成对未知事物进行探究的意向)—提出假设(利用所给定的材料，在寻求答案的过程中，充分利用直觉思维提出各种有益于问题解决的可能性，罗列出解决问题时可能碰到的困难等)—评价、验证、得出结论(对各种可能性运用分析思维进行反复的求证、讨论，寻求答案，根据学生的"自我发现"，提出一般的原理或概念，把一般的原理或概念付诸实践，提高学生运用知识、分析问题和解决问题的能力)。

发现学习教学模式的实现条件有三个：一是精选教材，使学生从中提炼出最基本的学科结构；二是教师要引导学生去探索，弄清基本原理，使学生了解可以解决问题的各种方法和不同的观点，启发学生的探索思维，激发学生探索的积极性；三是师生在教学中的关系以协作为主，使学生能主动开展活动。

发现学习教学模式能够诱发学生内在的学习动机，培养学生主动探究的能力，从而发掘出学生的潜能，这是它的优点。但该模式较适用于逻辑系统严密的数理学科，对于以情感为基础的艺术学科则不太适用。该模式所追求的"发现"较为费时，很难全面推广。另外，它需要学习者具有一定的知识储备，要求学生有一定的思考能力和独立解决事情的能力，所以不太适合低年级学生。

四、掌握学习教学模式

掌握学习教学模式是美国当代著名心理学家、教育家布鲁姆在20世纪70年代创立的。掌握学习教学模式以"所有学生都能学好"为指导思想，以集体教学为基础，辅之以经常的、及时的反馈，为学生提供所需的个别化帮助以及额外学习时间，从而保证绝大多数学生达到课程目标所规定的掌握标准。掌握学习教学模式将集体教学与个别教学结合起来，以求提高整体教学质量。

掌握学习教学模式的理论基础主要有三个：一是人本主义思想，对教学对象始终抱有乐观主义和人道主义信念，认为"95%以上的学生在学习能力、学习速度、学习动机等方面并无大的差异。只要有适合学生特点的学习条件，几乎所有的学生都能学好"。二是心理学提出的学生的情感影响着学生学习结果的结论。三是布鲁姆所创立的"教育目标分类学"和教学评价理论。布鲁姆将教育目标分为认知、情感、动作技能三个领域，认知领域的教育目标又分为知道、领会、运用、分析、综合、评价六大类，十七个小类，教育目标都具有外显行为等特点，且都是可以测定的。诊断性评价、形成性评价和终结性评价等各种教学评价的运用是"掌握学习"的关键。掌握学习教学模式的目标在于大面积提高教学质量，不仅使学生而且使教师获得更多且长远的社会与个人成功的机会，特别是学生可获得基本的智力、体力和情感方式，保证他们能够并且希望从事终身的学习。

掌握学习教学模式的操作程序分为定向、逐单元学习实现单元掌握、终结性测验与评定等级三步。

在定向阶段，教师确定最基本、最关键的教学目标，即舍弃平庸地学习一门课程中所有的内容(强调范围)，代之以扎实地学好一部分内容(强调掌握)。教师要明确告诉学生学习什么、怎样学习、达到什么程度等，为学习进行定向。这一阶段主要是让学生明确：掌握学习是帮助全体学生而不是少数学生的学习，每一个学生都将得到学习过程中所需要的帮助；每个学生都会接受一系列形成性测验，以便及时反馈、矫正，不断地调整学习；每个学生的学习等级以期末成绩为依据，根据预定的标准来划分，达到标准的都将获得"优秀"(不以数量来限定)；假使学生在学习上遇到困难，会得到另一套可供选择的学习材料，帮助其达到掌握的水平。这一阶段对学生树立掌握学习的自信心及形成良好的学习动机至关重要。

在逐单元学习实现单元掌握阶段，教师把整个教学内容分成一系列单元，安排单元序列，使得已掌握的事实、概念、原则、技能及评价能在以后的各单元学习中多次运用。教师在讲授完每一单元后，对全班学生进行单元形成性测验，教师出示标准答案，由学生自己评分，若成绩达到80～85分，就算已经"掌握"，未达到80分的学生则采用矫正措施。矫正之后对未掌握的学生进行再测，如果学生通过第二次测验仍未达到掌握水平，则不再进行第三次测验。

在终结性测验与评定等级阶段，通过终结性测验，分数达到或超过"掌握"标准的所有学生得"A"(或相当于"A"的等级)；而对低于成绩标准的学生，则采用两种评定等级的方法。一种是给学生"没有完成学习任务"的评定(也就是说这些学生还没有花足够的时间、得到足够的帮助)，教师则可以有一个"公开成绩单"，以便随时记载这些学生成绩提高的情况。另一种方法是用传统评定等级中的其余等级(即 B、C、D、F)评定"掌握"成绩以下的各种等级。

掌握学习教学模式的实现条件有三个：一是师生双方对"掌握学习"都要抱有信心，教师应不囿于传统教学，不按传统正态曲线来评定学生，应该相信大多数学生都能学好；二是确定所教学科的内容、目标和测量手段；三是为掌握制订计划。

掌握学习教学模式强调的是因材施教，使教学适应学生的心理特点和个别差异，从而使大多数学生达到课程目标所规定的掌握标准，达到整体提高教学质量的教学目标。这种教学模式在普通的学年制班级里便可以实施，因此得到了普及。但是掌握学习也存在需要研究解决的问题。如教学内容怎样划分单元才更科学、更合理；教师上课前的大量准备工作，以及要使用多种教学手段和方法，势必会增加教师的负担。一般来讲，对于掌握学习，成绩较差和一般的学生比较适应，优等生则通常不适应，深化学习和扩展学习难以解决好。

五、暗示教学模式

暗示教学模式是保加利亚的洛扎诺夫(Georgi Lozanov)研究总结提出的，主要用于语言教学。暗示教学模式强调无意识心理活动和情感在学习中的作用，通过各种暗示手段，充分调动学生的无意识心理活动，运用鲜明的形象强化和外围知觉唤起学生的视听感觉，使学生在轻松、愉悦的情境下进行学习，进而不断地促进学生的生理及心理的发展。

暗示教学的理论基础有两个：一是人与环境的关系。人的成长不可能脱离环境的影响，环境会不知不觉地影响人的发展。二是暗示心理学。暗示心理学认为人的可暗示性使人和环境之间的无意识关系发生作用；人有逻辑防线、情感防线、伦理防线三道反暗示防线；一切意识都建立在与无意识的结合上，无意识自动调节着人的认识活动。

暗示教学的教学目标旨在通过创设优雅的外部环境及运用各种暗示手段，激发学生的情感因素，使学生在轻松、舒畅的环境中进行高效的学习。暗示教学还注重使学生学会充分发展自我，开发自我的潜能，提高记忆力、想象力和创造性解决问题的能力。以语言教学为例，暗示教学的基本操作程序为：教师讲解新课文—教师读课文(用不同的声调连续读三次，第一次用谈话的声调，第二次用私下耳语的声调，第三次用得意的声调)—播放音乐，教师再读三遍课文(告诉学生不要听读课文，只注意听音乐，使课文不知不觉进入头脑)—学生2～3人一组，分别扮演不同角色，用新学的语言对话—学生把课文重读一遍，再重读一遍—全体用新学的语言进行唱歌、游戏或演戏。

暗示教学模式的实现条件有三个：一是创设幽雅的外部教学环境。良好的环境是产生交流的重要因素，它能使有意识和无意识的活动在学习中同时发挥作用。因此暗示教学强调教学必须在一种特定的环境中进行。二是学前动员。学前动员就是在开始学习之前，利用艺术的力量动员其学习者，使学习者自觉进入学习情境。三是采用各种暗示手段。暗示手段的实现必须与反暗示防线相协调，必须建立能激发个人潜力的无意识心理倾向。

暗示教学模式的特点是让学生处在轻松愉快的学习环境中，运用暗示、联想、练习和音乐等综合手段、方式，诱发学生的学习需要和兴趣，使大脑两半球协调活动，有意识和无意识心理活动相结合，形成学习的最佳心理状态，从而充分发挥学习潜力，提高教学效果。但是，实施暗示教学要求众多的条件，如教学设备方面，要有宽敞的、布置雅致的教室；较好的音响设备；学生人数要少，一个班只能有十多人；教师不仅要有专业知识和教学能力，而且要能运用心理学知识，运用音乐、戏剧、舞蹈等综合艺术形式。

六、非指导性教学模式

非指导性教学模式的倡导者是美国著名人本主义心理学家和心理咨询专家罗杰斯。这种教学模式侧重于教师不是直接教学生，而是促进他们学习。这主要是为了发展学生的自我潜能，把学生放在核心的位置上，将学生的自我发展看作教学的根本要求。在学生自我实现的同时，教师应该尽量为学生创造和谐、融洽、宽松的课堂气氛，使学生在整个学习过程中充满安全和愉悦的感觉，增加自我实现的信心和勇气。

非指导性教学模式以人本主义心理学为理论基础，它源于罗杰斯的"指导性"咨询理论。罗杰斯作为心理咨询专家，非常注重病人进行自我解脱，因此他采用了以"病人为中心"的心理治疗方法。他把这种治疗方法应用到教育领域，形成了"学生中心"的教学理论。教学中强调学生"自我实现"的作用，教师仅仅起促进的作用。

非指导性教学模式的教学目标是以人的本性为出发点，把教学视为促进学生自我实现的工具，发掘人的创造潜能，形成人的独立个性，最终培养出自由独立的、情知合一的"完整的人"。

非指导性教学模式的操作程序大致如下：首先是创设情境。教师建立一种有利于学生接受的气氛或问题的情境。然后个人和(或)小组鉴别并追求他们的学习目标。学生各自提出问题，经讨论形成小组全体成员共同感兴趣的问题，从而确定教学目标。教师的任务是将学生含糊不清的、相互矛盾的个人目标引导到小组共同目标之中。接着教师提出一些可供小组成员利用的"资源"，如阅读书籍、听录音、讨论、拜访有关人士等，共同参与小组诸目标的发展。

非指导性教学模式在运用时十分重视人际关系和情感因素在教学中的作用，强调教师要以真诚的态度对待学生，应把学生的感情问题放在教学过程的中心地位；教师不是以指导者而是以顾问的身份出现的，不是教学生怎样学而是提供学生学习的手段(包括教师本人的学识、能力、思考方式等),由学生决定怎样学。

非指导性教学模式的优点在于,确立了以人为中心的教学目标,注重人际关系、情感态度的作用,关注学生独立自主的个性的养成、开发学生的创造潜能、促进学生的自我完善。该模式的不足之处在于,由于它过分强调以学生为中心,削弱了教师在教学中应起的作用;另外,它完全放弃课程内容对学生的教育作用,这也会对教学产生不利影响。

第三节　我国教学模式简介

"模式"一词在于 20 世纪 80 年代出现在我国的教育理论界,迄今三十多年的时间里,我国的教学模式研究大体经历了三个发展阶段:第一个阶段(1981—1988),以教学模式的介绍与引进为主;第二个阶段(1989—1994),以教学模式的理论探讨为主;第三个阶段(1995年至今),以新型教学模式的建构为主。我国教学理论与实践中较常用的教学模式主要有以下几种。

一、传递-接受教学模式

传递-接受教学模式在我国中小学教学实践中被较多地采用。它起源于赫尔巴特及其弟子提出的"五段教学",后经苏联凯洛夫等人加以改造传入我国,我国教育者根据自己的教学经验以及现代教育学和心理学的理论,对其加以调整而形成。

传递-接受教学模式的理论依据是辩证唯物主义的认识论和有关的心理学、教育学基础理论。该模式认为教学是学生在教师指导下的一种对客观世界的认识活动,这个认识活动包括掌握系统的基础知识和基本技巧,发展认识能力,形成良好的学习习惯和思想道德品质。传递-接受教学模式的教学目标是通过教师在课堂上对教学内容作深入分析和系统讲授,向学生传递前人积累的文化知识技能及经验,让学生掌握基本知识和基本技能("双基"),发展学生的认知结构。

传递-接受教学模式的操作程序是按学生认识活动的规律来加以规划的,其基本程序包括:复习旧课—激发学习动机—讲授新知识—巩固运用—检查评价。复习旧课是为了强化记忆、加深理解、加强知识之间的相互联系和对知识进行系统整理。激发学习动机是根据新课的内容,设置一定情境和引入活动,激发学生的学习兴趣。讲授新知识是教学的核心,在这个过程中以教师的讲授和指导为主,学生一般要遵守纪律,跟着教师的教学节奏,按部就班地完成教师布置给他们的任务。巩固运用是学生在课堂上对新学的知识进行运用和练习解决问题的过程。检查评价是通过学生的课堂和家庭作业来检查学生对新知识的掌握情况。传递-接受教学模式特别强调教师在教学中的作用,为了确保教师更好地发挥主导作用,教师在教学过程中必须围绕"三中心"进行教学,即以教师为中心、以课堂为中心和以教材为中心。

传递-接受教学模式因为适用于任何学科、任何阶段的学生,且易于发挥教师的主导作用,使学生在短时间内接受大量的信息而在我国中小学长期使用。但在运用该模式时,教师要注意将有潜在意义的学习材料与学生已有的认知结构相联系,使学生采取有意义的学习策略,否则会因教师讲授多学生活动少而形成注入式教学。

二、引导-发现教学模式

引导-发现教学模式又称问题-探究教学模式，是指教学活动以解决问题为中心，学生在教师指导下通过发现问题、提出问题的方法，并通过自己的活动找到答案的一种教学模式。该模式多见于数理学科的教学，湖北王辅湘的小学数学引导发现法模式、武汉邓国材的启发探索式模式等均属此类。

引导-发现教学模式的理论基础是杜威的"五步教学法"、皮亚杰的"自我发现法"和"活动教学法"、布鲁纳的"发现法"等教学原理。它的教学目标是引导学生手脑并用，运用创造性思维去获得亲身实证的知识，培养学生发现问题、分析问题和解决问题的能力；让学生养成探究的态度和习惯，逐步形成探究的技巧。

引导-发现教学模式的基本操作程序包括：问题(教师在创设教学条件、环境的基础上提出问题，引导学生进行积极思考)—假设(教师尽量在诱发性的问题情境中引导学生通过分析、综合、比较、类推等方法不断产生假设，并围绕假设进行推理，引导他们将已有的各种片段知识从不同的角度加以改组，从中发现必然联系，逐步形成比较正确的概念)—验证(用其他类似的事例来对照检验已获得的概念的正误及其正误的程度，靠进一步的定性分析使自己有一个较明确的判断)—总结提高(引导学生对认识的性质及其发展的过程做出总结，从中找出规律性的东西，求得在后来的认识和发展中有进一步的借鉴意义)。在引导-发现教学模式中，教师的作用主要是引导。因此，教师应该清晰地掌握所有"问题"体系；教师要允许学生犯错误，并鼓励学生大胆提出疑问；教师要结合教学要求，为学生提供探究所需的材料和场所。

引导-发现教学模式的优点在于教会学生如何学习，如何发现问题，怎样加工信息，如何推理、论证等，因而有利于培养学生科学的学习态度和探索能力。引导-发现模式也存在不足，它一般适用于数理学科，需要学生先具有一定的经验储备，才能从强烈的问题意识中找到解决问题的线索。

三、情境-陶冶教学模式[①]

情境-陶冶教学模式是使学生处在创设的教学情境中，运用学生的无意识心理活动和情感，加强有意识的理性学习活动的教学模式。这一模式是吸取洛扎诺夫的暗示教学理论，并参照我国教学实际工作者积累的有效经验加以概括而成的。这类模式的有关实验有"情境教学""愉快教育""成功教育""快乐教学""情知教学"等。

人的认识是有意识的心理活动与无意识的心理活动的统一，是理智与情感活动的统一，这就是情境-陶冶教学模式的理论基础。情境-陶冶式教学是从学生是一个完整的个体、学习是两种意识交互作用的协调过程这一视角出发，充分激发学生个人潜能，力求在教学过程中把各种无意识活动组合起来，把积极情感调动起来，服务于有意识的和理智的活动，使学生在一个心情舒畅、轻松愉快的环境中，以一种最佳的学习心态掌握知识、享受学习。该教学模式的教学目标是使学生在思想高度集中、精神完全放松的状态下，高效率、高质

---

① 黄甫全，王本陆. 现代教学论学程[M]. 北京：教育科学出版社，1998.

量地掌握所学内容，并且在情感和思想上受到触动和感化。情境-陶冶教学模式的教学目标是通过情感和认知的多次交互作用，使学生的情感不断得到陶冶、升华，个性得到健康发展；同时又学到科学的知识，达到真正的情知交融。

情境-陶冶教学模式的基本操作程序为：创设情境(围绕教学内容，为学生创设一个富有情感、美感、生动形象并蕴含哲理的特定氛围，以激起学生的学习情绪)—情境体验(通过参与各种活动，使学生在特定的气氛中积极主动地从事各项智力活动，以情启思，以思促情)—总结转化(通过教师的启发总结，使学生从情境中获得科学知识，领悟学习内容主题的情感基调，做到情与理的统一，并使这些认识、经验转化为指导学生思想行为的准则，达到知情并进、情知双获)。情境-陶冶教学模式中，教师是学生情感的"激发者"和"维持者"，因此对教师的要求比较高。要求教师具有表演、语言表达等多种能力，并根据教学要求提供、组织音乐器材、教具或教学场所，还要求教师和学生建立融洽的师生关系，师生一起进入角色，使情境更加合情合理，达到引导学生的情感和促进学生认知的目的。

情境-陶冶教学模式的特点是通过创设某种与现实生活类同的意境，让学生从中领悟到怎样对待生活、认识自己和对待他人，提高学生的自主精神和合作精神，陶冶学生的性情。但一般而言，该模式较适用于思想品德课、外语课、语文课的教学以及课外各种文艺兴趣小组和社会实践活动等教学活动。

四、目标-导控教学模式

目标-导控教学模式是以明确的教学目标为导向，以矫正、强化为主要目的，帮助大多数学生掌握教学内容的一种教学模式。我国自 20 世纪 80 年代中期以来所进行的"目标教学""单元达标教学"的教改实验均属此类。

目标-导控教学模式的理论基础是布鲁姆的掌握学习理论、教育目标分类学和形成性评价理论以及控制论原理。该模式认为，学习过程是学习水平由低到高逐步递进的，每一较高水平的学习根植于较低水平的学习上，因而要设计出由低到高的高序列化目标，通过评价学生对目标的达成度，调整学生的学习条件和学习时间，发挥学生的潜力。目标-导控教学模式根据大纲划分单元，制订单元教学目标并按单元目标组织教学，借助评价、反馈、强化和矫正等活动，保证绝大多数学生达到教学目标，为后续学习奠定基础。

目标-导控教学模式的操作程序为：前提诊断(对将要学习的单元教学内容所涉及的基础知识进行简短的检查、提示、复习或回顾)—明确目标(展示目标，让学生对新知识应达到的水平和掌握的范围有所了解)—达标教学(通过讲授、提问、练习或自学等形式紧扣目标进行教学，力求让尽可能多的学生掌握教学内容)—达标评价(采用教师对学生的评价、学生自评或互评等评价方式，评价通常不计分，答案由教师提供)—强化补救(根据评价反馈的信息，采取强化或补救性教学)。在目标—导控教学模式中，教师是目标的提供者和学生达标的组织者。教师应对所教学科的目标有科学的理解，要安排好单元教学内容，分析各单元中的每个知识点，并用目标去准确界定。教师必须热爱和相信学生，有极强的责任心。

目标-导控式教学模式的特点为：它是在所设置目标的控制下进行教学活动，让绝大多数学生都能掌握教学内容以达到教学目标。它以明确目标为教学导向，以教学评价为动力，以矫正、强化为活动核心。目标-导控式教学模式面向全体，立足于大面积提高教学质量，适应我国普及九年义务教育的需要。但很多教育专家认为：完全按外显行为结果确定教学目标并不科学，许多内隐的心理变化被忽视；教学只专注"达标"，虽有利于教学控制，但教学中的非目标的教育因素(如心理教育因素)和教育契机由于忽视而被放弃，这不符合全面育人的要求。

五、自学-辅导式教学模式

自学-辅导式教学模式是在教师的指导下自己独立进行学习的模式。它强调教学活动以学生自学为主，教师的指导贯穿于学生自学的始终。卢仲衡主持的"中学数学自学辅导实验"，上海育才中学的"读读、议议、练练、讲讲"八字教学模式，魏书生的中学语文教学"六步法"模式，黎世法的"六课单元教学实验"，钱梦龙的"三主四式语文导读法"等，都属于自学-辅导式教学模式。

自学-辅导式教学模式的理论基础是"教为主导，学为主体"的辩证统一的教学观、"独立性与依赖性相统一"的学生心理发展观和"学会学习的学习观"。自学-辅导式教学模式以培养和提高学生的自学能力为主要目标。由于充分发挥视觉分析器的作用，有利于学生积极开动脑筋，在探索中求得知识的掌握与内化；教学过程中，学生可以进行广泛的交流，相互提示，可以大大提高学生的学习热情。因此，它比单靠"讲授—听讲"单通道进行信息传送的质量要高得多。自学-辅导式教学模式的基本操作程序为：提出要求(根据教学需要，教师对自学的范围、重点和要解决的问题提出要求，让学生有目的地学习)—开展自学(根据要求，学生自学，教师巡视，了解自学情况，及时解决学生的个别性问题)—讨论、启发(对学生提出具有代表性的问题，教师汇总后再集体讨论)—练习运用(疑难解决后，教师布置练习，使学生所获新知在运用中得以检验、巩固)—评价(教师对练习结果及时评价并根据反馈信息，采取巩固性或补充性教学，以确保学生牢固地掌握知识)—小结(教师让学生将所学知识系统化、概括化，并联系原有知识，从整体上理解所学内容)，教师的指导贯穿在每个环节中。运用自学-辅导式教学模式，教师要有正确的教学指导思想，以"学"为主、"导"为主线；教师要设计要求明确的自学提纲，提供必备的参考书、学习辅助工具，如词典、字典等；教师要有一套指导学生自学的方法。

自学-辅导式教学模式的优点包括：可以提高学生学习的主动性和主体意识，有利于学生自学能力和学习习惯的培养，加速创造性思维能力的发展，有利于适应学生的个性差异，更好地解决集体教学中如何因材施教的问题。但该模式对教师的主导作用要求很高，如果教师不能做到这一点，自学就会导致放任自流，这种教学模式的优越性也就难以体现。

第四节　教学模式的发展趋势与应用

在教学工作中，每个教师都在自觉或不自觉地按照一定的教学模式进行教学，只不过这里有一个合理不合理、科学不科学的问题。了解教学模式的历史发展，有助于人们借鉴传统和加深对当代各种新的教学模式的理解，有助于人们把握教学模式的发展趋势。

一、教学模式的演变

虽然系统完整的教学模式是从近代教育学形成独立体系开始的，不过在古代中国和近现代西方的教学实践和教学思想中，已经含有了教学模式的雏形。在古代，典型的教学模式是教授式，通过"讲—听—读—记—练"等过程，教师灌输知识，学生被动机械地接收知识，靠机械重复进行学习。17 世纪时，由于自然科学内容和直观教学方法的引入以及班级授课制度的实施，教学中出现质疑、问答、练习和观察等教学活动，产生了以"感知—记忆—理解—判断"为程序结构的教学模式。19 世纪时，赫尔巴特提出了"明了—联合—系统—方法"的四阶段教学模式。后来他的学生莱因又将其改造为"预备—提示—联合—总结—应用"的五阶段教学模式。19 世纪末至 20 世纪初，杜威提出了以"以儿童为中心"和"从做中学"为基础的实用主义教学模式。

这一教学模式的基本程序包括：创设情境—确定问题—占有资料—提出假设—检查假设。该模式的优点是强调学生的主体作用，强调活动，有利于使学生学会发现的技巧，获得探究问题和解决问题的能力；其缺点是贬低了教师在教学过程中的作用，片面强调直接经验而忽视了系统知识的学习，影响了教学质量。20 世纪 50 年代以来，现代心理学和思维科学对人脑活动机制的揭示，总结了认识论对个体认识过程的概括，认知心理学对人脑接受和选择信息活动的研究，特别是系统论、信息论、控制论、人工智能、电子计算机的产生，对教学实践和教学研究产生了深刻影响，也给教学模式的研究提出了许多新的课题。因此，该阶段在教育领域出现了许多新的教学思想和理论，与此同时也产生了许多新的教学模式。

二、教学模式的发展趋势

通过对教学模式历史演变的回顾和对当代教学模式的归纳总结，可以看出，现代教学模式的发展呈现了如下趋势。

拓展阅读 8-2：

扫右侧二维码阅读《论教学模式改革的限度》的相关内容。[①]

拓展阅读 8-2

(1) 由单一教学模式向多样化教学模式发展。20 世纪教学模式的主导是赫尔巴特提出的"四段式"教学模式以及经过其弟子的实践和发展形成的传统教学模式。后来，杜威打着反传统的旗号，提出了实用主义教学模式，可以看出，20 世纪 50 年代以前的教学模式就一直在"传统"与"反传统"之间来回摆动。20 世纪 50 年代以后，由于新的教学思想和科学技术的出现，教学模式出现了"百花齐放、百家争鸣"的繁荣局面。据乔伊斯和韦尔在 1980 年的统计，西方的教学模式有 23 种之多，我国在教学实践中提出的教学模式也有十多种。

(2) 由归纳型向演绎型教学模式发展。归纳型教学模式和演绎型教学模式不同，前者的起点是经验，形成的思维过程是归纳；后者的起点是科学理论假设，形成的思维过程是

---

① 李定仁. 教学思想发展史略[M]. 兰州：甘肃教育出版社，2004.

演绎。归纳型教学模式来自教学实践的总结，难免带有思辨的色彩。而演绎型教学模式是从科学理论假设出发设计出来的，有着科学的理论基础。如今教学模式逐渐从归纳型向演绎型发展，注重理论指导下的更自觉的教学模式已经成为教学模式发展的趋势。

(3) 由以"教"为主向注重"学"的教学模式发展。传统教学模式忽视学生如何学这一教学的重要方面，侧重从教师如何去教这个角度进行阐述，重视教师在教学过程中的主导作用。从知识传授的角度来讲，它是一种比较经济、高效的教学模式。但这种教学模式的一个突出的缺点是在教学过程中，学生往往处于一种被动接受知识的状态，不利于学生主动性、能动性和创造性的充分发展，同时也容易导致注入式和满堂灌等现象。现代教学模式的发展趋势是重视教学活动中学生的主体性，关注学生的主体生活和主体性的发展，强调尊重学生作为人的价值和尊严。作为当前我国教育改革和发展主旋律的素质教育，其主要目的就是促使学生得到主动的、生动活泼的发展，实际上就是一种主体性的教育。以素质教育为基础所构建的教学模式必然要高度重视学生主体性的弘扬和发展。

(4) 由传统方法的教学模式向现代技术手段的教学模式发展。在古代和近代社会，教学模式的技术手段或是蕴含在教师身上，或是借助于一些外在的简单的物质条件。现代社会，教学媒体多媒体化和网络化孕育出多媒体和网络学习与教学的广泛实践，形成了许多有广阔发展前景的多媒体教学模式与网络教学模式，建构起越来越多的特色化和创造性的新型学习与教学模式。

三、教学模式的选择与运用

任何教学模式都指向和完成一定的教学目标，其效力的发挥需要一定的教学条件。另外，教学模式具有多样性和可操作性。因此，教师要熟悉和掌握多种教学模式，并随着教学条件的变化灵活地选择与运用教学模式。

(一)教学模式的选择

(1) 根据教学目标选择教学模式。教师要根据不同的教学目标选择不同的教学模式。如果教学目标偏重于知识的学习和发展，教材又多属于知觉和记忆之类，则适宜采用传递-接受的教学模式。如果教学目标侧重于智能的发展，且教材的难度适中，则适宜采用引导-发现或自学-辅导式教学模式。

(2) 根据教学内容选择教学模式。教师要根据不同的教学内容选择不同的教学模式。数学、自然等学科的内容主要是自然界的运动规律及由此抽象出来的公式、定理、法则等；物理、化学等学科的内容主要是针对实践操作过程的技术性说明；哲学、社会发展史、法律常识等学科的主要内容是对社会现象运动规律所做的抽象概括及适应这些规律认识而制定的行为准则等；语文、音乐、美术等学科的主要内容是人类创造出来的美的产品，既有知识性内容，又有情感性内容。这些不同的教学内容在教学过程中需要不同的教学模式。因此，教师应该针对不同的内容，选择更适合的教学模式。

(3) 根据学生的特征选择教学模式。学生的知识、智力水平的不同对教学模式的选择也有影响。教师不能从自己的主观出发而武断地选择教学模式，教学模式的选择应该尊重学生的身心发展规律和学习规律，激发学生的内在学习动机。

(4) 根据教师的自身特点选择教学模式。教学模式的功能是要通过具体的教师来实现的，教师要尽可能考虑自己的学识、能力以及教学经验，扬长避短，选择适合自己的教学模式。

(二)教学模式的运用

教学模式的运用应该遵循以下几个原则。

(1) 树立正确的教学观。树立正确的教学观是运用教学模式的前提基础。教学模式能否取得理想的效果，与教学观念有着密切的联系。如果教师采用错误的、陈旧的教学观念来指导教学，即使采用新的教学模式也无济于事。因此，要树立正确的教学观。

(2) 克服模式的单一化。教学过程具体而复杂，教学内容丰富而多样，教学所要完成的任务也是多方面的。因此，在实际的教学过程中，应该注重多种教学模式的综合性运用。

(3) 模仿之中有创造。教学模式为教学实践提供了操作的范本，但是教师不能盲目地照搬和机械地套用。在运用教学模式时，应该针对具体的教学实践，在原有基础上有所超越和创造，形成教师自己富有个性化的教学风格。做到模仿之中有创造，运用之中有发展。

(4) 充分利用现代教学媒体。利用现代教学媒体，可以增加学生接收信息的途径。因此，教师要充分利用现代教学媒体，丰富教学的信息途径。

本 章 小 结

教学模式是在一定教学思想指导下和丰富的教学实践经验的基础上，为完成特定的教学目标和内容而围绕某一主题形成的稳定而简明的教学结构理论模型及其具体操作的实践活动方式。近十几年，国外比较有代表性的教学模式有非指导性教学模式、发现学习教学模式、抛锚式教学模式、掌握学习教学模式、范例教学模式、暗示教学模式等。国内比较有影响的教学模式有传递-接受教学模式、引导-发现教学模式、情境-陶冶教学模式、目标-导控教学模式、自学-辅导式教学模式等。教师要熟悉和掌握多种教学模式，并根据教学条件的变化灵活地选择、运用教学模式。

【推荐阅读】

[1] 丁证霖，赵中建，乔晓冬，等. 当代西方教学模式[M]. 太原：山西教育出版社，1991.

[2] 布鲁斯·乔伊斯，玛莎·韦尔，艾米莉·卡尔霍恩 著. 教学模式(第九版)[M]. 王定华编，兰英，译. 上海：华东师范大学出版社，2021.

[3] 托马斯·H.埃斯蒂斯，苏珊·L.明茨 著，十大教学模式[M]. 王定华编，盛群力，徐海英，冯建超，等译. 上海：华东师范大学出版社，2020.

[4] 吴立岗. 教学的原理、模式和活动[M]. 桂林：广西教育出版社，1998.

[5] 方展画. 罗杰斯"学生为中心"教学理论述评[M]. 北京：教育科学出版社，1990.

思考与练习

一、名词解释

教学模式　非指导性教学模式　发现学习教学模式　抛锚式教学模式　掌握学习教学模式　范例教学模式　暗示教学模式　传递—接受教学模式　自学—辅导式教学模式　目标—导控教学模式　引导—发现教学模式

二、简述题

1．谈谈你对教学模式的理解。

2．如何选择及运用教学模式？

3．20 世纪 80 年代以来，我国出现了哪些具有代表性的教学模式，选择其中的一种进行简单的评价。

三、论述题

1．试论述教学模式的结构。

2．介绍一种你感兴趣的国外教学模式。

实践课堂

【实践课堂】扫右侧二维码阅读相关内容。

凡为教，目的在于达到不需要教。……就是说咱们当教师的人要引导他们，使他们能够自己学，自己学一辈子，学到老。

——叶圣陶

第九章　教学方法与手段

本章学习目标

➤ 掌握教学方法的概念。

➤ 熟悉我国中小学常用的教学方法。

➤ 了解现代化教学手段的特点和作用。

➤ 熟悉自主学习、合作学习和探究式学习。

➤ 理解学法指导的内容及要求。

核心概念

教学方法(teaching method)　多媒体(multimedia)　学习方式(learning style)　拓展(expansion)　学法指导(learning directions)

学习任务群视域下探索"牧养式"写作教学法①

在"牧养式"写作中，教师要重视大家的写作兴趣和动机，调动他们的生活经验，选择适合的创作主题。此时可以与实用性阅读与交流这个学习任务群结合在一起，在大家阅读实用性资料的时候，自然会思考要如何实践创作，这样就有了很多创作主题，他们能积极自主创作。阅读《青蒿素：人类征服疾病的一小步》后，教师给大家展示了和屠呦呦有关的新闻，并提出："在生活中，我们需要阅读各种实用类的文体，如通过新闻了解时事，通过说明书了解商品等。那么，你认为要如何才能写好实用类文本呢？"这样就引入了"实用性阅读与交流"任务群。学生以"新闻"为例子，先说说自己日常阅读新闻的生活体验，然后总结写好新闻的关键点是什么，最后围绕"学校有大事"这个主题进行新闻创作。如

---

① 单霞玉：学习任务群视域下探索"牧养式"写作教学法[J]．语文教学与研究，2022(4)：42-43.

有学生提出："我在生活中阅读新闻时，最关注的就是新闻说的是不是真的，所以新闻的要点之一就是真实、准确。"还有学生提出："新闻和文学类文本不一样，不用写得太生动细腻，可以用概括性的词句，简明扼要阐述事情的经过。"此后，大家自主创作，如有学生围绕校园运动会这个主题创作新闻，写了运动会举办的地点、时间、参加人数、运动会的项目等，此外，学生还重点写了长跑运动员坚持不懈的毅力，写了大家参与运动会的感受等。这样的新闻包含重要的信息，真实可信，同时内容也详实，能满足读者的阅读需求。若有条件，学生还可以围绕各种不同的实用性文本进行总结归纳，看看它们的异同点是什么。如有学生提出："实用性文本的共同点在于都能让读者获取信息，但是展现形式却各有不同。如说明书可以采用非连续性文本的形式，通过列表格等方式展现关键信息。"围绕实用性阅读与交流这个任务群，学生进入到了各种生活情境中，在阅读的同时激发内心感悟，产生了想要利用文字和他人交流的想法，这样就让大家自主创作，习得写作技能，起到了"牧养式"写作的效果。

语文《新课标》明确指出：写作要感情真挚，力求表达自己对自然、社会、人生的独特感受和真切体验；多角度地观察生活，发现生活的丰富多彩，捕捉事物的特征，力求有创意地表达。案例中教师为了让学生写好作文，以建立实用性阅读语写作任务群为目标，采用"牧养式"，习得写作技能。在此，"牧养式"写作方法的运用既激发了学生的写作兴趣，又掌握了各种实用问题的应用价值。

教学方法包括教师教的方法和学生学的方法，它对于教学质量来说是核心要素。纵观国内外教学发展史，教学方法可谓多种多样。这些教学方法对当时和现在以及今后一定时期内的教学质量和教学改革均起到了积极作用。学习时，各专业可以根据所学专业的特点，重点掌握几种教学方法。

第一节　教学方法的概念与运用

在英语中，"教"常用teaching表示，"学"常用learning表示，而教学则用instruction表示。教学是教与学的结合，但并不是教法和学法的简单叠加，而是两者的融会贯通。选择和运用教学方法，既要掌握"教学有法"，又要领悟"教无定法"。

一、教学方法的概念

只有真正理解了教学方法的含义，掌握了教学方法的特征，才能科学地运用教学方法。

(一)教学方法的概念

在我国古代就有了教学方法。因为存在教学行为，自然有与之相应的教学方法。我国古代伟大的教育家孔子曾提出"不愤不启，不悱不发"(《论语·述而》)的经典教学方法。教学方法是教育者必用的一种教学行为，但要对这一行为作出明确的界定有些困难。教学方法，是指师生为有效地完成一定的教学目的和任务，而在教与学的互动过程中，所采用的方式和手段的总称。它主要解决教师怎么教以及教师指导学生怎么学的问题，是教授方法与学习方法的有效结合。

"教学方法"与"教学法"既有联系又有区别。有人会将"教学方法"与"教学法"混淆，其实两者有很大区别。教学法包括普通教学法和分科教学法。普通教学法即教学论，是教育科学的一个分支。它的研究对象是教学的一般规律，其内容包括教学的目的和任务、教学过程、教学原则、教学方法与手段、教学组织形式、教学内容、教学效果的检查与评定等。分科教学法则是指中学各个学科所用的教学法，如语文教学法、数学教学法、英语教学法等。可见，普通教学法研究的是各科教学的共同规律、一般原则和方法等，分科教学法研究的是某一学科的教学基本原理和方法等，前者对后者有普遍的指导意义，而后者是前者发展的基础和具体应用。虽然教学问题是两者研究中的共同问题，但有一般和特殊之分。因此，将教学方法与教学法等同是不正确的。[①]

"教学方法"与"教学方式"也是既有联系又有区别。教学方式通常是个别的思维活动或操作活动，是在获取知识、技能形成过程中，所要借助的因素，其本身没有独立的教学任务。同一种教学方法可以由不同的教学方式构成；同一种教学方式可以运用于不同的教学方法之中。教学方法，有相对的独立性，是教学活动的要素，它永远从并服务于一定的教学目的。其本身虽无具体的内容，却受一定的社会教育制度和教学任务的制约，因而具有一定的方向性。

(二)教学方法的特征

现代教学方法的主要特征如下：①注重启发学生思维，开发学生智能。②注重调动学生的主动性，发挥教师的主导性。③注重对学生学习方法的总结和指导。④注重学生的心理及其学习动机的激发。⑤注重多媒体教学手段及网络资源平台的运用。⑥继承和借鉴国内外优秀的教学实践经验。

(三)教学方法的分类

在我国，教学方法有的分为两类：一是教师的教授方法，包括讲述、讲解、谈话等；二是学生的学习方法，包括练习、实验、实习等。[②]有的分为三类：一是认知法，包括讲述、讲解、谈话、观察等使学生感知和获取知识的方法；二是复现法，包括练习、实验、实习、复习等使学生再现旧知识和教师指出活动程序的方法；三是研讨法，包括使学生在新的情境中获取和运用知识、进行创造性活动的各种方法。[③]我国台湾学者则是从教学目的的角度

---

① 刘继武. 现代教学方法概论[M]. 青岛：青岛海洋大学出版社，1991.

② 王顺兴，韩永昌. 教育学[M]. 济南：山东教育出版社，1987.

③ 瞿葆奎. 中国大百科全书. 教育卷[M]. 北京：中国大百科全书出版社，1985.

出发，将教学方法分为四类：一是增进知识、启发思维的办法，包括启发教学法、问题教学法、单元教学法；二是涵养情操的方法，包括社会化教学法、欣赏教学法、发展教学法；三是养成技能的方法，包括练习教学法、设计教学法；四是适应个性的方法，包括自学辅导法、协同教学法。[①]

借鉴国内外教学方法分类的经验，结合我国常用教学方法的特点，我们将其概括为如下四类：①语言性教学方法，包括讲授法、谈话法、读书指导法。②直观性教学方法，包括演示法、参观法。③实践性教学方法，包括实验法、实习法、练习法。④研究性教学方法，包括讨论法、发现法等。

二、常用的教学方法

教学方法的选用是教学活动的重要问题。荀子曰："师术有四，而博习不与焉。尊严而惮，可以为师；耆艾而信，可以为师；诵说而不陵不犯，可以为师；知微而论，可以为师。"而"教亦多术矣，运用在乎人"。可见教学方法的选用，既要参照"教必有法"的原则性，又要掌握"教无定法"的灵活性，争取做到两者的有机结合。值得注意的是，任何一种具体的教学方法，都必须以启发式作为根本性指导。

(一)讲授法

拓展阅读 9-1：

扫右侧二维码阅读《"是非"话讲授》的相关内容。

拓展阅读 9-1

讲授法又称讲演法，是教师通过口头语言向学生系统连贯地传授各种知识的教学方法。它包括讲解、讲读、讲述、讲演、讲评五种形式。讲解，主要包括解说式、解析式和解答式三种，是教师对概念、原理、定律、公式、例题等进行解释说明、分析或论证，偏重于讲理，此方法在理科教学中运用最广。讲读，是教师把讲、读、练结合的教学行为，多应用于语文和外语学科教学。讲述，是教师向学生叙述事实材料，或描绘所讲对象。它使事物从抽象变具体，让学生从感知到理解，此方法在文科教学中应用最广。讲演，主要有专题讲座和系统复习两种，是教师就教材中或与教材中有关的某一专题，以演说或报告的形式用较长的时间进行有理有据、首尾连贯的论说。它能深入地分析事实，并据此作出科学的结论，它所涉及的问题较深广，所需的时间也较长，多用于中学高年级和大学的教学。讲评，是教师对学生的课堂答问和课内外作业进行公正客观、恰如其分的评点和评析，或对某一现象或事物进行评价或评论，多用于介绍某种新观点或新发现。

(二)谈话法

谈话法亦称问答法，是教师根据学生已有的知识和经验，通过师生间的问答而使学生获取知识的一种方法。它是一种历史悠久、行之有效的方法。在谈话前，教师要在明确教学目的、把握教材重点、摸透学生情况的基础上，认真拟定谈话的提纲，精心设计谈话的步骤，正确解析谈话的问题。在谈话过程中，教师提出的每一个问题，都应紧扣教材，难

---

① 郭为藩，高强华. 教育学新论[M]. 台北：正中书局，1991.

易适当，既要面向全体，又要因人而异。在谈话结束后，教师要及时总结，使学生散乱的知识得到贯通、错误的地方得到纠正、含混的答案得到澄清。

(三)读书指导法

读书指导法是教师指导学生通过阅读教科书和课外读物而获取知识、发展智力的方法。它既强调学生的"读"，又强调教师的指导。

运用读书指导法的基本要求有如下几点。

(1) 指导学生精心阅读教科书。要根据不同的学科性质和教学过程的不同阶段，指导学生采用不同的阅读方式，切忌死读书、读死书、读书死。因为"读书"既是一个学习和接受已有知识的过程，也是一个思考和研究已有知识的过程。"读书足以怡情，足以博采，足以成才。其怡情也，最见于独处幽居之时；其博采也，最见于高谈阔论之中；其成才也，最见于处世判世之际。"这是王佐良先生所译的培根《论读书》中的一段话。在传授新知识的过程中，教师应指导学生独立阅读，发现问题，提出问题；在应用知识过程中，教师应指导学生依据教材解决问题；在布置作业的过程中，教师则应指导学生做好预习、复习、背诵等；要指导学生在读书时，做到书读百遍，其义自见。逐字逐句认真研读，构建"阅读生态"，因为"旧书不厌百回读，熟读深思子自知"。

(2) 指导学生善于阅读参考书。一要帮助学生有计划地选读有用的书籍，切忌"盲读"。古希腊哲学家亚里斯提卜说过："真正的学者往往不是读了很多书的人，而是读了有用的书的人。"[1]二要指导学生掌握良好的读书方法，使其寻绎思路，领略要旨，融会贯通。我们说，读书要真正领悟其中的真谛和思路，正如叶圣陶所言："作者思有路，遵路识斯真！作者胸有境，入境始与亲。"[2]古今中外有许多哲人先贤的读书法可以借鉴。我国宋代理学家朱熹指出："为学之道，莫先于穷理；穷理之要，必在于读书；读书之法，莫贵于循序而致精；而致精之本，则又在于居敬而持志，此不易之理也"后来，元代教育家程端礼据此综合概括了后人所熟知的"朱子读书法"：①循序渐进；②熟读精思；③虚心涵咏；④切己体察；⑤著紧用力；⑥居敬持志。[3]

(3) 指导学生写好各种形式的读书笔记。做好读书笔记，对巩固记忆、厘清思路大有裨益。教师要教会学生选用适宜的读书笔记形式：或索引式、抄录式、引语式，或批注式、补白式、摘要式，或剪报式、札记式、日记式等，并教会学生在书上做记号、圈重点、提问题、谈见解、写眉批、旁批、尾批等。

(四)演示法

演示法是教师在课堂上配合讲授或谈话，通过展示实物、教具或进行示范性实验而使学生在观察中获取知识的方法。

在中国，演示法有悠久的历史。据记载，11世纪我国宋代医学家王惟一于1026年曾铸就两个铜人模型作为传授经络针灸技术的演示教具。荀况指出："不闻不若闻之，闻之不

---

① 王涵. 名人名言录[M]. 上海：上海人民出版社，1981.

② 刘继武. 现代教学方法概论[M]. 青岛：青岛海洋大学出版社，1991.

③ 程端礼. 程氏家塾读书分年日程(卷三)[M]. 合肥：黄山书社，1992.

若见之""闻之而不见,虽博必谬"。①

演示的种类很多,按演示教具分,主要有:实物、标本、模型的演示;照片、图画的演示;幻灯、录像、电子文献、教学电影的演示;具体实验的演示。按演示对象分,演示有单个物体或现象的演示、事物发展全过程的演示。

选好演示教具,做好演示准备是演示法实施的前提。在演示时,教师要使全班学生都能清楚地观察到演示活动,促使学生运用各种感官充分感知学习对象,以形成正确的观念和表象。此外,演示时要配以讲解,引导学生全神贯注于演示对象的主要特征和重要方面。

实践证明,演示法不仅能理论联系实际,为学生提供感性材料,而且能激发学生的兴趣,提高学习效率。

(五)参观法

参观法是教师紧密配合教学,组织学生到校外一定场所进行直接观察、访问而获得知识或验证知识的方法。

参观的类型主要有四种:一是感知性参观,是使学生获取必要的感性材料,为学习新课奠定基础而组织的参观;二是并行性参观,是在学习某一课程的过程中,为便于理解、丰富和记忆知识而组织的参观;三是验证性参观,是在某一课程结束后,为了用事实来检验和论证学生已学的知识而组织的参观;四是总结性参观,是在讲完某一课程后,组织学生结合所学的内容,到现场作出结论或验证结论而进行的参观。

运用参观法的基本要求如下。

(1) 参观前,教师要实事求是地根据教学要求和现实条件,确定参观的目的、时间、对象、重点和地点,并在校内外做好充分准备。

(2) 参观时,教师要根据不同的参观类型提出不同的具体要求,组织学生全面看、细心听、主动问、认真记。

(3) 参观后,教师要根据教学要求和参观计划,指导学生座谈收获、整理材料、客观评价、写好报告。

(六)实验法

实验法是学生在教师的指导下,利用一定的仪器设备,采用特定的方法而进行独立操作,在观察研究中获取直接经验、培养技能技巧的方法。实验法是中学理科教学中的重要方法。

运用实验法的基本要求如下。

(1) 实验前,教师要认真准备并全面检查有关的仪器、材料和用具等,向学生讲明实验的目的、要求及其所依据的科学原理和操作过程中的注意事项,并分好实验小组,必要时须进行示范实验。

(2) 实验中,教师应注重巡回检查,具体指导,确保实验的程序科学、操作规范、结论正确。对差生要进行个别帮助。发现偏差要及时纠正。教育学生注意安全。

(3) 实验后,教师应提醒学生做好记录。指定学生报告实验的进程和结果,然后由教

---

① 王先谦. 荀子集解[M]. 北京:中华书局,1988.

师进行简短地概括和小结，指导学生认真写好实验报告。

(七)练习法

练习法是学生根据教师的布置和指导，通过课堂及课外作业，有意识地反复完成某一活动，借以巩固知识、形成技能技巧的方法，又称实践活动法。

运用练习法的基本要求如下。

(1) 要有明确的目的与具体的要求。

(2) 要有周到的计划与适切的步骤。

(3) 要有恰当的分量与适当的难度。

(4) 要有科学的时段与有效的方法。

(5) 要有正确的态度与良好的习惯。

(6) 要有及时的检查与认真的总结。

(八)实习法

实习法是教师指导学生根据教学要求，组织学生在校内外一定场所从事一定的实习实践工作，在具体的操作过程中综合运用理论而掌握知识、形成技能技巧的方法，又称实习作业法。与实验法、练习法相比，它具有更强的实践性、独立性、综合性和创造性。

运用实习法的基本要求如下。

(1) 实习前，教师要向学生讲清有关的理论知识、实习任务与操作规则。落实实习场所，备妥实习用具，分好实习小组。教学实习要搞好试讲。

(2) 实习中，教师要加强具体指导，做好操作示范，把握实习进程，检查实习效果，及时查缺补漏。

(3) 实习后，教师要指导学生写出实习报告，评定实习成绩，开好总结大会，并为每个学生写出公正、客观的评语。

(九)讨论法

讨论法是在教师的指导下，以班级或小组形式围绕某一课题各抒己见、相互启发并进行争论、探讨，以提高认识或弄清问题的方法。

古希腊哲学家苏格拉底所创立的"问答法"，又称"产婆术"，实质上就是一种以问答方式揭示矛盾、激发思维、探求真理的讨论教学法。自 17 世纪始，西方一些大学广泛地采用了课堂讨论教学法。在我国，讨论教学法的渊源可追溯到孔子。《论语》中记载的"子路、曾皙、冉有、公西华侍坐"章，便是中国古代讨论教学法的范例。《学记》也指出："独学而无友，则孤陋而寡闻。"

运用讨论法的基本要求如下。

(1) 讨论前，教师要列出讨论题目，提出讨论要求，指导学生搜集有关资料，写好发言提纲，做好充分准备。

(2) 讨论中，教师要注意"道而弗牵，强而弗抑，开而弗达"(《礼记·学记》)，引导学生围绕主题畅所欲言，各抒己见，并始终紧扣重点、突破难点、提出疑点，要以谦虚好学的态度，倾听别人发言并认真做好记录。

(十)发现法

发现法是教师通过提供适宜于学生进行"再发现"的问题情境和教材内容，引导学生积极开展独立的探索、研究和尝试活动，以发现相应的原理或结论、培养学生创造能力的方法。它是由美国教育家布鲁纳在 20 世纪 60 年代，根据瑞士心理学家皮亚杰(Jean Piaget)的认知结构发展理论，并总结了杜威(John. Dewey)实用主义教育活动的经验教训所提出来的，包括教师教学指导和学生发现学习两个有机组成部分。他认为，"发现"不限于只是寻求人类尚未知晓的事物的行为，也包括用自己的头脑获得知识的一切形式，要求教师指导学生以"发现者"的姿态和精神，通过归纳发现、类比发现、试错发现、直觉发现等发现学习形式，主动参与到知识形成的过程中去。其基本特征有：强调学习过程，强调直觉思维，强调内在动机，强调信息提取。其一般过程为：确定讨论课题，制订研究计划，提出假设，验证假设，发现和总结。

除上述十种教学方法外，还有图例讲解法、自学辅导法、三环教学法、模拟教学法、台阶教学法、微型教学法等，限于篇幅，恕不赘述。还应指出，以上对教学方法的分类只是为了叙述方便。事实上，任何分类都有其局限性，都难以把所有的教学方法包揽无遗，而且古今中外，从来都没有固定不变的、在任何情况下都适用的教学方法。正如巴班斯基所言："某种方法对某些情况来说是成功的、有效的，但对另一些情况、另一些专题、另一些学习形式来说，则可能根本不行。"[①]这就要求教师在实际教学过程中，创造性地综合运用各种教学方法，结合自己所处的具体条件而灵活变通。

第二节　现代化教学手段

在古代，教师就已经借助其他工具和手段进行教学了。到了近代，随着科学技术的飞速发展，特别是在"二战"后，教学手段、教学媒体的种类和应用越来越多。

一、现代化教学手段的发展及含义

拓展阅读 9-2：

扫右侧二维码阅读《线上学习的挑战与应对：儿童视角探微》的相关内容。

拓展阅读 9-2

在人类教育教学史上，教学手段经历了四次大变革。在语言和文字出现以前，大约在公元前 30 世纪以前，人类从结绳记事、相沿成习到口耳相传和观察模仿，完成了教学手段的第一次变革，这个时期的教学与生活结合，学习的经验是直接的。随着文字和印刷的出现，人类开始从石刻、木刻、锦帛与竹简的书写到印刷品是教学手段的第二次变革。第三次变革是直观教学手段的提倡和使用，在教学中直接使用图表、模型、标本进行实验等。第四次变革是现代化教学手段的出现和广泛运用。大约在 20 世纪初以后，幻灯、电影、播

---

① 巴班斯基. 教学教育过程最优化[M]. 吴文侃，译. 北京：教育科学出版社，1986.

音等多媒体进入了教学领域，使教学手段进入现代化。

现代化教学手段主要指各种电子化设施和教材，即把幻灯机、投影仪、录音机、录像机、电影机、VCD 机、DVD 机、多媒体、网络资源等应用于各学科教学领域。现代化教学手段的使用是当代教学领域里的一场技术革命，它向教学理论提出了许多新的课题，也是教学方法现代化的一个重要标志。

二、现代化教学手段的特点和作用

现代化教学手段的运用具有以下显著特点：①使教学信息传播距离更远、传播面更广、传播速度更快。②使教学信息的搜集更方便、形式更多样、储存量更大。③对教学信息的处理更及时、更准确。④对各类教学资源和人的各种感官的利用和开发更全面、更有效。它的作用具体表现在以下几个方面。

(一)提高教学效率

1．提高教学的速度和质量

从信息传递的观点来看，多媒体教学是最有效的信息传递手段，它可以突破传统教学在时间、空间和地域上的限制，能大大节省教学时间。据统计，在同一单位时间内，运用多媒体教学可以比一般教学多增加 20%～30%的教学内容。采用现代化教学媒体，能更有效地提高教学质量，因为现代化的教学手段能促进学生在德、智、体等方面的发展。

2．减小教学的难度

多媒体教学能向学生提供在当时、当地无法看到和看清的事物、现象和过程，或者无法听到和听清的各种音响，能让学生更直接地了解事物。如宏观的天体运动、星象运动；微观世界的核裂变、细胞分裂，物质的微观结构等。它可以使教学不受时间、空间、宏观、微观的限制，进一步增强教学的功能和人体感知觉器官的学习功能，提高学生认识客观世界的能力，丰富教学内容，开阔学生眼界，提高学生的学习兴趣，使学习者学得快、理解深、记得牢、用得上。

(二)优化教学过程

1．有利于加速学生的认知进程，提高学生的认识能力

由于多媒体参与教学过程，可以使学生的认识沿着"从生动的直观到抽象的思维"的路线前进；可以充分调动学生的智力因素和非智力因素参与认识活动；多媒体提供的是替代经验，使学生易学、易懂、易记，因此，可以缩短学生对所学知识理解和掌握的时间，提高学习效率和质量。

2．可以替代教师的部分工作

运用现代化教学手段，减少了诸如语言和运算的反复演练、大量的板书练习等，从而使教师可以抽出更多的时间来改进教学，更好地从事创造性劳动。同时，由于教师的经验可以物化成计算机软件、电视录像带或光盘等，从而使优秀的教学经验成为可以"传播"的共同财富。

(三)开阔教学时空

一方面，运用广播教学、电视教学、网络教学等，可以使千万里之外的无数学生同时接受有专长的教师的教导，因而可以跨班级、跨学校进行，同时借助现代化教学手段使教学活动和社会、家庭组成了一个有机的整体。另一方面，教学时间维度也在延伸。一部教学电影、一套有效的程序软件往往可以使学生长时间地有效学习，"课"的概念正在发生变化，学生的学习不再受时间、空间、微观、宏观的限制。

运用现代化教学手段进行教学时，要注意以下几点。

(1) 现代化教学手段有它自身的特殊功能和优越性，但不能因此认为它可以取代传统的各种教学方法。例如，现代教学技术不能取代传统的讲授法，因为讲授法不仅能向学生描述事实，而且能深入分析和论证事实，并在此基础上作出科学结论，还能针对学生的思想实际，有的放矢地进行思想道德教育。现代教学技术也不能代替各种实际训练方法，因为有许多基本技能还是要靠学生去反复练习才能形成。因此，在运用各种现代教学技术时，应与各种传统的教学方法有机地结合起来。

(2) 在教学中，要处理好音像教材与书本教材的关系，使两者彼此结合、相互补充。

(3) 在教学中，还必须认识到在任何教学中起决定作用的都是教师。现代化教学手段不是在任何情况下都能起到上述作用，它只是教学的辅助手段，是要靠教师来使用的。因此，对它的作用要有一个正确判断。

第三节　学习方式的变革

在信息时代，"知道什么"很重要，更重要的是"如何知道"，即通过何种方式得出结论。因此，教育不再仅仅是传授知识，更重要的是让学生掌握学习的方法，培养终身学习的愿望和能力。

一、学习方式的发展

我们传统的教学方式基本上还是传递—接受，学生学习基本上是听讲—背诵—练习—考试，完全处于被动状态。教师关注的是如何把知识、结论准确地向学生讲清楚，学生关注的是如何准确无误地把教师讲授的知识用于考试。在整个学习过程中，学生更像是一台机器，而不是具有独立个性的人。在这样的教学和学习方式中，"人"不见了。这种方式下培养出来的学生，在现代信息社会中，不知道如何获取知识和发展知识，变成了"现代文盲"。

面对社会的要求和传统教育的弊端，教育工作者认识到要进行课程改革。改变课程实施过于强调接受学习、死记硬背、机械训练的现状，倡导学生主动参与、乐于探究、勤于动手，培养学生搜集和处理信息的能力、获取新知识的能力、分析和解决问题的能力以及交流与合作的能力。伴随着课程改革，自主、合作、探究成为标志性的学习方式。

自主、合作、探究的学习方式有着丰富的内涵，可以从不同的角度去理解。首先，它作为一种指导原则，即教师在教学过程中，从教学目标的设计到课堂教学的实施再到教学效果的评价，都应围绕如何培养学生自主、合作、探究的精神来进行。它不仅是学生的学习方式，还是学生学习中的精神状态，也是教师在教学过程中追求的理想的课堂氛围。其次它是作为教学过程中，在教师引导下，学生所采取的三种学习方式，即自主学习、合作学习、探究学习。再次它是作为某一教学过程的三个阶段，即自主学习、合作交流、探究问题。在具体的教学过程中，教师可以根据具体情况，从不同层面来理解、实施这一理念。最后它是作为从不同角度对学习方式的描述，"自主"指学习品质，"探究"指学习途径，"合作"则是指学习的组织形式。自主、合作、探究是三位一体、紧密联系的。自主是合作、探究的前提和基础，合作是促进自主探究的形式和途径，探究又是自主、合作学习的目标和方向。在学生某个具体的学习活动中，他们的学习方式可能是这三个特征的综合，也可能只具备这三个特征中任意一个或两个。

自主、合作、探究学习方式的最终目的在于使学生的个性得到自由发展，学生的主体性、社会交往性、探究天性得到彰显。学生独特的感受、体验、想法在学习过程中不再受到压制，而这种独特的个性又有助于学生进行个性的学习和有创造性的学习。

二、新课程倡导的学习方式

(一)自主学习

随着学习化社会的到来，学习已经成为每个人一生中最重要的内容。学习，从某种意义上讲，已经等同于生活。有什么样的学习方式，就有什么样的生活方式。如果一个人的学习方式是被动的，那么他的生活方式就不可能是自主的、积极的、主动的。

很多事实证明，一个在学校度过 9～12 年学习生活的孩子，整天处于被动应付、机械训练、死记硬背、简单重复之中，对于所学的内容也就难免生吞活剥、一知半解、似懂非懂，那么他解决问题的能力就会低下、创新意识就会不足。即使考试能得高分，但在高分的背后仍然蕴含着危机；即使通过了考试，甚至成绩良好，但并没有形成我们所期望的素质。表面上教学任务完成了，实际上课程要求并未达成。从目标到教学再到评价的循环是在浅层次中完成的，并没有涉及素质教育的深层次目标。我们很难想象，在他的一生中，能够具有创新精神和创新能力，能够成为幸福生活的创造者和美好社会的建设者，能够不唯书、不唯上，能够用自己的眼睛去观察、用自己的头脑去判别、用自己的语言去表达，能够成为一个独特的自我。

因此，我们所倡导的自主学习方式其实也就是在倡导一种自主生活方式。唯有采取自主生活方式，才能深刻理解生命的意义，才能发现生活中的真善美，才能对人生有独特的体验和感悟。"教育的基本作用，似乎比任何时候都更在于保证人人享有他们为充分发挥自己的才能和尽可能牢牢掌握自己的命运而需要的思想、判断、感情和想象方面的自由。"[①]为了发挥教育的基本作用，为了培养牢牢掌握自己命运的人，我们需要培养学生自主式学习的能力。

1. 自主学习的内涵及其特征

1) 自主学习的内涵

自主学习，是就学习的内在品质而言的，相对应的是"被动学习""机械学习"和"他

---

① 联合国教科文组织总部，联合国教科文组织总部中文科[M]. 教育：财富蕴藏其中. 北京：教育科学出版社，1996.

主学习"。所谓自主学习，是指个体确定自主学习目标、制订学习计划、选择学习方法、监控学习过程、评价学习结果的学习。

自主学习与接受学习是并行不悖的，也就是说，引导学生自主学习并不排斥教师的精准讲解，该讲解时教师必须敢讲、会讲、畅讲。此外，还要处理好学生形式上的自主学习和实质上的自主学习的关系。当学生自己读书时，若没有独立思考，而是人云亦云，这也不是什么"自主学习"；当学生在听老师的讲解时，也就是所谓"接受学习"时，经自己独立思考后或全盘接受，或有所否定，并提出自己的观点，这种表面上的"接受学习"实际也是"自主学习"。

2) 自主学习的特征

一般来讲，自主学习具有主动性、独立性、自控性。主动性表现为学生"我要学"，学生自己确定学习目标、制订学习计划；独立性表现为学生"我能学"，学生选择适合自己的学习方法和学习策略，独立思考，自行研究；自控性表现为学生"我会学"，学生能对自己的学习方法、学习进度进行自我调控，并能对学习结果进行自我总结和评价。

2. 自主学习的理论基础

1) 国外的相关理论

在国外，古希腊苏格拉底的"产婆术"可以说是自主学习方式的理论基础。苏格拉底强调学生在学习中的主动思考占首要地位。后来，柏拉图、亚里士多德、法国教育家卢梭和英国教育家斯宾塞等人，也分别从自我反思、自我调控等方面强调了学生的自主学习。

20 世纪初，自主学习研究进入了初步实验阶段，较具代表性的有机能主义心理学家杜威提倡的反省思维、"做中学"、设计教学法等，以及新行为主义心理学家斯金纳(Burrhus Frederic Skinner)创立的程序教学法。

20 世纪 50 年代，瑞士心理学家皮亚杰在自己的认知建构主义学习理论中，系统地表达了自主学习的思想。他认为，学习是学生主动构建内部心理表征的过程，他们以已有经验为基础，通过与外界的相互作用构建新知识。所以，教学过程应是促进学生自主构建认知结构的过程，教师应把教学设计成学生探索知识的发生过程和主动建构过程。在其影响下，美国心理学家布鲁纳提出了认知结构学习理论。他强调学生的学习应是主动发展的过程，并由此创立了发现学习法。同一时期，美国心理学家奥苏伯尔(David P.Ausubel)从学生内部心理过程的角度出发，提出了认知同化学习理论。他提出学习是学生内部积极主动从事的一种活动过程，教育者只能影响而不能参与这一过程。

20 世纪 60 年代后期，随着信息加工心理学和人本主义心理学等的兴起，对自主学习的研究逐渐深化。维果茨基(Lev Vygotsky)言语自我指导理论的言语自我指导学派认为，自主学习实质上是个体利用内部言语主动调节自己学习的一种自我指导过程。而由斯金纳操作主义学习理论延伸出的自主学习操作主义理论认为，学生的自主学习过程主要包括三个子过程：自我监控、自我指导和自我强化。实际上，对自主学习研究最多的应属认知心理学。

另外，以班杜拉(Albert Bandura)为代表的社会认知学派也从个人、行为、环境交互作用的角度系统地探讨了自主学习的机制，他们把自主学习分成自我观察、自我判断、自我反应三个子过程，强调自我效能和榜样示范在自主学习中的作用。作为班杜拉交互作用论思想的继承者，美国教育心理学家齐默尔曼也提出了自立学习是自我、行为和环境相互作用的结果的观点。此外，认知心理学流派中影响较大的还有信息加工心理学的自主学习思想，这种思想把学习中的自主视作元认知，认为应该重点研究元认知知识、元认知监控在学习中的作用，并主张通过学习策略教学促进学生的自主学习。

后来，美国人本主义心理学家卡尔·罗杰斯(Carl Ransom Rogers)提出了"以学生为中心"的人本主义教育思想，要求学校教学以学生为中心，在教学中贯彻人本主义精神。其基本原则为：学生必须通过自由选择成长起来，别人的选择和过分控制只会削弱他的能力。他还强调，教师必须是"促进者"，而不是权威者，他们应为学生提供日益增多的自我指导的机会，这将收到最好的学习效果。

2) 国内的相关理论

中国的自主学习思想可以追溯到先秦时期。我国古代学者孟子、朱熹和王夫之等就从自主学习的意义、原则和教学方法等方面提出了丰富的自主学习思想。到近现代，自主学习进入了初步实验阶段，著名教育家蔡元培先生提倡的"重启发学生，使能自动研究"及后来传入中国的设计教学法、道尔顿制等教法即为当时主要的实验内容。

20世纪70年代末，上海育才中学的段力佩、湖北的黎世法等分别进行了"读读、议议、讲讲、练练"八字教学法和六课型单元教学法等系统的实验研究。1991年，吉林省珲春市开始了"主动发展教育"研究，他们主张教学中凡达到学习目标的学生可以自由安排时间，自由选择学习场所和学习内容，以培养学生的自学等"六自"能力，从而促进学生自我教育能力的发展。

另外，自1992年以来，北京师范大学裴蒂娜教授进行的"少年儿童主体性发展实验"(主体教育实验)也强调了自主学习的思想。在其构建的"体现主体性发展的有效课堂教学的基本特征"中，她提出有效的课堂教学应立足于学生的"学"，体现学生主动参与学习的有效度及学生自主学习的策略。到1995年，福建省又实施了初中数学"指导—自主学习"教改实验，主要是努力把自主学习引进教学，把课堂教学建立在自主学习的基础上，改变教学结构和教学活动，从而促进学生自主学习能力的发展。这些都是自主学习方式的重要理论基础。

自主学习的进行，要具备一定的前提条件，具体包括：学生要有一定的基础知识；必须有进行学习的课题或主题；学习的目标可以被学生很好地理解；学生必须掌握解决问题的一些方法；学生能根据课题或活动的性质改变学习方法，拥有解决新课题、发展新方法的能力。

(二)合作学习

1. 合作学习的内涵及其特征

1) 合作学习的内涵

所谓合作学习，是指学生在小组或团队中为了完成共同的任务，有明确责任分工的互动性学习。合作学习将个人之间的竞争转化为小组之间的竞争，有助于培养学生的合作精神和竞争意识；有助于因材施教，可以弥补一个教师难以面向众多差异化学生教学的不足，从而真正实现使每个学生都得到充分发展的目标。

2) 合作学习的特征

合作学习具有交往性、互助性、分享性。在学习过程中，通过师生交往、生生交往，并在学习小组中互相启发、互相协作、互相鼓励，完成小组学习任务，小组成员共同分享学习成果和经验，共同面对并进一步探讨所遇到的问题。

3）合作学习的目标

合作学习一般具有如下几种目标与功能。

(1) 学业目标。合作学习强调学生之间的合作性互动，并借此提高学生的学业成绩。尤其是在小组合作活动中，小组成员之间可以互相交流，彼此争论，互学互教，取长补短，共同提高，高效率地完成学习任务，并培养学生良好的认知品质。

(2) 技能目标。在合作学习课堂中，对学生进行合作技能的教授与训练是一个很重要的组成部分，否则学生会因为缺乏必要的合作技能而无法进行合作，从而影响合作学习的顺利进行，甚至严重削弱教学效果，至于培养学生的合作品质，则更无从谈起。[①]合作的技能包括学会如何倾听、如何表达自己的想法、如何与他人进行沟通、如何进行分组和合理的分工等。另外，合作学习还十分注重培养学生人际交往的技能。当代教学设计专家罗米索斯基(A. J. Romiszowski)在 20 世纪 80 年代初就提出："人际交互技能"同"认知技能""心理动作技能""反应技能(态度)"一样，必须在学校教学中占有重要地位。这类目标涉及培养与他人有效交往、处理人际关系的能力等，包括咨询、管理、讨论、合作、销售等方面的技能。

(3) 情感目标。合作学习较之传统的教学更具情感色彩。正如合作学习的研究者所讲的："在教学目标上，注重突出教学的情意功能，追求教学在认知、情感和技能目标的均衡达成。"[②]交往、合作是人的社会性的体现，也是人的需要。只有满足学生对归属感和影响力的需要，他们才会感到学习是有意义的，才会愿意学，才会学得好。基于这种认识，合作学习将教学建立在满足学生心理需要的基础之上，使教学活动带有浓厚的情感色彩。从合作学习的整个过程来看，其情感色彩渗透于教学过程的各个环节之中，既充满温情和友爱，又像课外活动那样充满互助与竞赛。同学之间通过提供帮助而满足了自己影响别人的需要，同时又通过互相关心而满足了归属的需要。当学生在一起合作融洽、工作出色时，他们学到的知识就会更多，学得也就更加愉快，由此可以实现认知、情感与技能教学目标的均衡。

2. 合作学习的理论基础

1）社会互赖理论

社会互赖理论源于 19 世纪初的完形心理学派。考夫卡(Kurt Kafka)是其创始人之一，19世纪 20 年代到 30 年代，勒温(Kurt Lewin)也是其主要代表。该理论认为，积极互赖(合作)产生促进性互动，群体成员会彼此鼓励和促进学习上的努力。从社会互赖理论的角度来看，合作学习理论的核心可以用简单的话来表述：当所有的人聚在一起为了一个共同目标而工作的时候，靠的是相互团结的力量。相互依靠为个人提供了动力，使他们：①互勉，愿意做任何促使小组成功的事；②互助，力求促使小组成功；③互爱，因为人都喜欢别人帮助自己达到目的，而合作最能增加组员之间的接触。

---

① 盛群力. 个体优化教育的探索[M]. 北京：人民教育出版社，1996.

② 王坦，高艳. 合作教学理念的科学创意初探[J]. 教育探索，1996(4)：17-19.

2)　选择理论

选择理论认为，学校的失败不在于学术成绩方面，而在于培育温暖的、建设性的关系方面，这些关系对于成功是绝对必要的。选择理论是一种需要满足理论，学校则是满足学生需要的场所。依照这一理论，不爱学习的学生，绝大多数不是"脑子笨"(硬件问题)，而是"不愿意学"(软件问题)。只有创造条件满足学生对归属和自尊的需要，他们才会感到学习是有意义的，才愿意学习，才有可能取得学业的成功。

3)　发展理论

发展理论的基本假定是，儿童围绕适宜的任务所进行的相互作用，能促进他们对重要概念的掌握。维果茨基将儿童的最近发展区界定为："由独立解决问题所决定的实际发展水平与通过成人的指导或能力更强的同伴合作解决问题所确定的潜在发展水平之间的距离。"在他看来，儿童间的合作活动之所以能够促进成长，是因为年龄相近的儿童可能在彼此的最近发展区内操作，表现出较单独活动时更高级的行为。类似的是，皮亚杰认为社会经验知识、语言、价值、规则、道德和符号系统，只有在与他人的相互作用中才能习得。皮亚杰学派传统上十分注重守恒的研究，已有大量的实证研究支持这样一种观点，即同伴的相互作用能够帮助非守恒者成为守恒者。当年龄大致相同的守恒者与非守恒者协同完成要求守恒的任务时，非守恒者会逐渐形成和保持守恒的概念。

4)　精制理论

精制理论不同于发展理论。认知心理学的研究证明，如果要使信息保持在记忆中，并与记忆中已有的信息相联系，学习者必须对材料进行某种形式的认识重组或精制。精制的最有效方式之一是向他人解释材料。长期以来，关于同伴互教活动的研究发现，在学业成绩方面，教者与被教者均能从中受益。

5)　接触理论

接触理论着眼于社会互动关系的研究，提倡不同种族、民族、性别的学生在学习上的互动与交流，由此达成群体关系的和谐。接触理论的代表人物阿尔波特(Albert)认为，人际间的合作能增强小组的向心力及友谊。他还强调，单纯而机械的接触，尚不能形成促进性学习，增进学习效果，只有发展成为合作性的关系，才能形成有效学习。就接触理论而言，它不但适用于不同种族的学生，也适用于不同年龄、性别、社会经济地位和能力的学生在一起学习。

3. 合作学习的要素和条件[①]

有效的合作学习，首先需要具备的要素和条件是相互依赖。相互依赖代表了小组成员之间一种积极的相互关系，每个成员都认识到自己与小组及小组内其他成员之间是同舟共济、荣辱与共的关系。简而言之，相互依赖意味着每个人都要为自己所在小组的其他同伴的学习负责。

其次，合作学习必须明确每个学生的学习任务。每个成员都必须承担一定的任务，小组的成功取决于所有组员个人的学习。社会心理学的研究表明，在群体活动中，如果成员没有明确的责任，就容易出现成员不参与群体活动，逃避工作的"责任扩散"现象。

---

① 曾琦. 合作学习的基本要素[J]. 学科教育，2000(6)：7-12.

合作学习还要求学生掌握一定的社交技能。导致合作学习小组解体或学习不能顺利进行的最主要因素就是小组成员不会合作。导致学生不合作的原因往往不是学生缺乏合作的愿望，而是缺乏合作的方法——社交技能。必要的社交技能可归纳为三种类型：第一类是组成小组的技能，包括"向他人打招呼问候""自我介绍和介绍他人"等；第二类是小组活动基本技能，包括"表达感谢与应答感谢""注意听他人讲话""鼓励他人参与及对鼓励参与的应答""用幽默的方式帮助小组继续活动"等；第三类是交流思想的技能，包括"提建议及对建议的应答""询问原因和提供原因""有礼貌地表示不赞同及对不赞同的应答""说服他人"等。

再次，为了保持小组活动的有效性，合作小组必须定期地评价小组成员共同活动的情况，这就是小组自评。小组自评的目的是帮助小组成员学会怎样更好地合作。为此，在小组自评时应讨论以下内容：①总结有益的经验；②明确发展的方向和目标；③在总结经验和分析问题的基础上，小组全体成员共同制定出本组今后的活动方案，明确在以后的小组活动中应当达到的目标，以及如何达到目标。

最后，在小组合作学习中，最好进行混合编组。所谓混合编组，就是在组建合作学习小组时，应当尽量保证一个小组内的学生各具特色，相互能够取长补短，即小组成员是异质的、互补的。混合编组时应考虑以下几个重要因素：①学生的成绩。保证同一个合作学习小组内混合学习成绩好、中、差的学生。②学生的能力。有的学生口头表达能力强，有的学生观察能力强，有的学生思维比较深刻等，将这些具有不同能力优势的学生组合在一起，不仅能够提高小组活动的效率，更有助于每个组员的全面发展。③学生的性别。在合作小组中混合男女学生可以丰富小组认识问题、分析问题和解决问题的视角，而多视角的产生则可以丰富学生的思维。④学生的家庭背景。在真实的社会生活中，我们必须学会与各种人一起工作，需要与不同社会群体的人接触往来。学生在小组活动中与来自不同家庭背景的同学合作的经验，将有助于他们应对真实的社会生活。

4．合作学习的基本形式和程序

1）基本形式[①]

（1）学生小组成绩分工。学生被分成 4 人学习小组，要求成员在成绩水平、性别、种族等方面具有异质性。教学程序是先由教师授课，然后学生在他们各自的小组中进行互助合作学习，使所有学生都掌握所教内容。最后，所有学生就所学内容参加个人测验，此时，不允许他们再互相帮助。学生的测验得分用来与他们自己以往测验的平均分相比，根据学生达到或超过他们自己先前成绩的程度来计分(也称提高分计分制)。然后将小组成员的个人分数相加构成小组分数，达到一定标准的小组将获得认可或得到其他形式的奖励。

（2）小组游戏竞赛。与上一种方法不同，它是用每周一次的竞赛代替测验。在竞赛中，学生与来自其他小组的成员进行竞争，以便为他们自己的小组赢得分数。学生在 3 人组成的"竞赛桌"旁进行竞赛，竞争对手是和自己在学业成绩方面有相似记录的同学。这种方法有一个"不断调整"的程序，它依据每次竞赛中学生的成绩，对学生"竞赛桌"的安排每周进行一次调整，使之趋于公平。每个"竞赛桌"的优胜者都为其所在小组赢得相同分

---

① 王坦. 合作学习简论[J]. 中国教育学刊，2002(1)：32-35.

数，而不管他是在哪一桌。这就意味着学习速度慢的学生(同其他学习速度慢的学生进行竞争)和学习速度快的学生(同其他学习速度快的学生进行竞争)都有均等的成功机会。成绩优异的小组将获得认可或其他形式的奖励。

(3) 切块拼接。在这一方法中，首先将学生安排在由 6 人组成的小组中，学习事先已经分割成片段的学习材料，如一篇传记可以分为早期生活、主要成就、主要挫折、晚年生活和对历史的影响等几个部分。然后各个小组中学习相同内容的学生组成"专家组"，在一起共同讨论他们所要学习的那部分内容，直到掌握。接着这些学生分别返回各自的小组，轮流教其组员学习那部分内容。因为除了自己掌握的那部分内容外，学生要想掌握其他内容，唯一的途径就是认真倾听小组其他成员的讲解，因而他们具有彼此支持的动机并表现出对彼此作业的兴趣。

(4) 共学式。它要求学生在 4～5 人异质小组中完成指定的作业。小组共交一份作业单，依小组的成绩给予表扬和奖励。这种方法强调学生共同学习前的小组组建活动和对小组内部组员活动情况的定期讨论。

(5) 小组调查法。它是一项普通课堂组织计划。学生在小组中运用合作性探究、小组讨论和合作性设计展开学习活动。在这一方法中，学生们组成 2～6 人小组。在从整个班级学生都学习的单元中选出一个子课题之后，各小组再将子课题分割成个人任务，落实到每个小组成员身上，并开展必需的活动以准备小组报告。最后，每个小组做一个介绍或办一个展览，向全班展示他们的成果及程序。

2) 合作学习的基本程序

合作学习的基本程序一般为：首先分组(将班上学生按成绩、性别、个性及学习习惯等条件分成"组间相同，组内异质"的几人小组)；然后分工(如小组成员可以分别担任主持、监督、记录、协调、观察、综合、汇报等职，在学习中各司其职)；最后进行小组活动(发言、提问、解答、共学、帮助、辅导等)。在这一过程中，小组内应建立活动机制，组员根据具体情况，加强协调，完善自我。

(三)探究性学习

研究表明，儿童从出生之日起，就开始了探究并改变周围世界的活动。比如搭积木，很多父母为孩子搭建的积木无论多完美，孩子都会把它推倒然后重新搭建属于自己的积木。幼儿天生不喜欢强加给他们的东西，他们喜欢"探究"，用自己的大脑和双手去探究并构建自己的心仪之物。大量的日常事例表明，只要不给幼儿过多的限制与规定，其行为与作品就会出现超常规与个性化的探究成分，可见幼儿天生就是"探究家"。

可是，为什么进入学校后，孩子的探究欲望与探究能力却减弱了呢？为什么他"探究"的本性在学校却退化了呢？这就需要从我们传统的教育方式和学习方式中找原因。学校对学生有太多规定、太多限制。这些规定与限制基本上不是鼓励学生追寻"事实"、反思"现状"、质疑"真理"、挑战"权威"，而是要求学生承认"事实"，赞美"现状"，接受"真理"，维护"权威"；不是激励学生如实表达、自由选择、大胆想象、别具一格，而是有意无意地促使学生学习虚假包装、一味顺从、因循守旧、抹平个性。教育过程实际上已蜕变为压抑学生、剥夺学生的过程，这极大地影响着学生的批判意识和创新意识，有时甚至会导致学生陷入自我阻抑、自我剥夺的状态。原本应为学生成长之途的"教育过程"

也会蜕变为学生发展之障碍的一种"反教育过程"。①文化教育学家斯普朗格(Eduard Spranger)说："教育的最终目的不是传授已有的东西，而是要把人的创造力量诱导出来，将生命感、价值感'唤醒'，'一直到精神生活运动的根'。"②为了教育的最终目的，我们倡导学生学习方式的转变，倡导探究式学习，以期"探究"这颗人类天性中的宝石在教育者的手中能大放异彩。

1. 探究性学习的内涵及其特征

1) 探究性学习的界定

所谓探究性学习，是指在学科领域或现实社会生活中选择和确定研究主题，在教学中创设一种类似于学术(或科学)研究的情境，通过学生自主独立地发现问题、实验、操作、调查、搜集与处理信息、表达与交流等探究活动，获得知识、技能、情感与态度的发展，特别是探索精神和创新能力的发展的学习方式和学习过程。

2) 探究性学习的特征③

探究性教学是以师生共同探究来促进学生掌握知识，培养学生的探究能力和科学素养的一种教学方式。它具有以下特征。

(1) 探究性。教学始终坚持"以人为本""以学生为中心"，使学生"能够自己去探索、自己去辨析、自己去历练，从而获得正确的知识和熟练的技能"，同时也培养了学生的科学素养。

(2) 开放性。开放式的、融入自然和社会的课堂，能将有限的教学实际和教材内容转化为无限的学习时间和学习内容，将有限的"言"转化为无穷的"意"，能为学生提供一个真正自由广阔的学习环境，也为学生质疑、解疑提供机会和条件。

(3) 整合与拓展性。探究性教学高度重视对所学知识有所选择、批判、解释和运用，进而在整合的基础上有所发现和创新。

3) 探究性学习的目标

探究性学习方式的主要目标是使学生获得亲自参与研究探索的体验，培养学生发现问题和解决问题的能力，培养学生搜集、分析和利用信息的能力，让学生学会分享与合作，培养学生的科学态度和科学道德，培养学生对社会的责任心和使命感。

2. 探究性学习的理论基础

1) 布鲁纳的发现学习法

布鲁纳认为：所谓学科教学，不是灌输作为结果的知识，而是指导儿童参与形成知识的过程。他非常强调学生的主动性、积极性。他认为，学生主体参与教学，主要靠他的内在动力，知识获取的过程是一个积极的过程，要使学生形成"自我推进"的能力，发挥学生主体作用，教师的主要任务是创设有利于学生激发动机的情境。

2) 施瓦布的探究学习理论

施瓦布(J.J.Schwab)的学生主体思想主要表现在主动探究上。施瓦布探究学习是在 20 世

---

① 吴康宁. 学生仅仅是"受教育者"吗？——兼谈师生关系观的转换[J]. 教育研究，2003(4)：43-47.

② 邹进. 现代德国文化教育学[M]. 太原：山西教育出版社，1992.

③ 宋乃庆，徐仲林，靳玉乐. 中国基础教育新课程的理念与创新[M]. 北京：中国人事出版社，2002.

纪50年代后半期美国掀起"教育现代化运动"中提出的主张。今天教育领域风行的"探究学习"一词就是施瓦布在1964年首先使用的。他认为探究学习是这样一个过程：在儿童对客观世界进行探究的过程中，通过他们的主体参与，培养探究意识和探究能力，形成一定的正确认识，从而促进学生主体发展。

3）罗杰斯的非指导性教学

罗杰斯认为学生应该在教学中"全部沉浸"。他认为传统教学是"颈部以上的学习，教师提供的教材和讲解，只顾"头脑中"进行学习，没有感情，没有个性意义。他还认为教师的任务是使学习容易化，教师要控制自己的发言欲望，用真情促进学生乐意学习、主动参与，要尊重和估量学生的"自我主导"情意，给学生选择参与的自由，倡导"自我主导型"教学。在发展性教学中，我们要重视"参与度"问题，只有情感因素和智力因素的协同作用，才能使学生全身心地投入学习中。

4）建构主义理论

建构主义学习模式的心理学基础，源于瑞士认知心理学家皮亚杰提出的儿童认知发展学说。建构主义学习观提出，知识不能简单地通过教师传授得到，而是每个学生在一定的情境即社会文化背景下，借助教师和同学的帮助，利用必要的学习资料，通过人际间的协作活动，依据已有的知识和经验主动地加以意义建构。因此，"情境""协作""交流"和"意义建构"是学习环境中的四大要素。

3．探究性学习的要素和条件

并不是任何教学内容都适合用探究性学习的方式来进行，有效的探究性学习，首先要求学生有探究的欲望。在课堂教学中，教师一个非常重要的任务就是培养和激发学生的探究欲望，使其经常处于一种探究的冲动之中。

其次，探究的问题必须有适度的探究空间。不是任何事情、任何问题都需要探究的。问题的空间有多大，探究的空间就有多大。问题太容易或太难都不适合探究。在探究过程中，必须留给学生充分的自主学习的时间。在课堂教学中，时间是最重要的学习资源。探究的问题性、实践性、参与性和开放性，决定了探究学习必须有充分的自主学习时间。要让学生有多维互动的交流空间，在探究过程中要给学生提供合作交流的机会。

4．探究性学习的基本程序及表现方式

探究性学习的基本步骤及主要内容如下。

（1）明确问题，辨别并界定问题。它主要包括下列活动：在情境中使学生产生兴趣，并结合过去的经验，确定几个可能的调查方面。需考虑的问题：我们要解决什么问题？为什么我们要探讨它？我们对问题已经有了哪些了解？

（2）确定探究方向，形成预测或假设。它包括：广泛搜集有关问题，辨别并提炼出主要问题，从中选取中心问题。需考虑的问题：我们能做什么样的预测或假设？我们怎样解决它？我们应以什么为中心展开探究？运用"头脑风暴"等研讨形式提出预测或假设并确定调查的方向。

（3）组织探究，设计、制订探究方案。它包括确定人员分工，准备探究工具。需考虑的问题：我们怎样进行调查？需要哪些信息？怎样获得这些信息？怎样分工才能最大限度地发挥人力、物力的作用？取得一致意见后，制订计划，划分小组，制定小组行动方案，

明确个人的任务，分析所需的资源，制定时间表。

(4) 搜集资料。通过各种途径、形式搜集数据资料(搜集资料不仅是目的，更是了解事物的手段)。需考虑的问题：我们能用谁的、哪儿的、什么样的信息？这些信息与研究问题有什么联系，对研究问题有多大的作用？这些信息反映了什么人的观点？我们怎样从中发现别的信息？我们将以何种形式使用这些数据？一般来讲，学生可以通过参观和实地考察、调查和采访、进行实验、查阅文献、观看影视录像、个案追踪分析等形式或途径搜集资料。

(5) 整理资料，进行数据资料的筛选、归类、统计、分析、比较。它包括：组织和提供数据，通过分类形成或修正概念，比较和对照结果，讨论问题和假设，对所搜集到的资料进行评估。需考虑的问题：我们如何对获得的信息进行分类？这些信息中哪些是有用的，哪些是无用的？我们应根据什么标准对信息进行筛选和分类？我们能发现什么联系？得出什么结论？这些结论对我们的观点有什么影响？

(6) 得出结论，要求学生表达自己在探究过程中形成的见解，并且和别人进行交流。这包括：解释获得的信息，形成并修正判断，证实、抛弃或改变假设与预测(如果结论与预测不吻合，应重新确定探究的方向，拟订方案，组织探究)。需考虑的问题：我们得出了什么结论？这些结论与我们的预测或假设有哪些异同点？哪些证据证明了我们的结论？探究所得出的结果可以用多种形式展现，比如可以做一个模型、进行一次角色扮演、完成一份报告、编写一个故事或小品、做一盘录像或录音带、举行一次辩论、做总结发言、组织一个展览等。

(7) 考虑社会活动，要求学生根据调查结论积极参与有关问题的社会决策。在条件适宜的情境下，学生可以根据自己调查的结论，采取相应的社会行动。需考虑的问题：关于这个问题我们能做什么？我们怎样做才能对课堂上、学校里乃至社区中的决策有所贡献？我们怎样才能使其他人了解我们的行动？我们怎样才能有助于或影响社区和社会的决策？对于这个问题我们应该做什么？

(四)符合新课程理念的其他学习方式

在 21 世纪的信息时代，学习已逐渐成为人们的一种内在需要，而非外在的一种逼迫或驱使。作为学习者，在选择适合其需求的学习方式方法时，必须重新理解学习，树立适应信息时代要求的学习观。

1. 运用多媒体学习

传统学习方式，书本是最主要的知识来源，学生主要靠自学，有疑问之处只能等有机会时向教师请教才能解决；学习模式单调，信息反馈很少。而运用多媒体教学，学习的内容和反馈会以更便捷、更有效的方式进行，学习的效率会得到大幅度提高。

2. 通过网络学习

21 世纪，网络学习将成为一种主要的学习方式。任何人，只要拥有一台电子计算机，不管他身在何处，只需联通因特网，就可以与世界接通。正如联通公司的广告词所写的那样："世界只是一句话的距离。"他可以轻松地选择自己感兴趣的任何课程和喜爱的任何老师，在自己想学习的任何时间进入网络学习，也可以随时就所遇到的各种疑难问题向该领域最权威的专家咨询，或者对话。就此而言，信息化为学习者的学习赋予了更大的自由发展的空间。

网络学习就其本质而言，是一个开放的概念，无须作严密的定义。而在内涵上，却可以从四个方面去认识：网络作为学习的工具、网络作为学习的对象、网络作为学习的资源、网络作为学习的环境。要想发展自己的网络学习能力，必须掌握如下基本技能。

(1) 交流与沟通技能。网络把世界连成了一体，每个人都不可能封闭地存在，必须具备与他人交流的能力。最基本的交流手段就是利用电子信函，即常说的 e-mail、网上聊天室或网上公告以及网络新闻组等系统，来与人进行即时或延时的信息发送与回馈。

(2) 浏览与查询技能。互联网上存储了丰富的信息资源，网上信息一般是以页面的形式存放的。查找网上信息最有效的途径，就是学会使用搜索引擎，并具备一定的查询技巧。这是提高网上学习效率的前提。

(3) 信息发布与网络参与技能。正如我们在教室里上课所注重的是参与整个教学过程一样，对网络的利用也要成为一种参与式的、主动的学习过程。每个人除了阅读别人在网上发布的信息与资料外，也应当在网上展示自己，为别人提供有用的信息和资料，实现资源共享。可以预见，21 世纪，网络学习将成为人们学习的主要途径。

3. 掌握虚拟学习

虚拟是计算机科学的一个术语，是指由软件驱动而形成的事物，而不是实际以物理形态存在的事物。例如，虚拟大学、虚拟课堂等都是通过电子平台而不是传统的教室或演讲大厅来实现的。相应地，虚拟学习(virtual-learning)指的是通过网络手段而超越时空距离所进行的学习过程。而今，它与远程学习(D-learning)、数字化学习(E-learning)和移动学习(M-learning)一起，备受人们青睐。

虚拟学习有两个最主要的特征：一是人与机之间的交互作用，二是人与人之间的遥距功能。与传统的学习条件和学习环境相比，虚拟学习具有更大的优越性，主要体现在以下几个方面：①它是建立在电子技术与网络环境基础之上的。通过搜索引擎等技术的运用，丰富了学习者对学习对象的全方面认识，可以获取"海量信息"或"暴量信息"，从而大幅度地提高学习效率。②它是以学习者为主导的。它所提供的是一个不受任何约束与限制的学习环境，学习者能够完全自主地根据自己的实际需求进行学习，进一步改变了学生和教师、学生和学生之间的关系。因此，它要求学习者必须是一个敢于自我负责的人、有自制力的人和有道德感的人。③这也是一个很重要的原因，就是虚拟学习代表着未来社会发展与进步的方向，是创建"学习型社会"的必备平台。

虚拟学习要求把学习立足于网络基础之上，并学会构建自己的学习网络。构建学习网络，一方面，是指要构建学习资源网络。传统的学习资源如图书馆、资料室、信息中心等，即使在网络时代也不会消失，但可能有另外的表现形式。即使所有这些资源都可以在网络上很轻易地得到，网络也不可能代替传统学习资源所具有的人际情感交流与沟通的功能，因此，所构建的学习资源网络需要在网络资源与传统资源之间寻求平衡。另一方面，要构建自己的学习伙伴网络。学习者可以与兴趣相同的其他学习者建立一个学习伙伴网络，或者成立一个学习小组，以便分享学习的资源与经验，相互交流和解疑，共同提高学习效率。

三、学习方法的指导

联合国教科文组织编著的《学会生存》一书中指出："未来的文盲不再是不识字的人，而是没有学会怎样学习的人。"从马克思主义哲学观来看，人是一个动态生成者的存在，是生命共同体中最令人困惑而又难以求证的生灵，永远处于不断地学习、奋斗、发展与完善的"未完成"之中。随着 21 世纪"学习型社会"的到来，学习已成为提升人们生活质量的必要手段，学法亦成为影响学习成效的关键因素。学法决定教法，教法推动学法。因此，教师必须加强学法指导，教会学生学习，培养与提高学生的学习能力。

(一)学法指导的意义

《礼记·学记》指出："善学者，师逸而功倍，又从而庸之。""学"，指学习活动。其基本含义是接受教育，获取知识，提高认识，发展能力。《广雅·释诂三》："学，效也。"《玉篇·子部》："学，受教也。"《说文解字》："学，觉悟也。"朱熹认为："未知未能而求知求能，之谓学。"国学大师钱穆指出："孔子一生主在教，孔子之教主在学。"《论语》中"教"字仅 7 次，而"学"字则多达 64 处。孔子指出："好仁不好学，其蔽也愚；好知不好学，其蔽也荡；好信不好学，其蔽也贼；好直不好学，其蔽也绞；好勇不好学，其蔽也乱；好刚不好学，其蔽也狂。"(《论语·阳货》)

学法指导是教师通过一定的途径和方式对学生进行学习方法的传授、诱导与改进，使学生养成良好的学习习惯，掌握科学的学习方法，形成较强的自学能力。在我国古代，"学"与"习"是分而述之的。"学"乃"仿效""获取"也；"习"乃"复习""练习"也。最先将学与习两字联系在一起的是孔子。《论语》曰："学而时习之，不亦说(悦)乎！"后来，《礼记》又曰："鹰乃学习。"这便是"学习"一词的最早由来。学习二字的繁体写法是"學習"。"學"字的象形含义是一个小孩子在学堂门外要进去；"習"字的象形含义是一只小鸟儿飞出了巢穴。学主要是学知识、学技能、学方法；习主要是练习、复习、实习。一般来说，学习方法包括学习的态度、程序、途径、手段、技能等。学法指导包括学习内容的指导和学习过程的指导两个方面。[①]前者在于使学生掌握外在内容，后者在于使学生理解内在过程。

1. 开展学法指导是"以学生为主体"教育理念的具体体现

所谓"以学生为主体"，就是确认学生在整个教学过程中始终是认识的主体和发展的主体，教师只是为学生的认识和发展提供有利的条件，即帮助、指导学生学习，培养学生自学的能力和习惯。联合国教科文组织在其《教育——财富蕴藏其中》报告中将学会认知(learning to know)、学会做事(learning to do)、学会合作(learning to live together)和学会生存(learning to be)称为"教育的四大支柱"。"学会认知"即"学会学习"。学习是教学的基础。我国著名教育家叶圣陶先生指出：教师"不是教学生，乃是教学生学"，使"学生能自为研索，自求解决"。鲁迅先生也曾主张让学生"自己思索，自己做主"。开展学法指导，教师应当认真指导、引导、疏导，从而在教学活动中把"教师为主导"与"学生为主

---

① 傅道春. 教育学[M]. 北京：高等教育出版社，2002.

体"有机地统一起来。

2. 开展学法指导是提高学生学习能力、开发学生发展潜能的有效措施

学习方法的知识，是学生知识体系和能力结构的重要组成部分。达尔文曾说过："最有价值的知识是关于方法的知识。"学法指导，就是最大限度地调动学生学习的主动性和积极性，激发学生的思维，帮助学生掌握科学的学习方法，培养与提高学生的学习能力，发现并开发学生的发展潜能。安东尼·罗宾在其《潜能成功学》中写道："人的潜能犹如一座等待开发的金矿，蕴藏无比，价值无比，而我们每个人都有一座潜能金矿。……只要发挥了足够的潜能，任何一个平凡的人都可以成就一番惊天动地的事业，都可以成为一个新的'爱因斯坦'。"[①]而人的素质和潜能的发展，从根本上讲，是自我发展。因此，必须对学生加强学习方法指导，充分发挥内因和外因的协同作用。

(二)学法指导的内容

根据不同的维度进行划分，学生学习主要有以下几种类型：从知识获得的途径来看，可分为接受学习与发现学习；从学习的人性基础和教与学的关系来看，可分为自主学习与他主学习；从新旧知识的联系来看，可分为意义学习与机械学习；从学习者之间的关系来看，可分为竞争性学习与合作性学习；从学习者与文化的关系来看，可分为继承性学习与创新性学习；从学习内容和手段的角度来看，可分为符号性学习与操作性学习，或称为书本学习与实践学习。[②]学法指导的内容主要体现在以下几个方面。[③]

1. 指导学生学会制订学习计划

《中庸》云："凡事预则立，不预则废。"学习亦复如此。作为能动的实践主体，人具有自我意识，具有认识、规划和改造自己的能力。制订学习计划，一是有利于实现学习目标，使学习的目的要求更加明确；二是有助于学习过程的实施，锻炼学生学习的意志，养成良好的学习习惯；三是有益于合理高效地使用学习时间，做到张弛结合、动静搭配、文理交叉，提高学习效率与效益。

2. 指导学生学会阅读

学生以学习间接知识为主，而阅读是获得书本知识的基本方法。因此，指导学生学习，特别要重视阅读方法的指导。

一是指导学生制订好阅读计划，明确阅读的目的、要求、范围、时间、步骤、方法等；二是指导学生根据阅读计划尽快进入"定向阅读"，使学生在复杂信息的阅读环境中使所读的知识成为一种有序的结构；三是帮助学生调节阅读中的心理状态，保持必要的学习内推力，调节学习的情绪；四是最大限度地提供一些相关的阅读材料，使学生可以根据自己的实际需要选择阅读。

---

① 万福，于建福. 教育观念的转变与更新[M]. 北京：中国和平出版社，2003.

② 余文森. 新课程背景下的公共教育学教程[M]. 北京：高等教育出版社，2004.

③ 傅道春. 教育学[M]. 北京：高等教育出版社，2002.

3．指导学生学会观察

科学的观察方法是人们在自然条件下(即不加控制)有目的、有计划地对自然现象或社会现象进行考察的一种学习方法。它是直接用自己的眼睛、耳朵等各种感官或借助相应的仪器去感知观察对象，有利于增加感性认识，获得直接经验。1904 年荣获诺贝尔生理学奖的俄国著名生理学家巴甫洛夫的经验之谈是"观察，观察，再观察"。

指导学生应用观察法，应注意以下几点：一是观察要有目的、有计划；二是选择观察对象要注意典型性、有针对性；三是观察要有实事求是的态度，不掺杂个人的偏见；四是要掌握相应的观察方法和技术；五是要对观察得来的资料进行科学的分析、比较与概括，使之系统化、本质化。

4．指导学生学会记忆

指导学生科学地进行记忆，应注意以下几点：一是明确识记的目的和任务，提高识记的自觉性，积极地进行有意识记；二是正确使用记忆方法，重视对知识的领会、理解，掌握符合记忆规律的记忆方法，如形象记忆法、图解记忆法、歌诀记忆法、谐音记忆法、序列记忆法、比较记忆法等；三是掌握遗忘进程的客观规律，有效地进行复习。

5．指导学生建立科学的学习程序

学习周期中的预习、听课、复习、作业等环节，需要合理衔接，行止有序。教师应指导学生掌握三种科学的学习步骤：一是先预习后听课，以便掌握知识的精华和内在联系，抓住知识的难点与重点；二是先复习后作业，实现知识在理解基础上的应用，达到有效地巩固和转化；三是先思考后提问，使思维进入最佳"愤""悱"状态，善于从多角度、多渠道地思考和寻求解决问题的方案，力图以全新的方案和程序创造性地解决问题。

6．指导学生学会克服学习困难

学习是一种复杂而繁重、艰苦的劳动。学习者必定会遇到来自本身怕苦、畏难、急躁、自卑等"内部困难"，以及环境中的不良干扰、引诱等"外部困难"。孔子曾严厉地批评白天睡觉而不学习的宰予是"朽木不可雕也，粪土之墙不可圬也"；孟子也曾用"山径之蹊"和"掘井九仞"来比喻"学贵有恒"的道理。教师要指导学生学会自我激励和自我克制，排除来自内、外部的学习干扰，注重学与习、学与辑、学与思、学与问、学与行相结合，以实现预定的学习目标。

(三)学法指导的要求

1．学习方法指导要有整体观

学习方法在教学过程中既是学生获得知识的途径，也是学生将知识转化为能力的手段。学生的学习方法既受教师的教所制约，也受教学其他因素的影响，同时还要充分考虑教学内容和教学手段"现代化"的要求。

2．把学法指导的研究与对学生的研究结合起来

学习方法指导，绝不只是一个方法问题。任何学生采用这样或那样的学习方法，都与其学习的目的、态度、基础、环境、学习意志以及个性特征有着直接关联。

学生的学习不仅与其身心发展的特点及学习中遇到的问题密切相连，而且与其生活的社会环境、家庭环境以及校风、班风等也息息相关。所以，学生学习既有共性也有个性。我们不仅要针对共性中存在的问题采取相应的教育措施，而且要对每个学生独特的情况加强了解并制定出有针对性的教育措施，进一步激发学生学习的自觉性与主动性，变"要我学"为"我要学"，变"学会"为"会学"，使学生切实感受到"学习需要"。这样，学习方法指导才能真正落到实处。

3．学习方法指导重在学生学习能力的培养

学习方法指导是促进学生学习能力形成与发展的必要措施。所谓学习能力，是指学生为顺利完成一定的学习活动所必备的心理特征或本领，主要包括学习认知能力、实际操作能力、表达能力、研究能力与交往能力。此外，还应注意培养不同学生的特殊能力，如计算、绘画、设计、制作等能力。

本 章 小 结

教学方法是师生完成教学任务的手段。它既包括教师的"教法"，也包括学生的"学法"，二者彼此促进、相得益彰。教学方法多种多样，常用的主要有讲授法、谈话法、读书指导法、演示法、参观法、实验法、实习法、练习法、讨论法、发现法等。教师要依据教学目的、课型任务、教材内容、学生水平、班级状况和自身素养来选择恰当的教学方法，并抓好学生的学法指导，使学生掌握科学的学习方法，形成良好的学习习惯，培养较强的学习能力。

教学改革实验是教育改革的主题，是教学理论发展的原动力，也是革新与改进教学方法的重要途径。而现代化教学手段的使用则是当代教学领域里的一场技术革命，也是教学方式方法现代化的一个重要标志。

【推荐阅读】

[1] [美] 加里·D.鲍里奇. 有效教学方法[M]. 王定华编，杨鲁新，张宁，译. 上海：华东师范大学出版社，2021.

[2] 居伊·帕尔马德. 教学方法[M]. 王为民，译. 北京：商务印书馆，1997.

[3] [德]希尔伯特·迈尔. 课堂教学方法·实践篇[M]. 冯晓春，金立成，译. 上海：华东师范大学出版社，2004.

[4] [美]理查德·I·阿伦兹(Richard I.Arends). 学会教学(第九版)[M]. 丛立新，马力克·阿不力孜，张建桥，等译. 北京：中国人民大学出版社，2016.

[5] 豆海湛，王林发. 体验教学的策略与方法[M]. 福州：福建教育出版社，2017.

思考与练习

一、名词解释

教学方法　学习方式　现代化教学手段

二、简述题

1. 简述教学方法、教学方式和教学法的联系与区别。

2. 我国常用的教学方法有哪些？各自应如何运用？

3. 怎样认识信息时代学习的机遇与挑战？

4. 现代化教学手段有哪些优越性？如何运用现代化教学手段？

5. 结合学习理论和个人感悟，谈谈为什么及如何进行学生的学习方法指导？

三、论述题

试收集一种国内外新的教学方法并加以分析讨论。

实践课堂

【**实践课堂**】扫右侧二维码阅读相关内容。

努力创造一个有利于学生主动求知的教学环境，使学生在获得基本知识和技能的同时，在情感、态度、价值观和一般能力等方面都能得到充分发展。

——题记

第十章　教　学　环　境

本章学习目标

➤ 熟悉教学环境的概念。
➤ 掌握教学环境的过程要素。
➤ 熟悉教学环境的特点和功能。
➤ 熟悉学环境优化设计的基本原则。

核心概念

环境(environment)　教学环境(teaching environment)　教学环境特点(the characteristic of teaching environment)　教学环境功能(the function of teaching environment)　教学环境优化 (the optimization on teaching environment)

"未成曲调先有情"：营造课堂互动氛围①

新课改背景下的课堂，学生是主体，倡导互动教学，重视师生互动、交流、合作。"万事贵乎始。"导入是课堂的首要环节，一节课的开头犹如乐曲的引子、戏曲的序幕，起着酝酿情绪、集中注意力、渗透主题和带生入境的作用。导入环节虽然只有短短的几分钟，但往往能起到先声夺人、一锤定音的关键作用。一个好的开头绝不是天马行空，而要考虑学生心理生理发展特点、知识发展水平，要紧密联系教学目标、教材基点、情感色调等。这样设计的环节，才会更适合学生，让学生情感自然流露、探究欲望激增，收到"未成曲调先有情"的效果，而之后的好戏便顺理成章了。学习"网上交友新时空"，上课伊始，采用动漫片创设情境，营造师生互动氛围。首先，邀请学生观看自己制作的动漫片《跨越

---

① 康金华. 创设"四动"教学氛围焕发课堂生命活力[J]. 中学政治教育参考，2019(6)：42-43.

时空的交往》。动漫片从古代诗人的明月千里寄相思、驿站马车，到父母亲时代的书信、电话，再到如今互联网时代的QQ、微博、微信等，通过传递友情和交往方式的变化，让学生结合视频及网上交友的经历，畅谈传递友情的方式、网上交友的收获和困惑，继而引入课题。视频播放直观、有趣，容易引起共鸣，积极互动的教学情境即刻产生，此时引出课题已然水到渠成。新颖别致的导课艺术，必然会先入为主、先声夺人，对学生产生强烈的吸引力，使每位学生感到精神饱满，很快进入角色，整个教学气氛也立即活跃起来，形成师生积极互动的氛围。

案例分析

由这个案例可以看到，教学环境除了通常意义上的物质环境外，还有人际环境、情感环境。该教师在教学过程中对人际环境和情感环境给予了充分的考虑，营造了融洽、民主、平等的教学气氛，唤起了学生对政治课的兴趣，强化了他们求知欲与参与欲，使学生在轻松愉悦的气氛中愉快地学习，积极地思考。

学习指导

在本章的学习中，应了解教学环境的概念与构成因素，并且理解教学环境各构成要素的地位及其相互关系以及教学环境的特点与功能。作为未来的教师，必须具有课堂教学环境设计与优化的能力，因此，应该掌握教学环境设计的基本原则，教学环境优化的理念、途径和方法。本章的重点是"教学环境的概念"和"教学环境的设计与优化"，可以采用系统讲授和实地考察、集体讨论相结合的学习方法。

第一节　教学环境概述

人类的任何活动都是在一定的环境中进行的。教学环境是人类环境的一个组成部分，是一种特殊的环境。它是学校教育活动所必需的各种条件的综合。教学环境涉及教学论、教育社会学、教育管理学、传播心理学、环境心理学、神经生理学和文化学等众多学科领域。

一、教学环境的概念

教学环境是贯穿于教学过程中的影响教师教和学生学的生理、物理与心理因素的总和。从主体构成上看，它包括教师教的环境和学生学的环境两部分；从内容构成上看，它包括生理环境、物理环境和心理环境。

生理环境是指教学中的人(师、生)自身的生物特点，如健康状况、大脑发育、年龄和个性等。物理环境是教学环境中有形的、静态的硬环境部分，如教学场所、教学设施、班级规模、座位编排和自然条件(声、光、色彩、温度、气味)等。心理环境是教学环境中无形的、动态的软环境部分，如人际关系、教学气氛、班级文化和社会信息等。其中，生理环境为内环境，物理环境与心理环境为外环境。

(一)教学的生理环境

1. 师生年龄

教师年龄影响教学效果。老年教师教学经验丰富，但是一般缺乏创新能力，因循守旧，教学成绩总是不能"突出重围"，不断地重复着之前的教学故事，在不同程度上影响了课堂的教学质量。年轻教师充满朝气，身体素质好，有较强的表现欲望，对教学效果精益求精，容易和学生产生共鸣，学生喜欢这样的老师，能很自然地建立良好的师生关系。

学生年龄也影响教学过程和教学效果。比如：初中阶段是青少年长知识、长身体的关键时刻，也是青少年处于人生"危险期"的重要时刻，更是人生当中的一个重要转折点。这一阶段的青少年，无论是在生理上，还是在心理上，都发生着重大变化。基于初中生的这一年龄特点，教学中应该采取恰当的方法。按照教学内容和教育目标，结合初中生的年龄特点，对其进行教育，把教学的作用发挥到最大，帮助他们渡过这一个人生的"危险期"，完成人生的重大转折。

2. 教师个性

教师的个性影响教师教学个性的形成。教师的教学个性是教师在长期教学中形成的，具有教育性、创造性的个人品质的总和。说它具有教育性，是针对教育的对象——学生而言；说它具有创造性，是针对教师的创造性的教育活动而言。所以，教师的教学个性就是教师通过对学生和教学内容的综合分析，创造性地设计教学方案，为了达到最佳教学效果而在教学活动中逐渐形成的独特的、较稳定的教学特色。教师的教学个性是其劳动创造性的具体表现，与教师的情感态度、个性特征等密切相关，充满了教师个人的特色。

(二)教学的物理环境

1. 教学场所

教学场所是学校建筑物所在的地方，它是能否进行教学的前提条件，包括校址的选择、占地面积大小等。其中校址的选择尤为重要，夸美纽斯曾设想"学校应在一个安静的地方，要远离尘嚣和分心的事物"，应有利于学生的生命安全，而且"校内外看上去应富有吸引力"。

2. 教学设施

在众多教学场所中，教室是教学活动开展的主战场。教室是为教与学提供活动的场所，考虑到教师与学生开展各种活动的需要，一般的教室应具有 6m×10m(宽×长)的空间，可安排不超过 50 位学生的学习和活动。为了有效地促进学生的学习，教室还有一些质的规定性，如教室要有良好的通风条件、一定的照明度和温度、教室四周的适宜颜色以及低噪声背景等。课桌椅是学生进行学习生活的必备设备，应适合学生的身高，不仅要使学生坐得舒适，而且要使学生的学习活动能够持久保持。为了使学生在进行阅读和书写时不致使骨骼发育发生异常情况，课桌水平面向上作 15°倾斜，以改善学生书写与阅读姿势。由于学生处于快速生长发育的时期，桌椅应有可升降装置，以便随时调节桌椅的高度，以适应学生生长发育的需要。

3．班级规模

班级规模也是教学环境的一个组成要素，它对教学活动、学生的学业成绩和学生动机与情感的培养都起着重要作用。人们一般从一个班级中教师与学生之比来衡量一个国家的教育发展水平。师生比越高，说明教育水平越高，小班级学生的学习成绩要高于大班级学生的成绩；小班级中每个学生均有机会参与讨论，师生之间能产生较多的互动，无形中给学生提供了更多学习的机会和公平参与教学的权利；小班级能够适合学生的不同需要，有利于学生将全身心都倾注到学习活动中去；小班级学生纪律往往较好，教师用于控制课堂的时间也较少。

4．座位编排

座位编排是形成教学环境的一个重要因素，它对学生学习动机、课堂学习行为和学生学业成绩都有深刻影响。20 世纪 70 年代，有人发现学生参与课堂教学的程度受学生座位的影响相当大，教师与学生之间的交流集中发生在教室前排和前排中间区域内，人们将这一区域称为"行动区"。"行动区"处在教师视觉监控范围之内，与教师交流的机会和次数明显比其他区域的学生要多。"行动区"以外的区域则是教师视觉上的"盲区"，处在这一区域内学生的一举一动，教师都较难以控制，因而捣乱、做小动作的现象就随之出现了。因此，这部分学生的课堂学习不是十分有效。

在座位编排上怎样才能使学生与学生之间、学生与教师之间产生更多的交流？更加突出学生主体地位呢？据国外研究，随着学生年龄的增长，知识、经验的增多，学生与学生之间的交流变得十分迫切，这时应采用非正式座位模式为好，比如：长方形编排方式、圆形编排方式、马蹄形编排方式和开放式编排方式。

5．自然条件

教室应通风良好，保证有新鲜空气流入，在这种环境中学习，学生的感知能力和思维活动才不会受到压抑，不会影响学习效果；教室应有适宜的温度，保持在 20℃～25℃，教室采光越好，学生越容易学习。如果教室是以自然光源为主要照明光源，那么教室的窗户应以宽大为宜，如果教室以人工光源为主要照明光源，照明度应保持在 300 lx～500 lx 之间，亮度过强会使学生感到烦躁、头晕，影响思维判断能力。当然，一些特殊的教学活动有特殊的规定，如美术和学术报告厅需要有 500 lx 以上的照明度。同时，还要考虑光源的方向，为避免光线炫目，教室应挂有窗帘；教室的色调也会影响学生智力活动，浅绿色与浅蓝色会使人产生安静、和谐的感受，易于消除大脑疲劳，而深黄色和红色，因容易引起大脑兴奋，会使人产生惶惶不安的感觉，因此教室的色调应以一般的暖色(如黄、橘黄)和冷色(如蓝、绿)为主；噪声会使学生分心，注意力涣散，大于 70dB 的声音即为噪声，因此，学校应选择在远离噪声的较安静的区域。

(三)教学的心理环境

教学的心理环境指的是教学环境中无形的、动态的软环境部分，如社会信息、人际关系、校风班风、课堂气氛等。

1. 社会信息

学校教学环境不是一个封闭的环境，它与社会随时进行着各种不同方式的交流，其中，信息和价值倾向的交流是一种重要的方式。各种社会信息和价值倾向对学校教学的影响有积极的，也有消极的。因此，如何正确处理和利用各种社会信息和价值倾向，使之有利于学生的身心发展、提高教学质量，是教学软环境建设的重要内容。

2. 人际关系

人际关系是人们在社会交流中所形成的各种关系。学校中的人际关系包括领导与教师之间、教师与教师之间、教师与学生之间、学生与学生之间的关系。一个学校如果领导与教师之间建立民主、平等、相互信赖的关系，教师与教师之间建立友好合作的关系，教师与学生之间建立尊重、爱护的人际关系，学生与学生之间建立相互竞争、相互帮助与鼓励的人际关系，那么这种良好的人际环境可以通过影响人的认知、情绪、情感、价值取向和行为，从而影响教学活动的效果。

✎ 典型案例 10-1：

扫右侧二维码阅读《不吝赞赏——良好课堂环境建构的有效方式》的相关内容。

典型案例 10-1

3. 校风班风

校风就是一个学校的气氛，它表现为一种集体行为风尚。这种集体风尚无疑会形成一种文化氛围，影响学生人格与品质的形成。班风是班级所有成员在长期交流中形成的一种共同的心理倾向，它既塑造学生的态度与价值观，又影响他们在教室里的学习活动。

4. 课堂气氛

课堂气氛是班集体在课堂教学中形成的一种情绪、情感状态，是课堂教学中积极的隐性因子，它的形成有赖于课堂教学中师生情感的交流，它的建构直接影响课堂教学的效果和学生的社会化程度。课堂气氛是由教师与学生之间相互作用而形成的，同时它又可以促进学生和教师的自我构建，这是一个动态的、相互作用的反馈过程，它是由班级中师生、学生之间互动而产生的，一旦形成这种情绪、情感状态，便能形成一种心理压力，从而影响学生的态度、行为和学习效果。它虽然不是教学活动的组成部分，但是却对教学活动的开展起着维持、定向作用。根据教师与学生在课堂中情绪与语言行为的表现，可以将课堂气氛分为三种类型：标准型、一般型和负偏型，如表 10-1 所示。

常见的课堂气氛是一般型的气氛状态。标准型是对课堂气氛的规范性描述，是一种理想的状态。在标准型课堂气氛中，师生情感交融会产生更多的相互作用和影响，此时，学生对学习会提升其感觉性，对学习表现出更大的兴趣，也能积极主动地参与教学活动，在无紧张、敬畏的情感体验中，学生有更多自由表达的机会，其结果是使整个教学过程有张有弛，既紧张而又轻松愉快、严肃而又生动活泼。负偏型课堂气氛是教学过程中应加以改进的。

表 10-1　师生状况与课堂气氛的关系①

状　况		标 准 型	一 般 型	负 偏 型
教师状况	情绪状况	情绪饱满，师生情感融洽，对教学任务充满信心，自我感觉良好	情绪平静，师生关系一般化，对教学任务无特别感受，自我评价一般	无精打采，对讲话的学生不耐烦，师生关系对立，对学生漠不关心，将责任推给学生，自我评价差
	言语行为	批评学生少，表扬学生多，与学生交流多，注意倾听学生发言，讲解清晰、生动并能及时满足学生的正当需要	以讲解为主，批评学生较多，表扬学生较少，组织教学时间较多，满足学生需要少	指责性语言多，维持纪律占用大量时间，对捣乱学生惩罚严厉，根本不考虑学生的想法与需要
学生状况	情绪状况	情绪高昂，愿意接纳教师，对教师讲课感到满意，喜欢上该教师的课	总体情绪平和，有的显示出烦闷、懒散不安，对教师讲课无强烈反映，评价一般	绝大多数学生或无精打采，或懒散沉闷，对教师的提问感到不安，厌烦教师所言，与教师对立
	言语行为	四分之三的学生踊跃发言，答对率高，注意力专注、集中，相互间赞赏多	或静静地听，或私下自发性说话，有的专注，有的分神，举手发言人数为四分之一左右	自发性说话或开小差人数多，有的甚至故意捣乱，师生相互埋怨

二、教学环境的特点

教学实践表明，教学环境在教学活动中具有重要意义，它是教学活动必不可少的现实基础。教学环境是师生进行教与学的舞台，缺乏这个舞台，师生的教与学就失去了依托。从表面上看，教学环境处于教学活动的外围，是相对静止的，但实际上它却以特有的影响力，持续地干预教学活动的进程，系统地影响着教学活动的效果，在教学中发挥着导向、凝聚、陶冶、激励、健康、美育的功能。教学环境之所以在教学活动中发挥着这样的作用，主要是由它自身所具有的特点决定的。

就人类整体生活而言，人的环境一般都具有生存价值和发展价值。对于特殊的社会群体生活来说，不同的环境可能具有不同的特点。作为教学活动不可缺少的由各种因素综合形成的教学环境，是人类生存环境和发展环境的重要组成部分，是动态教学活动的存在形态，它具有客观性、系统性、群体性、能动性、区域性和物质特殊性等基本特点。

(一)教学环境的客观性

教学环境的客观性指的是教学环境受自然条件及现实社会的制约。教学环境是动态教学活动的存在形态，它同教学活动是不可分离的。一方面，教学活动离不开一定的教学环境。另一方面，教学环境也离不开一定的教学活动，离开教学活动的教学环境也是不存在的。总之，任何形式的教学活动总要处于一定的环境之中，离开了具体环境，教学就不能

① 张楚廷．教学论纲[M]．北京：高等教育出版社，2004．

进行。由此可见，教学环境的客观性是绝对的、无条件的。但是，教学环境的客观性也受到教学活动具体形态的制约，因而，教学环境又是有条件的、可变的。

(二)教学环境的系统性

用系统论观点观察教学环境，教学环境具有系统性。作为一个系统的教学环境，它首先是一个由多要素、多部分、多个子系统构成的有机体系。构成教学环境有机整体的要素有自然地理条件、客观物质、人际关系、语言、文化及心理气氛等。系统可根据其组成要素划分为天然系统、人为系统和复合系统。教学环境是一个复合系统。教学环境虽然从直接意义上看是由人按照一定的目的组织、创造的人为系统，但是由于它是以自然地理条件为存在前提，所以教学环境是天然系统和人为系统的复合体。同时，教学环境具有物质实体和心理的双重性质，这也是它作为复合系统的另一方面表现。另外，系统具有确定性和随机性之分。由于教学环境的主体是人，这就决定教学环境除了受各种客观因素制约之外，还要受人心理的影响，从而使教学环境系统具有随机性。当然，随机性绝不意味着毫无规律可言，它的规律表现在概率之中，许多教学心理研究已经证明了这一特点。系统又有封闭系统和开放系统之分。教学环境显然是开放系统，它随时都在与周围因素发生着物质的、信息的交换。在现代科技的推动下，教学环境与周围世界的交换是不断扩大的趋势，从而使其开放程度大大提高。

历史研究已经证明：教学环境在自身矛盾的推动下，是不断由低级到高级、由简单到复杂地向前发展。在当代，教学环境的复杂程度较以往时代大大地向前发展了。教学环境日益复杂的趋势，是其自身完善的客观要求的体现。因此，伴随着这种复杂化的同时，教学环境的完善程度也得到了增强。

(三)教学环境的群体性

人是教学环境的基本要素之一，没有人就没有教学环境。一般而言，现代教学环境是由人群组成的，所以教学环境具有群体性。人是教学活动的发动者和参与者，也是教学活动的推动者。很显然，这里讲的人绝不仅指教师、学生及学校内的其他人员，也包括广义的教学环境里的人员，如机关公务员、纳税人、家长等。组成教学环境的人群不是机械地结合在一起，而是彼此结合成一定的人际关系，如个人关系、人群关系、群际关系等。教学环境中的群体生活是在行为规范的约束下进行的，如职业道德规范、教育法律法规等约束着人们的行为，起着组织和协调群体生活、维护教学环境正常秩序的重要作用。

(四)教学环境的能动性

教学环境的基本要素之一是人，而人具有能动地认识和改造世界的能力。人的能动性决定了教学环境具有适应性、主动性和创造性。这种能动性首先表现在教学环境能够主动调整自身的各种不平衡状态。教学环境是一个复杂体系，是一个宏观与微观相互渗透、纵向结构与横向结构立体交织、随时间的推移而不断运动变化的复杂结构，其内部充满着矛盾。教学自然物理环境、生理环境与心理环境严重的不相适应，则会使教学环境出现动荡不安、停滞和各种病态。比如：严重的自然灾害、战争状态等对教学环境的影响。但是，每当发生这种情况时，教学环境一般都能依靠自己的力量进行调节控制或者进行改革。其次，教学环境的能动性还表现在能够主动地发现并试图解决与周围世界的不平衡。在当代中国，"尊师重教"已经成为人们的共识，它在一定程度上反映了广义教学环境的愿望。例如：优先发展教育、教育与生产劳动相结合、教育为社会主义现代化建设服务等。最后，教学环境的能动性还表现在它能够不断地创造维持自身生存和发展的物质条件，大至宏观的教学环境布局，小至教学用具，处处都有人的能动性的印记。特别是随着现代化科学技术的发展，越来越多的维持教学环境生存和发展的物质条件被创造出来，在这个过程中，教学环境自身也得到了发展。

(五)教学环境的区域性

教学环境有广义和狭义之分，因此，教学环境区域也包括两种类型：一个是具体的狭义的教学环境区域，如学校区域、班级范围；另一个是相对抽象的广义的教学环境区域，它涉及社会宏观环境的范围，即在社会空间最大广延度上的环境区域。社会宏观环境覆盖面广，涉及的社会层次高。社会宏观环境，一般又分为三级：世界级、国家级和地域级。世界级社会环境即整个国际社会环境，例如，当今世界科技竞争和人才竞争的国际形势是制衡教育事业的重要环境因素；国家级社会环境是指一个国家的总体环境，包括一个国家总的政治、经济、历史与未来；地域级社会环境是宏观社会环境中最重要的一级，它是指区域社会环境，如我国的沿海地区、内陆地区等。因此，在研究教学环境的区域时，需针对广义和狭义各自不同的分类加以规范，这样才能明确教学环境区域特点。教学环境的区域划分只是为了论述便利，教学环境具有整体性，广义教学环境与狭义教学环境一起构成制约教学活动的条件。

(六)教学环境的物质特殊性

教学环境有别于其他环境，不仅在于它有自己的环境区域和环境主体，在很大程度上还在于它有自己的环境内涵，具体表现在如下几点。

1．规范性

教学环境是育人的专门场所，是根据全面促进人身心发展这一特殊需要和国家教育方针、学校培养目标而设计、建设和组织起来的。因此，教学环境建设各方面必须符合育人规范要求。

2．可控性

与其他自发形成的环境和自然环境相比，教学环境具有易于调节控制的特点。人们可以根据教学活动的需要不断地对教学环境进行必要的调节控制，汲取其中对人身心发展具有积极意义的因素，消除和抑制不符合发展需要的因素，使教学环境向着有利于教学活动顺利进行的方向发展。

3．纯化性

由于教学环境的主客体因素是在追求真理、掌握知识、发展身心这样一些共同的高尚的目标下组织在一起的，各种环境因素都经过了一定的选择、净化、提炼和加工等纯化处理，因此，相对于其他环境来说，教学环境缺少外界的喧嚣繁杂，这里充盈的只有琅琅的读书声和对真理的向往。正因为如此，从古至今，人们始终把学校看作社会的一方净土。

4．教育性

教学环境不仅是教学活动赖以进行的物质依托和舞台，构成教学环境的各种环境因素本身还具有教育的意义。正因为教学环境是育人的场所，所以人们在构建教学环境时，对它的教育功能的需要已远远超越对物质功能的需要，这也是教学环境异于其他环境的一个主要特征。

三、教学环境的功能

教学环境特有的要素结构和环境特征决定了其特有的功能原理。教学环境对教学活动及个体发展所产生的一切影响，都是通过自身功能属性表现出来的。就目前的认识而言，一般认为积极良好的教学环境具有六种功能。这六种功能从不同的侧面对教学活动和学生身心发展施加影响，并最终通过从总体上提高教学活动的效果和促进个体的发展显示出自身在教学中的重要性。

(一)导向功能

教学环境的导向功能，是指教学环境可以通过自身各种环境因素引导学生主动接受一定的价值观和行为准则，使他们向着社会所期望的方向发展的集中、一致的作用。如前所述，教学环境是按照人的身心发展的特殊需要和国家教育方针、学校培养目标的具体要求组织起来的育人场所，它集中体现了社会主流文化的精神和价值取向，体现了国家和社会对青年一代成长的期望。这些需求和期望渗透在学校内部各种环境因素中，形成了一种具有强大约束力的精神氛围，引导着学生的思想，规范着学生的行为，塑造着学生的个性。教学环境的这种导向作用对于学生的社会化具有十分重要的意义。

(二)凝聚功能

教学环境的凝聚功能主要指教学环境可以通过自身具有的影响力，将处于不同地理区域、社会阶层和家庭背景的少年儿童聚合在一起，使他们对学校环境产生归属感和认同感。教学环境是传道、授业、解惑的专门场所，这里洋溢着追求真理、探索知识的学习气氛，充盈着欢快的歌声、笑声和读书声。青少年对于知识的渴望在这里可以得到最大程度的满足，他们的感情和禀赋、兴趣和爱好在这里能得到最佳发展。因而，学校教学环境对于求知欲旺盛的青少年来说，具有极大的吸引力和凝聚力。更重要的是，教学环境是师生共同创建的，这里的每一棵树木、每一丛花草、每一处壁报专栏，都凝聚着学生闪光的智慧，浸透着学生辛勤的汗水。这一切都能激发学生对周围环境的无比关心和挚爱，增强他们对于学校环境的归属感和认同感。

(三)陶冶功能

教学环境的陶冶功能是指良好的教学环境可以陶冶学生的情操，净化他们的心灵，养成他们高尚的道德品质和行为习惯。个体的思想信念、道德情操和行为习惯总是在一定的社会环境中形成的。教学环境作为青少年长期生活于其中的、可知可感、具体生动的一种微观社会环境，在青少年道德情感和道德行为的形成中有着其他环境不可替代的重要作用。

实践证明：优雅美观、整洁文明的校园，窗明几净、生机盎然的学习环境，积极向上的班风、校风，和谐友好的人际关系，各种有益的集体活动等，都是可供陶冶情感、培养品格的有利的环境条件。教学环境对人的教育作用不是强行灌输的，而是寓教育于生动形象和美好的情境之中，通过有形的、无形的或物质的、精神的多种环境因素综合作用，在耳濡目染、潜移默化中熏陶、感化学生，从而产生一种"随风潜入夜，润物细无声"的教育效果。揭示教学环境的这一功能，并积极运用这一功能进行品德教育，必将大大提高学校德育的质量。

(四)激励功能

教育环境的激励功能是指良好的教学环境可以有效地激励师生的工作热情和工作动机，提高他们的工作积极性，从而推进学校教育、教学工作的顺利开展，提高学校教学工作的质量。良好的教学环境是师生工作积极性的有利因素。例如：整洁幽静、绿树成荫的校园，宽敞明亮、色彩柔和的教室，生动活泼、积极向上的课堂教学气氛，以及严谨求实、团结奋进的班风、校风，都能给师生心理带来极大的满足感和愉悦感，能够充分激发教师内在的工作动力。特别是优良的班风和校风，更是一种由师生共同创建的强大的精神力量，这种无形的力量反过来又作为一种最持久、最稳定的激励力量，推动着学校教学工作的顺利进行，激励着师生振奋精神、团结向上。

(五)健康功能

教学环境的健康功能是指教学环境对于师生的生理与心理健康状况具有重大影响。学校教学环境是师生长期工作、学习、生活的环境，环境的优劣与他们的身心健康关系密切。在一个卫生条件好，没有空气、水源的污染，远离城市噪声，一切教学设施充分完善的教学环境中学习，学生的身体健康必然能得到有效保障。另外，教学环境中是否有和谐宽松的学习气氛和良好互助的人际关系，对学生的心理健康状态的影响也会有明显不同。重视教学环境的这一功能，对于保证青少年的健康水平具有重要意义。

(六)美育功能

教学环境的美育功能是指良好的教学环境有利于激发学生的美感，进而培养学生正确的审美观和高尚的审美情趣，丰富他们的审美想象，提高他们感受美、鉴赏美和创造美的能力。审美是人的一种高级心理活动，在和谐良好的教学环境中，处处蕴藏着丰富的审美内涵，校园的自然美、教室的装饰美、教学中的创造美，以及师生的仪表美、情感美、语言美等，都对学生正确审美观的形成产生着重要影响。

总之，教学环境既与各种外部社会环境广泛联系、相互作用，同时又自成系统，对学校活动和学生身心发展施加着潜在影响。

第二节　教学环境的设计与优化

教学环境是一个由多种要素构成的复杂的整体生态系统，它对学生学习过程中的认知、情感和行为产生着潜在影响，干预着教学活动的进程和效果。可以说，教学环境的优劣在某种程度上决定着教学活动的成效。在现实的教学实践活动中，人们有时为了提高教学效率，或以人的个性自由发展的丧失为代价，或以社会停滞不前甚至倒退为代价，从根本上破坏了教学环境的平衡与协调，影响了教学环境正向功能的发挥。为了最大限度地发挥教学环境的正向功能，降低负向功能，我们应根据一定的理性原则，应用现代教育理念，对教学环境进行合理的安排与控制，并且持续地加以优化，以建构教师、学生、教学内容和教学环境有机整合的新型课程和教学系统，达成既定的教学目标，提高教学质量。

一、教学环境设计与优化的基本依据

所谓教学环境的设计与优化，主要是指依据某些特定的要求，对教学环境的各种因素进行必要的选择、组合、控制和改善，汲取环境中各种有利因素，抑制、改变或消除各种不利因素，实现教学环境最优化，使教学环境有利于学生身心健康和教学活动顺利进行。一般来说，调控与优化学校教学环境必须考虑以下几方面。

(一)外部环境的变化

外部环境也就是我们通常所说的"大环境"，它包括国家的政治环境、社会经济文化环境、大众生活环境和民族心理环境等。外部环境是影响学校教学环境的"大气候"，外部环境发生的任何变化都可能成为影响或改变学校教学环境的客观力量。依据外部环境变化调控优化教学环境关键要做好两方面工作：一是紧随时代发展的脚步，充分利用社会大环境中的各种因素，创建良好的学校教学环境；二是采取各种必要措施，预防和抵制各种不良社会风气对教学环境的渗透和侵蚀，做到防患于未然。

(二)学校培养目标

学校培养目标是学校各项工作的出发点和归宿，它具体规定着人才培养的规格和质量要求，反映着学校教育的基本规律和发展方向。设计与优化教学环境，应体现培养目标的精神实质和基本要求。

(三)学生身心发展的特点

一切生物的生存和发展都离不开环境的影响，人的身心发展也不例外。但是，实践证明，并非所有的环境影响都能促进人的身心发展。有些环境在影响人身心发展方面效果甚微，有些环境不仅不能使人的身心获得健康发展，反而会阻碍人的正常发展。人们常说，学校环境是一种特殊的环境，它之所以特殊，正是因为它是按照发展学生的身心这种特殊的需要而组织起来的环境，这也正是学校教学环境有别于其他各种环境的根本标志。是否适应学生身心发展的特点，是设计优化教学环境的一个基本出发点，同时也是检验教学环境是否良好的一个重要标准。

(四)学校实际状况

教学环境的优化主要是指在学校现有条件下达到的教学环境的一种最佳状态，它并没有一个绝对的标准和统一的模式。农村学校没必要抛开自身的特点去照搬城市学校的经验，内地学校也不必简单模仿沿海发达地区学校。只要不同的学校能充分考虑和利用本校的现有条件，不断地改善教学环境的面貌，就都有可能建成有自己特色的良好教学环境。

(五)教学情境的要求

教学环境的设计与优化是一项复杂的工作，它不仅要考虑到对整体环境的宏观控制，如校园规划、校风建设等，同时也要注意对局部环境的微观调节。课堂教学环境是学校教学环境的一个重要组成部分，由于课堂教学情境具有即时多变的特点，偶发事件随时发生，教师就必须时刻注意把握教学情境的变化，并根据课堂教学情境变化的需要对各种课堂环境因素进行必要的调节与控制，进而使课堂教学环境保持有序、稳定的良好状态。

二、教学环境设计与优化的基本原则

教学环境是一个由多种要素构成的复杂的整体系统，教学环境与教学活动息息相关，环境的优劣直接影响着教学活动的进程。为了最大限度地发挥教学环境的积极功能，降低教学环境的消极影响，就必须科学地设计教学环境。教学环境设计的基本原则是指在设计教学环境时必须遵循的基本要求。结合教学环境的特点和功能，一般来说，教学环境设计需要遵循以下一些基本原则。

(一)整体性原则

这一原则要求我们在设计教学环境时，从整体上对教学环境的各个方面进行调整和规划，以便把各种环境因素有机地协调成一个整体，发挥最佳效益。

尽管构成教学环境的因素复杂多样，但是教学环境是作为一个整体发挥功能的。因此，在设计教学环境时，教育行政人员和教师应当密切合作，统筹安排。既要重视校园物质文化环境的设计，又要积极创造良好的校风；既要改进领导方式，又要革新师生关系，改革教学结构，更新学校组织结构等。只有树立全局观念，从整体出发，才能使各种教学环境因素协调起来，使教学环境向着利于促进学生身心健康和提高教学质量的方向发展。

(二)教育性原则

教学环境是培养人的场所，环境中的各种因素都可能对学生的精神世界产生潜移默化的影响，正如苏联教育家苏霍姆林斯基在其著作《帕夫雷什中学》中提到的，"孩子在他周围——在学校走廊的墙壁上，在教室里，在活动室里经常看到的一切，对于他精神面貌的形成具有重大的意义。"正因为如此，对教学环境的任何一处装饰与点缀都必须慎重，必须考虑其教育意义。教学环境里的装饰和布置都必须有利于启迪学生的思想，陶冶学生的情操，激励学生向上，必须充分体现各种环境因素的正面教育意义。

📝 典型案例 10-2：

扫右侧二维码阅读《心理健康教育中的德育渗透》的相关内容。

典型案例 10-2

(三)针对性原则

这一原则要求我们在设计教学环境时，针对特定的教学目的，有意通过突出教学环境的某些特性，形成特定的环境条件来影响学生，促进学生身心发展。

人在改变环境的同时，环境也在改变着人。为了达到特定的教学目的，根据具体的情况，可以适当突出或增强环境的某些特性或要素，有针对性地教育学生。例如，有些学生因人际关系不良而影响其学习，那么教师就需要特别注意同这些学生建立民主、平等、和谐的关系，使学生在热情、温暖的氛围中，产生强烈的学习兴趣，这就有利于他们取得进步。再如，在讨论课上，将课桌摆成圆圈，可以增强讨论的气氛，提高讨论的效果。当然在运用这一原则时，教师必须周密安排，确定相关的教学目的，不能随意行事；同时，还要认真分析面临的具体情况，不能生搬硬套，否则就可能事与愿违，达不到预期教学目的。

(四)转化性原则

这一原则是指在设计教学环境时，要对各种经验和信息进行一定的选择、转化，使其积极地促进学生的身心健康，尽可能消除不良影响。

当今社会是一个信息化社会，更是一个价值多元的社会，学校不可能孤立于社会而存在，必然受到社会环境多方面的影响。青少年社会经验少，识别辨析能力差，往往不易作出正确的分辨和选择，有可能对积极的信息和价值持怀疑甚至排斥态度，而对消极的信息和价值等深信不疑。因此，在设计教学环境时，教师要根据学生身心发展的特点，对涌入学校的各种信息和价值进行及时的调节和控制，并加以适当地选择、转化，将自发的信息和价值影响转化为学生可接受的有目的的信息和价值影响，培养学生分辨信息价值的能力，自觉抵制不良信息和价值倾向的影响。

(五)校本性原则

这一原则要求我们在设计教学环境时，应当根据本校的实际情况和经济条件，在充分利用本校有利条件的基础上，本着经济、实用、有效的宗旨，做好教学环境建设。

一般来说，不同地区、不同学校在环境条件上是有差别的。但是，任何学校在环境方面又都有自己的特点和优势，充分发挥和利用自己已有的环境优势，就有可能推动整个学校教学环境的改善。例如，南方的学校可以利用雨量充足、空气湿润等自然优势，在校园里广植花草树木，绿化校园环境，用自然美来陶冶学生；革命老区的学校可以利用当地光荣的革命传统，对学生进行革命理想教育，以促进良好校风、学风的形成等。即使处于同一地区的学校，也因其客观的地理地貌、历史传统的不同，而有不同的特点和优势。因此，教学环境的设计只能从实际出发，以校为本，突出优势，扬长避短。

(六)主体性原则

这一原则要求我们在设计教学环境的过程中，充分重视学生的主体作用，培养他们自控环境的能力，使学生自己学会控制和管理教学环境。

教师是教学环境的主人，学生同样也是教学环境的主人。教学环境的改善和建设离不开学生的主体参与、支持和合作。如良好校风和班风的建设、环境卫生的打扫和保持、校园的绿化和美化、教室的布置以及学校纪律和秩序的维护等，都与学生紧密联系在一起。正因为如此，在设计教学环境的过程中，教师应充分调动学生的主动性与积极性，培养他们对教学环境的责任感，提高他们控制和管理环境的能力。唯有如此，良好的教学环境的创建才能得到最广泛的支持，已经形成的良好教学环境才能得到持久的维持，教学环境将会在学生自觉自愿的不懈努力中更加和谐与美好。

三、现代教学环境设计与优化的理念

就当代意义而言，教育、课程以及教学，作为特殊的文化，其实质是人的学习生命存在及其优化活动。教学环境的优化，理想的目的就是建构教学环境与人的学习、生命以及活动的亲和性。这就决定了教学环境的优化实质上就是要将选自文化的内容转化到教学环境中，成为环境之中的"特殊条件"，同时将人的学习、生命和活动"融化"到教学环境中，成为教学环境的"灵魂"。而人的这些特性，不仅表现在学校中，还表现在家庭中和社会中，不仅实现在教育思想和体制层面，更实现在教育和课程的"实践状态"层面，而且它们的表现和实现，在空间上是整合的，在时间上是一体化的。所以，当代教学环境的优化，应当建立"学习化""自我经验""活动化""大教育观与大课程观""教育以及课程整合观"等新理念。

(一)学习化的理念

现代教学环境的显著特性是具有"学习化"理念，就是通过优化和设计，使教学环境的各种因素具备与人的学习特性的亲和性。具体如下所述。

(1) 使教学环境成为人学习潜能实现的优化条件。学习涉及人的行为潜能，或者说学习就是人的特殊潜能。学习是人的一种特殊天性，学习是人与生俱来的潜能，每一个个体均具有学习的能力，均具有学习的可能性，均具有潜在的学习能力。教学环境的优化，就是使学习兴趣从动机转变为行为，使学习潜能从可能转变为现实。

(2) 使教学环境成为学生个性化学习的优化条件。通过学习，个体会在行为、知识、经验、技能、能力、情感、习惯、品德等方面产生一定的变化。个体总是独特的，这种变化对不同的个体来说，可能是各有侧重的，可能是对传统的继承，也可能是对环境的吸纳，还可能是一种创新。教学环境的优化，就是要满足不同个体的不同学习需要。

(3) 使教学环境成为学生学习的"天堂"。教育情境中的学习，是以学生的学习为中心的，教师的学习以及管理者的学习不是自为的，而是为学生学习服务的；不仅如此，就是教师的教授和管理者的管理，也是为学生学习服务的。学生的学习状态及学习结果，是评价教师教授和管理者管理质量的基本依据和根本标准。

(4) 使教学环境成为学生实现终身学习和发展的优化条件。心理学揭示，学习与发展是密切相关的，学习是发展的基础，学习的目的是为了更好地发展。通过深入分析可以发现，个体的发展，也就是个体与环境的"同一性"的形成和实现，其根本途径是通过人的学习。从个体发展史的角度来看，现代人的终身发展，要求人进行终身学习，由此必然催生出立足于个体终身发展和终身学习的学习化教学环境。

(二)自我经验的理念

学生的被动学习是由"灌输式"的教学及其环境导致的，要真正实现学生从被动学习状态转变为主动学习状态，就需要将教学环境建构成学生学习的"自我经验"的实践环境。文化哲学把生命的意义理解为一种"自我经验"。"自我经验"实质包括由自我感觉、自我估计和自我判断所构成的自我认识，它经常能打破尘世经验的局限，引发人们内心深处

的原始动力。自我经验的实践所依据的是一种信念，即发现和承认自己的想象和愿望会导致"真正的我"的突破和"自我实现"。

当然，将学习过程等同于"自我实现"，肯定是不全面的。但是必须承认教学过程和教学目标只有通过学生学习的"自我实现"才能真正达成，而自我实现就是"自我经验"的过程。因此，教学环境的优化，仅仅达到"学习化"是不够的，还需要深化到人的学习"自我经验"的层面。杜威曾指出，经验是主体与客体之间、有机体和环境之间的相互作用，经验具有能动性。我们一直缺乏杜威所提倡的教育经验或学习经验的观念，教育内容被当作与人分裂甚至对立的、需要从外部灌输给学生的东西，因而教育内容逐渐成了异化物，为教育过程中的学习者所厌恶。为了解决这个问题，教学环境的优化，需要变革组织方式和实施样式，把教育内容转化为教育经验或学习经验。

从内容到学习经验的转化，关键是教育内容要与学习者的注意、兴趣和想象相适切。这样，教学环境的优化，在"自我经验"的方向上，可以有三种基本策略：首先是依据注意的规律，使教学环境的因素及其结构，在声光色以及形状上能够"长久"地"引人注目"；其次是依据兴趣心理学，使教学环境里的各种因素闪烁着激发、维护和滋养学习兴趣的"亮光"；最后是依据想象心理学，使教学环境里既充满刺激人的想象的各种因素，又具有放飞人的想象的各种空间。这样，教学环境就成了人在活动中的自我感觉、自我估计和自我判断的"人的学习世界"，成为人实现"自我经验"的场所，从而成为"使人成为人"的真正的教育环境。

(三)活动化的理念

在文化意义上，活动是生命的本质所在；在教育文化意义上，学习活动是人的学习生命的本质所在。已有的教育被"知识授受"的"死"程式所主宰，教学环境也被"教条化"的各种"冷冰冰"的"说教"理念所充斥，活动以及学习活动被"抹杀"了，即使有也仅成了一种"点缀"，人的生命、人的学习生命被放逐或禁锢，学生在黑暗的禁锢中和沉重的压迫下，学习的天性被遮蔽，从生来就热爱学习扭曲为讨厌或厌恶学习。解放儿童的天性要求，呼吁我们把"活动或学习活动"还给教育、课程与教学，让学生在"活动与学习活动"中，实现自身的"成人"的需要和"发展"的本质。教育、课程与教学的活动化，需要教学环境也活动化。

研究揭示，活动分为外部活动与内部活动。从发生的观点来看，外部活动是初始的，内部活动起源于外部活动，是外部活动内化的结果，内部活动又通过外部活动而外化。这两种活动具有共同的结构，可以相互过渡。人的活动的基本形式有三种：游戏、学习和劳动。这三种形式的活动在人们不同的发展阶段起着不同的作用，其中一种在特定阶段起着主导作用。例如：在学龄前，儿童的主导活动是游戏；到了学龄期，游戏活动便逐渐被学习活动所取代；到了成人期，劳动便成为人的主导活动。但是，这三种活动又是连为一体的，游戏是学习化和劳动化的，学习也是游戏化和劳动化的，而劳动则也是游戏化和学习化的。教学环境活动化，从根本上来说，就是要将教学环境建构成人的外部身体活动与内部心理活动的场景，建构成可以开展游戏、学习和劳动的活动场景。

文化的基本原理认为，人通过"劳动"或"劳作"及至"休闲"或"娱乐"等活动而创造和创新文化，这样的活动实质就是人在以物的方式表现、存在和发展的同时，物也在以人的方式表现、存在与发展。所以在文化哲学的意义上，活动就是"人—物"之间、"物—物"之间以及"人—人"之间三大互动关系的实现。因此，从这样的意义上来说，教学环境活动化就有三条基本原理。

(1) "物—物"互动原理。这一原理是指教学环境中的各种物质因素、设备、形式和样态，以人的学习的方式而表现、存在和发展，教学环境优化可以使物质以人的学习行为方式加以设计和表现。它是人学习活动得以实现的前提条件，具体体现在两个层面：第一个层面是指教学环境中的物质设备及其关系，为了学习的实现在时空上是动态互换的，比如教室的黑板以及桌椅板凳等是活动式的，可以随着学习活动的需要而改变位置和结构；第二个层面是教学环境中的各种物质因素之间，应生成内在的"互动"关系，产生"相映成趣"和"相得益彰"的效果，这就既需要进行教学环境布局和结构的科学设计，又需要进行教学环境格调和效果的审美构思。

(2) "物—人"互动原理。只有在"物—人"互动的教学环境中，人的学习才能得以实现。这一原理具体包含两方面含义：第一个方面是物质环境的构思设计与建设必须合乎人的学习活动的需要，使人一旦置身其中，学习兴趣就被激发而产生"跃跃欲试"的感觉。因此，教学环境应打破清一色格式，转换为多姿多彩的学习大舞台。第二个方面是师生在学习准备、设计、实施和评价过程中，应自觉并充分挖掘物质环境中的各种潜在的学习活动因素及其功能，使之为学习活动所用。师生应该改变过去与教学环境不相干的观念，不断充分开发教学环境，使之成为自己取之不尽、用之不竭的资源。

(3) "人—人"互动原理。营造"人—人"互动的教学环境，可以有效地提升和促进人的学习。教学环境里的"人—人"互动包括面很广，既包括校园里各类人员之间的互动，也包括学校、家庭和社区各类人员相互之间的互动，其中主要的是师生互动、教师之间的互动和同学间的互动。"人—人"互动，分为直接互动和间接互动两种类型。在物质文化越来越发达、越来越丰富的当代，教学环境中的"物—物"互动和"人—物"互动越来越频繁，而通过媒介施行的"人—人"间接互动也越来越丰富，但是，"人—人"直接互动则越来越衰微，特别是"师生互动"越来越困难。在教学环境优化中，应该采取各种各样的形式促进、扩展和加深"人—人"互动，特别是丰富"师生直接互动"，这是一个具有重大意义的发展方向。

(四)大教育观和大课程观的理念

在教学环境的优化上，需要超越学校教育或者班级教育的局限，建立起大教育观和大课程观。在大教育观的意义上，教学环境的优化，一方面要形成学校教育、家庭教育和社会教育的有机联系；另一方面，既要优化学校教学环境，同时又要优化家庭环境与社区环境，把三者的优化纳入教学环境的设计、建设和应用过程之中。在大课程观的意义上，教学环境的优化有三层含义：一是要对教学环境优化进行课程设计，把大教育观从思想、体制的层面，具体落实到运作的课程层面；二是把课程和隐蔽课程从已有的学校限定中解放出来，建立家庭教育课程体系和社区教育课程体系；三是对学校环境、家庭环境和社区环境进行一体化和整合的隐蔽课程设计。

(五)教育整合观和课程整合观的理念

教育整合观，就是在大教育观的基础上，在教学环境优化中，把学校教学环境、家庭环境和社区环境的各种因素进行筛选、优化和设计，整合为积极的一体化的教学环境，形成师生学习发展的全面的良好条件。课程整合观，就是在大课程观的基础上，在教学环境优化中，把学校课程与家庭教育课程、社区教育课程中的正式课程和隐蔽课程进行整体设计，使它们对师生的学习产生积极的和一致的作用。在实际运行的层面上，使教学环境中正规教育和正规课程与非正规教育和非正规课程对师生的学习影响达到最佳的亲和程度。在教学环境的优化意义上，教育整合和课程整合是多方面和多层次的，但是其实质是以教学环境为中介，实现教育影响和课程设计与学生学习需要的整合，实现社会文化生活与儿童的学校学习生活的整合。

四、教学环境设计与优化的基本策略

根据教学环境设计与优化的基本原则以及现代教学环境优化的新理念，提出以下几项设计与优化教学环境的策略。

(一)整体协调策略

这一策略是指在教学环境的调节控制过程中，无论是学校领导还是教师，都要有全局观念，要从整体上对教学环境的各个方面进行规划调整，以便把各种环境因素有机地协调为一个整体。构成教学环境的因素颇为复杂，它们既有物质的，又有心理的；既有有形的，又有无形的。

在具体的设计优化过程中，我们需将学校的校舍建筑、校园绿化、室内外装饰布置、良好的人际关系的建立、积极向上的校风的形成等内容，作为整体来加以全面考虑和控制，并将这些环境因素产生的影响协调一致起来，使它们向着有利于促进学生身心健康和提高教学质量的方向发展。

(二)增强特性策略

这一策略是指在调控优化教学环境的过程中，环境控制者可以通过增强或突出环境的某些特性，有意形成某种特定的环境条件来影响教学活动及师生的行为，以达到预期的目的。环境心理学研究表明，环境可直接影响人的行为，环境的不同特性能对人产生不同的影响。适当地突出环境的某些特征，可以大大增强环境的影响力，使师生的行为发生重大变化。例如，适当地突出环境的反馈特性，在学校里师生进出的主要通道口，郑重立上一架醒目的大镜子，这对整饰师生仪容，约束师生言行，自有一种潜移默化的作用。再如，在教室、走廊的墙壁上，适当地张贴一些中外著名学者、科学家的照片或画像，并在上面写上他们的国籍、生卒年份和主要成就，或者他们留下的著名格言，这样将有利于开阔学生的视野，激励他们勤奋学习、努力上进。在少先队队会上，悬挂鲜艳的少先队队旗，可以增强队会庄严的气氛，形成陶冶学生情操的良好环境等。

(三)利用优势策略

这一策略是指在教学环境的设计优化过程中，要充分利用学校已有的有利条件，为教学活动创造一个良好的环境。实践证明，利用学校已有的有利条件创建良好教学环境，是一条经济而有效的途径。一般来说，不同地区、不同学校在环境条件上是有一定差异的，但任何学校在环境方面又都有自己的特点和优势，充分发掘和利用自己已有的环境优势，就有可能推动整个教学环境的改善，从而给教学环境的建设带来突破。每个学校只要充分挖掘，都会发现自己环境条件上的潜力和优势。

(四)筛选转释策略

这一策略是指在设计优化教学环境的过程中，要对存在于教学环境中的各种信息进行一定的选择转化处理，实现信息优控，使信息成为促进学生健康发展的积极因素。

近年来，随着大众传播媒介的迅猛发展，学校通过广播、电视、书刊等渠道接收越来越多的社会信息。丰富的社会信息对于求知欲旺盛的青少年来说，无疑起到了增广见闻、开拓思路的作用。但是，社会信息本身是良莠混杂的，既有积极因素，也有消极因素。青少年学生社会经验少，识别能力弱，对信息往往不易作出正确的分辨选择。他们可能对积极的信息持怀疑或排斥的态度，反过来去追求和接受一些不健康的信息，这就容易形成对青少年的"信息污染"。因此，教学环境建设不能忽视信息因素，应当把社会信息作为一个重要的环境因素加以调节控制。教师应当对大量涌入学校的各类社会信息及时进行筛选处理，保留有利于教学、有益于学生学习和发展的各种信息，并利用有益信息排除不良信息的干扰，将自发的信息影响转化为有目的的信息影响。在此基础上，教师还须进一步指导学生分辨和选择信息，使学生能够正确地筛选信息，用良好的信息来丰富自己的精神生活，增强学生抵制不良信息影响的能力。

(五)自控自理策略

这一策略是指教育者不仅自己要重视调节控制教学环境，而且要重视学生在调节控制教学环境方面的作用，培养学生自控自理环境的能力，使学生学会控制和管理教学环境。

同教师一样，学生也是教学环境的主人。学生在教学环境的改善和建设中往往发挥着极为重要的作用。可以说，创造良好教学环境的一切工作，几乎都离不开学生的参与、支持和合作。例如，良好校风和班风的建设、环境卫生的打扫和保持、校园的绿化与美化、室内的装饰与布置，以及学校纪律与秩序的维护等，都与学生紧密联系在一起。正因为如此，教育者应该调动学生参与教学环境建设的主动性和积极性，培养他们对于教学环境的责任感，提高他们控制环境和管理环境的能力。只有这样，创建良好教学环境的工作才能得到最广泛的支持，业已形成的良好教学环境才能得到持久的维护，教学环境将会在学生自觉自愿的不懈努力中变得越来越美好和谐。

五、我国中学教学环境设计与优化的宏观思考

随着人们对学校教学环境重要性的不断认识，学校教学环境的优化与建设问题正日益引起教育工作者们的广泛关注。美国全国中学校长联合会执行董事斯考特 S．D·汤姆森认为："在今天，人们正在重新认识学校环境的意义，因为学校环境不仅是学生获得良好学业成绩的关键，同时也是影响他们形成积极的人生态度的重要因素。建设一个积极的学校环境就意味着为学生、教师、学校管理人员和学生家长进行富有成效的学习工作和合作沟

通提供了一个良好的场所。"可以预见，重视中学教学环境的理论研究与实际建设，将成为 21 世纪世界各国教学改革中的一个主题。在这种情况下，不失时机地开展我国中学教学环境建设的研究与实验，是顺应世界教育发展潮流的明智之举。我们认为，根据目前我国中学教育发展的现状，实施教学环境建设应从以下几个方面着手。

(一)强化师生的教学环境意识

近年来，环境问题日渐受到全人类的广泛关注，许多国家将环境保护作为事关国家生存与发展的重大战略问题而给予高度重视，一些国家和地区在中学设置了环境保护方面的教育，给学生树立应有的环境意识。我国作为一个发展中国家，在环境保护和环境宣传教育方面也作出了巨大努力，从 20 世纪 80 年代初开始，我国在中学乡土教材中普遍增加自然环境教育和社会环境教育，这为我国中学生进行环境建设提供了良好的背景和有利契机。

学校教学环境是一种微观的社会环境，对于长期生活于其中的教师和学生来说，它同样具有一般社会环境和自然环境所具有的生存价值与发展价值，亦即影响人生存与发展的重要价值。这里所谓强化教学环境意识，主要是指学校应借助平时进行的各种环境保护与宣传活动和学校开设的环境教育方面的讲座、课程，使师生充分认识到自己平时工作与学习的环境——学校教学环境也是人类生存环境的重要组成部分，这种专门设计和组织起来的特殊环境，对于学校教育工作和青少年身心健康发展，具有其他环境不可替代的重大意义。与此同时，还应当使广大中学生了解和懂得热爱环境、保护环境不是遥不可及的抽象口号，对于广大中学师生来说，热爱环境和保护环境的行动首先应当付诸自己周围的环境——学校教学环境中。确立这样一种明确的教学环境意识，使之成为广大师生自觉自愿的行为，使我国中学教学环境的建设与优化工作获得广泛而持久的支持。

(二)改善学校物质环境

学校物质环境是学校教学工作赖以进行的物质基础，是学校生活的一种物质载体。苏霍姆林斯基认为："学校的物质基础(我们把学生周围的一切陈设也包括在内)首先是一个完备教育过程的必不可少的条件；其次，它又是对学生精神世界施加影响的手段。"无疑，创建良好的物质环境是教学环境建设的一项重要内容。但是，在我国目前经济还比较落后、教育经费仍较短缺的情况下，学校物质环境不可能在短时间内得到彻底改善。

当然，学校教学的物质环境不仅局限于宏观的一面，它还有微观的一面，即学校师生可以通过对校园的精心设计和绿化，学校对教室的装饰、布置和点缀，使学校物质环境得到美化和优化，从而使教学环境体现出崇高的教育意义和审美价值。如果从这两个方面来理解学校物质环境的建设，那么我国中学教学物质环境建设的步伐就可以大大加快。

(三)加强心理环境建设

心理环境又称社会环境或精神环境，它是由学校的校风、班风、课堂教学气氛、师生人际关系等环境因素构成的一种无形的特殊环境。在教学实践中，心理环境对儿童学习有很大影响，它和老师、同学之间所形成的关系不仅影响学生的学业表现，更重要的是影响了学生完整个体人格的形成。著名俄国文学家列夫·托尔斯泰在其名著《战争与和平》中曾提出一种观点，认为在军事上，军队的力量取决于军队的精神。在经济迅猛发展的当代社会，经济学家们认识到，生产力不仅依赖可以购买的诸多因素(这些因素习惯上是指资本、土地、劳动力和技术)，而且还取决于人的效力程度和精神状态。这个著名的论断被教学环境研究者所推崇，并进而被用作学校心理环境研究的理论基础。这些观点同样给我们深刻启示：在我国目前国力不够强盛、中学物质教学环境不可能得到彻底改善的情况下，如果以学校心理环境建设为突破口，注重良好师生关系的形成和勤奋好学、积极进取的校风、班风的建设，注重挖掘和利用一切有利于教学活动和青少年身心健康发展的积极的心理环境因素，就有可能在学校内部形成强大的凝聚力，激发起师生的学习工作热情，从而有效地促进学校的各项教育工作，全面推动教学环境的整体优化，使中学教学环境建设在有限的条件下获得最佳的效果。

(四)重视教学环境的理论与实践研究

教学环境建设是一项融科学和艺术于一体的极富创造性的工作，这项工作的顺利进行离不开科学理论与方法的指导。一般来说，指导教学环境建设的理论越科学，实验的检验越确切，那么教学环境的调控、优化和建设就越富有生命力，教学环境对于教学活动的顺利进行和学生身心的和谐发展就越具有积极的促进作用。美国学者汤姆森(Scott Thomson)曾对理论指导在教学环境建设中的重要性作过较为精辟的论述，他认为："一个良好的学校环境不是偶然形成的，它是周密计划、实施和管理的结果……在当今，建设一个积极良好的学校环境离不开高度的科学预见。"从国外的经验来看，自 20 世纪 30 年代以来，以美国为代表的西方发达国家在教学环境的改善与建设方面取得了巨大成就，而在我国，教学环境的研究工作近 2 年才刚刚起步，从研究的范围或研究取得的成果来看，这项工作的进展十分有限，基本上还不能给实践提供有效的指导。有鉴于此，尽快重视和加强这方面的研究工作，就显得十分必要而紧迫了。

本 章 小 结

教学环境是贯穿于教学过程中的影响教师教和学生学的生理、物理与心理因素的总和。从主体构成上看，它包括教师教的环境和学生学的环境两部分。从内容的构成上看，它包括教学生理环境、物理环境和心理环境。教学环境具有客观性、系统性、群体性、能动性等基本特点，由此决定了它具有导向、凝聚、陶冶、激励、健康、美育的功能。调控与优化学校教学环境必须考虑学校内部环境与外部环境的基本要求，坚持整体性、教育性、针对性、转化性、校本性与主体性的原则，在学习化、活动化、自我经验以及大教育观和课程整合观的基本理念的指导下，努力建构教学环境与人的学习、生命以及活动的亲和性，创造一个有利于学生主动求知的教学环境，使学生在获得基本知识和技能的同时，在情感、态度、价值观和一般能力等方面都能得到充分发展。

【推荐阅读】

[1] 刘丽艳. 中国基础英语课堂教学环境研究[M]. 长春：东北师范大学出版社，2015.

[2] 田慧生. 教学环境论[M]. 南昌：江西教育出版社，1996.

[3] [美]普拉卡什·奈尔，罗尼·齐默·多克托里，理查德·埃尔莫尔. 重新设计学习

和教学空间[M]. 北京：中国青年出版社，2020.

　　[4]　谢保国. 教学环境的思考[J]. 宁夏社会科学，2001(7): 111-113.

　　[5]　黄书孟. 教学环境与校园文化[M]. 杭州：杭州大学出版社，1993.

　　[6]　魏东. 我不悲伤：教师教学环境调查[M]. 重庆：西南师范大学出版社，2007.

思考与练习

一、名词解释

教学环境　教学环境的设计与优化

二、简答题

1. 教学环境的构成要素有哪些？
2. 教学环境的特点是什么？
3. 教学环境具有哪些功能？
4. 教学环境设计与优化的基本原则有哪些？

三、论述题

有形的教学环境和无形的教学环境之间的区别和联系是什么？在建构无形的教学环境上，校长和一般教师应当分别做什么？

四、案例分析

下课铃声响了，其他班级的同学纷纷走出教室，笑语喧哗，做着各种运动和游戏，充分享受着课间休息的轻松与快乐。然而在某一教室里，一位教师似乎没有听到下课铃响，依然口若悬河地说个不停。眼看着课间10分钟就要过去了，坐在教室里的学生都有抱怨的态度和行为表现。

请结合教学环境的有关理论，分析这位教师讲课压堂所造成的危害和不良影响。

【实践课堂】扫右侧二维码阅读相关内容。

实践课堂

如果不坚强而温和地抓住管理的缰绳，任何功课的教学都是不可能的。

——赫尔巴特(德)

第十一章　课堂管理

本章学习目标

➤ 熟知课堂管理、课堂规则和课堂问题行为的含义。
➤ 了解课堂管理的功能。
➤ 知晓课堂管理的内容和模式。

核心概念

课堂管理(classroom management)　课堂规则(classroom rule)　课堂物质环境(classroom substance circumstance)　课堂问题行为(classroom problematic behavior)

有差异的学习规则，引导学生会学习①

学习规则的产生离不开学生学习的需要，研究学情是制订学习规则的基点。在引导学生自主学习板块，笔者一直坚持在课前设置"时事汇报 5 分钟"这个环节，结合初中三个不同学段学生的学情和学力，制订了有差异的学习规则。

初一学段，将时事汇报命名为"新闻播报"，学习规则如下: (1)学生选择一周以来的一则时事要闻，可以是媒体热点，也可以是发生在生活区域内的事件，制作成 PPT，不超过 3 张(第 1 张明确新闻主题和播讲人，新闻要配 1～2 张图片)。(2)新闻主播按学号轮流，一学期轮流一次；播报时可以读新闻稿，要口齿清晰，声音响亮，时长不超过 5 分钟。

初二学段，将时事汇报更名为"新闻评说"学习规则如下: (1)学生选择一周发生的一则新闻热点，选材与国家政治、经济、文化和社会 生活相关，制作 PPT，不超过 4 张，结尾一张为"新闻评论"，呈现对该新闻的看法。(2)新闻主播按小组序号轮流派组员担任，

---

① 倪长娥. 课堂学习规则: 从学生中来，到学习中去——以初中道德与法治教学为例[J]. 教育视界，2020(10): 61-63.

一学期每人轮流一次。主播简述新闻不是读新闻，需要脱稿或半脱稿。新闻评论时能提出自己的看法，时长不超过 5 分钟。

初三学段，将时事汇报更名为"观世界·世界观"，学习规则如下：(1)选择一周发生的三则热点事件，选材与国际国内政治、经济、文化和社会生活相关，国际新闻不超过 1 则。一则作为主要新闻，另两则作为简讯(不用评论)。制作 PPT，不超过 5 张。(2)新闻主播按小组序号轮流派组员担任，一学期每人轮流一次。主播评说新闻时需脱稿，评论时能运用所学知识分点、分角度评论，时长不超过 5 分钟；时事汇报作为课堂教学的特色环节，已与课堂教学融为一体。

三个学段的课堂学习规则有相似、有承接，也有区别。它伴随学生逐步扩展的学习生活，引领学生脚踏实地地学会在纷繁复杂的媒体信息中筛选、甄别、判断和评价，在慢慢濡染中学会关注社会、关爱他人，学会积极地参与社会公共生活，学会与他人交往，学会客观、辩证、全面、深刻地看待社会现象和社会问题，学会立场正确、逻辑清晰地表达观点和意见，由此逐步形成自己的独特认识，建立自己的价值观，塑造一个不断成长进步的自己。

这个案例显示，课堂学习规则制定是课堂管理组成部分。合理的课堂学习规则不仅保障了学生学习的延续性，而且有利于提高课堂教学质量。在课堂教学中，教师要掌握必要的教学管理技能，有效管理课堂，进而实现教学目标。

要形成灵动的、洋溢着生命价值的课堂，除了要求教师做好教学计划、搞好教学工作外，还必须具有良好的管理素质。课堂教学要实现促进学生全面发展的目的，就必须建构以学生为本的人性化的课堂，使得课堂能够实现学生集体发展与个体发展的统一、全面发展与个性发展的统一、竞争与合作的统一、尊重学生个性差异与教育公正的统一；要构建以学生发展为本的人性化的课堂，要求教师必须了解课堂管理的理念，掌握课堂管理的内容及策略，同时在实践中观摩、反思、创新，为学生的发展创建良好的环境。

保证教学质量、促进学生全面发展需要的一个前提条件就是良好的课堂秩序与和谐的课堂环境，而良好的课堂秩序的维持与和谐的课堂环境的创建都需要教师具备有效的课堂管理能力。课堂管理能力和教学能力是教师专业能力的两翼，二者相辅相成，共同促进教学质量的提高和学生身心的发展。如果缺乏有效的课堂管理，就会使课堂教学陷入无序混乱的状态，从而影响课堂教学质量和学生的身心发展。

第一节　课堂管理概述

课堂教学是一个有组织、有目的、有计划的师生交往和互动的过程。对学生的课堂行为进行管理是教师课堂行为的重要组成部分。在课堂教学中，教师需要对课堂上的各种资源和因素进行协调，以促进每一名学生的身心健康与和谐发展。教学的计划性、系统性和目的性要求教师必须协调好课堂中人与事、时间与空间、信息和环境等各种因素及其关系，以保证教学的有序和高效进行。因此，从教师对课堂的操控角度来看，课堂管理就是教师为了保证教学活动的顺利进行和促进学生的发展而采取的程序步骤和措施以及相关行为和活动。它包括课堂环境的安排、课堂秩序的建立和维持、课堂教学时间的科学合理分配、对学生行为的监督、对学生问题行为和课堂突发事件的处理等。良好的课堂管理有助于发挥课堂教学活动诸要素之间的相互作用，从而有助于教学目标的实现，有助于每名学生的发展。

一、课堂管理的主体

现代课堂管理理念认为，课堂管理主体既包括教师也包括学生。在课堂管理过程中，教师起着主导作用，教师不仅要引导学生积极主动地参与课堂管理，同时还要进行自我管理。[①]

📑 **拓展阅读 11-1：**

扫右侧二维码阅读《现代课堂管理理念》的相关内容。

拓展阅读 11-1

(一)教师作为课堂管理主导者

在传统的课堂中，教师是课堂教学的中心，主宰着整个教学过程，对学生具有绝对的权威。同时，教师也是课堂管理的中心，无论是课堂规则的制定还是课堂环境的安排以及师生之间的课堂交往，教师对学生都有绝对的控制力，学生对教师的各项管理措施只有服从。但是，随着课程与教学改革的不断深入，以及对课堂管理研究的新发现，这种观念开始为教育理论研究者和教育实践工作者所否定和摈弃。现代课堂管理理论认为，教师在课堂管理中起着主导作用。教师的主导作用主要体现在：通过教师有指导性的管理活动，使学生了解和掌握课堂规则和活动程序；当教师不在课堂或者在没有教师干预的情况下，学生能够自己管理好课堂，并在课堂自我管理的过程中，学生能够逐渐提高自己的自律能力。教师在课堂管理中的主导作用主要通过指导性管理活动表现出来，具体可分为激发和沟通两个方面。

1. 激发

激发就是教师通过课堂活动使学生感受到自身的重要性和价值；教师可以和学生一起商议并指导学生制定个体的学习目标，让学生的学习更有针对性。教师为学生提供为同学或者班集体作贡献的机会，使学生有一种成就感和自我实现感。因此，激发意味着教师对学生的积极评价及通过不断的鼓励和强化手段来激励学生进步；教师对学生各种潜能的挖掘和开发，使学生能够不断地发现新的自我，体会到成功的喜悦。

2. 沟通

沟通一方面是教师与学生针对课堂的远景目标和具体行为目标进行平等的协商，让学

---

① 王守恒，查啸虎，周兴国. 教育学新论[M]. 北京：中国科学技术大学出版社，2005.

生理解、相信和接纳课堂的远景目标和具体行为目标，并且努力将确定的目标变成现实；另一方面是为了提高师生的互信度而进行的表达与倾听，师生在平等的基础上，借助于语言的或者非语言的媒介，相互认识对方、理解对方、接纳对方。在后者的层面上，沟通意味着新型的"我、你"之间对话型的师生关系，也意味着一种无形的管理。教师需要保持接纳和理解的沟通氛围，以一种坦诚、可亲的态度接纳学生，认真倾听学生的心声，并给予积极有效的反馈。

无论是激发还是沟通，其核心均是尊重学生的主体地位和生命价值，通过与学生平等协商合作，建立新型的交往互动实践，实现促进学生全面发展的教育目的。

(二)学生作为课堂管理的主体

传统的课堂管理理念和策略是以教师为中心设计的，并在课堂中由教师进行监督和实行。这种注重教师外在管理而忽略学生内在管理的传统做法，使学生在课堂管理中处于极被动的状态，也使整个课堂缺乏内在的动力和生命力。近年来，随着课堂管理研究和实践的发展，这种陈旧的课堂管理理念已经被摒弃了。真正有效的课堂管理是以学生为中心，以学生的自我管理为目标，让学生自己管理自己，培养学生的自主意识和责任感，从而激发其主动性，这是当今世界课堂管理改革的发展趋势之一。学生是课堂管理的主体，意味着以下两方面。

第一，学生是课堂管理的参与者，让学生参与对课堂规则、规则的含义以及违反规则而带来的行为后果等方面的讨论。通过对这些问题的讨论，学生能够了解和理解课堂规则、了解建立课堂规则的原因和意义以及违反课堂规则对课堂教学的消极影响和个人要承担的后果。学生对课堂管理的参与表现在三个方面，即参与制定课堂与课程目标(远景目标和具体行为目标)、参与制定课堂行为规则、参与制定违纪行为后果。学生参与管理的目的是使他们能够更加熟练地判断和调控自己的课堂行为，使其行为和活动能够更合乎课堂教学规范。为促进学生参与课堂管理，教师在对学生进行评价和反馈的同时也需要不断地鼓励学生进行自我评价。

第二，学生是课堂管理的主体，要培养学生自我管理和内在管理的能力。通过加强对学生集体自我控制和管理的训练，促进学生个体自我控制和管理能力的提高。课堂管理要重在引导而非控制，重在教化而非规训。

二、课堂管理的功能

课堂管理的功能在于：为学生提供一种明确的组织与结构，维持课堂秩序，激发学生的学习动机，降低学生的课堂焦虑情绪，挖掘学生的学习潜能，提高教学质量。其具体表现为以下三个方面。

(一)创设良好的课堂环境

首先，课堂管理通过创设良好的课堂环境，保证课堂活动的顺利进行。因为良好的课堂环境有助于外在控制向内在控制转化，为学生形成自我约束的心理机制和促进"外在标准"与"内在标准"的统一创造条件，使学生逐步由"他人管理"到"自我管理"再到"自我满足"，从而使其更好地参与教学活动，保证课堂活动的顺利进行。同时，在良好的课堂环境下，课堂便能自我组织和自我管理。由于学生在课堂中的自我意识在不断发展，达到一定程度后，学生就可能凭这种自我意识去考查处在课堂各种关系中的自我，去探究和明晰个人与他人的真实关系，教师所采用的作为"集体规范"的"外在标准"将经过学生本人的内化而成为"内在标准"。因此，良好的课堂秩序的建立和维持既需要教师外在的管理与约束，同时也需要学生内在的自觉守纪意识与努力，是学生自律和教师他律合作而达到的结果。

(二)约束和控制有碍教和学的行为

课堂管理能够约束和控制有碍教和学的问题行为，保证教学活动的顺利进行。课堂问题行为是指在课堂中发生的违反课堂规则，干扰教师的教和学生(包括学生本人)的学，进而妨碍课堂活动的正常进行或者影响教学效率的行为，是教师和一切与教育工作有关的人员所关心的重要问题。问题行为的发生带有普遍性，这些问题行为的出现破坏了教师的课堂教学组织以及井然有序的教学进程，也阻碍了学生个体的学习与发展。当学生出现有碍学习的问题行为时，有效的课堂管理将有助于抑制和控制学生的问题行为，从而起到维持良好的课堂教学秩序的效果。

(三)激发学生的潜能，促进学生可持续发展

有效的课堂管理不仅指营造良好的课堂环境和消除问题行为，它还应该是激发课堂活力和促进课堂生长的，使课堂成为有意义的学习活动持续的场所。课堂管理的最终目的应该是调动各种可能的因素，挖掘课堂活力，使课堂对学生而言充满生机、活力和趣味，从而使学生尽可能地发展各方面潜力，促进其可持续发展。

第二节　课堂规则

课堂从物质空间而言虽然狭小，但却是一个特殊的社会舞台。课堂教学要想顺利进行，就必须具有良好的课堂教学秩序。课堂秩序是课堂教学顺利进行的基础，是有效教学开展必不可少的条件。要维持良好的课堂秩序，就必须建立制度化的课堂规则，明确规范学生在课堂中的行为。事实上，课堂秩序是在建立有序的课堂规则的过程中实现的。没有适宜的课堂规则，就不会有良好的课堂秩序。

一、课堂规则概述

课堂规则就是在课堂教学中学生参与各项活动应该遵守的保证课堂教学质量和效益的基本行为要求和准则。课堂规则具有层次性和多样性。层次性体现为课堂规则的适用范围不同，如既有适合全国所有学校课堂的学生日常行为规范和行为守则，也有学校或者教师根据实际情况自行制定的课堂规则。多样性体现为课堂规则的内容是丰富多彩的，依照适用规则的活动性质而言，主要有课堂出入规则、点名规则、上下课规则、课间规则、值日生规则等内容；依照适用规则的项目性质而言，主要有道德规则、秩序规则、人际规则、安全规则和学习规则等内容。

二、课堂规则的制定

规则是一种指引或者约束。制定课堂规则的目的，是使课堂教学活动顺利进行，为学生营造良好的学习和个性发展的环境。要想达到这一目的，就必须重视课堂规则的制定工作。

(一)制定课堂规则的依据

课堂规则的制定受多种因素的影响。一般来说，课堂规则的制定主要依据以下四个方面。

1．法令与规章

有关的法律法规以及学生守则、学生行为规范条例、学校规章制度等，在很大程度上可以说是课堂教育教学活动的根本指导原则，集中反映了学校的教育目的和培养目标，是制定课堂规则的重要依据。教师在制定课堂规则时，既要特别注意《教育基本法》《教师法》《未成年人保护法》《义务教育法》等相关法律的规定，也要注意各种地方性法规文件，还要关注学校自行制定的校规，尤其要考虑与学生有关的条文及其规定。一方面，这些法律规章和制度措施是学生必须遵守的，教师应该把这些相关规定和措施融入到课堂规则之中；另一方面，课堂规则要考虑这些规定所赋予的权利，绝对不能与法律相背，绝对不能侵犯学生的人身权利和损害学生应有的利益。

2．学校及班级传统

学校和班级长期以来形成的一些对课堂教学活动起着保障和促进作用的优良传统，是经过时间检验并被证明行之有效的，这些传统虽然并非都适宜于新的课堂，但可以提供一些经验、借鉴或者参考。

3．学生及家长的期望

学生是教育活动的主体，是学习的主体，学生的期望自然应该受到重视。只是学生还不成熟，而且不同年龄或者来自不同背景的学生，其期望并非完全相同，甚至有可能互相冲突和矛盾。因此，在考虑学生的期望时要进行选择，特别注意要选择正向的、积极的期望。家长往往对子女有特定的期望与要求，"不能把确定教育目的这个任务完全交给政治家的自由意愿或科学家的系统知识去解决。因为我们要求共同作出贡献的人们不只是这些专业人员。我们要求所有相关的人都要积极参加进来：学生、家长和社会人士"[1]。所以，家长的合理期望对学校的教育目标是有益的。家长期望学校以及教师予以加强或者消除的行为也应该受到重视。

4．课堂风气

课堂风气即为课堂成员间持续而稳定的互动所形成的占优势的态度与情感的综合表现，是不同班级所具有的不同的团体感受特色。不同的课堂往往有不同的风气：有的积极而活跃，有的拘谨而刻板，有的协调而融洽，有的冷淡而紧张。课堂风气与课堂规则是相

---

[1] 联合国教科文组织国家教育发展委员会编著. 学会生存——教育世界的今天和明天[M]. 北京：教育科学出版社，1996.

辅相成的，课堂规则是否恰当直接影响课堂风气，教师如果建立了积极、有效的课堂规则，会对学生造成一种心理压力，促使他们按照正确的课堂气氛的要求改变自己不正确的态度；反之，课堂风气也影响着课堂规则的制定。例如，如果课堂中存在着学生上课时不认真听讲、吵吵闹闹、课前课后很少预习和复习等风气，在制定课堂规则时就要求侧重学习生活方面的规则，改善学习风气；如果学生太重视学业成绩，恶性竞争，甚至钩心斗角，在制定课堂规则时就要求侧重友爱、合作、互助等道德方面的规则，以改善学生间的人际关系。

(二)制定课堂规则的原则与要求

制定课堂规则应该遵循一定原则和满足基本要求，主要包括以下五个方面。

1．课堂规则应该符合三个条件，即明确、必要合理和操作性强

明确是指规则要阐述清楚，意义确定，指向性强。如"注重自己的行为举止"和"表现得体"均过于模糊。必要合理是指课堂规则要符合学生的身心发展特征，同时具有引导性，不能够制定学生做不到的规则，也不能够制定危害学生身心健康的规则。如"做笔记只能用钢笔"这种规则就是不必要的、不合理的规则。操作性强是指能够依据规则对学生的行为加以奖惩或进行其他评价。我们可以通过一个简单的问题来判断制定的规则是否易于操作，即："当学生遵守或者违反规则时，教师能够马上作出判断吗？"如果答案是"是"，那么这个规则就具有较强的操作性；反之则操作性不强。

2．课堂规则应由教师和学生充分讨论，共同制定

课堂规则不可由教师凭个人好恶独断设立，因为教学过程是由教师与学生共同建构的，同样，伴随教学过程的纪律也应该是由教师和学生共同合作形成的。因此，教师应鼓励学生参与制度的设计、规则的制定、秩序的安排，以及执行的组织和检查等。学生通过参与讨论，共同制定课堂规则，会自觉遵守并乐于承担责任，教师执行起来就会顺利得多。这样做不仅符合民主程序，更让学生了解规则制定的价值和意义，了解规则的内涵，进而达到认同、接纳、内化，成为自觉的行动。

✎ 典型案例 11-1：

扫右侧二维码阅读《教师引导，学生制定课堂规则》的相关内容。

典型案例 11-1

3．课堂规则应少而精，内容表述以正向引导为主

教师要对所讨论的课堂规则进行归纳、删改，避免那些不相关或者不必要的规则，制定出尽量简明的、最基本的、最适宜的规则。课堂规则一般以 5~10 条为宜。如果不够全面，也应等学生学会一些规则后再逐步增加。如果一次定得太多，学生一下子难以做到，会出现反感情绪，教师也会难以控制，规则的执行就会落空。规则的内容表述应该坚持以正面引导为主，多用积极的语言，多规定"做什么"，少采用"不准或严禁做什么"之类的词语。积极的语言表现出教师对学生的尊重与期望，容易产生良好的心理效应，为学生提供积极的行为目标，产生积极的强化作用。

4．课堂规则应该及时制定与调整

良好的开端是成功的一半。教师应该及时抓住新学期开始的机会制定课堂规则。以后

要不断地检查，并根据各方面的具体情况加以补充、修改或调整。在需要调整或修改的规则较多时，应先从最重要的一二项开始。

5. 课堂规则应该与学校的规章制度一致

典型案例 11-2

📝 典型案例 11-2

扫右侧二维码阅读《新教师不明学校制度，将学生轰出教室》的相关内容。

在制定课堂规则前，教师应该了解学校的规章制度，使课堂规则与学校的规章制度保持一致，进而实现班级和学校里的教育影响能够保持一致。因此，教师应该了解学校的规章制度，如在集会、就餐和走廊、寝室等场合的行为规范等。

三、课堂规则形成的方法

课堂规则形成的方法是多种多样的，主要有以下几种。

(一)自然形成法

自然形成法是指将原已存在并适宜于多数学生的规则加以具体化。如对多数学生"进出课堂都要说明理由""上课发言前先举手"等自然的良好行为加以强化，经由师生共同讨论，便可成为大家共同遵守的课堂规则。这种方式简单易行。

(二)引导制定法

引导制定法是指将原本不存在或没有引起注意的常规引申为课堂规则，让大家共同遵守。这又可分为三种方式：一是先由学校或教师设计某种规则，再经由学生讨论后形成课堂规则的自上而生法；二是先由学生自己发起，建议设立某种规则，再经由教师许可而成为课堂规则的自下而生法；三是由师生在课堂活动实践的基础上针对某种不良行为，共同讨论制定课堂规则的上下交融法。

(三)参照制定法

参照制定法是指教师或学生发现其他班级的课堂有某种良好的行为规范，而这一行为规范正好是本班课堂所缺少或不足的，于是便参照修改，使之适宜于本班课堂活动，从而制定出类似的课堂规则，以帮助学生养成在这方面的良好行为。

(四)移植替代法

移植替代法是指将其他课堂中好的规则直接移植过来，作为要求本班学生遵从的课堂规则，或用来替代原有的不合理规则。采用这种方法，要特别注意所移植来的规则是否适合于本班课堂，要做深入细致的分析，采取谨慎的态度，且不宜多用。

📑 拓展阅读 11-2：

扫右侧二维码阅读《制定课堂规则的十七个步骤》的相关内容。

拓展阅读 11-2

第三节　课堂环境管理

　　环境是指存在于人的周围并对人的身心发生作用的外部世界的一切因素。从大处着眼，环境可以分为自然环境和社会环境两种。其中，自然环境是人生存和发展的物质基础，与自然环境相比，社会环境对人的身心发展具有更大影响，它决定着人身心发展的内容、方向和水平。课堂环境是一种特殊的环境，是课堂教学活动所必需的客观条件和力量的总和。它是依据人的身心发展的特殊需要而组织起来的育人环境。课堂环境的状况对教学信息传递的效果有着重要影响，因而，课堂环境管理对课堂教学信息传递的效果有着重要意义。一般而言，课堂环境主要由有形的物质环境和无形的社会心理环境两类环境构成。物质环境包括时空环境和设施环境。社会心理环境主要包括人际交往环境、组织环境、情感环境与舆论环境。

一、课堂物质环境管理

　　课堂物质环境是由课堂时空环境和课堂设施环境等要素组成的系统。课堂物质环境管理就是协调、整合和优化教学物质环境的各组成要素，使它们形成一个和谐的整体，以促进教学信息的有效传递和教学目标的圆满实现，促进学生的身心发展。

(一)课堂时空环境管理

　　任何教学都是在一定的时间和空间下进行的。有关研究表明：在一天的不同时间中，人的心理活动能力是不同的。苏联科学家的研究发现，人在一天中，生物机能在上午7～10时逐渐上升，10时左右精力最充沛，处于最佳工作和学习状态，此后逐渐下降，下午5时再度上升，到晚上9时又达到高峰，11时后又急剧下降。而且不同的教学空间形式和空间密度如教学规模、座位的编排方式对师生的身心健康和教学质量的好坏会产生不同的影响。如教学规模过大，会在一定程度上限制师生交往和学生参与课堂，阻碍课堂教学的个别化，也有可能导致较多的纪律问题。一个教师在一个150人的班级里上课和在20人的班级里上课的效果肯定是不一样的。国内外很多学者针对班级规模和学业成绩的关系进行了研究。在美国，1978年，史密斯(Mary L. Smith)和格拉斯(Gee V. Glass)等人先后两次出版了两份对班级规模与成绩关系实验研究的元分析。他们发现，在所有的年级中，小班都有较高的成绩。尤其当学生在小班学习的时间超过100小时，并且学生的任务受到细心管理时，成绩更好。他们发现，当班级规模缩小到20人以下时，这些主要的好处都发生了。在他们的第二份研究中，他们得出的结论表明，小班在学生的反应、教师的士气和教学的环境质量方面有优势。[①]此外，座位的编排方式也会影响教学组织形式的呈现方式，进而影响到教学信息的传递及教学目标的实现。如传统的座位编排大多是秧田形，这种座位的优势是可以使学生把注意力集中在教师身上，适于集中讲授，但是坐在后排或者两侧的学生因为离教师太远，所以很难与教师通过眼神、表情进行交流，学生个体之间的交往范围也非常狭窄，一般仅限于同桌两个同学间。所以，教师在进行课堂教学时，需要考虑到秧田形座位编排

---

① 金传宝. 美国关于班级规模的实验与研究[J]. 比较教育研究，2004(1)：54-57.

的优缺点，教师可以通过环绕课堂走动，定时地将调整座位，以及根据需要将座位安排成圆形、新月形来改变这种空间特点给学生心理和行为带来的影响。这就要求教师在进行课堂管理时，必须把教学所要传递的内容和适于传递这种内容的时间协调起来，必须把教学空间形式和空间密度与在此条件下进行教学活动的师生双方的生理和心理反应协调好，只有这样，才能够创造出一个有利于师生交往互动、有利于教学目标实现的良好的时空环境。

(二)课堂设施环境管理

课堂设施环境包括教室(实验室)的大小、颜色和形状，墙面窗户的结构，教室物品设备的装置，墙面的装饰，通风，光线与照明，噪声、温度、教学媒体设备及其装饰等。

1. 颜色

作为课堂设施环境要素之一的颜色，主要体现在课堂的建筑设施以及课堂中家具(如课桌椅等)的颜色布置上。颜色对课堂中师生行为的影响是显著的。凯其姆(Ketcham)的研究表明，在颜色合适、协调的教室中，学生在社会习惯、健康、行为安全和学习语言、艺术、算术、社会学等方面都较其他教室的学生有明显的进步。大量研究表明，不同的颜色对于人的生理和心理发展[①]以及学校的活动都具有不同的影响：浅色(如浅绿色和浅蓝色)可以使人消除疲劳、心平气和，从而提高学习效率，也可以使学生的注意力集中的时间更长；深色(如红色和深黄色)则会强烈刺激人的大脑，使人兴奋，但也会使人产生一定程度的焦虑。学生在课堂上所进行的是智力活动，因此，为了使学生在学习时注意力更加集中，教室的墙壁和课桌椅都不宜选择强烈的颜色，应采用较低亮度的冷色调。教室的颜色如果过于灰暗或过于明亮，容易造成学生的阅读困难，甚至对学生的情绪产生负面影响。教室的天花板应尽量采用白色，其作用一方面不会使学生将注意力放在天花板上；另一方面，能保证自然照明和人工照明的效率，减少光线的损失。

2. 光线与照明

教室的光线与照明对学生的学习会产生一定的影响，无论是在自然光下还是在人造光的条件下，不同的照明对学生的视觉功能都会产生一定的影响。从总体说，光线太弱会使学生阅读吃力，不能引起大脑足够的兴奋强度，容易使学生疲劳，使学生无法将注意力集中到教学活动上；光线太强以及闪烁频率太高，则会给人过度的刺激，使人心情烦躁，头晕目眩，影响学生的学习，甚至影响学生的大脑发育。剑桥大学教育学院的最新调查表明，教室更多地采用自然光和学生成绩的提高有一定的相关性。[②]因此，教室照明最基本的要求是避免光线太强或太弱，更要避免来自直接光源或反射表面的强光。

3. 噪声

噪声是指那些令人烦躁、不愉快以及不被人需要的声音。噪声不仅会损伤人的听觉，

---

① 洛雷塔，A. 马兰德罗，拉里·巴克. 非语言交流[M]. 孟小平，宋美德，译. 北京：北京语言学院出版社，1991.

② Setting children by ability could harm their education, says report[EB/OL]. http://www.admin.cam.ac.uk/news/press/dpp/2008071001，2008-05-16.

影响人正常的生理机能，而且会对人的心理产生影响：噪声在刺激人的中枢神经系统，使大脑皮层的兴奋和抑制失去平衡的同时，也使人的记忆力下降、注意力不集中、思维紊乱，从而导致工作和学习效率下降。美国心理学家在洛杉矶的一些小学里进行过一项关于噪声对小学生影响的长期研究。心理学家对位于机场附近的 4 所小学的学生和位于安静区的 3 所小学的学生进行了各种心理和生理测验，结果发现，长期受噪声影响的机场附近的 4 所小学的学生，比安静区学校学生的血压平均指数高，放弃困难智力作业的人数多，而且易受背景噪声的影响而分心。英国剑桥大学教育学院进行的英国近40年以来对初等教育的最大的一次调查也表明，教室声音条件差将会影响学生学习，特别是对于那些有听力障碍、学习困难和英语是辅助语言的学生而言，过度的噪声会影响测验成绩。①

4．温度

教师应该努力为学生创造整齐清洁、幽雅宁静的设施环境，使学生的智力活动达到最佳状态。同时，教师也应该正确使用现代化教学手段，如多媒体教学，通过提高学生的观察能力、想象能力等来提高教学效率。可以说，课堂设施环境与在这一环境中进行教学活动的师生的生理、心理感受是否和谐一致，对教学活动的顺利开展及其效果具有重要影响。

二、课堂社会心理环境管理

课堂社会心理环境是指在班级教学活动中，师生双方以及学生之间在长期的教学交往活动中所形成的一种能够被班级成员所感知和体验的氛围。心理学研究和实践都证明：课堂社会心理环境对课堂教学活动能否顺利进行有着举足轻重的作用。课堂社会心理环境包括课堂人际交往环境、课堂组织环境、课堂情感环境和课堂舆论环境。课堂物质环境管理为教学活动能够顺利地进行创造了良好的外部条件，那么，通过课堂管理，创造出良好的课堂社会心理环境，将成为促进教学目标实现的内在条件。

(一)课堂人际交往环境管理

人际交往是指社会人群中因交往而构成的相互依存和相互联系的心理关系，它是社会关系的具体反映。同样，在教学活动中，也存在着师生之间、生生之间的各种性质和层次的复杂的交往活动，从而产生了复杂的课堂人际交往。从交往的活动主体来看，主要有教师和学生个体之间的交往、教师和学生群体之间的交往、学生个体和学生个体之间的交往、学生个体和学生群体之间的交往，以及学生群体和学生群体之间的交往。从交往活动的性质来看，主要有正式群体和非正式群体之间的交往、正式群体和正式群体之间的交往、非正式群体和非正式群体之间的交往。从人际交往的形式来看，主要有两种：一种是语言对话，另一种是体态语交流。一般以语言对话为主，以体态语交流为辅。语言对话形式主要有提问、应答、要求、评价、讨论等。这些不同类别、不同性质的交往共同组成了课堂人际交往环境。它可以影响师生的情绪及其教学行为。"亲其师而信其道""独学而无友，则孤陋而寡闻""燕朋逆其师"等至理名言讲的就是这个道理。所以，必须对课堂人际环境进行必要的管理。其目标是促成各种性质、各种层次的人际关系在有利于教学活动顺利

---

① Gilliland，J W. How environment affects learning[J]. American school and university，1969，Dec.

进行的基础上协调一致，共同促进教学目标的实现。在课堂人际环境的协调中，教师起主导作用，是课堂人际环境协调的核心和关键。

(二)课堂组织环境管理

组织是人们按照一定的目的、任务和形式形成的社会群体。教学活动也是在一定的教学组织基础上进行的。教学组织对师生教学活动的影响最主要的是通过心理疏导的形式表现出来的。这种在教学活动中产生的心理疏导实质就是班风的表现形式。班风是班级成员在长期的学习生活交往过程中形成的思想、言行、风格、习惯等方面的共同倾向，是学生精神面貌的综合反映。良好的班风对教学活动起巨大的促进作用，而不好的班风则对教学活动起巨大的阻碍作用。课堂组织环境管理的目标就是在树立班级成员共同的、积极向上的奋斗目标的基础上，逐渐形成奋发向上的班风，用良好的班风这种无形的力量去约束班级成员，规范他们的行为，激发学生积极进取、取长补短，使班级成为学习、文化的共同体，从而实现教学目标。

(三)课堂情感环境管理

情感是指人们在与外界环境交往过程中，逐渐形成的对人或对事物的一种主观体验。在长期的教学交往和互动中，教师和学生之间、学生和学生之间也会形成各种性质的情感，有积极的情感，也有消极的情感。积极的情感可以使人产生愉快健康的情绪体验，它能够增强学生的自信心，激发学生的求知欲，使学生能够进行自我激励和调控，也能够增强班集体的向心力和凝聚力；而消极的情感使人产生不良的情绪体验，使学生意志消沉、求知欲低、自我评价低，容易自暴自弃，并且会涣散班集体成员的人心，使班集体停滞不前。情感环境管理的目标就是通过良好的沟通和交往来消除消极情感对集体成员的不良影响，努力促进师生之间、生生之间积极情感的形成。

(四)课堂舆论环境管理

舆论是一定社会内反映集体意识的多数人的共同意见。舆论是一种巨大的精神力量。在教学活动中，集体成员之间会形成各种性质的舆论，对班级成员的言行产生评论、监督、鼓励和指导作用。不同性质的舆论一起构成了课堂舆论环境。良好的舆论环境会成为激发班级成员积极奋进的巨大动力，而不良的舆论环境会导致个体的尊严和自信心受损，也会导致集体成员人心涣散，削弱集体的凝聚力，阻碍教学活动的顺利开展，阻碍教学目标的圆满完成。课堂舆论环境管理必须通过各种方式使良好的舆论占据主导地位，并对不良的舆论加以引导。

第四节　课堂问题行为管理

课堂问题行为是指在课堂中发生的，违反课堂规则、妨碍及干扰课堂活动正常进行或者影响教学效率的行为。这样的行为不仅会引起课堂纪律问题，影响教学质量，而且会影响学生的身心健康。对课堂问题行为进行管理是课堂管理的重要内容之一。

一、课堂问题行为的类型

根据学生行为表现的主要倾向，课堂问题行为可以分为两大类：一类是外向性问题行为，一类是内向性问题行为。外向性问题行为是指直接干扰课堂正常教学活动的攻击型行为。这类行为是最容易被觉察的，主要包括行为粗暴、相互争吵、挑衅推撞、打架等对抗性行为；交头接耳、高声喧哗等扰乱教学秩序的行为；出怪声、做怪相以惹人注意的行为；语言粗俗、顶撞其他同学及教师的盲目的逆反行为；迟到、早退、随意离开课堂、随意走动等抗拒行为等。内向性问题行为是指不易被觉察，对课堂教学活动的正常进行不构成直接威胁的退缩型行为，它主要表现为在课堂上心不在焉、胡思乱想、发呆、做白日梦等注意力涣散行为；害怕提问、抑郁孤僻等厌恶行为；神经过敏、烦躁不安、频繁活动、胡乱涂鸦等不负责任行为等。外向性问题行为直接威胁课堂纪律，干扰课堂秩序；而内向性问题行为虽不直接威胁课堂秩序，不直接影响他人学习，但对教学效果和学生学习质量的影响很大，对学生个人的心理发展也有很大危害。

二、课堂问题行为产生的原因

学生在课堂中表现出来的问题行为受多种因素的影响，是学生学习环境、生活环境、社会环境相互作用的结果，是各种问题的综合反映。综合起来，学生课堂问题行为的产生主要有学生、教师、环境三个方面的因素。

(一)学生身心因素

课堂中大量的问题行为和学生的身心状况直接相关，是由学生自身因素引起的，具体来说有以下几个因素。

1. 生理因素

生理上的不健康，如视听障碍；发育期的紧张、疲劳、营养不良；神经发育迟缓或者神经功能障碍，如多动症，会导致学生出现问题行为。

2. 性别因素

学生的性别会对问题行为产生一定的影响。有数据表明，女生中出现粗暴无理、触犯校纪的现象比男生少得多，而且在学习方面，女生出现导致失败、诱发沮丧和逆反情绪的难题也比男生少。而男生相对女生而言，精力旺盛，活动量大，又喜好探究，他们的自控能力较低，集中注意的时间也更短，因而较容易产生外向性问题行为。

3. 心理缺失

心理缺失主要反映在焦虑、挫折和性格等方面。例如，焦虑会使学生灰心丧气、顾虑重重、徘徊不定；挫折会引起学生的情绪波动。学生个性方面的问题也会导致问题行为，过于内向的学生易产生退缩型行为，过于外向的学生易产生攻击型行为，如和教师顶撞、和同学打架等。

4．寻求关注

需要时刻获得他人的关注是人类的天性。课堂中的学生也会通过各种方式去吸引其他同学和老师的关注。认为通过努力能够获得成功的学生，会用自己学业去获得其他同学和教师的赞赏；而认为通过自己的努力不能获得成功的学生，则会以学习以外的其他方式去获得老师和同学的关注。这种关注，即使是消极的，对学生而言，也比忽视自己的存在要好。德莱库斯(Dreikurs)阐述了与不良行为有联系的四个目标：引人注意、获取权力、寻求报复、自甘落后。他说："如果一个孩子没有机会通过平常的行为来获得地位，他就会通过引人注意的行为来证明自己在课堂上的地位。如果成人对他的这种引人注意的行为置之不理，他就努力想获取能操纵局势的权力。如果教师实施权力的方法使他的愿望落空，这时他就会非常丧气，转而寻求报复。当一个孩子为了获得一种'归属感'，尝试了各种消极的、捣乱的、引人注意的行为而无效时，他最终会陷入一种深深的沮丧情绪中，丢开一切积极的希望，干脆自暴自弃。"[1]

(二)教师方面的因素

学生的课堂问题行为与教师的教育失策有很大关系，有的问题行为可能是教师直接造成的，因而绝不能把学生的问题行为完全看成学生自己的问题。教师的失策主要表现在以下几方面。

1．教育观、学生观错误

教师教育观错误，片面追求高升学率，只看重学生的分数，而忽视学生的全面发展，搞题海战术，对学生进行超负荷的灌输，让学生成为分数的奴隶，使学生面临着很大的学习压力，这些过度的压力就可能导致学生出现问题行为尤其是内向性问题行为，如学习动机下降、过度焦虑、心不在焉、极度抑郁、神情恍惚等。教师学生观错误也会导致学生出现课堂问题行为。教师不能够平等地对待所有的学生，对优等生格外偏重和过度期待可能导致其压力过大，担心自己不能很好地满足教师的要求，进而出现一些内向性问题行为，如害怕提问、害怕与教师眼神接触等；对后进生、家庭困难生、品德不好的学生则采取厌恶、歧视的态度，会伤害学生的自尊心、自信心，使学生产生消极的自我概念和自我评价，由此引发问题行为，甚至产生外向性对抗行为，直接干扰课堂活动的正常进行，影响教学质量。

2．教师的个性缺失

古德(Good)和布罗菲(Brophy)认为，要维持良好的课堂教学秩序，首要的因素是教师必须能为学生所喜爱。因此，教师应具备能让人喜爱的一些个性特征，比如，真诚、友善、快乐、情绪稳定等。其次，教师是在课堂上具有权威的角色，必须具备某些权威人物应有的能让人信服的个性，比如，自信、冷静地面对问题、不慌乱、主动倾听而不预设立场、遇事不退缩、失败不怪罪他人或情绪化等。此外，教师还应像父母一样，能接纳学生，无

---

① Rudolf Dreikurs， Pearl Cassel, Eva Dreikurs Ferguson. Discipline Without Tears: How to Reduce Conflict and Establish Cooperation in the Classroom(revised edition)[M]. Canada：Tri-Granphic Printing Ltd. 2004.

条件地关怀学生,对学生抱有积极的期望,为人师表。①如果教师在课堂教学中,不具备以上个性特征或较少具备以上个性特征,就会使学生对教师产生畏惧、鄙视等感受,从而引发问题行为。

3. 管理失范

教师在课堂管理中缺乏恰当的管理,也是引发学生课堂问题行为的重要因素。这主要表现为两种类型:第一种类型是独裁控制型,教师倾向于控制和命令,掌管着大多数决策权,认为自己说的话是放之四海而皆准的绝对真理,学生必须服从;教师不尊重学生,动辄对学生大加训斥,甚至滥用惩罚,学生的自尊和归属的需要得不到满足就容易产生问题行为。第二种类型是纵容型,有些教师由于在就职前和就职后未受过有关课堂管理的培训或生性懒惰或屡次管教学生失败后而放弃管教的责任,对学生放任自流,使课堂未能形成良好的课堂气氛和教学环境,学生也因缺乏指正的机会而出现违反课堂规则的行为。

拓展阅读 11-3:

扫右侧二维码阅读《你是哪种类型的教师?》的相关内容。

拓展阅读 11-3

4. 教学偏差

所谓教学偏差,是指教师在教学中出现的不正常的现象或者行为。

具体而言,教学偏差主要表现为:教师不认真备课或者根本不备课,教学目标与学生的认知水平不相适应;教学目标要求过高或过低;教学内容枯燥;教学内容缺乏逻辑性;学习任务缺乏变化和挑战性;教学方法和学生的学习方式不匹配;教学手段单一;教师的表达能力差,缺乏活力,精神萎靡等。这些都容易导致教师在学生心目中的威信降低,引起课堂问题行为。课堂上,教师表现得无能、迟钝、笨拙,而且在一段时间里只限制在一个问题的教学上,那么,学生就可能置课堂教学于不顾而捣起乱来。此外,教师的威信也是一个重要因素,教师在学生心目中的威信越高,学生越不容易产生问题行为;相反,教师的威信越低,越容易导致学生产生问题行为,也越难控制或者纠正学生的问题行为。

(三)环境因素

课堂问题行为的产生,除了取决于教师和学生方面的因素外,还与环境的影响有关系。环境影响主要包括家庭环境、媒体环境、学校环境等方面的影响。

1. 家庭环境

特多塔(Trouer)的研究显示,父母的惩罚程度与少年犯罪以及攻击型行为呈正相关。家庭结构、家庭气氛、父母的教养方式等都会对学生的课堂问题行为产生影响。许多心理学家关于离异家庭子女的行为研究表明,单亲家庭对孩子的行为容易产生消极影响,这些孩子容易冲动,产生对抗性逆反行为。而父母不和,经常打闹的家庭的孩子,在课堂上也会经常表现出孤僻退缩、烦躁不安甚至挑衅滋事。家长的教养方式也会影响到学生课堂上的行为。过度被家长娇纵的孩子易以自我为中心,放荡不羁;被家长经常打骂的孩子容易冷

---

① Good, T. & Brophy, J. E. Educational Psychology: A realistic approach[M]. New York: Longman, 1990.

漠孤僻、情绪异常。所有这些都会增加孩子在课堂上的问题行为。

2. 媒体环境

当前社会各种信息通过多种信息媒体大量涌入学校，学生的知识总量中，有一半左右是通过学校以外的大众媒体获得的。大众媒体传播的信息并非都是积极的、正向的，也有很多诸如暴力、色情、凶杀等追求感官刺激等庸俗的、商业性的、低级趣味的内容。帕特·温格特等于 1999 年 5 月 10 日在美国的《时代周刊》上撰文，对近年来美国中小学校园暴力问题进行了分析，认为社会非健康文化对青少年的影响很大。他指出，"在一次又一次的调查中，许多青少年，甚至连那些优等生，都说他们感到越来越孤独，越来越被人疏远……如果他们在家里或学校里得不到所需要的东西，就会依附于某个小团体，或沉浸于父母管不着的电脑游戏、电视和电影构成的'宇宙世界'，比比皆是的暴力和色情场面，对孩子们来说是司空见惯的"，受这些内容的影响，学生很容易出现盲目模仿和具体尝试其中的一些动作与行为的情况，这些行为也经常延伸到课堂中。据帕克(A. Parke)等人的研究表明，在其他生活条件类似的情况下，观看暴力电影的学生比其他学生有更多的攻击型行为出现。彼得森(Perterson)等人对 7～11 岁学生的调查显示，常看暴力电视节目的学生具有更多的恐惧感。[①]消极的媒体内容还会使学生产生性格障碍。所有这些都会导致学生在课堂上出现问题行为。

3. 学校环境

每所学校的机构、政策和实际运作会对学生的行为都具有严重影响。迈克尔·普特(Michael Rutter)具有权威性的研究结果表明，即使不考虑学生家庭背景的影响，在在校学生究竟是否会成长为捣蛋分子和不抱合作态度的问题上，学校本身就是一个决定性因素。[②]学校的校纪校规和奖惩制度、全体教职工的素质和对学生的态度、学校的心理指导和咨询体系、校长和中高层领导人员的管理方式、学校的办学理念和校园文化等都会影响学生的行为。学生如果在一个没有爱心、态度消极、领导管理随心所欲、经常使用惩罚的学校里，学生可能出现更多的不良行为。在学校因素里，更具体而言就是课堂内部环境，也会对学生的行为产生影响。课堂内部环境，诸如课堂内的温度、色彩、光线、座位的编排方式都会对学生的课堂行为产生十分明显的影响。如课堂环境恶劣、气氛紧张或者光线不足可能使学生感到昏昏沉沉，形成懒懒散散的消极情绪，从而增加问题行为产生的可能性。此外，课堂座位的编排方式也会影响学生问题行为的出现。早在 20 世纪 30 年代，沃勒(W. Waller)就做过研究，结果表明，坐在前排座位的学生大多在学习上过分依赖教师，其中也有可能一部分是学习热情较高的；但坐在后排座位的学生，通常有捣蛋和不听讲等问题行为。英国教育理论家曾对课桌椅的排列方式做过观察实验，结果显示，采用秧田式排列时，学生学习努力的程度是圆桌式排列的两倍，而坏习惯(如心不在焉等)出现的频率，圆桌式排列则是秧田式排列的 3 倍。由此可见，学生座位的编排方式对学生问题行为有一定的影响。

---

① 李莹. 论课堂问题行为[J]. 江西教育科研，2006(1)：66-67.

② F. 戴维. 课堂管理技巧[M]. 李彦译. 上海：华东师范大学出版社，2002.

三、课堂问题行为的管理策略

课堂问题行为具有普遍性，是教师经常遇到而又非常敏感的问题，处理不好，就会损害师生关系和破坏课堂气氛，影响教学效率。课堂问题行为的恰当处理，取决于教师对于管理策略的有效运用。

(一)运用先行控制策略，事先预防问题行为

威森斯(Waysons)对 500 所纪律形象良好的学校进行了调查，研究这些学校防止暴力和冲突的方法。他发现，这些学校在控制课堂纪律方面的共同特点是，将教育重点放在如何预防不良行为的发生上，而不是强调如何实施惩罚；强调问题的解决而不是只注重表面现象。学生的问题行为，有些是出于无知，有些是出于敌意，有些则是出于初始时的不慎。事实上，一些课堂问题行为是在课前就注定了的，而不是课堂活动过程中的运作所致。因此，最好的管理，就是采取先行控制，在问题行为产生之前，实施预防性管理，避免或减少问题行为产生的可能性。它主要关注明确的行为标准、学生的成功经验、建设性的课堂环境、有效的教学等方面。

1．确立学生的行为标准

明确学生常规的行为标准，是一种有效的先行控制方法，因为这样可以事先确立起对学生在课堂中的期望行为，让每一个学生都明了什么行为是好的，什么行为是不好的，哪些行为是可以接受的，哪些行为是不能接受的。一般而论，确立学生的行为标准时，应考虑以下几个方面的问题。

(1) 行为要求是否能够促进教学目标的达成和学生的身心发展。
(2) 行为要求是否影响课堂秩序和学生的学习。
(3) 行为要求是否体现了对课堂成员的尊重。
(4) 行为要求是否具有改变或修正的可能性。
(5) 行为要求是否具有切实可行性。

课堂行为标准确立起来之后，还要及时加以巩固，必要时还要予以修正。

2．促成学生的成功经验，降低挫折水平

学生的成功经验，通常会激发他们的愉悦情绪，降低挫折水平，从而避免或减轻问题行为。学生因失败而导致的挫折感往往是有些问题行为产生的原因。因此，教师要确保学生在课堂活动中适当的成功率，尤其是应将课堂活动规划在既不太容易也不太难的适度范围内。因为太容易就会导致厌倦感，太难就会导致挫折感，它们都会增加问题行为产生的可能性。教师对学生学习材料和学习活动的适度选择，有助于学生的成功体验，有利于学生获得成功感受，进而减少问题行为产生的可能性。

3．保持建设性的课堂环境

课堂行为与课堂环境直接相关，有效的课堂行为管理，很大程度是建立在良好的课堂环境基础之上，因为良好的课堂环境不仅可以减少产生问题行为的可能性，而且可以消解许多潜在的问题行为。

保持建设性的课堂环境，教师可以从以下三个方面去努力。

（1）保持课堂的整洁、秩序和幽雅，增强课堂成员的秩序感、责任感。一个杂乱无章和死气沉沉的课堂环境本身就为问题行为的产生提供了土壤。环境诱人性的经典研究是由马斯洛(Maslow)和明茨(Mintz)作出的。他们的实验比较了在"丑陋的"屋子里和"漂亮的"屋子里进行的会面。会面者和实验对象都不知道，调查的真正目的是评估环境对他们行为的影响。马斯洛和明茨发现被分配到丑陋屋子的会面者抱怨头疼、疲劳和不舒服，而且，在丑陋屋子里的会面结束得很快。很明显，在丑陋的屋子里的人试图尽快完成工作，以便早早离开让人不舒服的环境。[①]良好的课堂环境应该具备六个基本功能：保障安全，并增强心理安全感；促进师生之间、学生之间的交流；展示班集体的"个性"；有助于完成教学任务；让学生和教师心情愉悦；促进学生成长。

（2）要科学合理地安排、调整学生的座次。美国教育心理学家林格伦提出通过"舞台情境"进行课堂管理，这对于教师在课堂中如何合理地分配学生的座位有很大启示。所谓"舞台情境"，指的就是座位分配，在通常情况下，坐在前排的学生是专心的，而且容易受到教师的喜爱，而坐在后排的学生则较少受到教师的重视。研究表明，教师在分配学生座位时主要关心的是减少课堂混乱，尽量将爱闹的学生分开，并且使其坐到一个"恰当"的地方，有这样三种情况：①单独一人坐在最后一排，处于孤独状态，理由是孤掌难鸣。②坐在两个好学生中间，处于夹击状态，理由是效仿榜样。③靠近教师的讲台，处于直控状态，理由是便于监督。[②]"舞台情境"的班级管理，对于教师在班级中如何合理地分配学生的座位，具有很大的启示。学生座位的分配，一方面要考虑班级秩序的有效控制，预防问题行为的发生；另一方面又要考虑促进学生间的正常交往，形成和谐的师生关系，并有助于学生形成良好的人格特征。因此，必须打破按高矮次序或学习成绩排位的简单方式，而要综合考虑学生的生理特点、个性特长、学习习惯、行为特征、认知水平、同伴关系等多种因素，做到优劣搭配、合理组织，达到以长补短、以优补劣、互相促进。

（3）建立和谐的师生关系。教师和学生之间只是角色的差别，师生在人格上是平等的。教师应该充分尊重学生的独立人格，对学生充满爱心，尤其要关心"差生"或"后进生"，实现师生之间的情感互动。教师可以通过以下方式建立和谐的师生关系：课外，迎面遇见学生，主动上前与学生交谈；在休息或用餐时，同个别或群体学生闲聊；对诸如俱乐部、运动等课外活动表现出兴趣；留意困难学生，主动与其交谈；寻找适宜的机会会见学生的父母，了解学生的家庭环境，理解学生的生活方式；真诚地关心学生面临的社会问题；熟悉并理解学生的闲暇爱好；与学生分享自己有趣的生活经历；在学生需要帮助时及时伸出援助之手。课内，学生进入课堂时，友好地与他们说话；以个别方式检查学生的课堂活动；了解、记住和称呼学生的名字；与学生分享玩笑与幽默；培养对学生成绩的集体自豪感。与学生建立和谐的师生关系重要的是要做到尊重和接纳学生，满足学生的归属需要。归属感是一个强大的动力因素，而接纳是最有效的激发方式之一，它能有效地提高学生的自尊、自我接纳及其他健康品质。

---

① 卡罗尔·西蒙·温斯坦. 中学课堂管理[M]. 第 2 版. 田庆轩，译. 上海：华东师范大学出版社，2006.
② 陈红燕. 课堂管理初探——情境与原理[J]. 教育理论与实践，2002(10)：46-50.

4．进行有效的教学

有效的教学是防止课堂问题行为发生的第一道防线，好的纪律来自好的教学。因此，预防问题行为，必须改进教师的教学，增强教学的魅力。当代课堂管理研究者都高度强调有效教学策略与学生良好行为之间的关系。在课堂管理研究中，格拉瑟(W.Glasser)等人曾指出，优质课程、优质教学和优质学习是有效纪律的主要特征。美国著名课堂纪律研究专家库宁(J.Kounin)也认为，维持纪律的最佳方式是吸引学生积极参加课堂活动。要进行有效的教学，首先，教师需要搞好课前策划。在课堂活动之前确定好教学目标、教学方案和教学策略，精心设计每堂课的内容和活动程序以及合理过渡。其次，在课堂教学时采用悬念和讨论的方法，不断变换刺激角度，集中学生的注意力；合理安排课堂活动的内容和节奏，控制学生的疲劳度；创设课堂教学结构和情境结构，恰当地调节师生焦虑水平；改进课堂交往结构，提高学生参与比率；满足学生学习需要，教会学生如何学习，提高学生的自我效能感等。

(二)运用行为控制策略，及时终止问题行为

行为预防策略是为了把学生的不良行为消灭在萌芽状态，是指"禁于未发"；行为控制策略则是相对于学生已经发生的行为而言的，包括强化良好行为和终止已有问题行为两个方面。

1．鼓励和强化良好行为，以良好行为控制问题行为

教师通常采用社会强化、活动强化和榜样强化等方式具体如下。

(1) 社会强化，也就是利用面部表情、身体接触、语言文字等来鼓励教师所期望的行为。社会性的强化物有言语、手势和脸部表情等。许多学生只要从教师那得到一个微笑、轻拍或一句温和的话，就会更加勤奋地学习。口语：好！哦！非常好！很好！再加油！真好！对！谢谢！我喜欢那样！你做得很好，能不能和我们分享？非口语：微微笑、眨眨眼、眼神接触、点头、竖起拇指、称赞、接触、轻拍、一起走、站得近些、握握手。这些都可以作为学生的奖赏。[①]运用社会强化必须遵循四个原则，即针对目标行为、指向已完成的行为、强调学生的努力、不断变化形式。

(2) 活动强化，也就是当学生在活动中表现出具体的期望行为时，允许学生参与其最喜爱的活动，或提供较好的机会和条件。例如：允许参加俱乐部活动、提供设备的优先选择权和使用权、提供课堂活动或体育运动中的领导角色等。这在很大程度上也可以说是对学生良好行为的具体鼓励方式，并由此强化学生这方面的行为。教师在采用活动强化的方式时应考虑学生的年龄、活动动机、兴趣、特长和实际活动能力等多种因素。

(3) 榜样强化。只要给学生提供某种具体的行为范例，学生就会自觉或不自觉地模仿，并朝着这样的行为而努力。这就是所谓榜样强化。榜样通常会导致学生两个方面的反应：一是模仿，二是无意学习。模仿是学习者通过观察榜样行为，逐步形成自己的行为；无意学习是学习者在特定情境中观察榜样行为，在此基础上形成关于榜样的信念、态度、价值及人格等方面的结论。无论是模仿还是无意学习，都体现出榜样对于良好行为的强化作用，

---

① 杜萍. 课堂管理的策略[M]. 北京：教育科学出版社，2005.

而这一强化又具有弱化或终止问题行为的作用。

2. 选择有效方法，及时终止问题行为

(1) 信号暗示。对发生问题行为的学生提供信号，例如：突然停顿、走近学生、用眼神暗示等，用以提醒、警告学生，进而终止刚刚发生的问题行为。信号暗示适用于小而持续的问题行为，如经常性地或者持续性地小声说话、盯着天花板看、传纸条。使用信号暗示的一个明显的优点就是，可以在不打扰其他学生的情况下就能纠正这些小的问题行为。

(2) 使用幽默。以下几种情况教师都可以使用幽默：第一种是课初学生还没有进入学习状态，各种问题行为不断出现时；第二种是课堂气氛沉闷，学生注意力下降，从而产生问题行为时；第三种是教学正常进行，学生无意中出现问题行为时。这几种情况教师可用轻松幽默的语言来调节气氛和提示学生，防止问题行为的出现，并及时制止或纠正已有的问题行为。

(3) 创设情境。有些学生在课堂中容易走神，这时可适当创设一些活动情境，让学生参与一些活动，或让他们做一些其他相关的事情，像小竞赛、小表演、小制作等，以避免问题行为乘虚而入。

(4) 有意忽视。如果课堂行为很小又没有什么破坏性，最好的课堂管理就是忽视。例如：在讨论时学生因为积极发言而忘记举手；或者两个学生在老师布置练习题时轻声地交换意见，在这些情况下，教师的干预会比学生的行为更具有破坏性。此外，有时候某些学生的问题行为隐含着想赢得他人注意的愿望，如果教师直接干预，可能正好迎合了他的目的，如果此时教师有意忽视，学生会自觉无趣而改变其行为。应该强调的是，有意忽视必须限制在特定情境中，否则就等于是鼓励闹事或者去捅更大的娄子。

(5) 提问学生。临时对发生问题行为的学生提出问题让他回答，以示提醒，并转移他的注意力，使其自觉纠正。

(6) 转移注意。对于那些自尊心比较强的学生，当其产生问题行为时，如果当面直接制止，可能出现相反的效果或后遗症，这时可运用比喻，声东击西加以暗示，使其转移注意，从而停止其问题行为。

(7) 移除媒介。有时学生在课堂中做不相干的事，例如：看漫画书、玩电子游戏、听MP3等，教师可将这些东西拿走，清除媒介物，从而制止这种行为。

(8) 正面批评。如果用了很多方法对制止学生的问题行为都不奏效，教师就要正面严肃批评，指出其缺点，制止其行为。当然，正面批评要建立在尊重学生人格的基础上。正面批评无论是针对个人还是集体，教师都应该考虑到其真实性、可能产生的后果以及被规劝者的自我抵御等多种因素。同时，正面批评应该具有一定的权威性，让学生能够接受。

(9) 劝离课堂。有时学生之间发生对抗性冲突，引起怒气冲天的状态，教师可以将他们劝离课堂，避开怒气情境，先使其情绪缓和，再作决断。

(10) 利用惩罚。对于有些较严重而又难以制止的问题行为，可适当运用一些惩罚措施，如果运用得当，也可以起到制止问题行为的作用。但如果惩罚运用不当(如报复性或泄愤性的惩罚)，不但不能制止问题行为，反而会造成学生的逆反或对抗性行为。因为惩罚会摧毁师生间应有的和谐关系，妨碍情感的交流；惩罚只是暂时抑制问题行为，无法从根本上消除问题行为；惩罚是将注意力集中在不好的行为上，没有指出适当的替代行为；惩罚会导

致不愉快情绪，使受罚者感到恐惧、焦虑、紧张，因而讨厌老师及其所教学科，甚至害怕上学；惩罚中的体罚示范了攻击行为，受罚者会加以模仿；惩罚造成学生恐惧心理，有阻碍其创造力和潜能的发展。[1]因此，惩罚必须慎用，不到迫不得已时最好不用。特别值得注意的是，教师不能因为学生个人的问题行为而惩罚小组或者整个班级，这样做只会使学生感到气愤。在某个问题行为开始时使用惩罚，其效果远胜于将惩罚实施于问题行为之后。

(三)运用行为矫正策略，有效转变问题行为

在课堂管理实践中，除了要对学生的不良行为进行预防和及时终止外，还应该从促进学生发展的目的出发，及时对学生的行为进行矫正，转变学生的问题行为。

1. 掌握课堂问题行为矫正的内容

课堂问题行为矫正通常包括三个方面的内容。

(1) 正确认识问题行为是行为有效矫正的前提条件，没有正确的认识，就不可能进行有效的矫正。因此，教师首先要明确问题行为对于课堂秩序和教学活动的消极影响，但同时又不要过分夸大问题行为的严重性，不宜把有问题行为的学生等同于差生或品行败坏的学生。其次，教师要认识到学生问题行为的矫正，从根本上是要由学生本人来进行的。如果学生本人并不认为自己的行为是问题行为，他们不仅看不到矫正的价值与意义，不密切配合，而且会对矫正产生新的对抗性问题行为。因此，要启发学生本人的正确认识。

(2) 矫正是改善课堂问题行为的关键，而且矫正问题行为比认识问题行为困难得多。因此，教师首先要进行观察与了解，判明问题行为的性质、轻重和后果；其次要运用多种知识，分析问题行为产生的原因或背景，形成对问题行为的正确态度；然后要选择适宜的方法进行纠正。此外，由于从根本上改正问题行为并非一时之功，需要付出很大的努力，而且问题行为还会反复出现，因此，教师还要有相当大的耐心。

(3) 理想的矫正不但要改正学生的问题行为，而且要塑造和发展学生新的、良好的行为模式。这不仅是矫正学生问题行为的理想目标，而且也是巩固矫正的效果，使学生达到可持续发展的需要。由此可见，完整的行为矫正包括认识、改正和塑造三个不可缺少的方面。只有在使学生认识并改正课堂问题行为的同时，学会和形成良好的行为模式，完整的行为矫正才宣告完成。

2. 遵循课堂问题行为矫正的原则

课堂问题行为矫正是一个复杂的过程，需要做深入细致的工作，在整个过程中应遵循奖励多于惩罚、坚持一致性、与心理辅导相结合的原则。

3. 应用课堂问题行为矫正的有效步骤

根据行为分析原理，对课堂问题行为可以采取以下步骤实施行为矫正。

(1) 细致观察，觉察问题行为。觉察课堂中的问题行为和潜在的问题行为是矫正的第一步，如果教师根本未能觉察问题行为，就没有矫正的可能和必要，因此，教师要善于观察与分析，敏锐地发现问题行为。

---

① 杜萍. 课堂管理的策略[M]. 北京：教育科学出版社，2005.

(2) 准确了解问题行为产生的原因。发现了问题行为，就要立即运用有效的方法，如访问、谈话、测验等深入了解问题行为产生的原因。准确了解这些原因是合理矫正的基础。通过了解，判明问题行为的性质及严重程度。

(3) 在诊断的基础上制定矫正目标。一个完整的行为矫正程序应该先从确定目标行为开始。所谓目标行为(target behavior)，是指采取行为矫正时所要矫正的违规行为。确定目标行为有两个原则：①清楚可见的外显行为，即学生的某种违规行为是教师和其他学生都看得很清楚的。②选择出现较多且较严重者为目标行为。因为如果同时矫正数种行为，其效果将因不能连续渐进处理而无从显现。

(4) 给予积极强化，矫正问题行为。教师在使用后效强化(contingent reinforcement)原则时，要遵守四个原则：①忽视学生的违规行为。②学生的适当行为一出现，立即给予表扬等进行强化。典型的课堂强化物，包括教师的肢体语言(如点头、微笑、抚摸等)、口头表扬、给予优待、授予奖品等。③强化要针对某个具体的特别要强化的行为，而不是泛泛地强化。④表扬等强化要因人而异，做到可信有据，不要无中生有。在课堂管理时，教师要尽量使用"我信息"，如当学生在课堂上说话时，教师可以使用这样的"我信息"："你没有认真听课，在课堂说话会影响我们的教学，这令我很难过。""我信息"可以向学生传递教师对问题的情境感受，让学生了解自己的行为产生的负面影响。教师要避免"你信息"，如"你上课说话，像乌鸦一样吵死了"这样的语言，应与学生进行平等的交流。

(5) 对问题行为改正的成效应及时加以评定，如发现效果不良，应进行检查，看有无缺失、诊断是否正确、目标是否合理、改正过程是否得当，直到完全消解问题行为为止。

(6) 消除了问题行为，还要进行追踪，进行新的强化，塑造和发展良好的行为，直至良好行为的表现趋于稳定为止。

本 章 小 结

课堂管理就是教师为了保证教学活动的顺利进行和促进学生的发展而采取的程序步骤和措施以及教师的相关行为和活动。课堂管理的主体是教师和学生，但是教师是主导者，教师应该引导学生培养自我管理的能力。本章首先阐述了课堂管理的定义和功能，并论述了课堂管理的内容包括课堂规则、课堂环境管理和课堂问题行为管理，在本章结尾着重论述了课堂问题行为管理的产生原因和管理策略。

【推荐阅读】

[1] James M. Cooper. Classroom Teaching Skill. 3rd edition[M]. United States, Lexington, Mass: D. C. Heath and Company, 1986.

[2] R. 拉斯尼特，C. 史密斯. 卓有成效的课堂管理[M]. 李建中，译. 成都：四川教育出版社，1990.

[3] 舒利. 课堂管理学[M]. 长沙：湖南教育出版社，2020.

[4] 王晓春. 课堂管理，会者不难[M]. 北京：中国轻工业出版社，2010.

[5] F. 戴维. 课堂管理技巧[M]. 李彦，译. 上海：华东师范大学出版社，2002.

[6] Vernon F.Jones &Louise S.Jonesa. 全面课堂管理：前沿[M]. 方彤，罗曼丁，刘红，等译. 北京：中国轻工业出版社，2002.

[7] [美]迈克尔·林辛. 彻底走出教学误区：开启轻松智能课堂管理的 45 个方法[M]. 张月佳，译[M]. 北京：中国青年出版社，2014.

[8] 陈时见. 课堂管理论[M]. 桂林：广西师范大学出版社，2002.

[9] 纳卡穆拉. 健康课堂管理：激发、交流和纪律[M]. 王建平，等译. 北京：中国轻工业出版社，2002.

[10] [英] 罗博·普莱文. 15 秒课堂管理法：让上课变得有料、有趣、有秩序[M]. 杨愒，冯琳，译. 北京：中国青年出版社，2017.

[11] [美] 埃默，等. 中学课堂管理[M]. 王毅，译. 北京：中国轻工业出版社，2004.

[12] [美] 佩奇. 让学生都爱听你讲：课堂有效管理 6 步法[M]. 屈宇清，咸佳彩，译. 北京：中国轻工业出版社，2010.

[13] 杰伦迪·迪克西. 有效的课堂管理[M]. 王健，译. 北京：北京师范大学出版社，2006.

[14] 李劲松. 有效的课堂管理[M]. 长春：东北师范大学出版社，2006.

[15] 简·布鲁斯坦. 课堂管理方法[M]. 龚朝红，译. 上海：华东师范大学出版社，2016.

[16] 杜萍. 有效课堂管理(方法与策略)[M]. 北京：教育科学出版社，2005.

[17] 罗森布拉姆-洛登(Renee Rosenblum-Lowden). 你必须去学校，因为你是教师：250 条使你的工作变得轻松愉悦的课堂管理策略[M]. 郑丹丹，译. 北京：中国轻工业出版社，2008.

思考与练习

一、名词解释

课堂管理　　课堂规则　　课堂问题行为

二、简答题

1. 课堂管理的功能是什么？
2. 制定课堂规则的依据是什么？
3. 简述制定课堂规则的原则与要求。
4. 简述课堂规则形成的方法。

三、论述题

1. 结合实际，论述课堂管理的主要内容。
2. 试论述课堂管理的主要模式。

【实践课堂】扫右侧二维码阅读相关内容。

实践课堂

第十二章 教学评价

本章学习目标

➤ 掌握教学评价的概念。

➤ 知晓教学评价的基本原则。

➤ 熟悉教学评价的基本步骤。

核心概念

教学评价(instructional evaluation)　教学评价的功能(the function of evaluation)　教学评价的内容(content of evaluation)　教学评价的指标体系(evaluation indicators system)

引导案例

化学课堂活动表现评价①

初中化学内容中"原子结构"的课标要求：知道原子是构成物质的微粒，原子是由原子核和核外电子构成的，及认识物质的微粒性。活动与探究建议学生以"我想象中的原子结构"为题，撰写科普小品。依据课程标准中的目标要求和教学建议，可以设计下面教学活动和评价内容。

(1) 画出你想象中的原子结构，上传至老师QQ空间或其他的共享空间(课前自主完成)。

(2) 阅读教材，搜索网络有关原子结构的内容，比较网页、教材所说的原子结构和你画出的原子结构有何区别，搜集证据证明哪个更准确，写出说明稿(课前自主完成)。

(3) 小组活动，向小组成员解释你的判断。

(4) 阅读课本上有关原子结构示意图内容，并用原子结构示意图说明钠原子、碳原子、氧原子的原子结构。

---

① 韩红斐，李鹏鸽，李强，等. 信息技术支持下的学生化学学习评价研究[J]. 教学与管理，2021(8)：115-118.

案例分析

教学评价是教师从事教育工作时无法回避的事情，它总是以各种形式渗透在教学活动的每个环节。因此，要想达到理想的教学效果，教学评价是教师必须掌握的重要知识。在学习过程中，作为未来教师的学子应该理解教学评价的功能和原则，掌握教学评价的类型、内容及评价指标体系和具体方法。

学习指导

教学评价是教学工作的重要组成部分，是在教学领域中进行科学管理的重要手段，合理地开展教学评价活动，是提高教学质量的有效保证。教学评价问题十分复杂，本章拟就教学评价的概述、功能、方法、步骤、指标体系等问题进行探讨。

第一节　教学评价概述

评价是人们对事物进行事实判断和价值判断的活动，对改善人的活动方式具有重要意义。它体现在教育教学领域中就是教育评价(包括教学评价)。

一、教学评价的含义

教学评价是指按照一定的教学目标和教学原则，运用科学可行的评价方法，对教学过程和教学成果给予价值上的判断，以提供信息改进教学和对被评价对象作出某种资格证明。

教学评价是按照教学目标进行的，明确教学目标是搞好教学评价的前提。教学目标总是带有某些程度的原则性、抽象性和笼统性。为了确保教学评价顺利进行，必须把教学目标分解为教学指标，建立教学指标体系。在指标体系中，对起主导作用的教学评价指标应适当加大权数，以示其重要性；对指标体系中权数小的指标，在评价中也不能忽视，绝不能仅用一项或几项指标去判断教学质量。因为教学是学生在教师有目的、有计划地指导下，主动地学习掌握系统的文化科学基础知识，形成基本技能、技巧，发展其认识能力和创造能力，并使学生身体得到正常发育、健康成长，逐步形成正确的审美观点和感受美、鉴赏美及创造美的能力，逐步养成社会主义道德行为和思想品质，形成辩证唯物主义世界观的基础，并使其个性得到全面和谐发展的育人活动。其内容非常丰富，反映教学目标的指标较多，掌握系统的文化科学基础知识是教学的一个重要指标，但不是唯一的指标，如只用掌握知识的多少来评价教学，就不全面、不科学。所以，教学评价必须按照反映教学目标的教学评价指标体系进行评价。

教学评价是对教学过程、教学成果的价值判断。教学过程是指教师教和学生学的统一活动过程。在这个过程中，教师要根据一定的教育目的，制订和实施教学计划并进行学习指导。学生在教师的指导下，主动学习，达到预定的教学目标。教学过程评价的具体内容包括备课、上课、辅导和学生学业成绩考查与评定的全过程，以及教学的内容、形式和方法。教学成果是指通过教学活动后，学生的学习能力和学习成就上的变化表现，教学成果评价也就是要评价学生学习后的学力、学习目的、态度、人格变化，以及达到教学大纲要求的程度等。可见，教学评价既是对教师教的能力和教的效果作出价值判断，也是对学生学习能力和学习成就上的变化作出价值判断。

二、教学评价的功能

(一)诊断功能

📑 **拓展阅读 12-1**：

扫右侧二维码阅读中共中央、国务院印发《深化新时代教育评价改革总体方案》的相关内容。(链接网址 http://www.moe.gov.cn/jyb_xxgk/moe_1777/moe_1778/202010/t20201013_494381.html)

拓展阅读 12-1

在评价活动中，通过对搜集到的信息资料进行整理分析，能发现评价对象(如教育方案、课程计划、教师工作、教学方法、学生学习等)存在的问题和不足，促使教育活动的改进。评价是对教学结果及其成因的分析过程，并以此可以了解到教学各方面的情况，从而判断它的成效和缺陷、矛盾和问题。全面的评价工作不仅能预估学生的成绩在多大程度上实现了教学目标，而且能解释成绩不良的原因。如学校、家庭、社会和个人中哪方面的因素是主要的，就学生个人来说，主要是智力因素，还是学习动机等其他非智力因素的影响，或是两者兼而有之。教学评价如同身体检查，是对教学现状进行一次严谨的科学诊断，以便为教学的决策或改进指明方向。

(二)反馈调节功能

通过教学评价可以提供教学活动的信息，以便师生调节教和学的活动，确保教学活动得以顺利开展。

在教学过程中，外部评价人员和师生对教学情况的反映，对于师生来说是判断教学活动状况的重要信息。根据这些信息，师生既可以分别进行自我行为的调整，也可以共同进行教学行为的校正。

(三)区分和鉴别功能

通过评价，人们可以区别、鉴定组织(如学校)、方案(如课程方案)或个体(如教师、学生)等对象的某些方面或各方面水平的优良程度，确定其有无价值与价值的大小，衡量其是否达到了应有的标准，是否能实现国家和社会赋予其目的和任务，为其评定相应的等级。科学、合理、公正的评价所区分的优良和鉴定的等级是教学管理决策科学化的基础。

(四)激励功能

评价通常要区分出水平高低、评价等级。由于评价结论往往直接影响到评价对象的形象、荣誉和利益等，评价常常能激发被评者的成就动机，使他们追求好的评价结果，激励他们全力以赴地做好相关工作，取得更大的教育成就。评价对教学过程有监督和控制作用，对教师和学生则是一种促进和强化，通过评价可以反映出教师的教学效果和学生的学习成绩。经验和研究都表明，在一定限度内，经常进行记录成绩的测验对学生的学习动机具有很大的激发作用。这是因为较高的评价能给教师、学生以心理上的满足和精神上的鼓舞，可激发他们向更高目标努力的积极性；即使评价较低，也能催人深思，激起师生奋进的情绪，起到推动和督促作用。

(五)导向功能

评价是根据一定的价值标准进行的价值判断活动。在评价活动中，评价者常以国家和社会的价值和需要为准绳，设计一套评价指标和评价标准。被评价者为追求好的评价结果和达到其他目的，会致力于满足评价标准的要求。评价指标和标准就成为被评者的努力方向。

评价的结果必然是一种反馈信息。这种信息可以使教师及时知道自己的教学情况，也可以使学生得到学习成功的经验和失败的教训，从而为师生调整教与学的行为提供客观依据，教师据此修订教学计划、改进教学方法、完善教学指导；学生据此调整学习策略，改进学习方法，增强学习的自觉性。教学评价有利于使教学过程成为一个随时得到反馈调节的可控系统，使教学效果越来越接近预期的目标。

拓展阅读 12-2：

扫右侧二维码阅读《教学评价 40 年回顾、反思与展望》的相关内容。

拓展阅读 12-2

三、教学评价的原则

一种好的教学评价方法可以促使教学工作向积极的方向发展，但如果使用的评价方法不正确或评价标准不恰当，就有可能使评价走入误区，不能促进反而阻碍了教学工作的开展。要想发挥教学评价的积极功能，需要遵循如下原则。

(一)客观性原则

客观性原则是指在进行教学评价时，必须以客观事实为基础，严格执行评价标准，坚持客观的、实事求是的态度，不能主观臆断或掺杂个人情绪。

在进行教学评价时，从测量的标准和方法，到评价者所持的态度，特别是最终的评价结果，都应符合客观实际。因为教学评价的目的在于给学生的学和教师的教以客观的价值判断，如果缺乏客观性，评价就会失去意义，甚至还会提供虚假信息，导致错误的教学决策。

(二)科学性与可行性相统一原则

科学性是指教学评价应按教学评价活动本身的客观规律办事，以科学的教学评价指标体系为尺度，以评价信息为依据，采用科学的评价方法和技术，在此基础上对评价对象进行实事求是的价值判断。

可行性是指评价的指标体系以及方法技术要尽可能简便易行，教学评价程序要便于实施和操作。

在教学评价中，应将科学性和可行性相统一。

(三)主体性原则

主体性原则是指在进行教学评价时，承认评价对象(主要指教师和学生)在评价中的主体地位，充分发挥他们的主观能动性，使他们自觉、积极地参与评价活动。在教学评价过程中，评价对象既是评价的客体，又是评价的主体；他们既要被他人评价，同时又要对自己的工作进行价值判断。

(四)一致性与灵活性相结合原则

一致性是指进行教学评价时，必须采用一致的标准。灵活性是指由于学校设备、教学条件以及校长和教师水平的不同，学校与学校、教师与教师、学生与学生之间又存在差异，实施教学评价不能只搞一个模式，而应针对不同层次的学校，提出不同的要求。评价指标与评价标准的制定，以及评价方法与评价程序的选取，都应考虑这种差异，要灵活对待。在教学评价中，既要贯彻一致性原则，又要贯彻灵活性原则，应将两者结合起来。

(五)定期性评价与经常性评价相结合原则

定期性评价如期末评价、年终评价；经常性评价是指不间断地进行的教学评价，如每天进行的教学检查与评定。为了确保教学评价的功能得以实现，切忌突击性评价。切忌为了应付上级机关检查搞形式上的评比活动，甚至打乱正常的教学秩序，致使评价失去意义。

(六)定量评价与定性评价相结合的原则

只有定性评价而没有充分的定量工作做基础，定性评价会给人过多的模糊感觉，"基本上""差不多""大概是""若干"之类的模糊用语对于教学决策的意义是有限的。所以，定性评价需要有定量评价作为补充，即应该有尽可能详细的原始数据及对数据的统计处理。

同时，教学评价中也不能只有定量评价而无定性分析，这是因为教学活动中有许多因素是无法用数字表达的。不宜量化的东西硬要去量化反而是远离了科学。因此，在教学评价实施过程中，也要注意用定性评价弥补定量评价的不足。

拓展阅读 12-3：

扫右侧二维码阅读《西方现代教育评价的发展趋势》的相关内容。

第二节　教学评价的类型

教学评价活动多种多样，根据不同的标准可以划分为不同的类型。例如，根据评价的标准可分为相对评价、绝对评价和个体内差异评价；根据在教学活动中的作用可分为诊断性评价、形成性评价、发展性评价和总结性评价；根据评价的主客体不同可分为他人评价和自我评价；根据评价范围的不同可分为单项评价和综合评价；根据评价的水平和层次不同可分为宏观评价和微观评价；根据评价的量化程度不同可分为定量评价和定性评价。

一、相对评价、绝对评价和个体内差异评价

(一)相对评价

所谓相对评价，是指在团体内以自己所处的地位同他人相比较而进行的评价。其评价标准是设在团体之内的。评价学习时要求把个人的得分同团体其他成员的得分进行比较，从而明确自己在团体中的地位，达到评价学习成果的目的。相对评价当然也可以用在其他方面，如教师教学质量评价、班主任工作评价等。在学校里，任课教师和班主任经常运用相对评价来评价学生。比如，平时议论某某学生是班里表现最好的，某某学生的数学成绩在全年级拔尖，这都是用相对评价的观点去评价学生的。

相对评价在各个学科的教学中经常使用，主要用于对学生学业成绩的评价。我国现行的评分方法有两种，即百分制和五级制。百分制在各级各类学校中普遍使用，而在大学两种方法都用，其中五级是优秀、良好、中等、及格、不及格。目前，中学正在探讨记分办法的改革，有些小学已将百分制改为等级制，如思想品德评定采取等级＋评语的办法。

相对评价的优点是：通过相对评价，可以使个体客观地判断自己在团体中的优劣情况，即自己所处的地位，同时，也有助于学生树立竞争意识。

但是，相对评价的弊端也比较突出，主要体现在以下几方面。

(1) 由于相对评价的着眼点放在个体差异上，不注重是否完成既定的教学目标，结果导致学生争分、争名次，而忽略了自身素质的提高。

(2) 学业评价因有两头小、中间大的比例限制，很难反映出学生的进步状态。本来有的学生进步很大，成绩可评为优等，但因为比例限制，只好降低其等级。这种做法严重地挫伤了一些学生的学习积极性。

(3) 学生学业成绩的优劣，是评价教师教学成果的重要依据。因此，评定比例的限制同样会挫伤教师的积极性。也就是说，不论教学质量有多大的提高，学生学习成绩的优劣比例都不会发生变化。

(二)绝对评价

所谓绝对评价，是指判断完成既定目标的程度而进行的评价。这种评价的评价标准，是设在评价对象所在的团体之外，与该团体无直接关系。也就是说，这个标准不受该团体的约束，但它必须体现国家对受教育者的基本要求。实施绝对评价，是以个人的得分同既定的评价标准对照比较，从而判断完成任务的程度。

绝对评价所关心的是评价对象是否达到目标及达到的程度，它是以达到目标的形式把评价内容表现出来的。因此，在进行绝对评价时所用的考试题目，范围要广，综合性要强，并有一定的代表性。如果评价标准能够制定得比较科学、客观，那么被评价者只要同这个绝对标准相比较，就可以判断自己的实际水平究竟有多高，即达到目标的程度。例如：小学升初中不采取统考择优录取入学的做法，而是只举行一次毕业考试，根据规定的标准要求，凡达到小学毕业水平的，都是合格的小学毕业生，可以就近升入初中。这里的合格与不合格，在某个地区范围内就是个绝对评价的应用。又如，我国现行的评定学业成绩的办

法是百分制，满分为 100 分，60 分为及格，60 分以下为不及格，这里的及格与不及格是以 60 分为绝对界限的，这就是绝对评价的应用。

绝对评价的最大特点，就是有一个共同的客观标准可循。学生通过同这个既定标准对比，便能判断自己的学业水平。如果是实行标准化考试，学生的学业成绩在校际之间应该是等值的，即价值一样。也就是说，某学生在甲校为 90 分，转到乙校也应该承认这个 90 分，不应因学校的变动而造成分数贬值或升值。但是，当前学业成绩评定要完全做到这一点还比较困难，因为还没有实施绝对评价的规定和要求，即使有此类评价活动，其评价标准又往往受到评价主体主观因素的影响，有失公平、公正。

(三)个体内差异评价

个体内差异评价是把被评价者的过去和现在进行比较，从而作出评价的方法。该评价方法的价值基准取自个体内部，把个体的现在的表现与个体过去的表现相比较，以确定其进步和发展的情况。

个体内差异评价方法分为横向评价和纵向评价两种。所谓横向评价，是指在个体的横断面上选取一个方面与其他方面相比较来评价某一方面的表现。例如：将学生的学业进步情况与学生的品德进步情况、健康发展情况相比较，可以了解学生学习成绩进步的相对大小。所谓纵向评价，即将被评价者的过去和现在进行比较，看其有哪些发展变化，是进步还是退步。

个体内差异评价的结论表示方式有数值和评语两种。横向评价主要采用评语方式指出个体的优势和不足。纵向评价多是采用数值方式来反映个体发展的趋势和进步的程度。

个体内差异评价充分注意了个体的差异和发展，能使评价者和被评价者准确了解到个体的优势和弱点，以及努力的方向，在评价过程中不会给被评对象造成很大的压力，适合因材施教。其缺点是，它既不与客观标准相比较，也不与别人相比较，故容易使评价对象坐井观天，自我满足。

二、诊断性评价、形成性评价、发展性评价和总结性评价

(一)诊断性评价

诊断性评价，是指在活动开始之前，为使其计划更加有效地实施而进行的评价。所以，有的学者又把这种评价称作事前评价。这里的诊断，要求把握被评价事物的两种状态：一是症状诊断，二是原因诊断。前者要求对所评价的事物的已有状态作出判断，着重找出存在的问题；后者要求对存在问题的原因作出分析，并对发展变化的可能性进行预测，以便"对症下药"，采取可行措施，使新计划能在原有基础上得到有效的实施。

诊断性评价在教学中的应用，一般是在学年初或学期初进行。其目的在于弄清学生的学力基础，以便为实现新的教学目标做好准备。通过诊断性评价，判断学生是否达到原定的教学目标要求。如果确认达到了，就正常实施新的教学计划；如果确认没有达到或没有完全达到，就设法弥补学生的学力不足，使他们尽快地具备实施新的教学计划的条件。

诊断性评价有两个显著特点：一个是重诊断，即对原来的状态和效果进行判断；另一

个是重治疗，即对发现的问题加以改进。所以，诊断性评价在各级各类学校的教学工作中得到了广泛应用。但是应当指出，当前在运用诊断性评价时，确实还存在一些有待解决的问题，其主要表现是重诊断而轻治疗，甚至是不治疗，往往只满足于取得的几个数据，没有进行认真的评价，致使诊断性评价在一些学校流于形式。这是诊断性评价存在的问题，应及时予以纠正。

在教学改革不断深入的形势下，只有重视教育诊断和教育治疗，才能较好地发挥诊断性评价的作用，达到教学评价的目的。教育诊断要以教育治疗为目的，而教育治疗要以教育诊断为基础，两者融为一体，构成诊断性评价。任何使两者相脱节的做法，都不能算作真正的诊断性评价。

(二)形成性评价

形成性评价是指在活动进行过程中，为使活动效果更好而修正其本身轨道所进行的评价。也就是说，形成性评价的主要目的，是明确活动运行中存在的问题和改进的方向，及时修改或调整活动计划，以期获得更加理想的效果。形成性评价的着眼点放在过程评价上，因此这一评价形式受到教育评价理论工作者和教师的普遍重视，已成为现代教育评价研究的重要课题。

重视形成性评价是现代教学评价的发展趋势。过去的评价只注重学习结果，而形成性评价则强调学习过程，重视评价的反馈机能，其目的在于建立适合于教育对象的教学。形成性评价不仅可以使学生明确今后如何学，而且可以使教师明确今后怎样教，帮助教师完成既定的教学目标。形成性评价用于教学，有助于教师及时发现教学中存在的问题，提出改进措施，修正教学计划。例如，单元教学相对于一本教材的教学全过程来说，只是其中的一个环节，处于教学全过程之中。当一个单元教学结束后，教师为了了解本单元的教学效果，安排了单元测验，并根据学生成绩对自己的教学情况进行分析、评价和判断。这种评价就属于形成性评价。

拓展阅读 12-4：

扫右侧二维码阅读《增值性评价的回顾与前瞻》的相关内容。

拓展阅读 12-4

(三)发展性评价

发展性评价是指教师运用有效的评价工具和方法，收集学生学习表现信息，判断学生综合素质发展程度，促进学生进步的评价范式[①]。

发展性评价作为一种现代教育理念，体现出如下特征。

(1) 发展性。发展性评价强调以学生发展为根本宗旨，倡导以人为本。以人为本具体表现为一切教育评价活动均要以学生的需要和发展作为出发点，促进学生知识、能力、态度及情感的和谐发展。

(2) 多元性。发展性评价的多元性体现在三个方面：一是评价主体的多元性。二是评价标准的多元性。发展性评价标准采用以绝对标准为主，绝对标准、相对标准和个体标准

---

① 马云鹏，刘学智. 发展性学生评价的理论与方法[M]. 长春：东北师范大学出版社，2007.

相结合的多元结构。[①]三是评价方法的多元性。

(3) 过程性。学生的发展是一个过程，促进学生发展也需要经历一个过程。发展性评价强调对学生发展的全过程进行持续的关注，而不是只在学生发展过程终结时对学生发展的结果进行评价。它既重视学生的现在，也不忽视学生的过去，更着眼于学生的未来。

(4) 情境性。强调发展性评价的情境性就是要求教师因时、因地、因事、因人进行灵活的即兴评价。

(四)总结性评价

总结性评价也称事后评价，是指在活动结束后为判断其效果而进行的评价。总结性评价，一般是在学期或学年结束时进行，但就某项活动而言，对其进行评价的时间应视活动结束的时间而定。尽管时间有长有短，但必须把握一点：总结性评价是对活动的最终效果所进行的评价。

作为总结性评价的重要机能，就是确认达到目标的状态。因此，这一评价形式在我国历来都受到重视，而且用于教育、教学工作之中。例如：学期结束时，学校一般都会组织期末考试，中学还会要求教师对考试结果作出知识质量分析，其内容一般包括试题的难易程度、内容覆盖面、基础知识、基本技能，以及存在的主要问题和改进的措施等。简言之，要对教学质量的基本情况作出判断和评价。这样的知识质量分析就属于总结性评价的应用。

当前，在进行总结性评价中存在的主要问题是：评价效果与改进工作相脱节。其表现是考试结束，评分完毕，就意味着一个学期的教学工作已完成，有些学校没有进行知识质量分析，更没有把试卷发给学生进行讲评。也就是说，虽然也进行了期末考试，却没有利用考试结果进行评价。所以，要想发挥总结性评价的作用，就应采取措施，解决评价中的问题。

三、他人评价和自我评价

(一)他人评价

他人评价是指评价的主体是教育活动实施者以外的人。他人可以是教育领域的专家，也可以是社会大众。学生对教师教学效果的评价也属于他人评价。

(二)自我评价

所谓自我评价，是指在个人内部就其自身的状态进行纵横比较所做的价值判断。自我评价是根据尊重个性、发展个性的观点提出来的。在自我评价中，每个人都可以自行设定标准，以本人的成绩为基点，自己与自己比较，从而判断自己的进步状态，一般不与他人比较。

重视自我评价是现代教育评价的一个突出特点。随着时光的推移和教学评价的发展，自我评价越来越受到人们的重视，已成为教学评价的一种重要形式。自我评价在现代教学评价中占有重要地位，其应用面很广，既可用于学生评价，也可用于教师或领导的评价。

---

① 马云鹏，刘学智. 发展性学生评价的理论与方法[M]. 长春：东北师范大学出版社，2007.

在学生评价中，自我评价的内容十分丰富。就学习而言，从横向比较看，可以比较各个学科的学习成绩，尤其是各种能力发展情况，如独立学习能力、创造能力、思维能力等，通过评价找出自己的优势；从纵向比较看，可以以个人现在的成绩为基础，同自己过去的成绩比较，经过评价看到自己的进步或退步。自我评价，既能用于学力评价，又能用于思想品德评价。例如：在中学里，学期末或学年末学生就一个学期各方面表现进行自我鉴定，对自己作出评价，这是自我评价的应用。

但是，由于自我评价一般没有一个客观的统一标准，所以其主观性比较强，这是自我评价的突出缺点。个人进行自我评价，其好坏往往取决于本人的价值观，同时还会受到个人的社会角色和社会地位的影响。有的人本来已经取得了很大成绩，他人也给予了较高的评价，但本人却缺乏自信心，甚至产生苦恼；而有的人在他人看来并没有值得夸耀的地方，甚至表现很差，但本人却有很强的自尊心和自信心。这里就会存在价值标准的问题。由于每个人的价值标准不一样，因而就得出了不同的评价结论。

四、单项评价和综合评价

(一)单项评价

单项评价是指仅就评价对象的某一方面进行评价，目的在于了解某一方面的情况。如对教学效果、教学设施、教学方法、学习态度、学业成绩等方面所做的评价。

(二)综合评价

综合评价是对教学过程各方面所进行的整体评价。评价时要搜集各方面的信息，以对教学工作做出综合的结论。

第三节　教学评价的内容和指标体系

教学评价的内容很广泛，其中涉及范围广、影响面大的是课堂教学评价和备课评价、辅导评价、学业成绩评价等内容。若要使上述内容的评价能够实施，并得到认可，就需要具备完备的评价指标体系。

一、教学评价指标体系的建立

(一)教学评价指标的概念

评价指标就是根据一定的评价目标确定的、能反映评价对象某方面本质特征的具体评价项目或要素。指标是具体的、可测量的、行为化和操作化的教育目标，即指标规定的内容必须是看得见、摸得着的。指标是目标的观测点、测量点，是可以通过对客体的实际观察获得明确结论的。

评价指标体系是由不同级别的评价指标按照评价对象本身逻辑结构形成的有机整体。它是衡量教育评价对象发展水平或状态的量标系统，在教学评价方案中处于核心位置。评价指标体系是系统化的、具有紧密联系的、能反映评价对象整体的一群指标或具体指标的集合。

评价指标只能反映评价对象和评价目标的某一个方面或某几个方面，评价指标体系则能反映评价对象和评价目标的全部。评价指标体系大致由评价指标、权重和评价标准三个系统构成。

(二)建立评价指标体系的步骤

(1) 确定评价对象。即明确评价对象是什么，以及评价的是其哪方面的特征。比如：评价的对象可以是学生的学习成绩，也可以是学生的品德或身体素质；可以是教师的业务素质，也可以是教师的课堂教学。

(2) 把握评价对象的本质特征。即要明确体现评价对象最本质的特征。根据国家教育方针政策的规定、教学大纲的要求，用有关的专业知识确定评价的范围和要素。

(3) 分解要素，确定指标系统。将构成评价目标的主要影响因素分解成既相互联系又相互独立的子系统，使评价目标具体化为可测量的指标。为使指标具有可测性，有时可能将评价目标分解为二级子系统、三级子系统等。

(4) 给评价指标分配权重。权重能体现指标的重要性。一般更为重要的指标被赋予更大的权重。每一级指标的权重都有不同的意义，一个指标的权重表明的是它与同级指标相比的重要性程度。

(5) 量化指标并确定标准。指标要做到可数量化，即可以通过具体的行为加以表征。在这一步中要明确指标测量时所采用的测量工具和评定方法，并明确指标数量化的具体标准。

(三)评价指标体系的设计要求

(1) 一致性：既要使评价指标与评价目标一致，又要使下一层次的指标与上一层次的指标一致。

(2) 可测性：评价指标系统中末级指标(最低层次指标)要用可操作化的语言加以界定，它所规定的内容可直接测量，从而可以获得明确结论。

(3) 可比性：评价指标必须反映评价对象的共同属性，反映评价对象属性中共同的东西。

(4) 独立性：在指标体系内，同一层次的指标必须各自独立，指标间不能相互重叠和包含，不能存在因果关系，不能从一项指标导出另一项指标。

(5) 完备性：设计出来的指标体系必须是一个完整、协调的系统，能够全面地、毫无遗漏地反映评价目标或上一层次指标。

(6) 可行性：设计评价指标的数量和评价标准的高低都要适中。要有足够的信息、人力、物力和切实可行的量化方法可以利用。

(7) 可接受性：设计的评价指标必须经过人们的努力方能达到。

(四)设计评价指标体系的具体方法

1. 评价指标系统的设计方法

1) 初拟评价指标的方法

初拟评价指标是将评价目标分解，使其具体化和可操作化。其步骤是把教育的总目标分解为次级目标(或称一级指标)，再将次级目标分解成二级目标。由高到低逐层进行，越是下一级指标越是具体、明确、范围小，直至分解到指标可以观察、测量、操作，形成末级指标为止。这样形成一个从一级到二级，直至末级的指标系列。分解教学目标或评价目标是一个逻辑分析过程，必须保证设计的指标能体现评价对象的本质和主要内容，不仅要做到全面没有遗漏，而且要做到没有重复，同时要做到将不重要的和非本质的内容从指标体系中删除，最后使评价的指标体系有较高的概括性和充分的代表性。

初拟评价指标时要请有经验的专家根据评价对象的本质特征拟定和编写评价指标，拟定指标时经常采用的方法有：头脑风暴法、理论推演法和典型研究法。

2) 筛选评价指标的方法

初拟评价指标一般数量比较多，有些评价指标能反映评价对象某方面的本质特征，符合评价指标设计的原则，但也有些评价指标不符合设计原则的要求，评价指标间存在相互包含、交叉、矛盾、互为因果关系。因此，还要对初拟指标进行比较、鉴别、筛选、归类合并，形成符合要求的评价指标系统。进行这项工作的方法有专家个人经验法、调查统计法和主成分分析法。

(1) 专家个人经验法。专家个人经验法是请专家根据其经验判断评价指标的取舍。采取这一方法时对专家的个人水平要求比较高，专家应该有深厚的专业知识，同时要有从事评价工作的丰富经验。这一方法比较容易实施，而且效果不错，但有时仅靠专家一个人的经验难免主观片面。

(2) 调查统计法。调查统计法是指同时调查多名专家学者，然后根据对其意见统计来决定评价指标的取舍。通常是将初拟的评价指标编成问卷，初拟指标的每一项都是问卷中的条目，然后请专家对每一条目表达出取舍意见，或判断其重要性程度。最后统计专家的问卷结果，将专家认为不需要或不重要的条目删除。

(3) 主成分分析法。主成分分析法是一种多变量统计技术，其实质是将为数众多的观测"变量"缩减为少数不可观测的"潜变量"(又称因素，或公共因素、公因子等)，用最少的因素概括和解释大量的观测数据，从而达到简化观测数据，建立起简单结构的目的。通过分析发现的因素是高度概括的，用它们能描述观测变量中的大部分信息，而且能使观测数据更容易解释。就是说主成分分析可以将意义一致的条目聚集成类，研究者可以根据分析结果作出取舍决策。比如，分析发现有近一半的条目测量的是同一部分内容，这方面的条目就应大大压缩。当然，主成分分析方法本身也不是非常完善的，有时甚至会得出与实际不相符的结论，这一方法只能为指标体系的合理性提供一定程度的佐证，指标体系的真正建立还要依赖本领域的理论知识。

2. 权重系统的设计方法

1) 权重的表达形式

评价指标的权重是表示某项指标在评价指标体系中重要程度的量度，是指标体系的重要组成部分。权重又称权数、权值、权系数。各项评价指标在指标体系中的地位和重要程度是不同的。为了体现这些，就要为每项评价指标设定权重，这样才能达到客观、可比的要求。

权重的大小是以数字形式表示的。权重表达的形式主要有三种：第一种是小数形式。在评价中较多地运用小数表示评价指标的权重。把指标体系整体作为1，即小数的权重之和为1，各评价指标的权重为1和0之间的一个小数。若设 W 表示权重，W_i 表示第 i 项指标的权重，则 $0 < W_i < 1$，且在同一层次上指标权重之和为 1，即 $\sum W_i = 1$ ($i=1$，2，…，n)。第二种是百分数形式。它实际是小数形式的一种变形。百分数形式应满足以下两个条件：同一层次各项指标的权重为在 0～100% 之间的一个百分数，即 $0 < W_i < 100\%$；同一层次上各项指标权重之和为 100%，即 $\sum W_i = 100\%$($i=1$，2，3，…，n)。第三种是整数形式。整数实际上是小数或百分数的整倍数。用整数形式表示指标权重，先规定同一层次上各项指标的满分值，常见的有 100、500 和 1000，其中以 100 最常见。若设 s 为同一层次上各项指标的满分整数值，则各项指标的权重在 0 和 s 之间，即 $0 < W_i < s$；同一层次上各项指标权重之和为 s，即 $\sum W_i = s$($i=1$，2，…，n)。

2) 确定指标权重的方法

(1) 专家评定法。专家评定法指的是组织一定数量的长期从事教育管理工作的干部、有经验的教师以及有关领域的理论工作者共同讨论确定指标权重的方法。他们在一起讨论，各抒己见，根据个人对各评价指标重要程度的理解，确定不同的权重，然后求出各位专家对相应指标权数的平均值，作为指标权重的最后结果。

(2) 专家排序法。这一方法是让专家对同级指标按重要性程度排序，每一指标的顺序即认为是这一指标所得等级，然后求出每一指标的等级和，作归一化(即除以所有指标的等级和)处理后即得这一指标的权重。

若有 m 个专家对 n 个指标的重要性程度排序，排在最重要位置的得等级 1，排在最次要位置的得等级 n，计算出每一指标所得等级和 R_i 后，再由以下公式求第 i 个($i=1$，2，…，n)指标的权重 W_i。

$$W_i = \frac{2\left[n(1+m) - R_i\right]}{mn(1+m)}$$

(3) 特尔斐法(delphi technique)。这一方法的实施步骤是：首先采用匿名的形式通过问卷向专家征求意见；然后由评价方案的设计人员进行汇总、整理，设计出包含初拟评定项目的专家意见咨询表；然后再将专家意见咨询表发给各位专家，让他们对各指标的重要性程度进行评定；再次回收，并进行统计，计算出每一指标重要性程度的平均得分，同时计算出每位专家在各项指标上与平均分的离差；最后把统计分析结果反馈给有关专家，征求他们的意见，同时请在各项指标上与平均分的离差较大的专家重新对该项目的重要性作出评定。多次重复这一过程，直至意见趋于一致。这时各指标的平均得分就是该指标的权重。

3. 评价标准的设计

评价标准是衡量评价对象达到末级指标程度的尺度和准则。评价时要求评价者参照评价标准对教育现象作出价值判断。

评价标准有评语式和数量式两种形式。

(1) 评语式标准即用形容词对每一等级进行简要描述，让评价者根据评语与被评价对象的符合程度确定等级。比如对备课的评价标准为：优，备课充分，讲稿齐全；良，备课较充分，讲稿较齐全；中，备课还算充分，有讲稿；差，备课不充分，讲稿不齐全。对教师课堂教学效果可采用以下标准：优，教学方法适当，善于调动学生积极性；良，教学方法较适当，注意调动学生积极性；中，教学方法还算适当；差，教学方法不适当。

(2) 数量式标准是指直接以数量或等级的形式表达评价标准。

二、课堂教学评价

(一)课堂教学评价的内容和要求

(1) 教学的目的和任务。教学评价要求课堂教学应根据教学大纲、教材内容、班中学生实际情况和教学的整体性原则，制定出明确、合理的教学目标，提出恰当的教学任务，且能在教学各环节中围绕教学目的、教学任务进行教学。

(2) 教学的内容安排。在课堂教学中，既要引导学生掌握科学知识，培养能力，增强体质，又要使他们受到辩证唯物主义世界观教育和共产主义思想品德教育。总之，教学内容必须是科学性和思想性有机的统一，做到教书育人。

(3) 教学的方法和手段。恰当地运用教学方法和手段，可以改善教学功能，提高教学的效率和质量，有利于促使学生掌握知识，发展能力，增强体质，提高审美观点。评价教学方法和手段的具体要求如下。①在一节课中运用的教学方法和手段，要有利于教学任务的完成；适用于教材内容的性质和特点；符合学生的年龄特征、知识基础和思想情况；适合于当时的教学环境和教师的自身特点。②要求教师善于使用一般教具、教学仪器和电化教学的工具，有效地使教学方法和教学情景密切配合；充分发挥教材和教学资料的作用，有助于学生独立学习能力的培养。③要求教师设置良好的教学情景和生动活泼的教和学。例如，设置引人入胜的情景、新颖性的情景、幻觉情景、道德情感体验情景等。理论联系实际地启发、引导学生动脑、动手、动口，使课堂教学形成教师教得生动活泼、学生学得积极主动、师生关系和谐融洽的局面，体现出教师的主导作用和学生学习的主体作用。

(4) 教学的形式和结构。评价教学形式和结构要遵循以下要求。①教学形式和结构要作整体评价，既要考虑对教育目的的作用，又要分析对本节课教学目标的实现情况；既要看到学生对当堂课掌握知识、发展智力和能力等方面的作用与效果，又要注意到对学生今后学习的影响，还要考虑教师主导作用的发挥和学生主体作用的体现。②要看评价课的形式和结构是否符合教材内容的特点、学生的知识水平和接受能力以及教学条件等。切忌机械的不求实效的形式主义的做法。③要看一节课中各部分教学活动的时间分配和掌握是否恰当。如不分内容多少、主次、难易程度，一律平均分配时间，这显然是不合理的。必须充分地利用课堂的时间，不浪费每一分钟。

(5) 教师的教学态度。评价教师教学态度的具体要求如下。①教师在课堂教学中，对知识的阐述、原理的分析和解释，要具有严密的科学性和逻辑性，对规律的探索要认真、严肃，不草率从事。对学生应该掌握的知识和技能，严格要求，从不马虎。②启发、鼓励学生独立而准确地回答问题，按时完成作业。对回答问题和作业中的错误与不完整的地方，不训斥、不讽刺挖苦，要耐心启发引导，帮助学生找出问题的症结，直到得出正确答案为止。③对学习不努力、功课跟不上的学生，不歧视、不放弃，关心他、热爱他，耐心地予以教育、帮助，使其逐步提高，赶上一般学生水平，做到因材施教。④教态自然、端庄、亲切、热情，服装整洁、大方。⑤教师在课堂教学中，要以自己严谨的治学态度、高尚的言行风范、渊博的学识才能，去感染和影响学生。

(6) 教学的基本功。教师的教学基本功，对提高课堂教学质量有直接的作用，它也是评价课堂教学的一项重要内容。评价的具体要求是：板书设计合理、工整、简明，能成为学生获得知识的思路图和纲要信号图表；语言准确、清晰、简练，具有直观性、启发性，语调抑扬顿挫适当，用普通话教学。

(7) 课堂教学效果。评价课堂教学效果时，不仅要看学生对知识的掌握情况，还要注意对能力和非智力因素的培养，注意对思想品德形成的作用和对学生个性品质发展的影响，要求课堂不仅是教书的场所，而且是育人的阵地。

(二)课堂教学评价指标体系

课堂教学评价指标体系是评价课堂教学的依据和尺度。建立科学可行的课堂教学评价指标体系，是提高课堂教学评价质量、增强评价的有效性和可靠性的重要保证。建立课堂教学评价指标体系必须依据教育目标、学科教学要求、先进的教学思想和教育评价原则，将课堂教学评价的内容，以不同的指标和评价标准体现出来，并根据各指标的重要性程度，赋予一定的权重，规定一定的分值，形成一个指标体系，为课堂教学评价的实施提供良好的基础。目前看到的课堂教学评价指标体系内容简繁不一，格式相异。表 12-1 是一个课堂教学评价指标体系，供大家参考。

表 12-1　课堂教学评价指标体系

评价项目	权重/分	评价要点	评价内容
教师主导性(40 分)	6	教学目标的设定	(1)教学目标准确具体，可操作，易落实； (2)包括知识、能力、情感态度、价值观等方面； (3)与学生的心理特征和认知水平相适应
教师主导性(40 分)	6	学习环境的创设	(1)有利于学生身心健康发展； (2)有利于教学目标的实现
教师主导性(40 分)	8	学习资源的利用	(1)学习内容的选择和处理科学； (2)学习活动所需要的相关材料充足，能激发学生的学习兴趣，符合学生的认知规律； (3)教学手段的选择与利用从教学的实效性出发，有利于教学难点的突破，熟练运用； (4)教学课件功能性强，内容实用、适用，使用适时，有利于学生理解，界面友好，操作简单
教师主导性(40 分)	10	学习活动的指导	(1)根据学习方式创设恰当的问题情景； (2)及时采用积极、多样的评价方式； (3)对学生的学习活动进行有针对性的指导； (4)为每个学生提供平等参与的机会
教师主导性(40 分)	10	教师素养	(1)突出重点、分解难点到位； (2)调控课堂能力强； (3)情绪饱满、热情、有亲和力； (4)语言流畅、表达准确、有激励性和启发性； (5)能突出重点、分解难点

续表

评价项目	权重/分	评价要点	评价内容
学生主体性(40分)	15	学生参与教学活动的态度	(1)明确学习目标，关注问题情景，有主动学习的热情； (2)主动参与、经历、体验、探索知识的建构过程，自己解决问题的过程鲜明
	15	学生参与教学活动的广度	学生积极参与学习活动的人数较多，方式(学生个体、群体、师生、人机等)适当，时间充分
	10	学生参与教学活动的深度	(1)能提出有意义的问题或能发表独到见解； (2)能按要求正确解决问题、操作过程； (3)能够倾听别人发言、合作讨论
教学效果(20分)	20	学生参与教学活动的效果	(1)基本实现教学目标； (2)每个学生都有不同程度的收获； (3)具有独创性，教学效果突出

三、备课、辅导、作业布置与批改和学业成就的评价

教学活动除课堂教学之外，还有备课、作业布置与批改、课外辅导和学生学业成就评价等内容。

(一)备课

备课是教师进行课堂教学的基础。它包括备教材、备学生、备教法。备教材必须首先深入钻研教学大纲，在研究分析大纲的基础上，研究教材，明确教学任务，熟悉内容和知识结构，挖掘思想教育因素，分清重点、难点和关键。备学生是要求全面了解和分析研究学生的情况，如学习目的、知识基础、接受能力、学习的方法和习惯等。在掌握教材、了解学生的基础上，制定出科学合理的单元教学目标和课时目标；精心设计教学结构，选择适应教材特点和学生实际的教学方法；写出切实可行的教案。对教师备课进行评价的指标体系如表 12-2 所示。

表 12-2　备课评价表

项　目	内　容	分值/分	得　分
备课数量	备课数量符合要求	5	
教案书写	教案书写必须规范认真，教案文字必须简练通畅，没有错别字和语病	5	
项目设置	分节备课，教案项目设置基本齐全	5	
教学内容	与计划同步，且符合课标和教材要求，无科学性错误	8	
教学目标	教学目标明确具体，可操作，可检测	8	
重点难点	突出重点、突破难点方法有效且分条列出	10	
学情分析	能体现依据学情组织教学活动	5	

续表

项 目	内 容	分值/分	得 分
以生为主	体现以生为主原则，学生活动安排有序、有效	10	
教师主导	体现教师主导原则，教师点拨适时到位	8	
情境预设	教学情境预设合理有效	5	
课堂训练	体现以训练为主线的原则，有课前检测和当堂课教学目标达成检测巩固的步骤安排	8	
学法指导	有适时对学生进行学法指导的内容	5	
板书设计	板书设计工整美观，简洁、概要地呈现教学目标	5	
集体备课 二次备课	坚持集体备课，集体备课的成果要在个人教案中有所体现，教案、学案一体化的有二次备课，二次备课的覆盖面达到50%	8	
课后反思	写教后感的次数符合要求，教后反思紧贴教学实际，有益于以后的教学工作	5	
合 计		100	

(二)作业的布置与批改

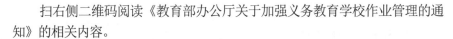 拓展阅读 12-5：

扫右侧二维码阅读《教育部办公厅关于加强义务教育学校作业管理的通知》的相关内容。

拓展阅读 12-5

作业是教学活动中不可缺少的一项内容，它可以帮助学生进一步理解和巩固课堂教学中已学到的知识。作业的选取和安排要紧扣教材内容，体现教学目的，有利于启发学生思维，培养学生能力和减轻学生负担。作业的批改要严格、认真。

学校需要加强对作业的常规检查，对检查反映出的问题，及时反馈给备课组和任课教师，以期有关备课组和教师调整好作业布置的质与量，协调好与其他备课组的作业布置关系，对学生作业总量进行有效控制。通过检查，发现备课组和教师在提高作业效能、减轻学生负担等方面的好做法、好经验，及时加以推广，使作业轻负高效。作业常规检查的主要形式有：学生座谈和问卷调查，班级任课教师的随机调查，定期收集家长信息，期中、期末考试等重要时段的系统检查等。

(三)辅导

辅导是课堂教学的必要补充，是教学中满足不同学生不同要求的有效措施。辅导要从学生实际出发，善于提出问题，启发学生分析、思考，还要根据具体情况和要求，采用多种形式和方法，耐心指导，保护差生的学习积极性，满足优秀生的求知欲。

(四)学生学业成绩的评价

学生学业成绩考评是教学活动的重要组成部分，它标志着学生是否完成了规定的学习任务。考评学生学业成绩要严格遵循评定标准，命题要适当，要重视学生掌握知识的质量和创造性，重视他们独立分析问题和解决问题的能力。评定学生成绩，一定要客观、公正，除了评分之外，还要运用评语。

第四节　教学评价的步骤与方法

一、教学评价的步骤

教学评价是一项比较复杂的工作，要想使评价结果具有一定的可靠性和有效性，就应该研究教学评价的具体步骤。在一般情况下，教学评价的进行应分为以下几个步骤。

(一)明确评价目的，端正评价态度

明确教学评价目的，对于教学评价方案的制定有着密切联系，它直接影响着评价工作的安排、评价标准的确定、评价形式和方法的选择。同时，明确的评价目的不仅使评价者和被评价者有了努力的方向，而且使评价组织者有了科学管理的依据。

在急功近利、浮躁的社会风气下，教学评价存在走形式、走过场的现象，致使有些教师和学生对教学评价产生误解，认为教学评价是折腾教师、耍花样，并出现抵触情绪，态度不积极，影响教学评价的顺利开展。为避免这种现象，需要运用反复宣传、正面引导、典型引路的方法，使教师、学生及有关领导正确认识和了解教学评价的意义，真正看到实效，进而明确目的，端正态度，提高参与教学评价的自觉性。

(二)制定和学习研究教学评价指标体系

在教学评价过程中，还需要认真细致地制定教学评价指标体系。它是评定教学质量的准绳。制定教学评价指标体系是教学评价的关键环节，它在很大程度上决定了评价结果的信度和效度，决定着评价工作的成败。制定教学评价指标体系必须以科学的教学思想为指导，以教学评价的目的和教学大纲为依据，从而明确哪些方面和哪些要素要评价，哪些方面和哪些要素可以不评价，哪些是主要的方面和因素，哪些是次要的方面和因素，使评价指标体系在现代科学的教学思想指导下，成为教学评价目的的具体化体现。

为了充分发挥教学评价指标体系的作用，必须认真学习和研究评价指标体系。因为指标体系的文字都比较简练，也很概括，如不进行深入地学习、研究和领会，就不能掌握其精神实质，教学评价的功能也就不能得到体现。

(三)确定评价方法

教学评价方法有很多，确定用哪种评价方法必须根据教学评价目的、教学评价指标体系来定，既注意评价方法的全面要求，又不能主次不分，一定要讲实效，使评价方法具有科学性、灵活性和实践性。所谓科学性，就是指评价方法要适当、准确、客观。所谓灵活性，就是指评价方法要灵活多样，凡能用测验和考试的方法收集评价信息的，就用测验和考试的方法进行考查，如不能用测验和考试的方法收集评价资料的，则采用观察、问卷、谈话等评价方法加以考查。所谓实践性，就是指评价方法要从实际出发，便于操作，注意实效，不搞形式。

(四)按计划实施评价

明确教学评价目的和确定教学评价方法之后，还必须按计划实施评价。教学评价计划是实施教学评价的行动纲领，它反映了教学评价的目的、方法、步骤和时间安排等问题。如不按计划实施评价，会使评价工作先后无序，顾此失彼，造成评价工作紊乱，效率低下，不能完成教学评价任务。

(五)写出评价结论

根据全体教学评价人员的评价结果，评价的组织机构要准确地写出教学评价结论。评价结论应用定量和定性相结合的方式表示，对被评者作出关于教学水平或学业成就是否达到标准的结论。写教学评价结论，应做到客观、公正、准确。

(六)进行评价信息反馈

教学评价的最后一步，就是要根据评价的结果向有关组织或个人进行信息反馈，提供改进教与学的建议。这一环节工作质量的高低，直接关系到教学评价的作用能否得到充分发挥。

进行教学评价信息反馈的主要内容有：①向被评价者反馈有关教学评价信息。②向有关教育领导机构或领导者反馈评价信息。③向教学评价工作组织反馈评价信息。④学生学业成就评价的信息也需要选取适当的途径向家长进行反馈。

教学评价可以按照上述六个步骤进行，也可以根据实际情况对上述步骤进行改进或完善。

二、教学评价的方法

教学评价方法就是评价者为了完成教学评价任务、实现教学评价目的所采用的办法和手段。任何一项教学评价活动，在明确评价任务之后，都必须采用适当的评价方法。否则，要完成教学评价任务就是一句空话。教学评价方法有针对学生评价的方法，也有针对教师评价的方法，它们存在着交叉，因此我们把对学生和教师的评价方法放在一起学习。

(一)观察法

观察法是收集教学评价信息的基本方法。它是评价者根据教学评价指标的要求，有目的、有计划地直接对评价对象进行观察，以获取评价信息的方法。

观察法主要用于收集不易直接量化的评价信息。学校教学中不易量化的指标有很多，如教学指导思想、教学能力和教学中的非智力因素等，都需要从观察中获取评价信息。观察法虽然不及测验法精确，容易受评价者态度、情感等主观因素影响，但是借助此法往往可以获得许多很有价值的第一手资料，而这些信息运用其他方法是难以得到的。如教师的态度、方法，学校教学的环境、气氛，以及学生的态度、兴趣、习惯、创造性、价值观等都需要通过观察法收集充分的信息资料。

观察法有以下几种。

(1) 自然观察。这是一种不加任何控制的自然状态下的观察，如对教师平时的备课、上课、辅导、作业批改和教学态度等进行不通知本人的观察。这种观察法涉及的时间长、范围广，易于发现被评者内心的真实状况，缺点是不易把握重点。

(2) 选择观察。这是指在某一时间或特定场合对评价对象有目的地进行观察，如上课预备铃后对全班学生的课前准备进行观察。

(3) 实验观察。这种观察是在相当严密的条件控制下，调控被评价者的行为反应，以便进行关联性观察。如对学生做心理实验，观察其动作反应。

在教学评价中，常用的是自然观察和选择观察。不管运用哪种观察，要想取得有价值的评价信息，都不是一件容易的事。这就要求评价者在运用观察法时必须注意以下几点：①要有充分的准备。②要及时做好记录。③运用理智对获得的观察信息进行分析，去伪存真。

(二)调查法

调查法是对评价对象有计划地获取有关评价资料的一种常用方法。

在教学评价中，调查法按确定调查对象的方式可分为全面调查和非全面调查。全面调查是对所有被调查对象的全面性普查。非全面调查分重点调查和抽样调查两种。重点调查是选择对实现评价目的有典型意义的单位、人或事的调查。抽样调查是从涉及的全部研究对象(总体)中选取一部分(样本)加以调查。选取样本的方法主要有简单随机抽样、分层抽样、整群抽样三种。在教学评价中，可以根据具体情况和要求选用合适的方法。

在教学评价中，调查法根据收集信息的性质可分为证实性调查和问题性调查两种。证实性调查是对已知材料加以证实或否定的调查，如听到教师对学生作业批改不认真的意见，通过调查来证实意见的真实性。问题性调查是对某一问题或某一件事情的情况不清楚、不了解，通过调查来摸清情况、弄清问题实质的调查。

在教学评价中，调查的方法又可分为谈话法、问卷法和自我汇报法等。

(三)查阅文献资料法

这种方法是根据评价目的和评价指标的要求，通过查阅有关文字资料获取评价资料的方法。学校中有许多文献资料，如学校教学计划、教学管理的规章制度、学校教改计划、教学总结、学生的学籍册、教师的教案和教学研究会议记录等。这些文字资料有的是国家颁发的教学指导性文件，教学中必须贯彻执行；有的是学校教学活动情况的真实记载，能反映教学工作的真实情况，教学评价应该查阅这些文献资料。例如：通过查阅分析学校的教改计划、教学研究会议记录和教学工作总结等材料，就可获取教学改革的评价资料；通过查阅分析历年来学生的学习成绩登记表、毕业生情况调查登记表和教师的教学改革和教学研究成果等材料，可以取得学校教学动态和教学质量这些评价指标的信息。在教学评价中，运用查阅文献资料法时，应注意以下几点要求：①评价者要根据教学评价指标，明确需要查阅的资料，制定查阅提纲和目录，确定查阅的人员和分工。②事先通知有关教学管理人员把要查阅的文献资料整理好提供给查阅人员。③查阅教学文献资料人员，必须具备一定的教学业务知识和洞察力，能通过查阅文献资料获得教学评价所需要的信息。④要善于抓住典型的、有代表性的和能反映教学评价对象实质的材料。⑤应尽量和观察法所获得的情况相结合，既有书面材料，又有活生生的现状事实，以便提高教学评价的信度。

(四)测验法

所谓测验，实质上是行为样本的客观化和标准化测量。测验包含三个要素：行为样本、标准化和客观测量的评价指标。行为样本意味着构成测验的行为样本应该是相应行为领域的一个有效的典型代表；标准化则要求测验的编制、实施、评分以及对测验分数的解释等方面或环节都应该依据一整套系统程序；客观测量的评价指标包括构成测验的题目质量、测验的信度和效度。

1．测验的编制

测验的编制包括确定测验目标、内容、形式、题目编写的原则、题量与时限、测验题目的编排与组织等内容。

(1) 测验目标的确定。对于教育教学测验而言，目标就是教育教学目标。根据布鲁姆等人的研究，教育目标可以分为三个领域：认知领域、情感领域和动作技能领域。每一个领域中又含有若干子项目。教育教学测验目标就可以据此来确定。

(2) 测验内容的选取。在教育教学测验中，测验内容就是从教学内容中抽取出来的一组样本，而且通常只是一组极其有限的小样本。所以，测验内容的选取一般要通过命题双向细目表来确定。命题双向细目表可以解决如下三个问题：①测验内容中所涉及的每一个内容范围的相对比例。②测验目标中所涉及的每一个层次目标的相对比率。③每一个目标层次在每一个测验内容范围内的相对比重。表 12-3 所示的是一个以认知领域教育教学目标为例的命题双向细目表。

表 12-3　一个假设的认知领域教育教学目标的命题双向细目表

教学内容 ＼ 教学目标	知　识	理　解	应　用	分　析	综　合	评　价	权　重
生物世界	3	5	6	3	2	1	20
资源利用	2	3	3	1	1	0	10
动力和机械	2	3	4	2	0	1	12
物资、物性与能量	5	6	8	3	2	1	25
气象	2	4	3	2	2	0	13
宇宙	2	5	4	1	0	0	12
地球	2	2	2	1	1	0	8
权重	18	28	30	13	8	3	100

(3) 测验形式与题目形式的确定。依据测验手段的特征来划分，测验形式主要有口头测试、纸笔测试和实践(操作)测试等；依据被试接受测试的情形来划分，测验形式有个别化测试和团体测试两种。测验题目形式主要是主观性题目和客观性题目及其各自的类型。

(4) 测验题目编写的原则。测验题目编写的一般原则如下：①测验题目要反映测验的目的，并对所测量的内容具有代表性。②测验题目适合于被试的能力水平，且能区分出不同水平的被试。③测验题目所提供的信息不能对答案有暗示作用。④测验题目之间应相互独立，不能相互暗示。⑤题干要简明，以一横行为宜，以免被试找不到重点。⑥避免双重否定的语法。⑦题目的叙述要简明易懂，杜绝使用晦涩的语言。⑧题目要有唯一的正确答案。⑨避免涉及社会禁忌和个人隐私的内容。⑩一道测验题测量一个内容或一个概念。

（5）测验的题量与时限的确定。教师在思考构成测验的题目数量时，一般要考虑以下因素：①规定的测验时间。比如学校期中、期末考试的时间，高考时间，各省的高中会考时间等。②测验所选用的题目形式。客观性测验一般题目数量较多，而主观性测验的题目数量则较少。③阅读量、计算量和文字书写量。若"总量"不多则花费的时间就会相对减少，因而就可以相应地增加题目的数量。④测验内容的覆盖面。总结性测验的题目数量可以稍多一些，而形成性评价和诊断性评价的题目数量则可以少一些。⑤测验的评价解释。一般来说，常模参照性评价解释应该保证在规定时间内至少有 75%的测试对象能够完成每一道题目的解答；而标准参照性评价解释则需要保证在规定时间内至少有 90%的测试对象能够完成每一道题目的解答。

（6）测验题目的编排与组织。教育教学测验最常见的题目编排与组织形式有两种：①并列递进式。为维护题目材料的性质，先将题目分组、建构成若干份测验；然后再将属于同一份测验的题目，从易到难进行排列。②混合螺旋式。为维护测试对象的解答兴趣和保持各类题目都有被解答的机会，先将各类题目依据其不同的难度分为若干个层次，再将不同性质的题目进行组合，交叉排列，从易到难，循序渐进。

2．测验的分析

1）复本与预测

复本与预测是任何重大或重要的教育教学评价中所运用的方法或所包含的环节。复本是相对于正本而言的，它是指与正本具有相同的测验目标、内容、题目类型和题量，拥有相同或相近的题目难度和区分度，而仅仅是题目材料有所不同的正本的"备份"。预测则是为获取有关测试信息，而把测验正本或复本拿到与测试对象相似的样本中进行的测试。如此，预测所获得的测试信息就可以作为测验质量的分析依据。

2）测验质量的定性分析

测验质量的定性分析就是依据测验编制者的知识和经验，通过逻辑判断和推导，对测验作出高质量评价。测验质量分析的内容包括测验目标和题目类型，测验内容、测验题目编制的原则或方法，测验题目和数量的搭配，测验题目的编排与组织等。测验质量分析包括如下要点。

（1）评价测验目标是否恰当，测验题目类型是否能够达到测验的目标要求。

（2）检查命题双项细目表中测验目标和测验内容的权重是否合理，测验内容对教学内容是否有足够的覆盖率，测验内容是否与测验目标相符。

（3）反思测验题目的编制是否符合相应的命题原则或方法。

（4）考查测验题目的内容与数量的搭配是否与命题双项细目表的要求相符。

（5）检查测验题目的编排与组织是否合理，测验资料的印刷有无错误。

3）测验质量的定量分析

测验质量的定量分析是依据预测所收集的数据资料，运用数理统计的方法，对测验的可靠性、有效性和测验题目的难度、区分度等所进行的定量评价。

（1）测验的题目分析。测验题目分析主要包括题目难度分析和题目区分度分析。

题目难度就是测验题目的难易程度，即题目对被试者知识和能力水平的适合程度的指标。题目难度通常用通过率来表示或计算，就是以通过或正确解答某题目的人数比例作为该题目的难度指数。

　　题目区分度是指测验题目对学业水平不同的被试者的区分程度或鉴别能力。(计算区分度的具体方法请参读《教育评价学》《教育测量》)

　　(2) 测验的信度和效度。测验信度又称为测验结果的可信程度，它是指测验结果的稳定性或一致性。从被试来说，在同一测验的多次测试中能获得相似的分数；从主试来说，不同的测量人员能给出相似的分数。例如：测量一个物体的长度，用标准的钢尺去测量肯定要比用有伸缩性的一根绳去测量可信程度要高。因为用钢尺测量的结果更接近物体的实际长度，每次测量的结果基本一致。而用绳子测量，因其有弹性，每次测量的结果都会有出入，与物体的实际长度也会有较大差异。一个测验的信度可以通过重测信度、复本信度和评分者信度进行考查。

　　测验效度是指测验结果的正确性或准确性，也就是测验分数能正确反映测量想要得到的内容和特征。如果一个测验能真实地测出所要测量的特性，这个测验或量表就是有效的。比如，用尺来测量一个人的体重就是无效的。原想测量学生的英语语法知识，但实际测验考查的是英语词汇知识，这样测量的有效性就值得怀疑。

　　一般我们把效度分为内容效度、效标关联效度和构想效度三类。内容效度是指测验内容对于测验所想要测试的行为领域的代表性程度。效标关联效度则是指测验对处于特定情境中的被试的个体行为进行预测的有效性程度。构想效度是指测验对于被称作构想的某一理论概念或特质所测量的程度。

　　测验信度和效度都是相对的而不是绝对的，用于不同的测验目的，测验的可靠性和有效性是不同的。也就是说，既没有信度的测验，也没有效度的测验，只是测验的信度和效度有高低不同的区分。但是一个好的测验一般都要求具有较高的信度；而一个较高效度的测验，如果其信度也高，则说明它是一个好的测验；效度低而信度高的测验不能被视为一个好的测验。不过，有时测验的信度和效度是不可兼得的，即要提高信度就必须降低效度，而要提高效度也不得不降低信度。

　　(3) 测验过程的标准化分析。测验过程的标准化分析是指测验的编制、实施、评分以及分数的解释这一完整过程的一致性。测验过程的标准化分析主要有如下要点。①测验题目的标准化。对测验中的每道题目进行难度和区分度分析，修改或淘汰不符合各项指标要求的题目，把符合指标的题目留下编入测验。②测验实施过程的标准化。为测验的实施过程制定同一标准，即确定测验条件相同的标准。除了指导语和时限、材料等测验本身因素的统一，还应该对测验周边环境或条件(光线、通风等)进行控制，以保证测验条件的统一。③测验评分的标准化。标准化测验的评分要求客观、公正：一是及时并清楚地记录被试的反应；二是确定标准答案表或正确反应表(也称记分键)；三是将被试的反应与记分进行比较，给被试的反应评分。④测验分数解释的标准化。这一标准化是指从同一分数应该能够得到相同的解释和推论。对于常模参照测验而言，就是要建立"常模"，作为分数解释的依据；而对于标准参照性测验来说，就是要对测验所包含的内容尽可能地作出清楚的定量描述。⑤测验说明书的标准化。这一标准化是指正式测验编制完成之后，还应编制一份包括对以下问题作出清楚描述的说明书。其内容包括：测验目的和功能；测验编选题目的依据；测验实施程序、时限和注意事项；测验的评分标准；测验分数解释的依据；测验的信度和效度及其计算方法。

　　对学生进行评价，除了上述的评价方法外，还有表现性评价和成长记录袋等评价方法。

表现性评价是指给评价对象提供一个要求较高的任务，然后要求评价对象来完成(口头、书面或创造产品)，最后依据其完成的"产品"性质进行价值判断的教学评价。成长记录袋就是把个人的成果系统地收集起来，放在一个合适的容器如文件夹、档案袋中，每过一段时间，根据所收集的内容对学生的进步或进步程度等进行评价，以这样的方式进行的评价就是成长记录袋评价。

拓展阅读12-6：

扫右侧二维码阅读《档案袋评价——关注学生学习与成长的评价》的相关内容。

拓展阅读12-6

(五)教学工作评价的其他方法

对学生进行评价的方法经过改良之后都可以运用于教学工作的评价。不过，教学工作的评价也有一些其他方法。

1．教师自评

教师自评就是教师对自己的教学工作进行自我评价。它不仅是教师教学工作评价中的一个重要方法，还是教师进行教育教学诊断的一个重要手段，甚至还被认为是教师自我激励和自我提高的一个必要过程。当然，教师要对自己的教学行为作出深入细致的分析，是需要专业引领或者通过专业培训的。

2．学生评价

学生评价就是学生对他们的教师的教学工作进行评价。

3．家长评价

家长评价就是学生家长或监护人对教师的教学工作进行评价。从某种角度来看，学校和教师不仅是为学生和国家服务的，也是为家长服务的。一般而言，家长最关心其子女在学校的行为变化和发展。所以，家长评价在教师教学工作评价中就显得十分重要了。

4．同行评价

同行评价就是教师对自己同事的教学工作进行评价。同行评价不仅在形成性评价中具有重要的意义，而且有利于在学校建立一个和谐、富有创造性的教师专业发展的氛围。

由以上叙述我们应该认识到，不论何种评价模式、评价类型或评价方法，都不是万能的，而是有条件的。为了确保教学评价功能的实现，在实施教学评价过程中，应该考虑多种评价方法的协调运用。

本 章 小 结

教学评价是指按照一定的教学目标和教学原则，对教学过程和教学成果进行的价值判断。为了确保教学评价的有效性，我们需要了解和掌握教学评价的功能、类型，并能在实际教学工作中对评价指标体系的制定、评价方法的选择做到灵活运用。

【推荐阅读】

[1] 约翰·B. 彼格斯，凯文·F. 科利斯. 学习质量评价：SOLO 分类理论[M]. 高凌飚，张洪岩，译. 北京：人民教育出版社，2010.

[2] 沈玉顺. 现代教育评价[M]. 上海：华东师范大学出版社，2002.

[3] 迪伦·威廉. 融于教学的形成性评价[M]. 王少非，译. 南京：江苏凤凰科学技术出版社，1995.

[4] 王少非，等. 促进学习的课堂评价[M]. 上海：华东师范大学出版社，2019.

[5] 赵德成. 促进教学的测验与评价[M]. 上海：华东师范大学出版社，2016.

[6] 陈定刚. 评价量表：快捷而有效的教学评价工具[M]. 广州：华南理工大学出版社，2014.

[7] [美] 罗恩·伯杰(Ron Berger)，[美] 利娅·鲁根(Leah Rugen)，[美] 莉比·伍德芬. 做学习的主人：学校变革中的学生参与评价[M]. 张雨强，译. 长沙：湖南教育出版社，2020.

[8] 布鲁姆. 教育评价[M]. 邱渊，王钢，夏孝川，等译. 上海：华东师范大学出版社，1987.

[9] 泰勒. 变化中的教育评价概念[M]. 汪世清，译. 合肥：安徽教育出版社，1989.

[10] R. L. 桑代克，E. P. 哈根. 心理与教育的测量与评价(上、下)[M]. 北京：人民教育出版社，1985.

思考与练习

一、名词解释

教学评价　相对评价　绝对评价　个体内差异评价　诊断性评价　形成性评价
发展性评价　总结性评价

二、简答题

1. 教学评价的原则有哪些？
2. 教学评价指标体系的设计要求有哪些内容？
3. 设计教学评价指标体系的具体方法有哪些？
4. 简述教学评价的步骤。
5. 教学过程中的测验有哪几类？

三、论述题

1. 结合实践，你认为当前我国基础教育评价中存在的主要问题是什么？
2. 课堂教学评价的内容和要求是什么？

实践课堂

【实践课堂】扫右侧二维码阅读相关内容。

【第十三章教学艺术】扫下方二维码阅读相关内容。

第十三章.doc

参 考 文 献

[1] 黄甫全. 现代课程与教学论学程[M]. 北京：人民教育出版社，2006.

[2] 汪刘生. 教学论[M]. 合肥：中国科学技术大学出版社，1996.

[3] 巨瑛梅，刘旭东. 当代国外教学理论[M]. 北京：教育科学出版社，2004.

[4] 卡萝尔·西蒙·温斯坦. 做最好的中学教师：高校课堂管理的十三堂课[M]. 田庆轩，译. 北京：中国人民大学出版社，2016.

[5] 裴娣娜. 现代教学论[M]. 北京：人民教育出版社，2005.

[6] 田汉族. 交往教学论[M]. 长沙：湖南师范大学出版社，2002.

[7] 马云鹏. 课程与教学论[M]. 北京：中央广播电视大学出版社，2005.

[8] 约翰·杜威. 民主主义与教育[M]. 王承绪，译[M]. 北京：人民教育出版社，2001.

[9] 郝志军等. 当代国外教学理论[M]. 北京：教育科学出版社，2012.

[10] 傅永曙. 小组合作学习教学论[M]. 合肥：安徽科学技术出版社，2007.

[11] 单文经. 教学引论[M]. 台北：学富文化事业有限公司，2001.

[12] 夸美纽斯. 大教学论[M]. 傅任敢，译[M]. 北京：人民教育出版社，1984.

[13] 卢家楣. 学习心理与教学：理论与实践[M]. 上海：上海教育出版社，2017.

[14] 王策三. 教学论稿[M]. 北京：人民教育出版社，1985.

[15] 李定仁，徐继存. 教学论研究二十年(1979—1999)[M]. 北京：人民教育出版社，2001.

[16] 黄显华，朱嘉颖. 一个都不能少：个别差异的处理[M]. 上海：上海科技教育出版社，2003.

[17] 陈晓端. 当代教学理论与实践问题研究[M]. 北京：教育科学出版社，2020.

[18] 李秉德. 教学论[M]. 北京：人民教育出版社，1990.

[19] 佐藤正夫. 教学论原理[M]. 钟启权，译[M]. 北京：人民教育出版社，1996.

[20] 杨小微. 现代教学论[M]. 太原：山西教育出版社，2004.

[21] 樊豫陇. 现代教学论[M]. 郑州：河南人民出版社，2006.

[22] 李森. 现代教学论纲要[M]. 北京：人民教育出版社，2005.

[23] 丁证霖，等. 当代西方教学模式[M]. 太原：山西教育出版社，1991.

[24] 李其龙. 德国教学论流派[M]. 西安：陕西人民教育出版社，1993.

[25] 韩琴. 课堂提问能力实训[M]. 北京：高等教育出版社，2019.

[26] 车丽娜，吉标. 课程与教学理论专题[M]. 北京：教育科学出版社，2019.

[27] 汪刘生. 现代教学论研究的新视域[M]. 长春：吉林人民出版社，2006.

[28] 肖川. 名师备课经验[M]. 北京：教育科学出版社，2006.

[29] 皮连生. 教学设计[M]. 北京：高等教育出版社，2000.

[30] 王小明. 教学论：心理学取向[M]. 上海：上海教育出版社，2005.

[31] 李如密. 教学艺术论[M]. 济南：山东教育出版社，1995.

[32] 盛群力，马兰. 意义学习设计[M]. 杭州：浙江大学出版社，2011.

[33] 李如密. 教学风格论[M]. 北京：人民教育出版社，2002.

[34] 杨明全. 传承与建构：课程与教学理论探索(中国比较教育研究 50 年)[M]. 济南：山东教育出版社，2015.

[35] 王北生. 教学艺术论[M]. 开封：河南大学出版社，2001.

[36] [美] 亨德森. 课程智慧：民主社会中的教育决策[M]. 夏惠贤，译[M]. 北京：中国轻工业出版社，2010.

[37] 拉斯尼特，史密斯. 卓有成效的课堂管理[M]. 李建中，译. 成都：四川教育出版社，1990.

[38] 金小芳. 教师的课堂管理艺术[M]. 长春：吉林大学出版社，2007.

[39] 施良方，崔允漷. 教学理论：课堂教学的原理、策略与研究[M]. 上海：华东师范大学出版社，1999.

[40] 戴维. 课堂管理技巧[M]. 李彦，译. 上海：华东师范大学出版社，2002.

[41] 琼斯. 全面课堂管理：创建一个共同的班集体[M]. 方彤，译[M]. 北京：中国轻工业出版社，2002.

[42] 刘家访. 有效课堂管理行为研究[D]. 重庆：西南师范大学，2002.

[43] 陈时见. 课堂管理论[M]. 桂林：广西师范大学出版社，2002.

[44] 纳卡穆拉. 健康课堂管理：激发、交流和纪律[M]. 王建平，译[M]. 北京：中国轻工业出版社，2002.

[45] 陈时见. 课堂管理：意义与变革[J]. 教育科学研究，2003(6)：5-8.

[46] 埃默. 中学课堂管理[M]. 王毅，译[M]. 北京：中国轻工业出版社，2004.

[47] 迪克西. 有效的课堂管理[M]. 王健，译[M]. 北京：北京师范大学出版社，2006.

[48] 李劲松. 有效的课堂管理[M]. 长春：东北师范大学出版社，2006.

[49] 谢世腰. 课堂管理与班级管理[M]. 西安：陕西师范大学出版社，2006.

[50] 杜萍. 有效课堂管理：方法与策略[M]. 北京：教育科学出版社，2008.